DER

RARITÄTENBETRUG

VON

DR. HANNS GROSS,

O.Ö. PROFESSOR DES STRAFRECHTS AN DER UNIVERSITÄT CZERNOWITZ.

BERLIN, 1901.

J. GUTTENTAG, VERLAGSBUCHHANDLUNG,

G. M. B. H.

Inhaltsverzeichnis.

Vorwort.

Die Kriminalistik, als die Lehre von den Realien des Strafrechts hat sich eine dreifache Aufgabe gestellt:

Die **erste** geht dahin, das Studium des Menschen ermöglichen zu helfen, so weit dieser im Strafprozess als Objekt und Subjekt auftritt; Objekt ist in diesem Sinne der verbrecherische Mensch, Subjekt: der Kriminalist (Polizeibeamter, Richter, Geschworener, Staatsanwalt, Verteidiger), der Zeuge, der Beschädigte, der Sachverständige. Diese Studien über den Menschen vom Standpunkte des Strafrechts aus, sind seit jeher und von verschiedenen Seiten und in verschiedener Art aufgenommen worden; es hat sich aber gezeigt, dass die Aufgabe, den Menschen als Ganzes zu studieren für die heutigen Mittel viel zu schwer ist, dass mindestens Vorarbeiten fehlen und so unternahm es die Kriminalistik die Arbeit leichter zu gestalten und vorerst nur die einzelnen Emanationen des Menschen, sowohl als Objekt, wie als Subjekt im Prozesse, zu studieren. Hierbei ergaben sich einerseits die Studien über die verschiedenen Arten des Vorgehens der Verbrecher, ihre Gewohnheiten, Triks und Fertigkeiten, ihre Praktiken, Sprache und Zeichen endlich die Vorgänge bei einzelnen Verbrechen (reale Kriminalistik); andererseits waren aber wieder das Auffassen, Wahrnehmen und Wiedergeben, die Täuschungen, Fehler und Fehlergrenzen, die verschiedenen Einflüsse auf richtiges Apperzipieren, die pathoformen Zustände und unzählige psychische

Erscheinungen zu studieren, von welchen die Zeugen, die Sachverständigen, die Richter beeinflusst werden (psychische Kriminalistik, Kriminalpsychologie). Durch alle diese Einzelforschungen soll Material zusammengetragen werden, um einst die grosse Arbeit angehen zu können: das Studium des Menschen im Strafrecht, als einheitliches Ganzes. —

Die **zweite** Aufgabe der Kriminalistik ist eine rein praktische, indem sie durch die Feststellungen der realen und psychischen Kriminalistik der Praxis über alles Auskunft geben will, was sie in ihrer Arbeit braucht, was ihr aber das Strafrecht als solches nicht bieten kann. Das hier zu Liefernde zerfällt wieder in zwei Teile: der eine befasst sich mit Disciplinen, die von anderen Wissenschaften gar nicht behandelt werden, also von der Kriminalistik neu und selbständig zu schaffen waren, z. B. die eigentlich kriminalpsychologischen Themen, die Lehre von den Spuren, der Gaunersprache, den geheimen Verständigungen, dem Aberglauben der Verbrecher u. s. w. Der zweite Teil kümmert sich um Wahrnehmungen, Feststellungen und Errungenschaften, die auf irgend einem, dem Strafrecht oft fernab gelegenen Gebiete gemacht wurden, die aber in irgend einer Form, in irgend einem Teile für das praktische Strafrecht nützlich gemacht werden können; diese werden namentlich im Arbeitsreviere der Medizin, der Technik, der Physik, Chemie, ja selbst der Sprachwissenschaft, Geschichte, Philosophie endlich des Handwerks und des Handels aufgelesen, für unsere Zwecke angepasst, und unter den Gesichtswinkel des Kriminalisten gebracht, zur Verwertung in strafrechtlicher Arbeit zurecht gestellt.

Die **dritte** Aufgabe der Kriminalistik besteht endlich in dem Beischaffen von Materiale für die Arbeiten der Kriminalpolitik zur Bekämpfung des Verbrechens, zur Fortbildung der strafrechtlichen Gesetzgebung. Hier wird heute nicht mehr bloss mit Abstraktionen und metaphysischen Konstruktionen, sondern auch mit den Thatsachen des Lebens gerechnet, und diese, bearbeitet, klargestellt und systematisch behandelt, will die Kriminalistik der Strafpolitik anbieten. Die Realien des Strafrechts sind nicht selbständige Gebilde, sie alle haben sich durch die Menschen oder an denselben entwickelt, sie zeigen entweder, wie der verbrecherische Mensch ist und handelt, oder wie wir ihn und sein Thun wahrnehmen oder beurteilen; dies beides ist aber die Grundlage auf der die

Kriminalpolitik zu arbeiten, sich weiter auszugestalten, vielleicht vollkommen umzugestalten hat.

Haben sich meine früheren Arbeiten mit den beiden erstgenannten Aufgaben der Kriminalistik befasst, so soll die Vorliegende einen Versuch machen, der dritten Aufgabe näher zu treten. Es musste allerdings vorerst gezeigt werden, wie auf dem weiten Felde des Raritätenhandels — Rarität im weitesten Sinne genommen — nicht bloss von Händlern, sondern auch von zahlreichen Sammlern und sonstigen Privaten konstruiert wird, was sich im Laufe der Zeit diesfalls für Ansichten über Recht und Unrecht in den Köpfen der Leute zurecht gesetzt, wie sich Auffassungen allgemeiner Natur für besondere Fälle eigentümlich qualifiziert haben, und wie vieles gerade in der hier fraglichen Richtung als zulässig erscheint, was sonst als unstatthaft und strafbar bezeichnet werden würde. Es musste aber auch weiter untersucht werden, wie die Leute beim Raritätenbetrug in verschiedenen Richtungen vorzugehen pflegen, welche Triks man aufwendet und in welcher Weise sich der Jurist in den verschiedenen Richtungen — namentlich betreffs Wahl der Sachverständigen und Stellungnahme zu denselben — helfen kann. Der grösste Raum musste der Kasuistik geboten werden, um an wirklich vorgekommenen oder konstruierten Fällen die Entwicklung untersuchen zu können. Hierbei schien es geboten, die Fälle ausführlicher und breiter darzustellen, als es für juristische Zwecke gewöhnlich geschieht. Die Notwendigkeit hierzu liegt in der Sondernatur der Kriminalistik, die den Realien, den Thatsachen, Vorwert gibt und ihre Fälle daher nicht in kürzester Form, sondern so darstellen muss, wie es z. B. der Naturforscher, der Archäologe oder Literarhistoriker thut. Sollen die Fälle nach allen Richtungen so untersucht werden können, wie wir dies nötig haben, so müssen sie nicht in allgemeinsten Umrissen, sondern auch in allen Nebenumständen, die gerade bezeichnend sein mögen, — wiedergegeben werden.

Dies waren die Ausgangspunkte der Schrift, welche durch die kasuistisch-dogmatische Behandlung des Stoffes Material für Erwägungen bieten möchte, ob die heutigen Fassungen der bezüglichen Gesetzesstellen den Thatsachen und ihren Forderungen entsprechen, ob nicht etwa tief greifende Vorgänge zu wenig Berücksichtigung fanden und ob nicht gerade diese die Grundlage für künftige Änderungen bieten sollten. — Es wurde also an einem einfachen, scharfumgrenzten Beispiele zu zeigen versucht, wie die weitere Ausgestaltung der Kriminalistik gedacht werden könnte: ihre früher genannten ersten beiden Teile hätten an dem weiteren Zusammentragen ihres Materiales für ihre Themen und Aufgaben fortzuarbeiten, die gewonnene Erkenntnis zu vertiefen und zu vorsichtigen Feststellungen zu schreiten; ihr dritter Teil hätte dann das dergestalt Gebotene so zu verwerten, dass ein Delikt nach dem anderen vorgenommen und an der Hand der gewonnenen Thatsachen dahin untersucht wird, ob seine begrifflichen und gesetzlichen Bestimmungen bestehen bleiben oder geändert werden sollen.

Die Thatsachen fügen sich den menschlichen Normen nicht, jene müssen erforscht und erkannt, diese ihnen angepasst werden.

Czernowitz, Weihnacht 1900.

Hanns Gross.

Einleitung.

Es giebt wenige strafbare Handlungen, welche der Theorie so viele Schwierigkeiten geboten haben als Betrug und die Delikte aus Fahrlässigkeit, und sicherlich keine, die grössere Anforderungen an das Wissen und Können des Richters stellen, als wieder diese beiden Delikte. Die für sie gemeinsamen Gründe, warum sie dem Praktiker, namentlich dem Untersuchungsrichter, so viele Mühe bereiten, liegen darin, dass für Betrug und Fahrlässigkeitsdelikte durch die Strafrechtswissenschaft kein genügend sicherer Boden geschaffen wurde, weiters darin, dass bei beiden die Erscheinungsformen so vielfache sind, so dass die Morphologie beider Delikte die weitaus umfangreichste ist, und endlich darin, dass beide Delikte in den meisten Fällen eine Menge von besonderen Kenntnissen erfordern, die weitab von allem eigentlich juristischem und strafrechtlichem Wissen gelegen sind. Betrug in Börsensachen, bei den verschiedensten Handels- und Fabrikunternehmungen, beim Spiele, beim Pferdehandel, beim Verkaufe von Kunstsachen und Antiquitäten und unzähligem ähnlichen Schacher einerseits, und Fahrlässigkeiten beim Betriebe von Eisenbahnen, Maschinen, Hoch- und Tiefbau, Bergbauunternehmungen, in chemischen und sonstigen technischen Fabriken u. s. w. andererseits, verlangen beim Untersuchungsrichter so viele Sonderkenntnisse, dass es begreiflich ist, wenn man Untersuchungen über Betrugs- und Fahrlässigkeitsfacten als solche bezeichnet, bei welchen der gute Untersuchungsrichter seine Kunst zeigen kann, der schlechte aber unfehlbar scheitern muss. Werden aber diese Schwierigkeiten zugegeben, so wird man es auch begreiflich finden, wenn sich die Kriminalistik, als die Lehre von den Realien des Strafrechts, um die einzelnen Objekte, an welchen Betrug und Fahrlässigkeit begangen werden kann, kümmert und sie der Reihe nach zur Bearbeitung vornimmt.

Vorliegend soll dies mit jenen Betrügereien geschehen, welche beim Handel mit Raritäten unterlaufen. Hier heisst Rarität alles was rar ist, Wert hat und gehandelt wird, also alle Gegenstände der Kunst und des Kunstgewerbes, Münzen, Medaillen, alles was man unter dem Begriffe Antiquitäten zu vereinen pflegt, Prähistorisches, Reliquien im kirchlichen und profanen Sinne, alte Bücher und Büchereinbände, Handschriften und Autogramme, endlich alle Objekte irgend einer Liebhaberei; der Begriff Raritäten wird also so ziemlich zusammenfallen mit dem von Gegenständen des Sammelns, von der Rafaelschen Madonna angefangen bis herab zu den Briefmarken. Allerdings nicht ganz, da sich einer auch ein einzelnes Kunstwerk kaufen und hiebei betrogen werden kann, ohne gerade zu sammeln.

Dass bei der Erörterung der Fragen, die eigentlich der Kriminalistik angehören, wiederholt und eingehend streng strafrechtliche Fragen behandelt und Grundfragen über den Betrug in Untersuchung gezogen werden mussten, liegt im engen Zusammenhange beider Disziplinen.

Aber mit der Behauptung, dass eine bestimmte Materie des Strafrechts erhebliche Schwierigkeiten bietet, ist eine Arbeit über dieselbe noch nicht gerechtfertigt, es muss auch erwiesen werden, dass die Interessen, welche in Frage kommen, wichtig genug sind, um sich mit ihnen näher zu befassen: für ganz unwesentliche Interessen bestehen überhaupt keine Normen und je wichtiger die zu schützenden Güter sind, um so sorgsamer und eingehender haben wir uns mit allem zu befassen, was zu ihrem Schutze verfügt wurde und noch zu verfügen ist. Freilich »ist das Motiv, welches die meisten Normen entstehen lässt, in dem Schutze von Interessen zu suchen, keineswegs muss aber die einzelne konkrete Normwidrigkeit eine Interessenverletzung beinhalten« (Finger [1]) — aber für uns ist nachgerade die Frage von Bedeutung geworden,

[1]) August Finger, »Rechtsgut oder rechtlich geschütztes Interesse« Gerichtssaal, Bd. XL p. 139.

welches normwidrige Verhalten beim betreffenden Handel so weit geht, dass eine strafbare Interessenverletzung vorliegt. Darin, dass diese Frage nicht genauer untersucht wurde, ist ein Hauptgrund dafür zu suchen, dass man sich auch um wichtige Betrügereien der fraglichen Art nicht ernstlich gekümmert hat: dass es eine Menge von derartigen Fällen giebt, in welchen das Eingreifen des Staatsanwalts aus verschiedenen Gründen überflüssig ist, kann nicht bezweifelt werden. Aber diese Fälle hat man nicht von jenen sorgsam geschieden, bei welchen wichtige Interessen geschädigt werden, man hat auch die letzteren zu den ersteren geworfen und hat sich schliesslich um gar keine oder nur wenige der wichtigsten Fälle gekümmert; im übrigen werden aber gerade beim Raritätenbetrug — neben dem Börsenbetrug — die allergrössten Summen betrügerisch abgenommen, und eigentlich sieht sich niemand darnach um. So hat es die Praxis von jeher gehalten, die Wissenschaft nimmt sich der Frage erst in letzter Zeit an, und v. Liszt [2]) steht ziemlich vereinzelt da, wenn er lehrt: »Die Verbrechen sind Angriffe auf die Rechtsordnung, entweder Verletzungen von Gütern, oder Gefährdungen derselben oder einfacher Ungehorsam — eine Fälschung von Kunstsachen kann Verletzung der Güter des A. sein und gleichzeitig Gefährdung des allgemeinen Handelsverkehres und etwa der Wissenschaft und Kunst, wenn gute Falsifikate verbreitet werden«.

Grossgezogen wurde der Raritätenbetrug namentlich durch vier Momente:

1. Die Preise für Sachen, die wirklich gut sind, oder das Aussehen von guten Arbeiten haben oder wenigstens für solche gehalten werden, sind im Laufe der Zeit ins Unermessliche gestiegen; der Wohlstand, die Kaufkraft und die Bereitwilligkeit zu zahlen ist in den letzten Jahrzehnten überraschend gehoben worden, man verlangt und bezahlt aber nur das wirklich Gute, namentlich das alte Gute, dieses lässt sich nicht willkürlich vermehren, und so wird die Nachfrage immer dringender.

2. Die Möglichkeit gute Sachen herzustellen, ist erheblich gestiegen; vor allem ist schon die gewöhnliche Schulbildung so weit gediehen, dass sich mit ihr allein befähigte Leute zu Autodidakten im Imitieren herausgestalten können. Unsere Gewerbeschulen sind

---

[2]) F. v. Liszt, »Lehrbuch des deutschen Strafrechts«. Berlin. Allg. Teil. 10. Aufl. 1900. Bes. Teil. 9. Aufl. 1899.

allerorts vorzüglich geleitet und zumeist auch mit trefflichen, alten Arbeiten versehen, die den Schülern zu Vorlagen dienen. Talentierte Leute, die mitunter einen »echten, alten Zug«, die Begabung des alten Meisters in sich haben, fühlen sich gerade von diesen echten Vorlagen angezogen, arbeiten sich in ihren Geist hinein und plötzlich ist der Mann »Spezialist in Altem« geworden, dessen Arbeiten gut bezahlt werden. Ob er dann ehrlicher Imitator oder Fälscher oder Imitator für den fälschenden Händler wird — das hängt von seinem Charakter und der Bezahlung ab.

Sehr oft werden aber auch wirkliche Künstler, die für ihre guten Arbeiten keinen Absatz finden, durch die Not der Fälschung in die Arme getrieben — kurz an Leuten, welche ausgezeichnet imitieren oder restaurieren oder fälschen ist kein Mangel. So wie Bodenstedt für seine Dichtungen erst Schätzung fand, als er sie als Übersetzung von Mirza Schaffy herausgab, so geht es manchem Künstler, der bei seinen Arbeiten fast verhungert, aber reichliches Einkommen findet, wenn er sie auf alte Namen fälscht; »die Nachahmung entspricht einem wirklichen Bedürfnisse: alles will Echtes haben, dies ist aber nicht genügend vorhanden — *ergo imitetur*« (Eudel).[3])

3. Ein wichtiger Faktor in dieser Frage ist die ganz unglaubliche Dummheit der Menschen, die sich gerade in dieser Richtung alles bieten lassen. Die Leichtgläubigkeit, Unerfahrenheit und Abenteuerlichkeit der Leute geht so weit, dass es nach Aussprüchen erfahrner Händler für diese oft grosse Schwierigkeit und Überwindung erfordert, um auf alle Albernheiten der Leute im Glauben und Verlangen ernsthaft einzugehen. Wenn aber der Händler oder Einzelverkäufer endlich einsieht, dass die von Käufern dargebotene Dummheit wirklich echt ist, so gehört in der That viel Charakterfestigkeit dazu, hieraus nicht Nutzen zu ziehen; er sündigt immer mehr auf die Naivität seiner Mitmenschen und treibt das Fälschen immer mehr ins Grosse. Gekauft wird alles. Man muss sich in der That mit diesen Dingen lange und eingehend befassen, bis man sich eine Vorstellung davon macht, wie weit der Händler gehen darf, ohne Verdacht zu erregen.

4. Nicht der geringste Grund für die Ausdehnung des Fälscher-

---

[3]) Paul Eudel, »Die Fälscherkünste (*Le Truquage*)«. Autorisierte Übersetzung von B. Bucher. Leipzig, Grunow. 1885.

handwerks ist in der Person der Kriminalisten, namentlich der Untersuchungsrichter zu suchen. Man komme nicht mit dem unrichtigen Gemeinplatz: »das Thatsächliche geht den Untersuchungsrichter nichts an, dazu hat er die Sachverständigen«. Tausendfache Erfahrung zeigt, dass der Richter, der von der Sache keine Kenntnis hat, nie im stande ist, den Beschädigten zu verstehen, die Zeugen zu vernehmen, den Beschuldigten zu verhören und mit den Sachverständigen zu arbeiten. Er kann dann nur an der Oberfläche der Sache schwimmen, ihr Inneres bleibt ihm fremd, die zu Vernehmenden merken sofort, dass der Richter von der Sache nichts versteht und hüten sich, Ruhendes aufzurühren; der Richter selbst ist froh, die unbequeme Sache bald zu Ende zu haben, sie wird bei seite geschoben, die Beteiligten hören staunend, dass man an der Sache »nichts herausgekriegt« hat, und so bildet sich bald die Volksüberzeugung, dass in »derlei Dingen« nichts »auszurichten« sei, die Fälscher hören natürlich auch davon und machen sich diese Ansicht immer mehr zu Nutzen.

Es mögen ja ausser diesen vier Gründen noch andere Momente mitgewirkt haben, um das Fälscherhandwerk zur gegenwärtigen erstaunlichen Blüte zu bringen aber sicher ist einerseits, dass die genannten Gründe die wichtigsten sind, und dass andererseits die Summen um die da betrogen wird und die Schäden, die durch die Fälschungen sonst noch angerichtet werden, so gross sind, dass ernstlich dagegen eingeschritten werden muss.

Sehen wir zu, was sich von seiten der Staatsgewalten diesfalls thun liesse.

Wenn wir heute mit bloss äusseren Unterschieden das Verbrechen definieren, als das vom Staate wegen seiner Gefährlichkeit für die Rechtsordnung mit Strafe bedrohte Unrecht, so geben wir, und zwar durch die Worte »wegen seiner Gefährlichkeit für die Rechtsordnung« — die Verschiebbarkeit dieses Begriffes zu; als selbstverständlich wurden die näheren Bezeichnungen weggelassen, denn eigentlich meint man: »wegen seiner durch die herrschenden Verhältnisse bedingten Gefährlichkeit für die augenblicklich bestehende Rechtsordnung«. Ändern sich die Verhältnisse so, dass sich die Gefährlichkeit für die Rechtsordnung verschiebt, so muss der Staat auch die Bedrohung mit Strafe ändern und etwas als strafbares Unrecht erklären, was es früher nicht war, und umgekehrt. Es wäre aber vollkommenes

Verkennen des Thatsächlichen, wenn man behaupten wollte, dass die Verschiebung in der Verfolgung von Unrecht auf die Legislative beschränkt sei; eine Änderung in derselben wird immer und überall wegen Erhaltung des gleichmässigen und sicheren Ganges der Rechtspflege auf die äussersten Fälle eingeschränkt bleiben — wir haben durch die zahlreichen Nachtrags- und Nebengesetze nicht viel Gutes bekommen und in der Regel hat man hinterher zugestanden, dass man mit den bestehenden Gesetzen bei richtiger Anwendung besser sein Auslangen gefunden hätte.

Wir werden also als erste Parallelaktion zu der des Gesetzes die durch die Gerichte finden. Jede gesetzliche Bestimmung gestattet eine strengere und eine mildere Auffassung und fast jede Strafbestimmung enthält einen Rahmen zum Zwecke der strengeren oder milderen Bestrafung. Nicht Willkür heisst es, sondern richtige Individualisierung, wenn man subjektive und objektive »Gefährlichkeit für die Rechtsordnung« auch im einzelnen Falle erwägt, und hiernach das eben vorliegende und zu beurteilende, vom Staate mit Strafe bedrohte Unrecht strenger oder milder behandelt.

Aber noch für eine dritte Gewalt ist die nach den bestehenden Verhältnissen wechselnde Gefährlichkeit eines Unrechts massgebend, für die Polizei. Auch sie wird weniger strenge im Ausforschen, Aufdecken und Anzeigen einer bestimmten Gattung von Unrecht vorgehen, wenn sich dasselbe nach den augenblicklichen Verhältnissen von geringerer Gefährlichkeit für die Rechtsordnung erweist, sie wird strenger energischer und nachdrücklicher auftreten, wenn die Gefährlichkeit eines gewissen Unrechts augenblicklich gewachsen ist.

Die Gefährlichkeit eines Unrechts für die Rechtsordnung ist also für ihr Vorgehen massgebend:

I. für die Legislative, die strengere oder mildere Gesetze erlässt;

II. für die Rechtssprechung die strenger oder milder auslegt und strenger oder milder straft;

III. für die Polizeigewalt die ihre Nachforschungen und Anzeigen strenger oder milder einrichtet —

Alles ganz gleich, je nachdem die augenblicklichen Verhältnisse eine bestimmte Gattung von Unrecht für die Rechtsordnung gefährlicher oder unbedeutender gestaltet haben.

Naturgemäss — ausserordentliche Ereignisse ungerechnet — wird von unten ausgegangen werden: zuerst wird die Polizei strenger vorgehen, dann werden die Gerichte strenger auslegen und strafen und endlich wird äussersten Falles die Gesetzgebung ihre Bestimmungen ändern.

Ein Beispiel geben die anarchistischen Thaten. In ruhigen Zeiten wird man einzelne Schreier nicht wesentlich beachten und sie nach den ruhigen Verhältnissen als ungefährlich bezeichnen. Ändern sich diese, so wird die Polizei schärfer dreingehen — später werden die Gerichte ernster auftreten und z. B. manches unter § 85 oder 86 D.R.St.G. oder § 58 österr. St.G. subsumieren, was sonst als straflos erachtet worden wäre; zuletzt können gesetzliche Änderungen nötig werden und es wird z. B. in einem Staate die Todesstrafe für anarchistische Thaten äussersten Grades wieder eingeführt werden, nachdem sie schon abgeschafft war.

Man verstehe mich recht: ich meine nicht, man solle angesichts der gar zu argen Betrügereien die Polizei vorwärts kommandieren, oder etwa von oben auf die Gerichte einen Druck ausüben, damit sie energischer auftreten — es soll lediglich zur Verbreitung der Auffassung mitgeholfen werden, dass im Raritätenbetruge eine grosse und vielfach wirkende Gefahr gelegen sei, und dass alle Faktoren berufen sind, innerhalb der ihnen zustehenden Grenzen durch nachdrücklicheres Vorgehen der Gefährdung wichtiger Interessen entgegenzutreten. Dies wurde schon verschiedentlich betont; so legt z. B. v. Rohland,[4]) der bei Besprechung des Betruges überhaupt vom Momente der Gefahr und Gefährdung der Gesellschaft ausgeht, dar, »dass unredliche aber (noch) nicht strafbare Handlungen durch ihr Umsichgreifen so gefährlich werden, und sich zu einer solchen Kalamität gestalten, dass ihre Strafbarerklärung zu einem Bedürfnis wird.« Hierbei sind wir noch keineswegs bei dem strafpolitisch höchstbedenklichen »Exempelstatuieren« angelangt, sondern lediglich bei allgemeinen strafrechtlichen Prinzipien, nach welchen die Gefahr eines Vorgehens einerseits überhaupt der Hauptgrund ist, es zum Verbrechen zu stempeln und anderseits dafür massgebend ist, ob augenblicklich die Auslegung

---

[4]) Woldemar v. Rohland, »Die Gefahr im Strafrecht«. Dorpater Diss. Dorpat, Mattiesen. 1888.

des betreffenden Gesetzes milder oder strenger und die Strafzumessung höher oder niedriger geschehen soll.

Wenn aber behauptet wird, dass die fragliche Gefahr nicht bloss eine grosse finanzielle und nicht bloss die Reichen treffende ist, sondern dass dieselbe durch Gefährdung von öffentlichen Sammlungen und Instituten eine auf das Gebiet von Wissenschaft und Kunst greifende ist, so darf diese Gefahr nicht kurzweg als strafrechtlich irrelevant abgewiesen werden. Man könnte vielleicht sagen, die That des A, der den B beim Verkaufe eines Bildes betrogen hat, steht mit dem Erfolge, den die Fälschung etwa im Nationalmuseum von X bewirkt hat, zwar in ursächlichem, aber nicht in strafrechtlich verfolgbarem kausalen Zusammenhang; die Absicht des A ging dahin, dem B ein gefälschtes Bild um eine 10fach zu grosse Summe anzuhängen, welche Folge der Vorgang auf Kunst und Wissenschaft zu X. hat, lag ausser dem Bereiche seiner Absicht und seiner Erwägungen — die Schädigung der Kunst und Wissenschaft durch einen abseits liegenden, nicht gegen das Museum gerichteten Betrug, könne unmöglich die Gerichte veranlassen, gegen den A strenger vorzugehen. Aber wir gewöhnen uns nach und nach überhaupt, einzusehen, dass „ein Hauptteil des Strafrechts die Verpönung von Erfolgen zum Inhalt hat, die vom Staate als schädlich anerkannt sind" (Aldosser)[5], wir finden aber auch weiter Beispiele genug im Strafrecht, die zeigen, dass für die Strafe weit ab gelegene Momente massgebend sein können. Wenn z. B. Raufereien in einem bestimmten Gebiete soweit gehen, dass die Landwirtschaft dort zu leiden beginnt, wenn Abtreibungen dermassen überhand nehmen, dass der Ausfall bei den Assentierungen merkbar wird, wenn Meineide so zahlreich werden, dass verschiedene vermögensrechtliche Nachteile deutlich zu Tage treten, so hängen alle diese Folgen mit dem Thatbestande der betreffenden Delikte gar nicht zusammen, und doch wird der Richter, dem diese Folgen und ihre verderblichen Wirkungen klar gemacht werden, kaum daran zweifeln: es sei an der Zeit, bei solchen Delikten strenger einzuschreiten, als man es thun würde, wenn sich die genannten Nachteile nicht hätten bemerkbar gemacht.

---

[5]) Carl Aldosser, »Inwiefern können durch Unterlassungen strafbare Handlungen begangen werden?« Gekrönte Preisschrift. München, Huttler. 1882.

Wenn also nachgewiesen werden kann, dass die verschiedenen Schäden, welche der Raritätenbetrug mit sich bringt, wirklich sehr bedeutende sind, wenn über das Wesen desselben und die dabei gebrauchten Triks eine Klärung geschafft werden kann, und zu erwirken wäre, dass gegen vorkommende Fälle solcher Betrügereien nachdrücklicher, strenger und namentlich ausdehnender vorgegangen wird — dann ist der Zweck dieser Schrift erreicht.

1. Preise der Raritäten.

Der erste und Hauptgrund für das Emporgehen des Fälscherhandwerkes sind die hohen Preise, die für gute Sachen bezahlt werden. Wenn auch mitunter für schlechte Fälschungen, für sinnlos Zusammengestelltes, für falsch Bezeichnetes noch immer lächerlich hohe Summen bezahlt werden, so muss doch in der Regel für eine auf den grossen Markt zu bringende Fälschung Erhebliches aufgewendet werden. Vor allem muss der Fälscher gute, echte Vorbilder haben, nach Abbildungen kann er nur ausnahmsweise arbeiten. Ein echtes Objekt ist aber in der Regel in festen Händen, in denen eines öffentlichen Museums oder eines grossen Privaten und so gelangt der Fälscher in den vorübergehenden Besitz eines wertvollen Originales zu Nachbildungszwecken, wohl nur durch Bestechung eines Dieners etc., der ihm das Ding etwa wiederholt über Nacht zur Verfügung stellt. Es sind also oft recht bedeutende Auslagen nötig, bevor noch überhaupt etwas entstanden ist. Dann kommt das, oft sehr teure Material z. B. edles Metall, oder besondere alte Leinwand, altes Papier etc., ferner die eigentliche Mühe und Kunstfertigkeit bei der Herstellung, der Profit des Händlers, die Kosten der Agenten, Kritiker, Sachverständigen, verschiedene Reisen etc. — kurz, die Objekte der Fälschung kommen oft gar nicht so billig zu stehen; man erinnert sich, dass jene Reliquienschreine, die im Weiningerprozesse eine so grosse Rolle gespielt hatten, von den Sachverständigen noch als Falsifikate auf mindestens 35000 fl. (60000 Mark) geschätzt wurden.

Wird nun zu den Herstellungskosten das Risiko des Händlers gerechnet, der möglicherweise das teure Produkt nicht anbringt und doch die Gefahr der er sich aussetzt (nicht wegen der Strafe sondern wegen seines Kredites), so ist es begreiflich, wenn für Fälschungen oft in der That sehr hohe Preise gezahlt werden müssen, und dies ist wieder nur dann möglich, wenn für Echtes noch mehr geboten wird. Gezahlt wird aber, und so können die Fälscher bestehen. Wie diese hohen Preise entstanden sind, wird in einem guten Aufsatz der »Münchener Allgemeinen Zeitung« vom 4. und 5. Juli 1900, gezeichnet mit W. B.[6]) recht klar zusammengestellt; sie sind eigentlich nicht Mode, nicht Zufall, sondern eine Allgemeinerscheinung, die ihren Ausgang von den geänderten Kulturverhältnissen nehmen musste.

In den letzten 30 Jahren fast ununterbrochenen Friedens hat in allen Kulturstaaten eine ausserordentliche Steigerung des Volkswohlstandes und der Mittel stattgefunden; das Vermögen der Privatsammler wurde wesentlich gesteigert, eine Menge von Leuten, die früher keines hatten, verfügen über viel Geld und suchen durch Besitz von schönen Dingen häufig mit mehr gutem Willen als Verständnis, in die Reihen der Gebildeten zu dringen. Die Zahl der öffentlichen Sammlungen hat sich mehr als verzehnfacht, ihre Mittel sind sehr bedeutende. Dazu kommt die neue Welt mit ihrem ungeheuren Vermögen und die lobenswerte Tendenz der dortigen reichen Leute, ihre grossen Sammlungen testamentarisch, oft auch bei Lebzeiten, öffentlichen Sammlungen zu überweisen: ist aber ein Objekt nicht mehr im Privatbesitz, so ist es für den Markt so gut wie verschwunden. Man kann annehmen, dass für Kunstsachen heute 25 mal so viel ausgegeben wird als vor 30 Jahren. Kommt also einmal ein gutes Bild auf den Markt, so wird geradezu unsinnig getrieben und die schliesslich bezahlten Preise sind es ebenso.

Als Beispiel, wie grosse Privatsammlungen teils durch Schenkung, teils durch Kauf an öffentliche übergingen, diene zuerst die des Sir Richard Wallace, wohl die grösste, auf 100 Mill. Mark geschätzte Privatsammlung, dann die Antiquitätensammlung Carran,

---

[6]) W. B., »Aus dem modernen Kunst- und Antiquitätenhandel«. Beilage zur »Münchner Allgemeinen Zeitung« vom 4. und 5. Juli 1900, Nr. 150 u. 151.

die Gallerie Borghese in Rom und die von S. Maria Nuova in Florenz. Ähnlich wird es mit den wenigen noch bestehenden Privatsammlungen Italiens gehen — sie kommen nicht auf den Markt, sondern in staatlichen Besitz und sind daher für Ankäufe auf absehbare Zeit nicht mehr zu haben. Die käuflichen Stücke nehmen rasch ab, die Kauflust und Kaufkraft steigt aber noch zusehends. Da giebt es nur zwei Mittel: das wenige verkäufliche riesig in die Höhe treiben und — »Gutes« neu machen.

Wie die Preise in den letzten 25 Jahren gestiegen sind, ist schon aus wenigen Beispielen zu ersehen. In der Gallerie Torrigiani in Florenz waren etwa 1875 10 oder 12 altflorentiner Bilder um 70000 Lire nicht anzubringen — vor kurzem wurden sie genau um das 10fache verkauft. Aus der Gallerie Panciatichi wurden Bilder von Schülern von Ghirlandajo, Botticelli, Bronzino um 20000—40000 Lire verkauft, die vor 10 Jahren um weniger als die Hälfte zu haben gewesen wären. Alle gehen nun nach England und Amerika als wirkliche Ghirlandajo, Botticelli, Bronzino — und um welche Preise? Auch in Deutschland steigen die Preise gleich hoch. Als die Sammlung Felix (zum Teil) verkauft wurde, zahlte ein englischer Händler für ein total ruiniertes Bild von Dürer 130000 Mark und für ein Portrait von Memling 80000 Mark. Derselbe Händler hatte noch vor 3 Jahren für ein besseres Bild desselben Meisters 10000 Mark gezahlt.

Wie aber die Preise »werden«, zeigt irgend eine der Geschichten, die als sogen. »Lawinenhistorien« in gewissen Kreisen zu Dutzenden erzählt werden. Z. B.: Der principe Chigi in Rom besass ein frühes Madonnenbild von Sandro Botticelli (dem feinfühligen, liebenswürdigen Schüler Fra Filippos), welches er mit dem Ausrufspreis von 160000 Fr. versteigern wollte. Dies verbot die Regierung [7]) und nun drehten einige Kunsthändler die Sache anders an. Ein herabgekommener Nobile A musste sich an den »maestro di casa« des Fürsten Chigi, namens B heranmachen, damit der Kunsthändler C mit Chigi in Verbindung kam, und von ihm das Bild um 315000 Fr. bekam. Vom C bekam dasselbe ein in Italien lebender »Artcritic« um unbekannt wie viel. Dieser wollte sich vor der italienischen Regierung nicht blossstellen und engagierte den englischen Händler D, der die heimliche Ausfuhr

7) Die bekannte *lex Pacca.*

veranstalten musste; A und B bekamen je 15000 Fr., D 25000 Fr. und die amerikanische Dame, für die das Bild bestimmt war, durfte alles in allem über eine halbe Million Frcs. bezahlen!

Allerdings sind solche Einzelpreise nicht die ganz massgebenden, denn sie werden einerseits selten richtig bekannt und haben auch untereinander keine, so zu sagen börsenmässige Verbindung. Wenn z. B. Rothschild für künstlerisch gearbeitete Prunkgefässe aus edlem Metall Stück für Stück je ein ansehnliches Vermögen bezahlt, so sind das nicht bloss vereinzelte Fälle, sondern sie werden auch von ihm nur dann bezahlt, wenn es sich um Stücke von sogen. »historischer Provenienz« handelt, d. h. für Gefässe, die sich in öffentlichem Besitze befinden und dahin direkt aus der Hand des Meisters gelangt sind. In solchen Fällen kann man also nicht von Marktpreisen sprechen. Ebensowenig massgebend sind Preise, welche grosse Museen im sogen. Handeinkaufe, im Handel mit Privaten oder Händlern geben. Wenn sich die ganz grossen öffentlichen Sammlungen: British museum, die Königl. Museen in Berlin, das Louvre, die Vaticanischen Museen, die Eremitage, das Musée Cluny, das Kaiserl. Museum in Wien etc. auf derartige Käufe und die geforderten Preise einliessen, so würden sie mit Anträgen überschwemmt und würden die Preise noch mehr in die Höhe gehen machen, als sie ohnehin sind. Wie weit dies geht, ist an den grossen amerikanischen Museen zu sehen (Nationalmuseum in Washington, Metropolitan Museum of Art in New York, Museum of fine arts in Boston ete.), die sich um den Brauch der alten Welt nicht kümmern und nach ihren Mitteln auch nicht kümmern müssen; sie kaufen was gut und teuer ist — aber in welche Preise geraten sie auch!

Massgebend bleiben also eigentlich bloss jene Zahlen, die bei grossen, öffentlichen und auch von den Vertretern der bedeutendsten Museen beschickten Versteigerungen auftreten, die also noch am ersten eine Ähnlichkeit mit börsenmässig geschehenen Veräusserungen aufweisen. Von solchermassen erzielten Preisen sollen nur einige (nach Wessely)[8]) aufgezählt werden, und zwar solche, die für Kunstblätter, — also Kupferstiche, Holzschnitte, Farbendrucke etc. — auf Auktionen bezahlt wurden. Solche Objekte

---

[8]) J. E. Wessely, »Anleitung zur Kenntnis und zum Sammeln der Werke des Kunstdruckes«. 2. Aufl. Leipzig, T. O. Weigel. 1886

sind am bezeichnendsten, weil sie doch als Drucke mehrfach vorhanden sind und auch den Fälschungen, namentlich eingreifenden Änderungen am meisten ausgesetzt werden. Es wurden z. B. verkauft:

Ars moriendi (an das British Museum) um 7150 Thlr. Kupferstich »mit dem goth. P.« von 1451 um 3950 Thlr. Vier alte Spielkarten um 1800 Thlr. Passion v. Schongauer um 3000 fl. Burgmairs »Triumph des Kaiser Max« um 3450 fl. Magdalena v. Lucas v. Leyden um 8500 Fr. 50 Blätter Tarokkarten (an das British Museum) um 17000 Fr. Baldini: »Die Propheten« um 5610 fl. Botticelli: »Mariae Himmelfahrt« 5001 fl. Rembrandts: »Krankenheilung« (100 fl. Blatt) bis 10000 fl.

Fragen wir, ob diese hohen Preise ganz plötzlich auftauchende Narrheiten sind, wie z. B. seiner Zeit die Tulpenmode in Holland, die Taubenzüchterei in England etc., so muss dies verneint und behauptet werden: gesammelt wurde immer, wenn die Kultur entsprechend hoch stand und wenn die Leute genug Geld hatten. Gesammelt wurde im Altertum, im Mittelalter und neuerdings dann besonders im 18. Jahrhundert, zu welcher Zeit namentlich das Sammeln von Gemmen und Kameen ins grosse getrieben wurde — bekannt sind die Sammlungen des italienischen und französischen Adels, die Gemmensammlung des Baron Stosch, des Herzogs von Marlborough, die Liebhabereien Rembrandts, des Lord Elgin, des Elias Ashmole (des Begründers des grossen Oxforder Museums), König Karl I., Goethes etc. — Die Sammelfreude wird auch nicht leicht aufhören.

»Gesammelt und für Riesenpreise gesammelt, wird, sagt Luthmer,[9]) immer werden, weil immer gesammelt wurde. Die herrlichsten Sammlungen haben ihren Grundstock in der Kunstfreude früherer Zeit gehabt: die »Reiche Kapelle« in München geht auf Albrecht V., das Grüne Gewölbe in Dresden auf Heinrich den Frommen bis August den Starken, die Wiener Museen auf Erzherzog Ferdinand I. und das Kunstgewerbliche Museum in Berlin auf die brandenburgischen Kurfürsten zurück. Aber schon die Römer sammelten: P. Petronius Murrhinische Gefässe, Marcellus getriebenes Silber, und jeder Parvenu musste Arbeiten von Kalamis, Akragas,

---

[9]) F. Luthmer, »Sammler und Sammlungen«. Universum, 1892/93, p. 2479.

Stratonikos, Antipater, Pytheas haben und zu welchem Unsinn es manchmal kam, schildert das »Gastmahl des Trimalchio« so überaus köstlich.«

2. Einzelne Fälle von Fälschungen.

Für die weitere Besprechung der einzelnen Betrügereien dürfte es sich empfehlen, vorerst in einigen Beispielen die Vorgänge der einzelnen Fälschungen zu berühren; bezüglich einer genaueren Kasuistik des Thatsächlichen verweise ich auf H. Gross' Handbuch.[10])

Im allgemeinen kann gesagt werden, dass von Raritäten einfach alles, mit allen Mitteln, in allen Formen, in allen Graden, mit allen Hilfen gefälscht und in der gleich verschiedenen Weise wieder weiter verhandelt wird. Es giebt kaum eine Errungenschaft modernen Wissens und Könnens, die nicht als Mittel der Fälschung ausgenutzt wurde, kaum eine Form der offenen oder verdeckten Mithilfe, die nicht in oft raffiniertester Weise in Verwendung genommen würde. Grade das Seltsame, Komplizierte und schwer Qualifizierbare der thatsächlichen Vorgänge erschwert die juristischen Fassungen derselben oft so weit, dass volle Sicherheit ausgeschlossen ist.

Was wir Fälschung im juridischen Sinne nennen sollen, wird sich später ergeben: die Sammler, Kunstkritiker und wohl auch ein Teil der Händler nennt Fälschung jede Nachbildung eines Originalgegenstandes zum Zwecke unerlaubten Gewinnes (Eudel).[11]) Selbstverständlich ist hier die Bedeutung der Worte im weiteren Sinne gemeint: unter »Nachbildung« denkt man sich auch ein Fertigmachen eines echt angefangenen Kunstwerkes, ein weitgehendes Ergänzen, ein sog. Nachempfinden u. s. w. Unter »Fälschung« ist auch alles verstanden, was wir »Verfälschung« nennen, und »Nachbildung .. zum Zwecke« soll natürlich nicht bloss jene

[10]) H. Gross, »Handbuch für Untersuchungsrichter als System der Kriminalistik«. 3. Aufl. Graz, Leuschner u. Lubensky. 1899. p. 729 ff.

[11]) s. Anm. [3]).

Fälle bezeichnen, in welchen schon bei der Nachbildung an Täuschung gedacht wurde, sondern auch jene, in welchen eine zu erlaubten Zwecken verfertigte Imitation später zu Fälschungszwecken verwendet wurde. Fassen wir einzelne Gebiete heraus, auf welchen es sich um grosse Summen handelt, und auf denen die Fälschung am ausgedehntesten betrieben wird.

Das wichtigste Feld ist wohl das der Bilderfälschung, auf welchem alljährlich um Millionen betrogen wird und welches auch ausserdem auf allgemeine Bildung, auf Kunstforschung und Kulturgeschichte am wichtigsten eingreift. Beispiele in dieser Richtung sind allgemein bekannt, die Tagesblätter bringen hierüber häufig Belege und auch im gewöhnlichen Leben wird fast jedem ein Fall untergekommen sein, in welchem »ein alter Italiener« entdeckt oder mit einem »alten Niederländer« betrogen wurde; um geringe Summen handelt es sich da selten und der Aufwand an Vorbereitungen, an Schlauheit ist meistens ebenso beträchtlich, als der Apparat von verschiedener Mithilfe kompliziert und umständlich angelegt wird.

Wie hierbei vorgegangen wird, ist oft geschildert worden; Theo Seelmann[12]) sagt z. B.: Zum Teil Mangel an genügend bezahlter Arbeit, zum Teil eine Art Sport und das Streben: »das kann ich auch« veranlasst heute eine Anzahl von Malern, »alte Bilder« zu machen; im Künstlerjargon sagt man von einem solchen: »er gehört der antikisierenden Richtung an«. Selbstverständlich sind das keine ungeschickten Leute, die vortrefflich kopieren können. Handelt es sich nur um etwas »Beiläufiges«, so wird ein altes Bild einfach kopiert und dann in den Backofen gesteckt, wo es braun, rissig und trocken wird, lange gut genug um einen »grünen« Liebhaber zu täuschen. Handelt es sich aber um »etwas wirklich Gutes«, so ist allerdings umständlicher vorzugehen. Vor allem muss richtige Leinwand beschafft werden, denn moderne Leinwand kennt jeder. Recht gut lässt sich gewisse Bauernleinwand verwenden, wie sie in manchem entlegenen Gebirgsdorfe heute genau so gemacht wird, wie vor 300 Jahren; Flachs ist derselbe, das Spinnrad sah ebenso aus, wie damals und der Webstuhl des Bauern hat sich auch um keinen Spahn geändert: die

---

[12]) Theo Seelmann, »Unechte Kunstwerke«. »Universum«, 9. Jahrg. 2. Halbbd.

Leinwand kann also durchaus nicht anders aussehen, es handelt sich nur darum, sie braun und schmutzig zu machen. Gewöhnlich wird lediglich ein starker Tabakabsud mit etwas Leim hergestellt und darin die Leinwand je nach Bedarf länger oder kürzer gekocht. Jene Seite, die später zur Rückseite bestimmt ist, wird mit fein zerstossenem Harz leicht bestäubt und dann wird gewöhnlicher Zimmerstaub oder solcher, der sich auf Kornböden findet, darauf mit der Hand gut verrieben. Obwohl derart bereitete Leinwand kaum als gefälscht erkannt werden kann, so wird für besondere Fälle doch lieber ein altes, billiges Bild gekauft, die Malerei mit Lauge, Salmiak u. s. w. weggewaschen, und nun »was Gutes« darauf gemacht. Jede Gefahr der Bekrittelung von Leinwand, Blindrahmen und Nägeln ist damit gründlich beseitigt; die letzteren sind nämlich keine unbedeutende Klippe, da kleine, geschmiedete Nägel zum Befestigen der Leinwand an den Rahmen nicht leicht zu haben sind. Allerdings findet man doch noch irgendwo einen Nagelschmied, der nach einem Muster kleine Nägel genau so schmiedet, wie man sie vor Jahrhunderten erzeugte — etwas Rost ist nicht schwer darauf anzubringen. Ist das Unterwerk einwandfrei beschafft, so wird die Kopie mit Mühe und Sorgfalt angefertigt und der »alte, warme, goldige Ton der alten Meister« mit einer Mischung von Lakritzensaft, Milch, feiner Asche und etwas Russ darüber mit der Hand eingerieben. Aber über den goldigen Ton muss Schmutz kommen, der mit Gummilösung, Sepia und Tusche erzeugt und mit einer Bürste darüber gespritzt wird; geschieht dies vorsichtig und langsam, so kann's nicht fehlen.

Eines besonderen Studiums bedarf das Handzeichen der alten Meister; die meisten derselben hatten eines, viele von ihnen, je nach der Zeit, auch verschiedene. Art und Ort des Anbringens ist meistens sehr charakteristisch; glücklicherweise für die Fälscher giebt es hierüber ausgezeichnete, streng wissenschaftliche Werke, in denen man nicht bloss die genauesten Zeichnungen der alten Monogramme der Künstler, sondern auch alles Wissenswerte über Art und Ort der Anbringung findet (Nagler,[13]) Duplessis,[14])

---

[13]) Nagler, »Die Monogrammisten«. München 1857—1876.

[14]) Duplessis, »*Dictionnaire des marques et monogrammes*«. Paris 1886—1887.

Ris-Paquot,[15]) Brulliot[16]) u. s. w.). Sehr oft wird auf das Monogramm Schmutz gebracht, so dass nur Spuren desselben sichtbar bleiben. Der Käufer hat dann die Freude, das »sofort geahnte« Monogramm durch Beseitigung des Schmutzes »entdecken« zu können. Ist dem Fälscher irgend etwas Schwieriges auf einem Bilde nicht gelungen z. B. eine Hand oder sonst etwas für den alten Meister sehr Kennzeichnendes, so wird die betreffende Stelle mit Leimwasser gerieben; dieses giebt einen trefflichen Nährboden für Schimmelpilze ab, welche die betreffende Stelle ruinieren und überdies sehr echt aussehen machen. Da nun weiter Alkohol als Prüfmittel für alte Farben gilt (er löst frische Farben, kann aber altgetrockneten nichts anhaben), so wird die Malerei (vor Anbringen des Schmutzes) mit dünner Leimlösung überzogen, die ebenso gegen Alkohol zu schützen vermag, wie hohes Alter.

Dass sich in solchen Vorgängen, die sich mit geringen Varianten unzählige Male ereignen, alle Deliktsmerkmale des Betruges nach deutschem und österreichischem Rechte vereinen, wenn so entstandene Bilder als echt verkauft werden, dürfte kaum bezweifelt werden. Es giebt aber noch andere Manipulationen mit Bildern, die sich als strafbar erkennen lassen, bei welchen aber die Qualifikation nach dem juristischen Thatbestande schwierig ist. Fragen wir z. B., wie sich die Sache gestaltet, wenn der Künstler selbst von seinen eigenen Bildern Kopien machen lässt und als Originale verkauft. Eigentümliche Lichter warf diesfalls der seiner Zeit (1888) vor den Assisen in Brügge verhandelte Prozess, in welchem dargethan wurde, dass der bekannte Maler van Beers mehrere gute Maler (darunter Paul De Vitt und Eismann-Semenowsky) im Solde hatte, die Kopien seiner Bilder oder auch Originalarbeiten anfertigten; van Beers retouchierte dann die Gemälde ein wenig, versah sie mit seinem Namen und verkaufte sie als seine Originalerzeugnisse. Gefielen ihm Bilder gar nicht, so liess er seinen Namen durch jemand anderen darauf setzen, um sie später als unecht erklären

---

[15]) Ris-Paquot, »*Dict. encycl. des marques, monogrammes, chiffres etc.*« Paris 1893.

[16]) Brulliot, »*Dict. des monogrammes*«. Neue Aufl. Stuttgart 1832—1834.

zu können, wenn dies notwendig würde. Das nannte er »falsche van Beers fabrizieren«.

Ähnliche Schwierigkeiten bietet der Vorgang mancher Meister, dasselbe Bild mehrfach zu verkaufen. Man kann das für vollständig erlaubt, für bloss moralisch unstatthaft, für zivilrechtlich verfolgbar und für strafbar erklären, je nach der Auffassung. Ein berühmter Maler arbeitet in seinem Atelier an einem neuen Bilde; diese Ateliers werden, namentlich zur Reisezeit, von pilgernden Kunstliebhabern stark besucht, und so sieht z. B. vormittags ein Engländer das halbfertige Bild, kauft es und lässt es sich nach Vollendung senden. Nachmittags kommt ein Amerikaner und es wiederholt sich derselbe Handel. Der Engländer E und der Amerikaner A bekommen redlich, was sie verlangt und gekauft haben, und doch lässt sich nicht zweifeln, dass beide geschädigt wurden, d. h. dass sie nicht oder nur zu viel geringerem Preise gekauft hätten, wenn sie gewusst hätten, dass sie nicht Unica bekommen; es lässt sich der Hergang drehen wie man will, man kann von Marotten reden oder sonstige Grundsätze anwenden: thatsächlich haben E und A bloss Kopien, wenn auch vom Meister selbst gemalt. Es giebt aber Bilder, die nicht bloss zwei, sondern viele Male verkauft wurden und es ist dann die Enttäuschung eines Besitzers gerechtfertigt, wenn ihm ein reisender Kenner sagt: »sehr gutes Bild — habe es schon bei X und bei Y und bei Z gesehen«. Ist eine »wahre Thatsache unterdrückt«, wenn der Maler dem E verschweigt, dass er das Bild eventuell noch ein paarmal malt, oder dem A, dass er es schon einigemal verkauft hat? Ich bejahe die Frage, wenn nicht etwa Sachverständige erklären würden, solche Vorgänge seien bereits »ortsübliche Usance« geworden, die ein Käufer zu kennen habe. Wie solche Vorgänge entstanden sind, lässt sich leicht erklären. Ursprünglich auf Ausstellungen kunstgewerblicher Gegenstände, konnte man häufig Zettel angeschlagen finden: »zweimal — zehnmal gekauft« — d. h. die Dinge gefielen so gut, dass zwei oder zehn Leute sich dieselben in gleicher Form und Ausführung nachbestellt haben. Diese Zettel fanden wir dann auch auf Kunstausstellungen, aber lediglich bei plastischen Werken, die mittels Gusses hergestellt werden. Wenn also auf einer Bronze steht: »fünfmal verkauft« — so heisst das, der Künstler wird aus der vorhandenen Form fünfmal die Figur aus Bronze giessen und den Käufern liefern; das ist ganz offen und ehrlich gehandelt, aber zuletzt haben sich auch manche Maler nicht gescheut, diesen vom Kunstgewerbe begonnenen Usus anzunehmen und malen nun ihre Bilder herunter, so oft sie bestellt werden.

Zur Entschuldigung wird ein solcher Vervielfältigungskünstler vielleicht sagen: »Das hätte der Besteller ausdrücklich verlangen sollen, wenn er ein Unicum haben wollte — dann hätte ich auch meinen Preis entsprechend höher gestellt.« Ich meine: im Gegenteil, der Maler hätte seine Absichten zu sagen gehabt, sonst stellt er sich auf den Standpunkt der Marchande de modes, die ihre Preise erhöht, wenn eine Dame verlangt, dass der bestellte Hut, das gekaufte Kleid ein Unicum bleibt und nicht als Modell für andere Erzeugnisse dienen darf.

Ausser den verschiedenen Betrügereien beim Malen und Herstellen der Bilder giebt es noch eine Reihe von Triks, die ebenso strafbar sind. So erzählt Melingo [17]) ein treffliches Beispiel dafür, wie sich manche Händler zu helfen wissen, um Geld »zu verdienen«; es ist dies ein vielbewährtes und verbreitetes Kunststück, das namentlich Kunstliebhabern gegenüber angewendet wird, die sich auf Reisen befinden, oder die das gekaufte Bild nicht sofort aus dem Laden mitnehmen. Der Liebhaber findet in einem Laden ein wirklich gutes Bild, das aus irgend einem gut erfundenen Grunde verhältnismässig billig zu haben ist. Die sorgsamste Prüfung ergiebt Echtheit und grossen Wert des Bildes, es wird gekauft und Nachsendung vereinbart. Entweder kommt der Käufer selbst auf den Gedanken, die Identität des Bildes zu sichern, oder es bringt ihn der Verkäufer darauf — kurz, der Käufer schreibt auf die Rückseite des Bildes mit Rotstift seinen Namen, drückt etwa sein Petschaft auf und bringt sonst noch ein geheimes Erkennungszeichen an, zahlt und reist beruhigt ab. Das Bild kommt an, Unterschrift, Petschaft und geheimes Zeichen sind vorhanden und echt, das Bild ist aber eine mehr oder weniger wertlose Kopie. Die Sache war nämlich so, dass auf demselben Blindrahmen zuerst die Kopie und d a r ü b e r das Original aufgespannt war. Der Käufer hat also vorne d a s O r i g i n a l g e s e h e n und

---

[17]) P. v. Melingo, »Die Fälschung von Kunstwerken, Antiquitäten und Raritäten«. Im Beiblatt zum »Berliner Tageblatt« vom Jahre 1889, Nr. 8, 9, 11, 13, 15, 18, 21, 27, 51.

geprüft, seine Zeichen aber auf der Rückseite der Kopie angebracht und der Verkäufer hatte bloss die kleine Mühe, nach Abgang des Käufers das Original herabzunehmen — um das Experiment beliebig oft zu wiederholen. — Melingo klagt mit Recht, dass Versuche sich bei Gericht gegen diesen schändlichen Betrug zu wehren nur Spott und Schaden bringen — wer kümmert sich bei Gericht um solche und ähnliche »famose« Triks?

Fast ebenso toll wie beim Bilderfälschen, geht es beim Fälschen und Verfälschen der Kunstblätter zu. Kunstblätter nennen sie alle Erzeugnisse der alten Reproduktionsverfahren ausschliesslich der Photographie; gesammelt werden hauptsächlich Holzschnitte und Kupferstiche mit ihren besonderen Formen der Schabkunst, Aquatinta, Radierungen und die wenigen Erzeugnisse des Eisenstiches; dann auch Stahlstiche, Farbendrucke, Lithographien. Alle diese Blätter, namentlich Holzschnitte und Kupferstiche, haben es zu sehr hohen Preisen gebracht, folglich wird gefälscht und zwar in den denkbar verschiedensten Formen. Wie die Preise entstanden sind, das ging nach bekanntem Muster. Gute Schnitte und Stiche wurden schon sehr frühe, und da fast nur von Leuten, die wahres Kunstverständnis hatten, mit Vorliebe gesammelt. Dies waren solche, die darauf verzichteten, ihre Wände mit teuren, prunkvollen Bildern zu zieren, die »sich die Farben selber dazu denken können«, die daher gute Schnitte und Stiche kauften. Diese wurden dann in Mappen sorgfältig verwahrt und boten ihrem Besitzer und wenigen Auserwählten Freude und Belehrung. Als nun der Wohlstand in grössere Kreise drang und als die Reichen auch als Gebildete gelten wollten, nahmen sie bald wahr, dass man durch das Sammeln unscheinbarer alter Stiche in den Verdacht grossen Verständnisses gerät, die Stiche wurden mit Nachdruck gesucht, wurden sehr teuer und bald war auch hier Fälschung notwendig. Dieser bot sich Gelegenheit zu mehrfacher Bethätigung. Vor allem galt es, das wirklich Gute, was in Menge vorhanden, aber durch mangelndes Verständnis in beklagenswerten Zustand geraten war, wieder »schön« und verkäuflich zu machen, wozu alle erdenklichen Embellierungskünste in Verwendung traten. Und als der Vorrat der zerrissenen, beschmutzten und sonst beschädigten Exemplare aufgebraucht und aus dem Handel verschwunden war, ging man daran, die Sachen neu zu machen. Da suchte man die alten, echten Holzstöcke oder Kupferplatten hervor, besserte etwa vorhandene Beschädigungen mit mehr oder weniger Glück aus, und dann druckte man mit denselben lustig darauf los. Hatte man gutes, altes Papier, so ging die Sache ja noch leidlich. Fand man die alten Stöcke und Platten nicht mehr oder waren sie gar zu arg beschädigt, dann musste von Grund aus neu gearbeitet werden: man machte Holzschnitte und Radierungen einfach mit der Feder, alle Formen der anastatischen Drucke, Reinikeverfahren u. s. w. bis auf die Kunststücke aller photographischen Reproduktionen mussten helfen und so entstanden Fälschungen von den lächerlichsten, plumpsten Formen angefangen bis zu Feinheiten, die dem Auge des besten Kenners zweifelhaft bleiben. — Endlich kam man auch den feineren Bedürfnissen der Sammler entgegen. Man wusste z. B. allgemein, dass die Stücke »*Avant la lettre*«, die sog. »*Épreuves d'artiste*« besonderen Wert haben; ebenso, dass die Künstler selbst während des Druckes, also nach Entstehung einer kleineren oder grösseren Anzahl von Abzügen kleinere oder grössere Änderungen an der Platte vornahmen; es wurde z. B. ein Ton kräftiger oder zarter gestochen, auch wurde ein zu wenig belebter Raum ausgefüllt, durch eine Zufügung Gleichgewicht hergestellt u. s. w. Zum Teile wirkt die thatsächlich eingetretene Verbesserung des Blattes, zum Teile aber die Seltenheit des Blattes wesentlich auf den Preis; so kommt es, dass gerade Blätter solcher Meister, die noch gerne während des Druckes an den Platten wiederholt Verbesserungen vornahmen (z. B. Aldegrever, Solis, Merian), verschiedene Preise haben. Ob z. B. auf dem Hute eines Mannes eine Feder ist oder nicht, ob es aus dem Schornsteine eines Hauses raucht oder nicht, das kann den Preis auf das Doppelte und mehr bringen, es kann aber auch den Wünschen der Sammler leicht Rechnung getragen und etwa durch Überdruck mit einer neuen Platte die gewünschte Feder, der fehlende Schornsteinrauch dargestellt werden. Diese und ähnliche Kunststücke, die gerade bei Kunstblättern fast ins Unendliche variiert werden können, ergeben für die juristische Qualifikation, ob und wann strafbar, eben so viele Schwierigkeiten.

Bezüglich einiger, hier noch massgebender Momente sagt Wessely:[18]) »Bei Kunstblättern nennt man Originale jene, die nach

[18]) s. Anm. [8]).

dem Bilde — Kopien, die nach einem Kunstblatte gestochen sind. Letztere sind natürlich weniger wert, aber oft schwer von Originalien zu unterscheiden.« Betrogen kann hier eigentlich nur dadurch werden, dass man einfach eine Kopie für Original ausgiebt.

Dass ganze Platten mit Kompositionen im Stile eines berühmten Meisters gestochen oder geschnitten oder geschabt werden, kommt selten vor, da einer, der das kann, unter eigenem Namen herausgiebt. Desto häufiger sind Radierungen. Es giebt eine Menge solcher mit Bezeichnung »Rembrandt fecit«, die falsch sind; viel mehr geschieht an den Blättern selbst; so kostet Z. B. ein nummeriertes Blatt von K. Dujardin 9—12 Mark, ein nicht nummeriertes aber 40—80 Mark — die Nummer ist leicht radiert. — Gegendrucke (*contre-épreuves*) entstehen, wenn ein frisch gedrucktes Blatt auf einem zweiten Blatte abgedruckt wird. So erhält man schwache (natürlich verkehrte) Abdrücke, die von manchen Sammlern als Curiosa stark gesucht sind. Sie können gefälscht werden, wenn echte Drucke durch Alkohol, Salmiak u. s. w. wieder »frisch« und kopierfähig gemacht wurden. — Wie weit Täuschungen vorkommen, beweist der Umstand, dass Kreidezeichnungsstrich (*la manière du crayon*), eine Art von Radierung, wenn die Platte mit rotgebranntem Satinober gedruckt wird, eine Originalrötelzeichnung vortäuschen kann. In einer berühmten Privatsammlung wurde ein solches Blatt von Bonnet für Originalzeichnung von Boucher gehalten.

Greifen wir auf das Gebiet der Fälschungen im Kunstgewerbe, so sehen wir, dass es da ganze Schulen und Fabriken giebt, die, der Mode und ihren Erfolgen nachgebend, stets das fälschen, was gefordert wird, und bei dem sie noch nicht erwischt worden sind. Als bezeichnendes Beispiel führt der Kenner W. B.[19]) die sogen. Siennenser Fälscher auf. Die haben zuerst prächtige Bichiernaeinbände gemacht; als man ob der Masse des Gebrachten Verdacht schöpfte, so fabrizierten sie schöne alte Holzrahmen und bemalte Holzkästchen, und als diese nicht mehr recht gingen, Trecentoaltärchen und Sockelbilder. Diese Erzeugung haben sie auch eingestellt, und was sie dermalen schaffen, wird man erst bemerken, wenn das betreffende, heute noch nicht bekannte, in

[19]) s. Anm. [6]).

grosser Menge auf dem Markte auftaucht. (Es scheint, dass sie Uhren, Rahmen und Etageren aus der Kongresszeit erzeugen.)

Wenn nun auch mitunter Verdacht aufsteigt, so bedeutet dies noch nicht das Ende der Fabrikation dieses Artikels — gekauft wird noch eine Weile fort, denn das, was die Wissenden merken, das merkt das kaufende Publikum noch lange nicht. Das haben wir so deutlich an den Tanagrafiguren gesehen. Als man diese reizenden, aus Thon gepressten, mit Pfeifenthon überzogenen und bemalten Figürchen (namentlich auf dem Kokkalihügel in Böotien, in Kleinasien, Unteritalien) in grösserer Zahl fand, da wollte bald jeder Sammler solche haben. Lehm und Pfeifenthon giebt es noch heute, bemalen kann man ihn auch, und so wurden diese Figuren zu Tausenden gepresst, frei nachmodelliert und dann diskret bemalt. Da die echten Tanagrafiguren nur mehr Spuren von Farben tragen, so hat man die falschen nach dem malen so lange gebürstet, bis sie nur mehr Spuren von Farben besassen, man hat auch viele zerbrochen und wieder sauber gekittet, dann beschmutzte man sie vorsichtig mit feuchter Erde — und dann wurden sie zu unerhörten Preisen in grösster Zahl verkauft. Man wusste, dass die echten in beschränkter Zahl gefunden und sofort von Museen und grossen Privaten gekauft worden sind, man hörte nichts von neuen Funden, und doch wunderte man sich nicht, wenn tausende auf dem Markte erschienen, man nahm sie willig. Ihr Ende war erst erreicht, als die Überproduktion dazu zwang, die Figuren aufrichtig als Imitationen zu verkaufen: jetzt erst wollte niemand mehr »echte«, weil man um den hundertsten Teil des Preises Imitationen bekam, die kein Mensch von den »echten« zu unterscheiden vermochte.

Wie gerade bei Werken plastischer Darstellung die Preise in die Höhe gebracht werden können, zeigen eine Menge solcher Fälschungen, die eine Zeitlang besonders auf diesem Gebiete häufig waren. Ein derartiger Fall, in welchem es doch zum Prozess kam, ist der von Eudel [20]) erzählte, in welchem ein reicher Liebhaber eine überlebensgrosse Statue von »Rhamses II. aus schwarzem Basalt, stammend aus den Ruinen von Theben« von einem Händler um 100000 Fr. gekauft hatte. Schliesslich wurde festgestellt, dass der Rhamses aus schwarzem Thonschiefer aus

[20]) s. Anm. [3]).

den Brüchen von Trelaze hergestellt und in Paris fertig fabriziert wurde, was dem Händler 1100 Fr. gekostet hatte.

Was sich das Publikum da bieten lässt, das beweist eine Notiz von Wessely:[21]) »Die höchst originellen Arbeiten von Bernhard de Palissy (*rustiques figulines* und *pièçes rustiques*) aus Muscheln, Reptilien, Fischen, Krebsen etc. zusammengestellt (16. Jahrhundert), werden nachgemacht von Avisseau in Tours, Pull und v. Barbizet in Paris, Fleischmann in Nürnberg; aber sie haben nicht das glänzende Kolorit und die minutiöse Darstellung.« Trotz dieser genauen Angabe der Adressen, wo man »echte« Palissys bekommt und trotz der angegebenen Erkennungszeichen kaufen die Leute doch aus 3., 4. Hand ihre »echten« Palissys und wundern sich gar nicht darüber, dass dieser Künstler, der alles so sorgfältig modellierte, solche Wagenladungen von Schüsseln produziert haben soll.

Aber es giebt Momente, welche den Fälschern das Handwerk noch weiter erleichtern. Holländer hatten im 17. und 18. Jahrhundert die Marotte (Jännicke),[22]) in China Porzellane zu bestellen, die nach besonderen Angaben bemalt werden mussten; da giebt es z. B. den heiligen Ignatius von Loyola, oder Ludwig XIV. mit Familie, Service mit den Wappen von Moritz von Sachsen oder Karl V. — alles in streng chinesischem Geschmack auf chinesischem Porzellan. Kennte man die Entstehungsgeschichte dieser Sonderbarkeiten nicht absolut sicher, so hielte man sie für ganz dumme Fälschungen. So aber ist der chinesische Ignaz von Loyola ebenso echt wie das Wappen von Moritz v. Sachsen und jeder Fälscher, dem ein Anachronismus, Anatopismus oder sonst ein Malheur passiert, beruft sich schleunigst auf jene europäisch-chinesischen Kompositionen und der Zweifler muss schweigen.

Werden die Käufer doch misstrauisch, so giebt es allerlei Mittelchen, um sie — gerade bei Porzellan und Majoliken — wieder kirre zu machen. In Italien, sagt Seelman,[23]) geschieht es alle Tage, dass, oft recht gute Reliefs in Mauern, über dem Thore u. s. w. eingefügt werden, wo man sie den Sammler entdecken

---

[21]) s. Anm. [8]).

[22]) Friedrich Jännicke, »Grundriss der Keramik«. Stuttgart, P. Neff. 1879. 2 Bde.

[23]) s. Anm. [12]).

lässt. Dieser nimmt sie selbst aus der Wand — sie müssen wohl echt sein. Acht Tage darauf ist wieder ein neues Relief darin.

Gegenstände fremder Kunst zu fälschen haben auch andere, nicht professionsmässige Händler erlernt. Wir wissen z. B. was die Fellachen in Arabien und Ägypten an Altägyptischem, die Indianer an gräulich gestaltetem »Altmexikanischem« fälschen und auch bei uns verstehen es Leute von oft sehr geringem Bildungsgrade weitgehende Fälschungen zu veranstalten. So sind z. B. die vielbesprochenen Fälschungen des Michl Kaufmann in Rheinzabern deshalb so lehrreich, weil sie einerseits zeigen, was ein ganz einfacher Maurermeister in dieser Richtung zu leisten vermochte und anderseits, wie es möglich ist, eine Reihe von Fachgelehrten jahrzehntelang zu täuschen. Hat doch M. Kaufmann eine Anzahl von Antiquitäten in Gegenwart des Direktors des bayerischen Nationalmuseums »gefunden«, jenes hochverdienten Jakob v. Hefner-Alteneck, eines der allerersten Kenner mittelalterlicher Realien. Die »Funde« Kaufmanns haben eine ganze Litteratur und Fehden über Fehden zu Tage gefördert und obwohl das meiste was er »fand« zweifellos als Fälschung erkannt wurde, so giebt es immer noch einige Stücke,[24]) über welche die Gelehrten heute noch streiten. In der That ist Rheinzabern klassischer Boden für römische Funde, es war zweifellos dort eine römische Töpferkolonie (*Tabernae ad Rhenum* = Rheinzabern, *Tres Tabernae* = elsässisch Zabern und *Tabernae Montanae* = Bergzabern).

Die Geschichte der Kaufmannschen Fälschungen wird namentlich klar aus den Aufsätzen von Prof. W. Harster,[25]) J. v. Hefner,[26]) Jung,[27])

[24]) Z. B. der vielbesprochene römische Bronceadler der *Legio* IIII. *G(emina)*, der, wenn echt, unschätzbaren Wert besitzt.

[25]) Harster, in »Westd. Zeitschr. f. Geschichte und Kunst«. Jahrg. I, Trier 1882, p. 469.

[26]) J. v. Hefner, »Rheinzabern und seine neuesten altertümlichen Funde«. In der »Palatina«, Nr. 28, 29 ex 1860 und im »Gelehrten Anzeiger der k. b. Akad. d. Wissenschaften«, 1855, p. 141 u. 1860 Nr. 21 ff.

[27]) Jung, »*Notice sur Rheinzabern et ses antiquités*«. In: »*Bulletin de la société pour la conservation des mon. histor. d'Alsace*«, 1856 bis 1857, p. 117 ff.

nochmals Hefner,[28]) Namur,[29]) J. Becker[30]) u. a. m.[31]) Aus diesen Quellen, namentlich aus der vortrefflichen erstgenannten, gebe ich folgenden Sachverhalt. Der Maurermeister M. Kaufmann deckte 1824 in Rheinzabern einen vollständig erhaltenen Brennofen auf, der vom entsendeten J. v. Hefner als römischer Ziegelofen bezeichnet wurde. Es kann sein, dass dieser erste Fund echt war, und dass das erregte Aufsehen, vielleicht auch der erzielte Gewinn, den Maurermeister zu weiteren Entdeckungen ermunterte; im nächsten Jahre fand er einen runden Geschirrofen, bis 1840 hatte er an 40, bis 1862 nicht weniger als 117 Öfen aufgedeckt, in welchen sich fertige und halbfertige Töpferware, vorbereiteter Thon, Formschüsseln und sonstige interessante Dinge fanden; v. Hefner, der bei einigen Grabungen anwesend war, erklärte feierlich: »das sei die grossartigste aller bisher bekannt gewordenen römischen Töpfereien«. Aus den Gefässen, den vielen Modeln und den Scherben konstruierte man sogar die Namen der römischen Töpfer: eine stattliche Liste von 68 Namen mit lateinischen Endungen, aber höchst seltsamen, »barbarischen« Klang! Alle diese Schätze wanderten in zahlreiche öffentliche Museen (Speier, Luxemburg, Paris) und in noch zahlreichere Privatsammlungen. Aber es wurde noch viel interessanter, als die Schüsseln und Scherben nicht mehr »recht zogen«; — es kamen rätselhafte Inschriften, die viele Federn in Bewegung setzten und den öfter vorkommenden, sonst ganz unbekannten »Silvanus Teteus« erklärte der abgesandte Gelehrte Namur als den Schutzpatron einer grossen Thonwarenfabrik, die dem Serus, Sohn des Tacitus (!) gehört hat. Diese kuriosen Dinge erregten Verdacht; Hefner wurde vom Staatsministerium entsendet, um herauszubekommen, ob denn die Dinge echt seien, er brachte aber beruhigende Versicherungen und Kauf-

---

[28]) Hefner, »Die römische Töpferei in Westerndorf«. Oberbayer. Arch., XXII, 1—96; erster Jahresbericht des hist. Vereines der Pfalz, 1842, p. 53.

[29]) Namur, »*notice sur une Collection d'antiquités Gallo-Romaines de Rheinzabern*«. In: »*Public. de la société de Luxembourg*«, X, 207—224.

[30]) J. Becker, »Der Merowingische Kirchhof zu *La Chapelle St. Elvi* und die Antiquitätenfabrik zu Rheinzabern«. In: »Period. Blätter der mittelrhein. Altertumsvereine«. Frankfurt 1856.

[31]) Neue Münchener Zeitung vom 27. Juni 1860; Palatina, Nr. 61 ex 1860; »Amtl. Intelligenzblatt des Rheinkreises« von 1824—1829.

mann wurde immer frecher. 1860 grub er ein Reliefbild aus, das des Kaisers »Autonosus« auf einem mit Straussfedern und einer Schabracke geziertem Ross — in der Hand das Reichsschwert, auf dem Haupte eine Allongeperücke, an den Beinen Stulpstiefeln! Dazu kam, dass die auf (echten) Gefässen aus Terra sigillata öfter vorkommende Marke ABBO F(ecit) missverstanden und daraus ein Töpfer Namens ABOFUS gemacht wurde; ein Merkur hatte 6—7 Attribute zugleich, dazu auf einer Schulter eine Eule, auf der andern einen Hahn — kurz die Dinge gingen so kunterbunt, dass auch der naivste Gelehrte die Fälschungen einsehen musste. Kaufmann wurde »an den längst verdienten Pranger gestellt« — und starb, aber merkwürdig bezeichnenderweise verlautet nicht ein Wort davon, dass eine strafgerichtliche Verfolgung eingeleitet worden wäre — wer hatte Lust und Kenntnisse, so etwas zu unternehmen? Unzählige deutsche und französische Gelehrte waren von Kaufmann genarrt worden, massenhaftes Geld wurde vergeudet — warum soll sich noch ein Untersuchungsrichter dazu blamieren?

Gegenstand sorgfältiger und häufig sehr stark ins Geld fallender Fälschung ist die Punze, die Stempelung von Gold- und Silberwaren, die zum Teile den Feingehalt, zum Teile das Herkommen, »die Provenienz« des Gegenstandes feststellen sollen. Die Fälschung moderner, heute giltiger solcher Bezeichnungen [32]) interessiert uns hier nicht, sondern bloss die, alter, nicht mehr im Gebrauche stehender »Stempel, Proben und Punzen«, die sich weniger auf den Feingehalt, als auf die Provenienz beziehen sollen; handelt es sich z. B. um Silbergeräte von hervorragend schöner Arbeit, so ist ein etwas grösserer oder kleinerer Zusatz von Kupfer vollkommen gleichgiltig, es soll mit dem Stempel nur Alter und Erzeugungsort glaubhaft gemacht werden. Wird also an Raritäten ein Stempel, eine Probe oder Punze verfälscht oder gefälscht, so wird der Vorgang nach österreichischem und deutschem Gesetze u. U. lediglich Betrug darstellen können. (Liszt [33]): »die Feingehalts-

[32]) Deutsches Reichsgesetz vom 16. Juli 1884; § 199d. Österr. St.G.: »Wenn jemand eine öffentliche Urkunde oder eine durch öffentliche Anstalt eingeführte Bezeichnung mit Stempel, Siegel oder Probe nachmacht oder verfälscht«. (Vergl. k. Verordnung vom 26. Mai 1866, Nr. 75 RGB.)

[33]) s. Anm. [2]).

angabe ist Urkunde im Sinne des § 276 StGB. Aber die Delikte des Gesetzes vom 16. Juli 1884 sind nicht Fälschung von Urkunden, sondern unbefugte oder inhaltlich unrichtige Beurkundung und als solche nicht strafbar« — bezieht sich nur auf giltige, im Gebrauche befindliche Stempel.) Vergl. Kap. 21.

Es ist selbstverständlich, dass die Vornahme von derartigen Fälschungen — wir wollen der Kürze halber von »Proben« sprechen — sich nur lohnt, wenn hohe Werte den Gegenstand derselben bilden — z. B. namentlich bei Silbergeräten des 17. und 18. Jahrhunderts aus Frankreich mit besonders schöner Arbeit. Allzuweit geht man hierbei nicht zurück, obwohl es in England schon im 13. Jahrhundert, in Deutschland im 16. Jahrhundert diesbezügliche gesetzliche Bestimmungen gab. Aber wenn man auch nur auf wenige Jahrhunderte zurückgreift, so sind die Schwierigkeiten der Fälschung recht bedeutende. So müssen französische Waren bis 1789 (Eudel)[34]) nicht weniger als vier Proben tragen: *Poinçon de charge, de la maison, du maître et de décharge;* alle diese Proben sind äusserst sorgfältig und fein geschnitten, daher sehr schwer korrekt nachzuschneiden. Ausserdem gehört auch eine Menge von Kenntnissen bezüglich der in Thätigkeit gewesenen Personen dazu; der erst- und dritt-genannte Stempel wechselt nach den Beamten und Meistern und bei mangelnder Kenntnis kann leicht eine unmögliche Zusammenstellung erfolgen, welche die Fälschung sofort verrät. Ausserdem müssen die Stempel genau zum Stil passen, der sehr rasch wechselte, ja der Fälscher muss auch die Manieren der einzelnen Meister kennen, um keinen Widerspruch zwischen Namen und Arbeit hervorzubringen. Dies kann besonders leicht passieren, wenn aus minderwertiger Ware die echten Proben herausgeschnitten und z. B. in ein pompöses Tafelgeschirr sorgfältig eingelötet werden. Man geht hierbei meistens so vor, dass der Boden eines Bechers losgetrennt wird, und dass man absichtlich den Boden des Fusses des zu fälschenden Gefässes genau so gross macht, dass die Platte angepasst werden kann; mitunter sind die Proben auch nicht nebeneinander, sondern an verschiedenen Orten angebracht, so dass zwei- oder dreimal ausgeschnitten werden muss — kurz die Schwierigkeiten sind bei dieser Arbeit sehr gross, aber wenn sie überwunden werden,

---

[34]) s. Anm. [3]).

wenn man fein und sorgfältig geschnitten hat, wenn nichts Historisches übersehen ist, wenn auch an das Unbedeutendste z. B. zwei Pünktchen neben der heraldischen Lilie (16. Jahrhundert) gedacht wurde, dann ist sehr viel gewonnen. Hat die Probe keinen Verdacht erregt, dann wird die Arbeit selbst viel weniger genau geprüft und es können dann für total neue Aufsätze, Geschirre, Services u. s. w. in der That ganze Vermögen gefordert werden.

Begreiflicherweise werden auf diese Art selten einzelne Stücke, sondern meistens ganze Garnituren (z. B. zwei Kannen, zwölf Ober- und Untertassen, Zuckerdose u. s. w.) gefälscht: denn wenn einmal die historischen Studien gemacht und die Stahlstempel geschnitten sind, so ist es fast dieselbe Arbeit, ob man letztere auf ein Gefäss oder auf 27 schlägt, und gezahlt wird die Arbeit nur bei sehr grossen und teuern Objekten. Ob aber mit neuen Stempeln neue Proben geschlagen, oder diese aus echten Stücken ausgeschnitten und in falsche eingefügt worden sind, ist für die Beurteilung des Faktums als Betrug natürlich gleichgiltig.

Ein weites Feld für Fälschungen geben Waffen aus älterer und neuerer Zeit; die vielen Werke über Waffenkunde, namentlich die von Böheim, Scheiger, Leber, Leitner, Essenwein, Hietl, Thierbach, Gurlitt, Carré, Viollet-le-Duck, Meyricke, Planche, Angelucci u. a. m. geben darüber reichlichen Aufschluss. Im grossen und ganzen stossen wir bei diesen Fälschungen nicht leicht auf Vorgänge, welche juristisch schwierig zu konstruieren oder interessant wären. Die Waffen werden gut oder schlecht nachgemacht, die Marken, Siegel und ähnliche Bezeichnungen eingeschlagen und dann wird ein Käufer gesucht.

Viel schwierigere Momente ergeben sich bei Fälschungen von Möbeln, die namentlich damals besonders häufig geschahen, als »altdeutsch«, Renaissance, Mode war. Auch da kamen ganz simple Fälschungen häufig vor, bei welchen man Holz in Salzsäure legte, falsche Wurmlöcher hineinbohrte, alle möglichen Beizen verwendete, färbte und schliff und wetzte und rieb und dann Polstersammet von alten Droschkensitzen aufnagelte und so weiter. Diese Sachen wurden nachgerade langweilig, aber es kamen allerdings auch schwierige Fragen vor und die tauchen auch heute oft noch auf. Die meisten derselben gehören in das Kapitel der Embellierung, wo gefragt werden muss: »Was darf ausgebessert werden und wie weit darf da vorgegangen werden? Wie viel vom Ursprünglichen muss noch vorhanden, der wievielste Teil darf nachgebildet worden sein?« etc. Noch schwieriger sind die Fragen nach Mithilfe, die so häufig beim Verkaufe besonderer Merkwürdigkeiten geleistet wird — wenn z. B. ein gefälschter Kasten zu einem Bauern ins Gebirge oder ein falscher Krug zu einer alten Witwe gebracht und von dem künstlich hingebrachten Liebhaber dort »entdeckt« und gekauft wird. Der Bauer kennt den Scherz eben so gut, wie die alte Witwe, beide wissen, dass sie betrügen helfen und lassen sich ihren Anteil ausbezahlen. Auf der anderen Seite kommt gerade hier die später besonders zu behandelnde Frage vor, wie weit der Käufer gehen darf, wenn er dem Besitzer eines wertvollen Objektes dieses abkauft und dessen Unkenntnis des Wertes ausnutzt.

Von grosser Bedeutung ist die Fälschung alter Geigen. Dass andere Instrumente nicht leicht nachgemacht werden, hat seinen Grund natürlich darin, dass sie mit zunehmendem Alter Wert verlieren, nur gewisse Geigen steigen in ihrem Werte ins Ungemessene. Von vielen Seiten wird die Möglichkeit, eine alte Geige »fälschungsfähig« herzustellen, einfach in Abrede gestellt; es sei hier (nach H. Drögemeier)[35]) der Vorgang wiedergegeben, wie er mit geringen Varianten beim Geigenfälschen eingehalten wird. Er behauptet, die Fälschung werde kaum auf einem Gebiete des Kunsthandels ärger betrieben, als auf dem des Geigenbaues; die Arbeiten von Straduari, Guarneri, Amati und Stainer haben sich »kaninchenartig« vermehrt. In allen musikalischen Zeitschriften werden »echte« alte Italiener um oft riesige, oft sehr bescheidene Preise angeboten. Echte seien nicht unter 12—16000 Mark zu haben. Bezeichnend ist es, dass auf der internationalen Ausstellung alter musikalischer Instrumente 1872 in London in Summa bloss 22 Geigen, 7 Violas, 7 Violoncelle und 5 Kontrabässe (von italienischen Meistern) ausgestellt waren. Von den Tausenden die sich angeblich im Besitze von Händlern befinden, kam keine auf die Ausstellung. Dieser Umstand ist um so beweisender, als die Händler hierbei die seltenste und beste Gelegenheit gehabt hätten, ihre wertvollen Geigen bei den sammelwütigen Engländern um hohe Preise anzubringen. Die Händler wussten aber sehr gut,

---

[35]) H. A. Drögemeyer, »Die Geige«. 2. Aufl. Bremen, A. Meinhardt. 1892.

dass auf der Londoner Ausstellung die ersten Kenner erscheinen würden, und unter deren Augen durften die »echten Straduarigeigen« der Händler nicht auftauchen; lieber verzichteten sie darauf, ihre Geigen auf den vornehmsten Markt für klassische Instrumente zu senden, als eine sachgemässe Prüfung zu riskieren.

Drögemeyer giebt eine Beschreibung, wie eine »echte« Geige imitiert wird, von welcher auch der Laie wahrnimmt, dass sie richtig und fachmännisch dargestellt ist. Diese Schilderung sei hier im Auszuge wiederholt, um zu zeigen, dass diese Manipulationen in der That nur auf Täuschung berechnet sein können, und dass dieselben genug planmässig angestellt werden, um selbst gute Kenner irre zu führen. — Zuerst werden die einzelnen Teile fertiggestellt, dann wird das Holz entsprechend gefärbt, was durch Beitzen mit Lakritzenwasser, Kaffee, Nussschalenextrakt und alle erdenklichen Farblösungen geschieht. Nun werden meistens sofort verschiedene Flickereien besorgt; bei echten, alten Geigen ist sehr oft jene Stelle der Decke auf die der Stimmstock drückt, neu ersetzt, weil der fortwährende Druck durch die Saitenspannung dort die Decke geschädigt hat. Der Fälscher flickt also dort auch und setzt, der Deutlichkeit halber, helleres Holz ein. Ebenso werden mit einem besonders geformten Eisen in der Decke und im Boden Vertiefungen geschlagen, um anzudeuten, dass die sogenannte »Stimme« im Laufe der Jahrhunderte wiederholt übersetzt werden musste. Bevor nun der Kasten zusammengesetzt wird, erübrigen noch zwei Arbeiten: der Innenteil wird mit feinstem Kolophoniumpulver eingerieben (um den später einzubringenden »Altersstaub« festzuhalten) und weiter werden jetzt die Namen- und Reparaturzettel angebracht. Das Papier liefern die Vorblätter alter Bücher aus der entsprechenden Zeit, die Schrift ist nach guten Vorlagen auch nicht schwer zu machen und der Tinte braucht man nur Chlorwasser beizusetzen, um sie verblichen erscheinen zu lassen. Die Reparaturzettel (etwa des Inhaltes: »Renov. anno Dom. MDCLI von N. N. in X«) müssen natürlich ihrer Zahl und ihrer Datierung nach mit den vorgenommenen »Reparaturen« zusammenstimmen. Nun wird das Übrige darangesetzt. Aus Ahornholz wird der Wirbelkasten mit Schnecke, Löwenkopf u. s. w. gemacht, aus ganz anderem Holz der Hals mit Klotz oder Hacken; das Ganze wird gut geleimt und verarbeitet und so sieht es aus, als ob ein oder der andere Teil durch jahrzehntelangen Gebrauch unbrauchbar geworden wäre und ersetzt werden musste. Ein Haupttrik besteht darin, dass die Wirbellöcher zu gross gebohrt werden; sie werden dann sorgfältig mit Zapfen verschlossen und jetzt bohrt man erst die Löcher in der richtigen Grösse aus; das giebt den Anschein, als ob die Löcher ausgenutzt gewesen wären und »gefüttert« werden mussten. Nun folgen kleine sorgfältig reparierte Schäden am Hals, Wirbelkasten, an der Schnecke, an den Rändern, den Schallöchern u. s. w., und es ist nur mehr nötig eine Hand voll Staub und etwas Gerste einzufüllen und alles tüchtig zu schütteln. Der Staub klebt am Kolophonium, der Rest und die Gerste wird herausgebracht und die Geige sieht innen uralt aus. Von aussen muss jetzt lackiert werden, und damit es den Anschein hat, als ob der Lack oft abgenutzt und wieder erneuert wurde, trägt man auch verschiedene Schichten auf, von denen aber jede nach dem Trocknen fast vollständig wieder mit Sandpapier abgeschliffen wird. Auch künstliche Beschädigungen (Springen, Platzblasen, Reissen) des Lackes werden mit Wärme und Säuren erzeugt und schliesslich wird »schattiert« d. h. der Lack dort entfernt (mit Ammoniak), wo am meisten Abnutzung (durch Hand und Kinn) erfolgt. Unter Umständen bohrt man auch Wurmlöcher, beizt die Jahresringe heraus und was derlei Kunststücke mehr sind. Nun hat man um etwa 80—100 Mk. eine Geige, die um mehrere Tausend verkauft werden kann — und auch verkauft wird.

In ähnlicher Weise wird wohl bei allen, hier fraglichen Fälschungen vorgegangen; die Täuschungsabsicht ist immer dieselbe: eine mehr oder minder wertlose Nachahmung eines wertvollen Gegenstandes soll das Aussehen des letzteren bekommen, oder ein mehr oder weniger beschädigter echter Gegenstand soll so hergestellt werden, dass er das Aussehen eines Unbeschädigten bekommt, oder endlich ein echter Gegenstand soll eine solche Änderung erfahren, dass er an seinem Werte noch wesentlich gewinnt. Alle diese Vorgänge sollen veranlassen, dass der Verkäufer viel mehr bekommt als das Objekt wert ist und dass der Käufer eine unverhältnismässig hohe Summe bezahlt, die er ohne die Täuschung nicht ausgelegt haben würde.

Hier sollen noch einige Fragen berührt werden.

Es kann z. B. auch um die juristische Bedeutung von Iterativfälschungen (Fälschungen von Fälschungen) gefragt werden. So liess man Ende des 17. und anfangs des 18. Jahrhunderts in Holland chinesische Lackarbeiten, namentlich kleine Tischchen, Schreine, Uhrkästen u. s. w. nachmachen. Man erkannte und erkennt sie sofort an gewissen Eigentümlichkeiten der Vergoldung (sie sind zumeist schwarz mit vergoldeten Figuren), aber man kaufte sie damals gerne und heute stehen sie infolge einer seltsamen Modethorheit höher im Werte als echte Chinesereien. Es werden daher jene holländischen Fälschungen neuerlich stark gefälscht. Noch mehr ins Geld gehen die Fälschungen, die nach den Fälschungen des Giovanni Cavino (1499—1570) gemacht werden. Er verstand es, so zu sagen, noch die Antike zu idealisieren und seine Münzen der ersten 12 römischen Kaiser sind viel schöner als alle Münzen, die von der Antike je geschaffen wurden. Trotzdem man ihren Ursprung kennt, werden Giovanni Cavinos (und seines Genossen Alessandro Bassianos) Fälschungen um unerschwingliche Summen gehandelt. Folglich werden auch diese Fälschungen bereitswilligst gefälscht.

Bei der Beurteilung der Strafbarkeit einer solchen Iterativfälschung dürfte es richtig sein, wenn man die erste Fälschung diesmal als Original ansieht; die Fälschung z. B. Cavinos ist ja auch für den heutigen Fälscher A sein Vorbild gewesen, diese hat er nachgemacht und wenn der Käufer eine Fälschung Cavinos haben wollte, so wollte er die Arbeit Cavinos, und nicht die Fälschung des A. In diesem Momente ist Original und echt, das, was der Käufer wollte i. e. Cavinos Fälschung; für den Käufer ist daher auch unecht und falsch jede Nachbildung der Fälschung.

Hiervon zu unterscheiden ist die Fortsetzung in der Erzeugung von Formsachen. Ich glaube, dass man hier nach dem Gebrauche wird unterscheiden müssen. Jedermann, der sich z. B. für Porzellan interessiert, weiss, dass in den berühmten Porzellanfabriken z. B. von Sèvres, Meissen u. s. w. mit dem gleichem Materiale aus den stets gleichen alten Formen und mit den alten Marken fort und fort die herrlichen Dinge erzeugt werden, nur die Dekorateure wechseln. Wenn also einer heute altgeformtes Sèvresporzellan kauft, und erfährt, dass dies erst vor einem Monate angefertigt wurde, so kann er sich nicht beklagen. Ganz anders aber, wenn heute einer in den Besitz der echten alten Holzstöcke von Wohlgemut, oder einer gravierten Kupferplatte von Schongauer, oder der Münzstempel von Becker zu kommen wüsste und mit diesen alte Holzschnitte, alte Kupferstiche und alte Münzen (auf oder aus entsprechendem Materiale) neu herstellen wollte, so wäre dies strafbarer Betrug, wenn er beim Verkauf nicht die Entstehung angäbe. Ganz abgesehen davon, dass die neuen Erzeugnisse unmöglich die Schärfe der alten haben könnten, so ist das Material falsch, die Erzeugungsart falsch und die Entstehungszeit falsch; jedenfalls hätte der Käufer erheblich viel weniger bezahlt, wenn die wahre Thatsache der Erzeugung nicht wäre unterdrückt worden. Hier ist wohl auch das Moment der ununterbrochenen Erzeugung der erstgenannten Objekte mit massgebend.

Nur locker an die hier behandelten Fragen sind zahlreiche Betrügereien angegliedert, die nicht direkt mit den Fälschungen zu thun haben, sondern die gewissermassen nur im Raritätenhandel und den damit verbundenen Marotten und Thorheiten ihren Ausgangspunkt, ihre Existenzmöglichkeit finden. Ihre Zahl ist natürlich Legion, sie wechseln nach Objekt, Zeit, Ort, Leuten und können natürlich alle erdenklichen Erscheinungsformen annehmen. Nur um zu zeigen, was ich meine, sei ein von Eudel[36]) erzählter Fall angeführt. Bei einer grossen Auktion werden zwei kostbare, grosse Chinavasen ausgeboten. Ein Anwesender verlangt laut »das Geborstene der beiden Exemplare« zur Ansicht. Der Auktionator protestiert lebhaft dagegen, dass ein Exemplar »geborsten« sei und reicht dem Mann beide Exemplare; dieser untersucht endlos das eine, dann das zweite Exemplar und zeigt triumphierend auf einen Sprung im Innern der zweiten Vase, welchen der Auktionator verblüfft zugestehen muss. Niemand will die Sachen und der Entdecker des Sprunges kauft beide Vasen um eine Kleinigkeit. Zu Hause repariert er sofort den »Sprung«, indem er mit dem nassen Finger den Bleistiftstrich weglöscht, den er während der »Untersuchung« geschickt und unbemerkt als »Sprung« hineingemacht hatte.

So, wie sich der Fall ereignet hat, war das Vorgehen des

---

[36]) s. Anm. [3]).

Erstehers offensichtlich Betrug. Er hat durch Anbringung des Bleistiftstriches bei allen Mitbietenden und dem Auktionator den Irrtum erregt, dass die Vase einen Sprung habe; hierdurch wurde der Eigentümer der Vasen an seinem Vermögen geschädigt, weil dieselben jetzt viel billiger abgingen, und gethan hat er das ganze auch nur, um sich einen Vermögensvorteil zu verschaffen. Aber auch wenn sein Plan teilweise misslungen wäre, wenn die Vasen zwar im Preise zum Schaden des Eigentümers wesentlich wären gedrückt worden, wenn aber der Preis doch solche Höhe erreicht hätte, dass der Betrüger nicht mehr mitbieten konnte, und die Vasen einem Konkurrenten überlassen musste, — auch in diesem Falle hat er in der Absicht, sich einen Vermögensvorteil zu verschaffen, das Vermögen eines anderen u. s. w. geschädigt. Dies ist für die Natur des Betruges nach der Fassung des R.St.G.B. von Bedeutung. Auch nach österreichischem Gesetze liegt in beiden Fällen Betrug vor.

Es dürfte hier der Ort sein, auch des unlautern Wettbewerbes zu gedenken, der vielleicht nirgends so grossen Schaden anrichtet, als gerade im Raritätenhandel, da unwahre Angaben leicht zu machen, schwer zu überprüfen und bei der Sondernatur der Sammler meistens wirksam sind.

Auch hier bewährt sich die Überzeugung, dass die Gesetze gut, ihre Anwendung aber zu lau ist, einfach aus dem Grunde, weil die massgebenden Leute über die Realien, die im Vorgange eine Rolle spielen, nicht genügend oder gar nicht unterrichtet sind, daher mit dem unbekannten Dinge nichts zu thun haben wollen. »Als Betrüger gilt, wer falsche Angaben macht, dadurch täuscht und das Vermögen schädigt; der trügerischen Reklame schuldig ist schon, wer falsche Angaben macht« (Gumbel)[37]) — ich habe aber noch nicht gehört, dass Händler oder andere Veranstalter von gewissen Lizitationen zur Verantwortung gezogen worden wären, obwohl auf manches derartige Vorgehen der § 4 des Ges. vom 27. Mai 1896 Wort für Wort passt. Der Eine ist kunstbeladen von einer Reise nach Kleinasien und Mykene zurückgekehrt und ladet die P.T. Kunstkenner ein u. s. w.; der Zweite hat die

---

[37]) Gumbel, »Der Betrugsparagraph und seine Ergänzung durch das Gesetz zur Bekämpfung des unlauteren Wettbewerbes«. Diss. Tübingen, Laupp. 1897.

Sammlungen des Fürsten X und Conte Y erworben und ladet u. s. w.; dem dritten ist es gelungen bei der letzten Versteigerung im Hotel Drouot u. s. w. und der vierte ist beauftragt den Nachlass des berühmten Sammlers Z rasch zu verkaufen. Etwas Wahres ist stets an der Sache: Der erste hat wirklich einige Stücke aus Mykene bekommen, der zweite hat auch etwas von jenen Aristokraten u. s. w., und wenn die geriebenen Sammler, die es hierbei stets am eiligsten haben, zu ihm kommen, so erhalten sie in der That etwas oft recht Gutes zu anständigen Preisen und dienen dann als seine »blinden« Agenten, d. h. sie erzählen überall lobend vom Händler, ohne zu wissen, dass er sie eigentlich durch »solide« Bedienung bestochen hat. Dann kommen die, so angelockten »grünen« Sammler und kaufen Sachen aus Mykene, vom Fürsten X, dem Conte Y und dem Sammler Z — die Sachen nehmen kein Ende, und willig wird alles Erdenkliche genommen, denn es stammt aus Mykene, vom Fürsten X u. s. w. Mir fällt bei solchen Verkäufen immer jener Scharfrichter ein, der vom Stricke des von ihm Gehenkten an abergläubische Leute nach und nach 200 Ellen verkauft hat.

Dass es Betrug ist, wenn zu einigen Sachen eines als verlässlich bekannten Sammlers Unmengen von falschem Zeug geschmuggelt und unter seiner Flagge verkauft werden, das ist wohl zweifellos, sicher ist aber auch, dass schon die betreffenden Reklamen strafbar sind; ein energisches Einschreiten im Vorstadium würde manchen Betrug um sehr grosse Summen unmöglich machen.

Richtig ist es allerdings, dass man recht eingreifend vorgehen müsste, wenn im Sinne des Gesetzes vorgegangen werden wollte. Hat also einer »reiche Funde aus Mykene« angekündigt, so müsste sich die Polizei nicht bloss vergewissern, ob der Mann Sachen aus Mykene bekommen hat, sie müsste sich auch beim Verkaufe darum kümmern, ob er nicht ausser den erworbenen echten Sachen endlos Hineingeschmuggeltes weiter verkauft. Dann würden sie von Polizeistaat und Volksbevormundung schreien: man lasse die Dummen ihr Geld los werden und vexiere den Geschäftsmann und Steuerzahler nicht u. s. w. Aber: nun haben wir einmal das Gesetz, das Gesetz ist vielfach für gut befunden worden — also wende man es auch an. Gesetze sind nicht dazu da, um den Leuten Angst einzujagen, sondern um das Bezweckte zu erreichen; hat man das Gesetz gegeben, so scheue man sich auch nicht, die Konsequenzen daraus zu ziehen, an die doch der Gesetzgeber bei Schaffung des Gesetzes auch gedacht haben muss.

---

3. Die Wertschätzung der Echtheit.

Die Frage des Betruges beim Raritätenhandel dreht sich schliesslich doch um die Echtheit des Gegenstandes, die wieder in zweifacher Weise schwierig zu fassen ist. Auf der einen Seite ist es oft selbst dann nicht leicht, zu sagen, ob etwas echt ist oder nicht, wenn man die ganze Entstehung auch genau kennt. Dies ist namentlich dann der Fall, wenn nur Teile echt, andere aber dazu gemacht sind, wenn weitgehende Embellierungen vorgenommen wurden, wenn nach alten Modellen, mit alten Platten und Stöcken forterzeugt wurde, wenn der Künstler selbst Kopien angefertigt hat und wie sich die Möglichkeiten sonst noch in dieser Richtung ergeben mögen. Auf der anderen Seite ergiebt sich für uns die grosse Schwierigkeit, zu entscheiden, wie weit vom juristischen Standpunkte auf die Wertschätzungen der Kenner in Richtung auf Echtheit eingegangen werden soll. Es kann behauptet werden, dass die Echtheit keine, im Gegenstande selbst gelegene Eigenschaft, und daher juristisch gleichgiltig ist. Haben wir z. B. eine schön gearbeitete goldene Platte mit prächtigen Reliefdarstellungen vor uns, so könnte man — wenn es sich um einen kriminellen Fall handelt — sagen: »Goldwert macht soviel, künstlerische Arbeit nach der Erscheinung soviel — zusammen soviel — und jetzt haben wir den Wert. Wenn einer behauptet, die Platte ist von Cellini gearbeitet und deshalb noch 100mal so viel wert, so ist das ein Accidens, was mit der Sache gar nicht zusammenhängt und juristisch nicht in Betracht kommt.« Freilich wäre einer solchen Behauptung einfach mit dem Hinweise auf z. B. Edelsteine zu begegnen — denn dann müsste man einen Diamant darnach schätzen, was er als Instrument zum Glasschneiden oder Gesteinbohren wert ist. Aber in gewisser Richtung hat der Mann doch recht, man wird eben unterscheiden müssen. Verkauft einer ein nachgemachtes Bild eines grossen Meisters als echt, so hat er betrogen und zwar um den Betrag, um welchen die Nachahmung nach dem Urteile Sachverständiger weniger wert ist, als das behauptete Original. Handelt es sich aber etwa um eine Briefmarke, die deshalb einen horrenden Preis hat, weil sie einen Druckfehler trägt und hat den der Fälscher nachgemacht — dann werden wir sagen, dass dies Marotten sind, auf die der Strafrichter keine Rücksicht zu nehmen hat. Wo die Grenze ist, das kann auch hier im allgemeinen schwer gesagt werden, sie ist auch im einzelnen Falle vielleicht unmöglich festzustellen.

Wollen wir aber der Frage wenigstens näher kommen, so müssen wir erst einmal untersuchen, wie von massgebenden Personen das Echte gegen das Unechte geschätzt wird, was sie echt nennen und welche Bedeutung die Frage der Echtheit bei einem Objekte überhaupt aufweist.

Mit vollem Rechte haben von jeher gerade erste Kenner und Schätzer des Echten darauf hingewiesen, dass man in der Wertschätzung des Echten entschieden nicht bloss zu weit gehe, sondern dass hier offenbar eine Verwechslung eingetreten sei. So sagt Bucher,[38]) man solle unterscheiden zwischen Privaten, die sich zufrieden geben mögen, wenn sie etwas Schönes haben, und öffentlichen Sammlungen, die in Rücksicht auf Forschungen von Wissenschaft und Kunst, allerdings bloss Echtes haben dürfen. Er erzählt hierzu eine orientierende Geschichte. Der junge und sehr geschickte Bildhauer Bastianini hatte über Bestellung des Händlers Freppa nach einem Bilde di Credis eine Büste des Dichters Benivieni (welches Bild aber nicht mehr besteht) hergestellt und mit dessen Namen versehen. Er bekam dafür von Freppa 350 Fr., dieser vom Louvre 13.600 Fr. Dann erfuhr man, dass die Büste falsch sein soll, es entspann sich eine lebhafte Controverse und der Bildhauer Leguesne erklärte öffentlich, wenn ein Moderner (Bastianini), etwas so Schönes hätte machen können, so sei er bereit diesem Künstler sein lebelang den Thon zu kneten. Aber Bastianini hatte die Büste doch gemacht, und sie verschwand aus dem Louvre. Dorthin gehört eine Imitation

[38]) B. Buchers Vorwort und Zusätze zu Paul Eudels »Die Fälscherkünste«, Anm. [3]).

allerdings nicht, aber wenn die Büste so schön war, dass sie den Künstler Leguesne zur genannten Äusserung veranlasste, warum sollte ein Privater daran nicht seine Freude haben und einen bedeutenden Preis dafür bezahlen? War die Büste auch nicht 13600 Fr. wert, so ist sie doch viel höher zu bewerten, als auf 350 Fr., die der Künstler dafür erhalten hatte.

Eudel[39]) führt das noch weiter aus und meint, dass unter der Marotte der Privatsammler, bloss echte, alte Sachen haben zu wollen, das Kunstgewerbe besonders leide, und dass durch sie eine Zahl guter Kräfte dem Fälscherhandwerk in die Arme getrieben wird, da Leute mit ihren Sachen keinen Absatz finden, wohl aber gut leben können, wenn sie fälschen. Als Beleg hierfür diene eine kleine Notiz bei W. B.[40]). Auf dem Kunstmarkte in Paris erschienen vor kurzem mit grossem Lärm und unter allseitiger Bewunderung zwei kleine Bronzestatuetten, Adam und Eva, angeblich von Antonio Rizo, allerdings einem hervorragenden Künstler der Renaissance. Den Adam kaufte das Louvre, um 40000 Fr., die Eva ein grosser Sammler. Falsch waren sie beide, die Täuschung geschah durch den ausgezeichnet nachgemachten Lack, den echte Quatrocento-Bronzen regelmässig haben. Und als die Fälschung entdeckt war, hatten die beiden Statuetten gar keinen Wert, trotzdem ihre zweifellos grosse Schönheit dieselbe geblieben ist und sie jeden Kunstfreund ebenso erfreuen konnten als früher, da man sie von Rizo stammend glaubte.

Wie viel blosse, also strafrechtlich nicht existierende Einbildung bei den sog. unschätzbaren alten italienischen Geigen mitspielt, beweist die überall erzählte Geschichte, wie Vuillaume den berühmten Paganini täuschte. Der ausgezeichnete belgische Geigenmacher Jean Vuillaume bekam von Paganini dessen Guarnerigeige (jene angeblich beste Geige der Welt, die Paganini seiner Vaterstadt Genua vermacht hat) zur Reparatur. Vuillaume fertigte eine Kopie der »unerreichbaren« Guarnerigeige und lieferte diese an Paganini ab; dieser spielte und spielte und merkte den Tausch nicht, bis es ihm Vuillaume selbst sagte — und dann wollte Paganini noch immer nicht an die Vertauschung glauben; — worin steckt also der Wert? —

Volle Konfusion über den Wert beginnt dort, wo nach alten

---

[39]) s. Anm. [3]). [40]) s. Anm. [6]).

Traditionen und alten Modeln z. B. Porzellan forterzeugt wird, so dass eigentlich niemand sagen kann, wo das Echte, Alte aufhört und wo das Imitierte, Neue beginnt und weiter: ob wohl das Neue Imitation ist, da es sich ja um ununterbrochene Fortbildung handelt. Ausser den Fabriken von Sèvres und Meissen (s. oben) brauchen z. B. alte Formen noch Keller und Guérin in Luneville beständig fort; auch J. Aubry in Bellevue bei Toul arbeitet seit 1750 mit denselben Formen und Marken. Utzschneider in Saargemünd hat den Gebrauch seiner alten Formen auch nie unterbrochen. De la Hubaudière in Locmaria bei Quimper, seit Ende des 17. Jahrhunderts bestehend, führt die Fabrik und auch die Formen von Nevers und Rouen fort, da diese Fabriken infolge von Heiraten aufgeerbt wurden. »Keramische Fusionen« nennt das Eudel. St. Amand formte nach alten Formen bis 1879.

Zu dieser Frage sagt Jännicke,[41]) man imitiere ehrlich und unehrlich Renaissanceöfen, Majolikakannen, Hirschvogelkrüge, Schüsseln von Palissy (seine rustiques figulines). Namentlich letztere werden ununterbrochen forterzeugt, es ist also kaum zu sagen, wo das Echte aufhört und das Falsche anfängt. Ältere Fayencen v. Nevers wurden von Italienern gemacht und sehen daher aus wie Fälschungen, weil sie eben nicht französisch aussehen. Wirkliche Fälschungen sind die (Meissner) Nachahmungen von Moustiers, Sceaux-Panthière, Luneville und Marseille. Die Fayencen von Rouen (bes. ausgezeichnet wegen des Ornamentes) wurden (1880er Jahre und früher) von Genlis und Rudhard in Paris und Cazè in Versailles hergestellt. (Letzterer macht auch die alten Marken vortrefflich nach.) Derzeit wird in Paris namentlich gemacht: altes Fayencezeug v. Rouen, Nevers, Sinceny und Strassburg, meistens mit ganz alten Marken. Oft irrt man sich da und giebt z. B. auf Fayencen v. Rouen holländische Marken. Viele dieser Fälschungen unterscheiden sich bloss durch den matten Klang von dem echten — sonst sind sie ganz gleich, aber wie verschieden werden die späteren Arbeiten bewertet! Der eine findet gar keinen Unterschied und erklärt: »der Thon ist derselbe, die Glasur ist dieselbe, das Feuer ist dasselbe und die Model sind auch dieselben — trifft das zu, dann bewerte ich das erste erzeugte Gefäss so hoch, wie das gestern gemachte«.

---

[41]) s. Anm. [22]).

Der andere sagt: »das Stück ist echt und alt, dieses ist nachgeahmt und neu, ersteres ist x mal so viel wert als letzteres«.

Denken wir uns nun einen praktischen Fall, in welchem das ganze Heil, wie so oft, lediglich in die Hände der Sachverständigen gelegt ist: hat man zufällig Sachverständige der ersten Meinung, oder zufällig solche der zweiten — wie verschieden fällt dann die Entscheidung des Falles aus! Es ist wieder einer jener Belege dafür, dass lediglich die schliessliche ziffermässige Feststellung eines Schadens, einer Benachteiligung in die Hände der Sachverständigen gelegt werden darf, während die Aufstellung des Grundsatzes, nach welchem bei der Schätzung vorzugehen ist, dem Richter vorbehalten werden muss. Allerdings müssen diesem die Umstände, auf welche jene Grundsätze aufgebaut werden sollen, vollkommen klar sein.

Dafür, welche tiefgreifende Wirkung übrigens das Moment der Echtheit oder Unechtheit auch ganz allgemein und auf das grosse Publikum ausüben kann, könnte uns das beste Beispiel die weltberühmte Sixtinische Madonna in der königl. Gallerie in Dresden bieten. Historisch festgestellt ist, dass Rafael das Bild um 1518 für das Kloster San Sisto in Piacenza gemalt hat, dass August III. von Sachsen das Bild 1753 um 12000 Zechinen kaufte und dass die Absendung desselben nach Dresden sich einige Jahre verzögerte, weil Schwierigkeiten wegen des Ausfuhrzolles erhoben wurden, um den man lange herumfeilschte. Thatsache ist es auch, dass im Kloster San Sisto in Piacenza eine Kopie des Bildes zurückbehalten wurde, die angeblich schon 25 Jahre vor dem Verkaufe angefertigt worden sei. Nun giebt es eine Anzahl von Kennern, die behaupten, die Madonna in Dresden sei gar nicht echt: die Mönche von San Sisto hätten den König August III. betrogen und hätten ihm die Kopie geliefert, aber das echte Bild behalten. Thatsächlich ist auch einiges an dem Handel verdächtig: man begreift nicht, warum die Mönche schon 25 Jahre vor dem Verkaufe des Bildes eine Kopie hätten anfertigen lassen sollen; man versteht auch nicht, wie es zu dem Zollstreite kam, bei dem zuerst eine Riesensumme verlangt wurde, bis man sich nach längerer Zeit plötzlich mit einem verhältnismässig ganz kleinem Betrage zufrieden erklärte. Man hat den Eindruck, als ob die Mönche, im Einverständnisse mit den Zollbeamten, bloss Zeit gewinnen wollten, bis die Kopie fertig wurde. Ich sage: diese Umstände lassen es erklären, dass Gerüchte über den Betrug laut wurden, ja dass neuestens sogar ein amerikanischer Minenmillionär erklärt: »weder die Dresdner Gallerie, noch die Mönche von San Sisto haben den Rafael, sondern ich habe das echte Bild«. Der Mann behauptet, die oben erwähnte Geschichte, nach welcher König August betrogen wurde, sei richtig, es hätte also die Dresdner Gallerie die Kopie, die Mönche das Original besessen, und dieses Original habe er, der Millionär, den Mönchen um eine hohe Summe und Besorgung einer guten Kopie, die im Kloster blieb, abgekauft. Ob nun der König von Sachsen oder die Mönche von San Sisto oder der amerikanische Krösus die echte Rafaelsche Madonna besitzen, kann uns hier gleich sein — es kann uns auch die Annahme nicht verwehrt werden, dass unwiderleglich bewiesen würde: die Dresdner Madonna ist Kopie, das Original ist in Piacenza, oder in Amerika oder sonstwo. Welchen Wert hat dann das Dresdner Bild? Bis heute galt dieses »Bild aller Bilder«, dieses höchste, unerreichbare Werk menschlicher Kunst als unschätzbar, Tausend und aber Tausend von Menschen haben Freude, Andacht, Erbauung und Trost vor diesem herrlichsten aller Bildnisse gefunden, in Hunderten von Kunstgeschichten, Lehrbüchern und Monographien wurde in den denkbar höchsten Ausdrücken von dieser »Offenbarung aus dem Jenseits« gesprochen — und nun ist es eine Kopie und gar nicht von dem gottbegnadeten Genius Rafaels geschaffen? Freilich würden dann in späterer Zeit die ganz gescheiten Kunstkenner versichern, es sei gar nicht zu begreifen, wie sich die Leute einst von dieser Nachahmung haben äffen lassen: man sehe ja dem Bilde schon um die Ecke die Kopie an.

Wir können es allerdings zeitlich nicht vereinen, wenn wir annehmen wollten, es handle sich zugleich um Verantwortlichmachen der Mönche und um die anderthalb Jahrhunderte lange Begeisterung, die das Bild erzeugt hat — aber nehmen wir an, es wäre Bestrafung der Mönche denkbar, wie wird dann bei Bewertung des Schadens die Wertschätzung in Rechnung gezogen, die das Bild erfahren hat, seit es in Dresden ist? Allerdings ist Wesen und Erscheinung nicht dasselbe, aber bei einem Kunstwerke sollte man doch meinen, dass sein Wert von seinem Wirken, also der Erscheinung abhängt — Makartsche Bilder haben verhältnismässig geringen Wert, weil ihre Farben dunkeln oder verblassen und die Erscheinung derselben in kurzer Zeit unansehnlich sein wird. Wenn aber die Erscheinung der Sixtina durch 150 Jahre eine so zauberhafte war, wie wir sie aus Berichten und Erfahrung kennen, ist sie jetzt weniger wert, weil festgestellt ist, dass sie Rafael Santi nicht gemalt hat? Nehmen wir noch das allerdings sehr Unwahrscheinliche an, dass festgestellt würde, die echte Sixtina (also dann die in Piacenza oder in Amerika) sei lange nicht so schön und wirkungsvoll als die in Dresden — haben dann die Mönche betrogen?

Ein Seitenstück zu dieser Geschichte ist die Fälschung des Rafaelschen Porträts des Papstes Leo X; dieses Bild hatte Papst Clemens VII. dem Herzog Federigo II. von Mantua geschenkt und den Kanzler Ottaviano de Medici mit der Übersendung beauftragt. Dieser, ein echter Medicäer, fand einen Vorwand zur nicht sofortigen Absendung, liess durch den berühmten Maler Andrea de Sarto eine treffliche Kopie machen, sandte diese nach Mantua und behielt das Original. Die Kopie bildete aber lange in Mantua die Freude und das Entzücken aller Kunstkenner, die das Bild als einen echten Rafael anbeteten (Melingo)[42].

Glücklicherweise für die theoretischen und praktischen Juristen kommen solche Fälle, wo es sich um Werke ersten Ranges und um Beträge von Millionen handelt, nicht leicht vor, die Schwierigkeiten bleiben aber dieselben, wenn Werke minderer Bedeutung den Grund der Frage bilden, und solche Fälle können täglich vorkommen.

Am schärfsten tritt die Frage der Schädigung dann auf, wenn es sich um Objekte des täglichen Gebrauches aus edlem Metall handelt, die so häufig gefälscht werden (namentlich Silbergeschirre, Tafelaufsätze, Toiletteeinrichtungen französischen Ursprunges aus dem 17. und 18. Jahrhundert, die überaus gesucht sind). Auch hier werden wir uns nicht gerne ganz in die Hände von Sachverständigen begeben, die doch nach persönlichen Empfindungen, fachwissenschaftlichen Standpunkten und künstlerischer Auffassung, daher oft sehr verschieden, urteilen. Wir werden wenigstens nach einem Prinzip suchen und vorerst unterscheiden: soll ein wertvolles Service — und bei solchen wertvollen Objekten lohnt sich nur die Arbeit — nachgebildet werden, so wird der Fälscher das Vorbild nur sehr selten in die Hand bekommen. Diese teuren

---

[42]) s. Anm. [17]).

Dinge befinden sich entweder in öffentlichen Sammlungen oder jenen reicher Private; sie werden sorgsam gehütet und nicht leicht aus der Hand gegeben. Ist ja eine Reparatur nötig, so wird diese nur verlässlichen Leuten anvertraut, oder es werden Vorsichtsmassregeln getroffen, die jeden Missbrauch verhindern. Soll nun eine Fälschung angefertigt werden, so hat der Arbeiter besten Falles gute Abbildungen und Photographien zur Verfügung oder er kann seine Vorbilder im Museum hinter Glas ansehen, im übrigen ist er aber auf sein »Nachempfinden« angewiesen. Ganz Gutes kommt hierbei selten zu stande, es gerät nicht der richtige Zug in die Sache. Sei es, dass unsere Arbeiter überhaupt nicht mehr den künstlerischen Schwung alter Meister haben, sei es, dass jede Zeit ihre Formen hat und dass andere Zeit sich nicht ganz in andere Form zu finden vermag, kurz: etwas »Echtes« wird vielleicht nie zu stande gebracht und der Käufer der Fälschung hat etwas bekommen, was lange nicht den Wert des Vorbildes hat, er ist in seinem Vermögen geschädigt.

Anders steht die Frage, wenn dem Arbeiter das Vorbild in die Hand gegeben war, wenn er entweder Abformen, oder mit Massstab und Zirkel Punkt für Punkt nachbilden konnte. So wurden z. B. schöne englische Sachen aus der Zeit der Königin Anna einfach in zartestem Formsand abgenommen und neu gegossen. Wird nun vorausgesetzt, dass der Fälscher auf das Gewissenhafteste vorgegangen ist: dass er nach einer Garnitur in einem Museum den Feingehalt des Silbers titriert und genau nachlegiert hat, dass er alle Formen in Länge, Breite und Stärke ängstlich genau nachgemacht hat und endlich, dass auch die Proben genau imitiert erscheinen, kurz, dass Original und Abbild nach menschlichem Vermögen absolut gleich sind — dann sind sie allerdings auch im Werte gleich, und wenn einem die Nachbildung um enormen Preis als echt verkauft wird, so ist es in der That schwer zu sagen, inwiefern der Mann geschädigt worden sein soll. Selbst wenn wir zugeben, das in dem unfassbaren Begriffe des »Alters« an sich ein Wert gelegen sein soll, so ist derselbe vielleicht an Holz, an Papier und anderen organischen Substanzen, nicht aber an (nicht patiniertem) Silber objektiv nachweisbar.

Ausserdem muss in unserem Falle eine zwingende Folgerung gemacht werden: wenn der Fälscher die einzelnen Geschirrstücke so haargenau nachgemacht hat, so **muss** er sie längere Zeit und unkontrolliert in der Hand gehabt haben (etwa anlässlich einer Reparatur); hat er sie aber so zur Verfügung gehabt, so kann er auch die **gefälschten** Stücke, absichtlich oder durch Verwechslung, rückgestellt haben und kein Mensch weiss zu sagen, ob das betreffende Museum oder der fragliche Käufer die »echten« Stücke oder die nachgemachten besitzt. Thatsächlich wird in einem solchen Falle der Wert **beider** Garnituren unverhältnismässig gefallen sein, und wir haben nun die singuläre Erscheinung, dass ein, an der Sache nicht Beteiligter, hier das Museum, an seinem Vermögen erheblich geschädigt wurde: früher besass es an jener Silbergarnitur ein unschätzbares Unicum, jetzt existieren davon zwei Parien und niemand weiss sicher, ob das des Museums wohl das Original ist. Wie diese bedeutende Wertminderung entstanden ist, erklärt das Paradoxon: wer von einer beschränkten Anzahl von Gefässen eins nach dem anderen zerschlägt, schafft scheinbar jedesmal neue Werte, denn die überlebenden Stücke werden durch jede Vernichtung eines Genossen seltener und dadurch kostbarer. Thatsächlich verhält es sich auch so. Sagen wir es existieren von einer bestimmten Fayenceschüssel nur sechs Stück: davon fünf Stück in **einer** Sammlung, ein Stück in einer **zweiten** Sammlung. Wenn nun die erste Sammlung samt ihren fünf Schüsseln verbrennt, so ist die eine Schüssel in der zweiten Sammlung plötzlich ein Unicum geworden, und sicher viel höher im Preise, als früher die »gar nicht so seltenen« sechs Stück zusammen.

Dass dies Dinge der Einbildung sind, die mit strafrechtlichen Grundsätzen nichts zu thun haben dürfen, ist ziemlich sicher und wir werden daher annehmen, dass bei einer Fälschung, wie die letztgenannte es ist, von einer wirklichen Schädigung kaum zu sprechen ist, wenigstens nicht in strafrechtlichem Sinne.

Als Beispiel hierfür könnte man auch die Erzeugung künstlicher, aber doch echter Edelsteine heranziehen, die bekanntlich, als wissenschaftlich wichtig, in den Laboratorien der Chemiker und Mineralogen betrieben wird. Lässt man z. B. reinste Thonerde bezw. das daraus gewonnene Fluoraluminium mit Borsäuredampf erhitzen, so bildet sich im Krystallisationsprozesse Korund und setzt man die entsprechenden Metalloxyde bei, so erhält man Rubin oder Saphir — bis jetzt allerdings nur sehr klein.

Etwas anderes ist aber der »gefundene« Rubin oder Saphir auch nicht, beide sind genau so in der Natur entstanden, wie hier im Schmelztiegel des Forschers, und kein Sachverständiger der Welt, kann »gefundenen« und »erzeugten« Rubin und Saphir von einander unterscheiden. Nehmen wir an, es gelänge, grosse Edelsteine künstlich zu erzeugen, und es verkauft jemand einen derart erzeugten Rubin, der ja wirklich einer ist, für einen »gefundenen«, also sogenannt echten, so könnte doch niemand von Fälschung sprechen, ausser, und da nur in besonderen Fällen, wenn die Eigenschaft als »gefunden« oder auch als »erzeugt« ausdrücklich bedungen wurde; (es hätte sich z. B. A verpflichtet, den B die Erzeugung von Rubinen gegen Entgelt zu lehren, und er würde zum Zwecke von Täuschung bei der Manipulation »gefundene« Rubine einschmuggeln und als »erzeugte« ausgeben; dann läge aber die Täuschung in der Irreführung beim Erzeugungsvorgang, nicht bei den Steinen.)

Wenn wir nun aber die Unechtheit nur in wenigen und abzugrenzenden Fällen als für den Wert gleichgiltig bezeichnen, und erklären, die Fachmänner haben recht, wenn sie in der Echtheit ein dem Objekt anhaftendes Moment des Wertes erblicken, so werden wir dasselbe Zugeständniss auch für ein weiteres, dem Objekt gar nicht anhaftendes Moment: das der Seltenheit, bis zu einem gewissen Grade gelten lassen müssen — aber nur aus Gründen der Analogie. Wessely[48]) sagt zwar: »Die Seltenheit eines Kunstblattes hat nur accidentielle, mit dem Werte gar nicht zusammenhängende Bedeutung. Was schlecht ist bleibt schlecht, wenn es auch noch so selten ist, und Gutes bleibt auch bei grosser Häufigkeit gut« — aber das gilt wohl nur vom künstlerischen Standpunkte aus, und »schlecht« und »gut« ist nicht identisch mit »billig« und »teuer«. Nach allgemeinem Empfinden ist allerdings das Gute um so gesuchter, je seltener es ist, und man wird theoretisch sagen können: Ceteris paribus ist das Seltenere auch das Wertvollere. Dies hat sich auch praktisch im allgemeinen und trotz einigen Hin- und Herschwankens festgemacht: Wir finden diesen Grundsatz bei den Metallen, Steinen, Stoffen, Nahrungsmitteln u. s. w. — bis zu den Kunstsachen, wenigstens annähernd durchgeführt und sehen, dass z. B. bei Stichen die Seltenheit nur

[48]) s. Anm. [8]).

dann entscheidet, wenn sonst diese gleich gut sind. Freilich giebt es da zahlreiche Extravaganzen; wenn z. B. von 15 bekannten Abzügen eines Stiches 13 ganz gleich sind, und auf zweien kommt irgendwo z. B. eine Schattierung mehr vor, so werden diese unverhältnismässig höher im Preise stehen, als die 13 anderen, wenn auch diese Schattierung ein Fehler war, den der Künstler nach wenigen Abzügen beseitigt hat. Giebt das allgemeinen, sozusagen börsemässigen Marktpreis, dann werden wir uns dieser Thorheit fügen müssen, wie wir es bei so vielen anderen Unbegreiflichkeiten der Menschen thun müssen.

Unter besonderen Umständen werden wir auch noch zweifellos andere Wertmomente gelten lassen müssen, die mit dem Objekt in keinem Zusammenhange stehen z. B. früheren Besitz, Fundort, besondere Schicksale des Gegenstandes u. s. w. Ein Beispiel findet sich bei Jaennicke:[44]) Gardener Wilkinson: »*Manners und customs of the ancient Egyptians*« und Rosellini berichteten über Porzellangefässe mit chinesischen Inschriften, die in thebanischen Gräbern der 18. und 20. Dynastie gefunden wurden (Rosellini war selbst bei der Ausgrabung). Diese Vasen hatten, bloss wegen ihres Fundortes ungeheuren Wert, es kam aber auf, dass Araber diese Vasen in Kosseir und Gefl am roten Meere gekauft und an die Fundstelle gebracht hatten. Der Dollmetsch der englischen Gesandtschaft in Hongkong, Medhurst, wies nach, dass die Schriftzeichen aus chinesischen Dichtern des 8.—11. Jahrhunderts seien (unsere Zeitrechnung). Jetzt waren sie gar nichts wert, was ganz begreiflich ist, da es sich hier um eine wissenschaftlich hochwichtige Thatsache gehandelt hat, die erwiesen werden konnte, wenn die Objekte echt gewesen wären.

Hätte man die fraglichen Fälscher zur Verantwortung ziehen können und hätte man ihnen Verständnis für das imputieren können, was sie angestellt haben, so könnte man sie nicht bloss nach dem Betrage strafen, den sie sich betrügerisch zugewendet hatten, sondern auch nach dem sonstigen Schaden, den sie durch die heillose Verwirrung, die erzeugt wurde, angerichtet haben.

---

[44]) s. Anm. [22]).

4. Embellierung, Restaurierung, Assemblage, Remboîtage und ähnliches.

Diese wohlklingenden Dinge gehen alle auf Betrug aus oder können es wenigstens thun; vorliegenden Falles geben sie für die strafrechtliche Beurteilung allemal Schwierigkeiten ab, zumal niemandem verwehrt werden kann, seine Sache auszubessern, zu reinigen und ihr sonst ein besseres Aussehen zu geben. In der That wird namentlich bei Antiquitäten ausserordentlich viel geleistet, wenn sie bloss geputzt, gewaschen und hergerichtet werden, wenn man Lockergewordenes festmacht, später Dazugekommenes beseitigt, kurz gar nichts dazu thut und nur jenen Zustand herstellt, in welchem sich die Sache befände, wenn sie stets vorsichtig und mit Verständnis aufbewahrt worden wäre. Aber auch wenn man das Ding z. B. neu lackiert, abgefallene Farbe ersetzt, fehlende Nägel neu einschlägt, allenfalls einen mangelnden Bestandteil nach dem bestehenden genau nachbilden lässt und anbringt u. s. w., hat man eigentlich bloss »konserviert«. Auch Kitten, Leimen, Löten, Fugen verstreichen und verdecken, Abgebrochenes sinngemäss ersetzen, gehört nur zu verständiger Behandlung — aber daran grenzen schon bedenklichere Manipulationen: Ersetzen ganzer Teile, neu bemalen, vollständiges Überarbeiten, Zusammenfügen der Teile verschiedener Objekte u. s. w., die bei mangelndem Verständnisse ganz sinnwidrig werden können. Ich kenne einen Fall,[45]) in welchem ein Sammler eine »alte« Truhe gekauft hatte, an der ein kleiner Teil echt, das Übrige aber »nachempfunden« war; dies war aber unrichtig d. h. in einem etwas anderen Stile geschehen, was der Käufer richtig herausmerkte. Er liess nun in Verkennung des Thatbestandes das Echte sorgfältig beseitigen und im Stile der Fälschung ersetzen, so dass nun alles falsch war. Solche Ergänzungen, bei welchen nur der kleinste Teil echt ist, geschehen überaus häufig, und wir werden fragen, wo ist die erlaubte Grenze.

---

[45]) s. Anm. [10]).

Vor allem können wir von keinem Verkäufer verlangen, dass er seine Ware in ungünstiger Form vorführt. Jeder trachtet mit mehr oder weniger Geschick die Sachen so gut als möglich darzustellen, wir wissen, was diesfalls der Verkäufer eines Grundstückes, der Modewarenhändler, der Pferdehändler u. s. w. thut; — das Auslagearrangieren ist eine ebenso gut bezahlte als allgemein bekannte Geschicklichkeit, und wer seine Sache in üblem Lichte zeigt, der gilt einfach als thöricht. Hat also auch ein Händler eine Rarität entdeckt, die im Staube und anderen Fährlichkeiten eines Dachbodens arg gelitten hat, so wird es ihm niemand verübeln, wenn er die Sache nicht in dem Zustande lässt, in dem er sie gefunden hat, sondern wenn er sie reinigt, herrichtet und ihr sonst ein gefälliges Äussere giebt. Die Grenzen, wie weit er hierbei gehen darf, sind nach zwei Seiten hin zu ziehen. Die eine wird durch Kunst und Wissenschaft bestimmt, welche es dringend wünschen, dass wertvolle Objekte durch ungeschickte Renovierung nicht gründlich und unwiederbringlich verdorben werden. Fast jeder gewöhnliche Händler glaubt, dass der erste beste Handwerker oder Maler oder Bildhauer im stande sei, eine mangelhafte Rarität auszubessern und nur ganz feine Kenner wissen, welche Summe von Kenntnissen und Geschick dazu gehört, um eine alte Sache gut herzustellen: in der Regel muss sogar der Restaurateur viel mehr können, als seinerzeit der Erzeuger konnte, weil er abgesehen vom »Machenkönnen« auch eine Menge wissen muss, was Wahl des Materiales, der Bindemittel, Anfügung u. s. w. betrifft. Der einen prähistorischen Schmuck anfertigte, war vielleicht ein Wilder, der kaum Ahnungen von Kunstfertigkeit hatte — der ihn rekonstruieren will, muss aber wissen, wie der unbeschädigte Schmuck aussah, aus was er hergestellt wurde, welche Werkzeuge man verwendet hat, was ursprünglich war und was die Zeit und andere Einflüsse bewirkt haben, kurz er braucht ausser einer, oft nicht unbedeutenden Kunstfertigkeit auch den ganzen gelehrten Apparat, der hier in Frage kommt. Und wer ein Bild renovieren will ohne es zu verderben, der muss fast ebensoviel können als der Meister und auch in farbentechnischer Richtung dasselbe wissen, was der alte Meister wusste. Da aber solches Wissen und Können selten ist, so ist es begreiflich, wenn alljährlich Unmengen der besten Sachen durch Renovierungen vollständig verdorben werden, wodurch Kunst und Wissenschaft unwiederbringlichen Schaden erleiden. Mit Recht sagen Kenner, die sog. Restaurateure seien die grössten Feinde und Schädlinge guter alter Sachen, sie wünschen, dass diesen verständnislosen Leuten jede Manipulation mit denselben geradezu verboten werde. Die zweite Grenze ist durch das Strafgesetz gegeben, welches verbietet, durch Vorspiegelung falscher oder durch Entstellung oder Unterdrückung wahrer Thatsachen einen Irrtum zu erregen, wenn eigene Bereicherung und fremde Schädigung dadurch erreicht werden soll. Wenn wir nun irgend einen Fall vornehmen, so denken wir uns, der Händler habe z. B. einen kunstvollen Schrein erworben, an dem etwa ein Drittel fehlte. Wenn er nun das Fehlende durch geschickt gebeiztes, mit künstlichen Wurmlöchern versehenes, sorgfältig abgeschliffenes Holz ersetzt, fehlende Broncegriffe nachgiessen lässt, das Innere mit altem, bunten Papier aus wertlosen Büchern auskleidet u. s. w. und das Ganze als unversehrtes, wohlerhaltenes Stück verkauft und bedeutenden Gewinn erzielt, so hat er die Thatsache, dass der Schrein schadhaft und nur zum Teile erhalten war, unterdrückt und die Thatsache, dass auch das am Schreine Neue echt und alt sei, vorgespiegelt. Dies kann nicht in Abrede gestellt werden und es ist daher zuzugeben, dass der Vorgang mit der genannten Restauration den Thatbestand des Betruges darstellt.

So befinden wir uns vor einer scheinbaren Schwierigkeit: auf der einen Seite kann man es nicht verbieten, seine Ware zu embellieren, auf der anderen Seite ist es wieder unter Umständen Betrug, wenn man es thut. Die Lösung liegt einfach darin, dass wir sagen: Von *uns* aus kann jeder mit seinem Eigentum thun, was er will, er kann also auch seine wertvolle Kunstsache in thörichter und verständnisloser Weise umändern — verkauft er sie aber, so hat er dem Käufer — wenigstens auf dessen Befragen — genau *zu sagen, was er an der Sache geändert hat*, wenn er sich nicht dem Vorwurfe, betrogen zu haben, aussetzen will. Damit ist noch lange nicht dem, juristisch nicht fassbaren, platonischen »Recht auf Wahrheit« (vgl. Kap. 11) das Wort geredet. »Recht auf Wahrheit« und »Unrecht durch qualifizierte Lüge« ist nicht dasselbe; qualifizierte Lüge, die als Betrug gelten kann, liegt aber dann vor, wenn behauptete Unwahrheit durch entsprechend vorgebrachte objektive Momente unterstützt wird. Sagt dann der Verkäufer, was an der Sache echt, was dazugebildet ist, so ist dem Bedürfnisse, den Verkaufsgegenstand günstig darzustellen, zwar entsprochen, der Käufer kann es sich aber zurecht legen, ob er den Gegenstand trotz der »Embellierung« nehmen kann und was er mit Rücksicht auf alle obwaltenden Umstände bezahlen will — d. h. die Schätzungsmöglichkeit ist ihm durch entstellte und unterdrückte Thatsachen nicht entzogen.

Um einiges schwieriger gestaltet sich die Sache, wenn nicht der Händler, sondern der Sammler seine Sachen embelliert. In der Regel macht der echte Liebhaber Embellierungen und sonstige Restaurationen mit mehr Verständnis und mehr Sorgfalt als der Händler; er thut es für sich, der Händler nur zum Verkaufe; ersterer scheut keine Kosten, letzterer besorgt es doch so billig als möglich; ersterer will etwas Schönes erreichen, letzterer will Profit. Dass der Liebhaber mit seinen Sachen thun darf, was er will, ist zweifellos; aber auch er verkauft oft Objekte, die in den betreffenden Kreisen stets für vollständig echt gehalten wurden und jetzt ohne zu fragen um hohe Preise genommen werden. Häufig werden auch nach dem Tode des Sammlers die Gegenstände verkauft und dann gehen Embellierungen und Imitationen als echt ab (vgl. Kap. 16). Gegen letztere Momente lässt sich natürlich gar nichts thun, wohl aber kann von dem verkaufenden Liebhaber dasselbe verlangt werden, was dem Händler obliegt: er hat zu sagen, was mit dem zu verkaufenden Gegenstande geschehen ist, was daran echt, was falsch erscheint. Dieselbe Forderung kann auch an Erben gestellt werden, die die Sammlung des Erblassers verkaufen. Haben sie davon Kenntnis, dass und was gefälscht wurde, so haben sie es beim Verkaufe zu sagen.

Dass die Frage nach den Embellierungen nicht gleichgiltig ist, bewirkt der Umstand, dass so ausserordentlich viel und gut restauriert wird. Es ist begreiflich, dass auch die bestverwahrten Objekte im Laufe der Zeit wesentlich gelitten haben, gute Behandlung war aber, namentlich in früheren Jahrhunderten Ausnahme und so befanden sich die meisten Gegenstände, die heute erste Zierden grosser Sammlungen sind, in einem bedauernswerten Zustande und mussten erst mit Aufwand von viel Mühe und Geld repariert werden. Dies schuf eine ganze Zunft von Restaurateuren, die, Künstler und Gelehrte zugleich, in verlässlicher, korrekter und ganz ehrlicher Weise wertvolle Sachen wieder so herstellen, wie sie seinerzeit gewesen sind. Die Namen dieser von Museen und grossen Privatsammlern sehr gesuchten Leute werden in allen Büchern, die über Raritäten handeln, genannt: so z. B. der kunstvolle Alfred Corplet in Paris, der namentlich für den Louvre und das Musée Cluny arbeitet; dann Adam Pilinski, der an der Nationalbibliothek in Paris fehlende gedruckte Blätter mit absolut täuschender Geschicklichkeit durch Handschrift ersetzt; Lefebvre restauriert in einziger Art schöne alte Bucheinbände; ebenso Hagué, früher in London, dann in Brüssel. Der beste Restaurateur ist aber (nach Eudel[46]) heute der berühmte André in Passy, einer der ersten Kenner alter Kunstschätze, der Fayencen, Elfenbein, Glas, Emaille, Metall so wunderbar geschickt und verständnisvoll repariert, dass alle Museen Europas und die grossen Privatsammlungen eigentlich ohne ihn nicht existieren könnten. Wäre der Mann nicht der überaus ehrenhafte Restaurateur, so könnte er als Imitator Millionär sein.

Dass solche Leute ihre Arbeiten gut d. h. unkenntlich machen, ist natürlich, und ebenso selbstverständlich ist es auch, dass ihre Restaurationsarbeiten nur bei Aufwendung aller erdenklichen Feinheiten entdeckt werden können. Daraus ergiebt sich aber auch, dass Leute, die solche Arbeiten vielleicht aus zweiter oder dritter Hand bekommen, nach Belieben betrügen können und weiters, dass die Reihe der Restaurateure nicht auf die Ehrlichen beschränkt ist; es giebt ebenso viele Restaurateure, die vielleicht ebenso geschickt, aber nicht ehrlich sind. Das sind jene, die dann Betrügereien möglich machen, bei denen es sich um Tausende und Tausende handelt.

Um sich über die Natur einer betrügerischen Restauration, also einer solchen, bei der die wahre Thatsache der Beschädigung unterdrückt werden soll, um den Irrtum der Unversehrtheit des Objektes zu erregen, sich zum Vorteil, dem Käufer zum Nachteil — um sich hierüber klar zu werden, muss das Faktische hierbei genauer betrachtet werden. Sagen wir, es handelt sich z. B. um eine schöne, echte Majolikaschüssel aus dem 16. Jahrhundert, an welcher am Rande ein dreieckiges Stück — in der bekannten Form solcher Läsionen — mit etwa 4 cm Seitenlänge, herausgeschlagen wurde. Fehlt dieses Stück ganz, so ist die Schüssel etwa 10 wert, ist es so eingefügt, dass man die Kittstellen sieht,

---

[46]) s. Anm. [8]).

so steigt der Wert auf 100, ist die Schüssel aber unversehrt, oder das Stück ganz unkenntlich ersetzt, so ist sie reichlich 1000 wert. Angenommen: es hat einer die Schüssel, aber das fehlende Dreieck ist nicht vorhanden. Dieses Dreieck nachzubilden und augenfällig einzukitten, um also von 10 auf 100 zu kommen, lohnt sich bei der immerhin grossen nötigen Mühe nicht, wohl aber wird man reichlich bezahlt, wenn man von 10 auf 1000 kommt. Restauriert man also, so ist es rätlicher, die Restauration gründlich und aus der fast wertlosen Schüssel eine scheinbar unversehrte, sehr teure zu machen. Gerade Kittstellen an glatten Flächen unkenntlich herzustellen gilt als unmöglich, es müssen also die Kittstellen an günstigere Stellen verlegt werden, d. h. an den Bruchrändern des Schüsselrandes wird, zuerst mit groben, dann mit immer feineren Feilen, zuletzt mit Feilen, wie sie die Zahnärzte benutzen, so lange Material weggenommen, bis man zu einer der (erhabenen) Verzierungen der Schüssel gelangt, so dass also z. B. ein geschwungenes Ornament, ein Blatt oder eine andere Figur bis hart an den Rand herausgearbeitet erscheint. Ist das auf beiden Seiten durchgeführt, so hat der Defekt natürlich nicht mehr Dreiecksform, sondern eine Gestalt, wie sie durch die Ornamente, Blätter u. s. w. bedingt wird; auch ist er selbstverständlich nun viel grösser geworden. Das weggefeilte Pulver wird untersucht, um die richtige Zusammensetzung des Thones zu treffen und aus dem entsprechend bereitetem Materiale wird nun (nach dem Vorbilde des Unbeschädigten) das fehlende Stück mit den entsprechenden Rändern hergestellt. Die Schwierigkeit dieser Arbeit vermehrt sich noch durch den Umstand, dass Thon beim Brennen um etwa $^{1}/_{12}$ schwindet, was berücksichtigt werden muss. Es wird das Stück aber noch um ein wesentliches Teil grösser gemacht, weil sonst doch nie die Ränder passen würden. Dann wird gebrannt und die Ränder werden so lange sorgfältig gefeilt, bis sie auf einanderpassen. Wird feiner Kitt genommen und ist die Kittstelle, was die Hauptsache ist, sehr sorgfältig hart an die Grenzen eines erhabenen Ornamentes, Blattes u. s. w. verlegt, so ist in der That an der Vorderseite nichts zu entdecken. Nun kommt noch die Rückseite, die in der Regel einfach glatt glasiert ist. Hier wird an allen Kittstellen die Glasur vorsichtig und nach allen Seiten unregelmässig und allmählich verlaufend abgeschliffen und durch sog. »kalte Glasur« ersetzt. Dies ist irgend ein Lack allerbester

Zusammensetzung — heute meistens Japanesische oder Zaponlacke, — entsprechend versetzt und gefärbt, und in der Regel ein Geheimnis des betreffenden Restaurateurs. Ist sein Lack gut, so kann er auch die Rückseite so herstellen, dass man die Lackierung nur entdecken würde, wenn man die Schüssel ins Feuer legt. Das wagt aber niemand zu thun.

Sehen wir uns die Sache nun vom juristischen Standpunkte aus an, so ergiebt sich sofort, dass ein so arbeitender Restaurateur den Beweis für das Betrügerische seiner Absicht durch die Arbeit selbst erbracht hat. Würde er dem Käufer offen die Vornahme der Restaurierung eingestehen, so kommt er nur aus der Preislage von 10 in die von 100 oder vielleicht in Anbetracht der gar schönen Arbeit, ausnahmsweise von 200. Hiermit ist aber seine Arbeit und das Risiko bei dem, die ganze Schüssel immerhin arg gefährdenden Feilen lange nicht ersetzt, und den Preis von 1000 für die unverletzte Schüssel zahlt ihm absolut niemand, wenn auch die Renovierung ganz vollendet ist: weiss der Käufer von der Restaurierung, so zahlt er ausnahmslos nur für die gut restaurierte Schüssel, nie aber für die unversehrte. Will der Arbeiter also auf seine Kosten kommen, so muss er betrügen und die Schüssel als ganz unbeschädigt verkaufen. Einige 100 verdient er dann zum Schaden des Käufers immerhin.

Wir gehen bei Embellierung von Kunstsachen nach aufwärts. Die merkwürdigsten »Embellierungen« geschehen bei Kupferstichen und Holzschnitten, die oft in bedauerlichem Zustande getroffen werden, und unbeschädigt grossen Wert darstellen würden. Was da an Ausbesserungen mit Pinsel und Feder, Aufkleben, Abreiben, Vereinigen, Ausflicken u. s. w. geleistet wird, grenzt ans unglaubliche; man kennt wertvolle Stiche, die ganz unbeschädigt aussehen, aber durch das Licht betrachtet ein wirkliches Mosaik darstellen. Man hat eben zwei oder auch mehrere arg beschädigte gleiche Stiche besessen, bei welchen aber zufällig stets andere Stellen lädiert waren, und so hat man aus mehreren lädierten, wertlosen Stücken ein unbeschädigtes Exemplar zusammengesetzt. Erwägt man aber, welch unsägliche Mühe und Sorgfalt nötig ist, um die Stücke genau passend zu machen, so ersieht man, wie reichlich der Gewinn dabei sein muss. Selbstverständlich werden derartige Mosaikarbeiten auf undurchsichtiges Papier aufgezogen, so dass man auch bei durchscheinendem Lichte die Fälschung nicht entdecken kann. Und abziehen lässt der Verkäufer natürlich nicht.

Die verschiedenen Arten von Restaurationen bei Kunstblättern führt z. B. Wessely[47]) genauer an; es käme vor:

Kunstblätter, die im Besitze von Malern waren, haben häufig Flecken von Öl und Ölfarben, sie sind mitunter ganz oder zum Teil illuminiert worden oder haben zum Zwecke der Vergrösserung oder Verkleinerung Quadrate mit Bleistift oder gar Tinte aufgetragen erhalten. Die Beseitigung aller dieser Beschädigungen ist sehr schwer und gelingt häufig auch dem geübten Fachmanne nicht; zum mindesten geschieht durch Wegwaschen der Ölflecke oder radieren der Bleistiftstriche eine Verblassung des Druckes. Weiter sind aber schon oft während des Druckes »Ausbleibungen« entstanden, wenn zwischen Platte und Papier ein Haar, ein Fleckchen Papier u. s. w. geriet; ebenso können im Papier »Druckfalten« entstanden sein. In diesen Fällen, dann auch, wenn eine Ecke beschädigt wurde, eine Stelle abgerieben erscheint u. s. w., pflegen die Restaurateure mit mehr oder weniger Geschick das Fehlende mit der Hand nachzuzeichnen, oft so gut, dass es kaum zu entdecken ist. Sehr oft werden Blätter, die zu matt ausgefallen sind einfach mit der Hand, mit Tusche und Feder überzeichnet; so z. B. Blätter von C. W. E. Dietrich, die stets zu blass sind. Solche Nachzeichnungen geschehen oft mit grösster Kunstfertigkeit. Aber sie lohnen sich doch, wenn es sich um sehr kostbare Blätter z. B. von Marc. Anton, Rembrandt, Dürer handelt.

Bei allen diesen Vorgängen stösst man immer wieder auf die Frage: »ist das erlaubte Embellierung oder schon strafbare Fälschung«? In Sammlerkreisen wird z. B. behauptet: Wenn jemand eine echte alte Kupferplatte, die infolge vieler Abzüge stumpf geworden ist, von einem Stecher sorgfältig nachgraben (vertiefen) lässt und neue Abzüge macht, so sei das keine Fälschung. Wohl aber wenn er an der Platte Änderungen vornehmen lässt, um dann seltenere und daher teuere Abzüge zu erzeugen. Die erst genannte Behauptung ist entschieden unrichtig, denn wenn ich einen echten Kupferstich haben will, so verlange ich, dass er auch zur fraglichen Zeit, auf damaligem Papier und mit den damaligen Mitteln gedruckt wurde. Aber ganz besonders verlange ich, dass die Platte, so beschaffen war, wie sie aus der Hand des Meisters

[47]) s. Anm. [8]).

hervorging. Wurde die Platte jetzt erst »vertieft«, also von einem jetzigen Stecher, mir ganz unbekannter Qualität, überarbeitet, so habe ich nicht die mindeste Sicherheit dafür, dass dieser Stecher im Sinne des alten Meisters vorging, dass er nicht stärker und nicht schwächer grub, dass er keine Fehler machte u. s. w., kurz ich habe einfach etwas ganz anderes bekommen, als ich haben wollte. Will man also an der Scheidung zwischen Fälschung und Imitation festhalten, so wird man den erstgenannten Vorgang zweifellos als Fälschung bezeichnen müssen.

Ich glaube aber, dass diese, vom juristischen Standpunkte aus nie scharf zu fassende Scheidung um so mehr überflüssig ist, als der Fälscher ohnehin nie Fälschung zugeben, sondern stets Restauration oder Imitation behaupten wird. Dann geht man ihm einfach auf seine Angabe ein, erklärt alle diese Begriffe als juristisch nicht feststellbar und verlangt lediglich: keine Vorspiegelung falscher, keine Unterdrückung oder Entstellung wahrer Thatsachen d. h. mit anderen Worten: Angabe des Herganges. Hat der Verkäufer gesagt, dass der Stich mit echter, aber nachgravierter Platte geschah, dass aus zwei beschädigten Holzschnitten einer gemacht wurde, dass eine abgeschabte Stelle mit der Hand nachgezeichnet wurde u. s. w., so ist es für uns ganz gleichgiltig, ob das Fälschung oder Embellierung ist, strafbar ist der Verkauf aber nicht. Hat er den Vorgang aber verschwiegen, und hat der Käufer, irregeführt durch dessen Unkenntnis, mehr gezahlt als er sonst gezahlt hätte, so ist es uns abermals gleichgiltig, ob es Fälschung oder Restauration ist — es ist strafbarer Betrug durch Vorspiegelung unwahrer oder Entstellung wahrer Thatsachen. Mit dem Verlangen der Angabe des Herganges wird man allein, aber dann auch regelmässig sein Auslangen finden.

Um sich eine Vorstellung davon zu machen, wie viel in der sogen. Restaurierung geleistet wird, und was man da wagt, genügt auch ein Blick in die reiche Litteratur in dieser Frage z. B. die Arbeiten von Lucanus[48]), Bonnardot[49]), Schuchardt[50]), Schall[51]) u. s. w.

48) F. G. H. Lucanus, »Vollständige Anleitung zur Erhaltung und Reinigung von Gemälden u. s. w.«. Leipzig 1812. Halberstadt 1842.

49) A. Bonnardot, »*Essai sur la restauration des anciennes estampes*«. Paris 1846 und 1858.

50) Ch. Schuchardt, »Einiges zum Schutz im Kunsthandel«.

51) J. Schall, »Ausführliche Anleitung zur Restauration u. s. w.«. Leipzig 1863.

Zur Restauration im weiteren Sinne gehört nach dem Sammler- und Händlerjargon auch eine ausserordentlich häufig vorkommende Täuschung, die in dem sogen. »Finalisieren« von Bildern besteht. Maler pflegen, besonders so lange sie noch nicht berühmt sind, häufig an Freunde, an bettelnde Atelierbesucher Skizzen, halb oder $^3/_4$ oder $^6/_7$ fertige Bildchen, die zu vollenden sie aus irgend einem Grunde nicht freute, zu verschenken. Noch öfter werden ihnen solche, achtlos bei seite gelegte Dinge entwendet (siehe Lenbachprocess), endlich werden auch bei Versteigerungen des Nachlasses verstorbener Maler oft grosse Mengen solcher nichtvollendeter Bilder verkauft. Diese Dinge gelangen dann in Hände von Händlern und nun finden sich genug Maler, die das »Fehlende« ergänzen, die Signatur des Malers daraufsetzen — dann gehen die Dinger teuer ab. Man wird sagen: »Nun, wenn nur mehr sehr wenig fehlte, dann durfte es ergänzt werden; an manchem berühmten Bilde eines grossen Meisters hat ein Schüler mitgearbeitet — das ist kein Betrug.« Man fragt auch hier mit Recht: »Ja wie viel darf denn ersetzt werden, $^1/_{1000}$, — $^1/_{100}$, — $^1/_{50}$, — $^1/_{10}$, — $^1/_2$? Bei welchem Bruchteile fängt denn der strafbare Betrug an?« Mit der gewöhnlichen, billigen Antwort: »das lässt sich im allgemeinen nicht so sagen, das hängt vom einzelnen Fall ab« — ist gar nicht geholfen, denn auch im einzelnen Fall kann man um den massgebenden Bruchteil fragen.

Ähnliches geschieht sehr häufig mit Porzellanschüsseln und -Tellern. Sagen wir, es hätte jemand eine besonders schön bemalte Schüssel, an der eine kleine Stelle — etwa durch das Daraufstellen eines anderen Porzellangefässes, leicht schadhaft und abgewetzt wurde. Wenn er dies nun durch Meisterhand ausbessern und die Schüssel neu brennen lässt, so wird jedermann diesen Vorgang als richtig bezeichnen. Das wäre die eine Grenze. Nun suchen aber gewisse Händler mit Vorliebe echte alte Porzellanschüsseln und Teller, die gar nicht bemalt sind, lassen sie von sehr geschickten Malern im Sinne z. B. des 18. Jahrhunderts bemalen und brennen und verkaufen sie als ganz echt. Da Material, Signatur, Abnützung und Glasur vollkommen echt und auch die Malvorlage richtig ist, so soll einer die Fälschung herausbringen. Hier ist eigentlich das Wichtigste falsch und es wird wohl Betrug angenommen werden. Das ist nun die andere Grenze — dazwischen liegen aber unzählige Abstufungen von der Ausbesserung vielleicht nur weniger Striche bis zum vollständigen Neubemalen.

In anderer Weise macht sich dasselbe Moment sehr häufig bei Miniaturen geltend, bei welchen stets die gute Erhaltung eine Hauptbedingung für den Wert des Kunstwerkes ist. Zu allen Zeiten wurden schöne Miniaturen teuer bezahlt, da sie aber meistens in Rahmen an der Wand hingen, so sind sie in der Regel verblasst und unscheinbar geworden. Eine Retouche ist kaum möglich und verdirbt das Bild fast immer und so hilft man sich anders. Die meisten und besten Miniaturporträts sind auf dünnen und durchscheinenden Elfenbeinplatten gemalt und so braucht man bloss auf der Rückseite, mit sorgfältiger Wahrung der Konturen die entsprechenden Farben ganz roh aufzutragen und dann ist die Farbe auf der Vorderseite wieder frisch und kräftig wie zur Zeit der Entstehung. Die Rückseite wird dann sauber mit altem Papier, gleichsam zum Schutze, beklebt und aus der verblassten, fast wertlosen Miniatur ist ein schönes, best erhaltenes und kostbares Stück geworden.

Bei den, so überaus gesuchten, wenigen im Handel vorkommenden echten Tanagrafiguren wird die Kunst des Kittens auf das äusserste getrieben. Unzerbrochen kommen sie fast gar nicht vor, eine zerbrochene ist aber kaum den zehnten Teil der unversehrten wert. Es wird also sorgfältig und in langen Zeitabständen ein Stückchen nach dem anderen mit Gummilack angekittet und schliesslich durch sorgfältigste und wiederholt abgeriebene Bemalung jede Fuge zum Verschwinden gebracht.

In allen diesen Fällen spielt das Individuelle auch eine grosse Rolle: der eine Käufer erklärt vielleicht, dass ihm gar nichts daran liegt, wenn $^1/x$ des gekauften Bildes nicht vom Meister herrührt und erst später dazu gemacht wurde; der andere versichert, er hätte nie an einen Kauf gedacht, wenn auch nur ein Strich auf dem Bilde nicht echt ist. Ebenso verschieden werden die Käufer der Porzellanschüssel, der Miniature, der Tanagrafigur urteilen: der eine schreit sofort von Betrug — der andere meint: »echt ist das Ding, eine kleine Ausbesserung nutzt ihm nur«. Das individuelle Moment ist aber bei wenigen Verbrechen für den Thatbestand so massgebend, als gerade beim Betrug — namentlich die Frage nach Schädigung ist häufig dahin zu stellen, ob sich der Betrogene geschädigt sieht oder nicht, und damit sind wir auch hier bei der früheren Konstruktion angelangt: »Was mit dem Objekt geschehen ist, muss gesagt werden, sonst liegt Betrug vor.«

Am ärgsten und bekanntesten wird es in dieser Richtung mit alten Möbeln und sonstigen Gegenständen des Hausrates getrieben. Was da an Malen und Lackieren und Kitten und Leimen und Ergänzen und Neumachen geleistet wird, alles unter dem Namen Renovieren, Restaurieren, Embellieren, grenzt ans unglaubliche und was an Zusammenstellen verschiedener Möbelstücke, sogen. Assemblage geleistet wird, ist einfach überfrech. Ich konnte einmal an einer, um ein Heidengeld gekauften pomphaften Truhe feststellen, dass sie aus einem Thürchen eines Reliquienschreines, aus zwei Füllungen eines Aufsatzkastens, der Sopraporta einer Kammerthüre und der Hauptsache nach aus einer alten Mehlkiste zusammengedacht war; als Henkel dienten zwei schöne, aber nicht einmal ganz gleiche venetianische Hausthorklopfer und als Bänder zwei mitteldeutsche Thürangeln; die Provenienz des Schlosses war nicht zu ermitteln, es war auch echt und alt, aber alles eher als ein Truhenschloss. Nicht einmal der Umstand war den Leuten aufgefallen, dass die oberste Kante der Sopraporta messerscharf längs des Deckels verlief, so dass ein Sitzen auf dieser Musterkarte undenkbar war, obwohl die alte Truhe eigentlich stets hauptsächlich zum Sitzmöbel bestimmt war. Der eigentliche Wert dieses Objektes war verschwindend klein, da die einzelnen Bestandteile, die vor ihrer Verarbeitung keineswegs unbedeutenden Wert dargestellt hatten, derart umgewandelt waren, dass sie auch nicht mehr als Teilstücke Verkaufswert hatten.

So wie hier geht es unzählige Male zu: Kirchenpolster kommen auf Sessel als Sitzkissen, Werke von Stutzuhren in Kästen von Stehuhren, deren Thür vielleicht einmal ein altes Violinetui war, ein Tabernakelthürchen findet sich an einem Schreibkasten, zwei alte Ofenkacheln werden Thürfüllungen und den Oberteil eines schön bemalten Blasbalges sah ich einmal als Deckel eines »apart gedachten« Schmuckkästchens. Und all diese Schrecklichkeiten werden angestaunt, gepriesen, untersucht, »total echt« befunden und um horrende Preise erstanden.

Man sage nicht: »Warum lassen sich die Leute das bieten — *volenti non fit injuria*« — hätten die Leute gewusst, wie ihre so teuer bezahlten Möbel entstanden sind, so hätten sie sicherlich ihr Geld gespart und der § 4 unseres ehrwürdigen österreichischen

Strafgesetzes bestimmt ausdrücklich: »Verbrechen werden auch an . . Unsinnigen . . . und solchen Personen begangen, die ihren Schaden selbst verlangen oder zu demselben einwilligen.«

Recht deutlich wird die Bedeutung von Reparaturen bei alten Büchern. Dass ein sonst hochwertvolles altes Buch wenigstens für den Bibliophilen fast wertlos wird, wenn daraus Blätter, namentlich Schlussblatt und Titel fehlen, soll als begreiflich zugegeben werden. Der eigentliche Bibliophile ist Mann der Kunst, nicht der Wissenschaft und wenn das mangelhafte alte Buch auch wissenschaftlich noch Wert hat, so ist es allerdings vom künstlerischen Standpunkte aus entwertet. Nun giebt es aber eine Reihe von Möglichkeiten, um fehlende Blätter zu ersetzen: es giebt Künstler, die Druckblätter mit der Hand vollendet nachschreiben; man kann ein Blatt photographieren und als tadellose Heliogravure herstellen; eine besondere Verfahrensart, die «Panikonographie«, macht das noch besser, das sog. anastatische Verfahren ersetzt direkt den Druck und das sog. Reinecke'sche Reproduktionsverfahren verbessert das anastatische Drucken noch sehr wesentlich. Wird z. B. in einer Inkunabel ein Blatt auf entsprechend altem Papier tadellos hergestellt und eingefügt, so ist den Anforderungen der Kunst zweifellos vollkommen entsprochen und der Bibliophile kann eigentlich nicht über Betrug schreien, wenn er ein derartig renoviertes Buch als ganz echt bekommen hat; freilich hätte er weniger dafür bezahlt, wenn er von dem Hergang gewusst hätte. Anders vom Standpunkte der Wissenschaft aus. Wenn z. B. ein Gelehrter irgendwelche wichtige Untersuchung über Papier, Druckerfarbe, Typen u. s. w. der fraglichen Zeit anstellt, und unglücklicherweise gerade das gefälschte Blatt zum Gegenstande seiner Untersuchungen macht, so kann er allerdings in heillose Verwirrungen geraten und solche verbreiten. Würde also ein so gefälschtes Buch einer öffentlichen Bibliothek als ganz echt verkauft, so müsste man zweifellos Betrug annehmen, denn die Bibliothek kann nicht bloss, sie muss erklären: »Hätten wir die Fälschung gekannt, so hätten wir das Buch nicht kaufen dürfen, wir wurden also irre geführt und sind um den Ankaufspreis minus jenen, sicher viel geringeren Betrag geschädigt, den wir noch für das Exemplar von irgend einem bescheidenen Bibliophilen erzielen werden«. Hiermit fällt aber die eben gemachte Unterscheidung (Verkauf an den Bücherliebhaber und Verkauf an eine öffentliche

Bibliothek) wieder zusammen, denn aus den Händen des ersteren kann das gefälschte Exemplar auch an eine Bibliothek übergehen und wir werden doch sagen müssen, dass eine, wenn auch künstlerisch und technisch absolut vollkommene Nachbildung eines oder mehrerer Blätter eines alten Buches, mit Rücksicht auf den wissenschaftlichen Minderwert eines solchen Exemplares *cet. rest.* als strafbarer Betrug anzusehen sein wird — *scilicet:* wenn der Hergang verschwiegen wird.

Wer das Gegenteil behauptet, könnte sich vielleicht auf eine in allen Bibliophilenkreisen bekannte Geschichte berufen, die dem Buchhändler Porquet, einem der allerbesten Kenner alter Bücher einmal passierte. Er blättert eine Inkunabel von grösstem Wert und tadelloser Erhaltung wiederholt durch, prüft jedes einzelne Blatt mit grösster Sorgfalt — alles in schönster Ordnung. Beim so und so vielsten Male Durchblättern entdeckt er aber merkwürdiges: etwa 6 Blätter sind von einem Bücherwurm fein durchbohrt: dann kommt ein unverletztes Blatt, und dann wieder eine Reihe durchbohrter Blätter: der Wurm kann das unversehrte Blatt nicht übersprungen haben, folglich kam es erst später hinein und ist falsch. Das Buch, das früher vielleicht 1000 Wert schien, ist nach dieser Entdeckung kaum 500 Wert. Man wird nun sagen: »Wenn ein Kenner, wie Porquet die Fälschung so lange nicht erkannte und überhaupt ohne das Wurmloch nie erkannt hätte, so kann geschlossen werden, dass auch andere Leute die Fälschung nicht gefunden hätten, was man aber nicht findet, das existiert nicht und niemand kann behaupten, dass das Loch des Wurmes 500 wert ist«. Das wird auch nicht behauptet, obwohl es wahr ist, dass das Löchlein im unversehrten Blatte, das der Fälscher zu machen übersah, ihm 500 tragen konnte, wenn er es gemacht hätte. Aber nicht um weitere Fälschung handelt es sich, sondern darum, dass das Buch wissenschaftlich entwertet ist und wurde die wahre Thatsache, dass ein Blatt fehlte, unterdrückt, so liegt strafbarer Betrug vor.

Ein Schwindel, dessen sachliche Bedeutung gering erscheint, ist der mit echten Bucheinbänden. Ganz neu soll man scheinbar alte Bucheinbände kaum machen können; merkwürdigerweise ist weniges so schwer zu fälschen, als ein schöner Bucheinband des 17. und 18. Jahrhunderts: dem Leder und der Vergoldung, die so lange der Luft und dem Staube ausgesetzt waren, kann man nichts Gleiches an die Seite stellen, sie haben, wenigstens vorläufig, unnachahmliche Patina (Eudel).[52]) Man geht also anders vor. Die Preislisten der Bibliophilen haben seltsame Unbegreiflichkeiten: das eine Buch ist fast unbezahlbar, das andere, aus gleicher Zeit, mit ähnlichem Inhalte und gleichschönem Drucke ist um wenig zu haben. Die Seltenheit macht es allein nicht aus. Das sei uns aber gleichgiltig. Weitere Thatsache ist die, ganz begreifliche, dass ein Buch in schönem, kontemporanem Einbande, ungleich höher im Preise steht, als das gar nicht oder einfach gebundene selbe Buch. In der That sind auch viele sehr schöne Einbände voriger Jahrhunderte herzerfreuende kleine Kunstwerke. Als man aber die Einbände herstellte, wusste man natürlich die Geschmacksrichtung unserer heutigen Büchersammler nicht, und so kriegten manche, heute wertlose Bücher prächtige Einbände, und was heute gesucht wird, bekam damals ein sehr einfaches Kleid. Es ist also nichts natürlicher, als die wertlosen Bücher aus den schönen Bänden zu nehmen und diese den ohnehin wertvollen Büchern zu geben, die dann besonders teuer werden (sog. Remboîtage).

Noch harmloser ist die Manipulation mit den alten Filetstempeln i. e. Messingstempel, mit welchen die feinen Linien, Ornamente, Ecken und sonstige schöne Verzierungen auf die Einbände gedruckt werden, um farblos zu bleiben oder vergoldet zu werden. Seltsamerweise bringen unsere heutigen Graveure und Formschneider diese Fileten nicht mehr so zierlich, rein und graziös zusammen, wie man sie früher machte. Aber alte, echte Filetstempel giebt es noch. Wenn nun ein wertvolles altes Buch einen zwar echten und soliden Einband, etwa aus Maroquin oder Schweinsleder hat, der aber ganz schmucklos ist, und es werden mit echten, alten, schönen Filetstempeln reizende, vergoldete Ornamente und zierliche Linien aufgedrückt, so ist wahrlich kein grosses Unglück geschehen.

Also: vom Standpunkte des Sammlers, des Kunstverständigen und des wissenschaftlichen Bibliophilen aus sollte man meinen, dass man in diesem Falle nicht von Betrug sprechen sollte. Aber in der That ist der Wert eines Exemplares, an dem Remboîtage getrieben wurde, ein wesentlich niederer und zwar nicht bloss in den Augen einzelner bücherwütigen Exaltados, sondern auch auf dem

---

[52]) s. Anm. [3]).

allgemeinen Büchermarkte, der bedeutend und umfangreich genug ist. Wir müssen daher von reellen Werten sprechen und uns mit der Thatsache dieses Wertunterschiedes gerade so abfinden, wie mit den lächerlichen Differenzen zwischen einem reinen Golkondabrillanten und einem gelblichen Capstein und so wie wir um letztere Werte bei einem Betruge uns kümmern müssen, so haben wir auch in unserer Frage zu sagen: »Auch Remboîtage muss beim Verkauf gesagt werden«.

---

5. Täuschungsfähigkeit und Dummheit.

Eine Frage, die beim Betruge im allgemeinen viele Schwierigkeiten bereitet, in unseren Fällen aber besonders in den Vordergrund tritt, ist die nach der Täuschungsfähigkeit des Objektes, besser gesagt, des ganzen Vorganges, und nach der Bedeutung, die hervorragende Arglosigkeit des Getäuschten auf die Beurteilung haben soll. Obwohl wir hier die äussersten Standpunkte vertreten sehen, lässt es sich doch nicht leugnen, dass die Mehrzahl zu der Ansicht neigt, es sei kein Betrug vorliegend, wenn die Täuschung eine allzu offenkundige gewesen ist, d. h.: »Dummheit ist nicht zu schützen.«

In den Digesten ist mehrfach eine »*naturalis licentia decipiendi*« anerkannt, Chrysostomus erklärt: »*sic: qui emit et vendit, sine mendacio esse non potest;* Merkel[53]) meint »der geschäftliche Verkehr ist der natürliche Kampfplatz der Intelligenz«; Escher[54]) findet, im Handel gelte ein *bellum omnium contra omnes;* Mittermaier führt diesfalls als Beispiel an: »der Pferdehändler, der das Pferd färbt und ihm falsche Zähne einsetzt (!) ist nicht strafbarer Betrüger, weil kein vernünftiger Mann den Versicherungen des

---

[53]) Adolf Merkel, »Kriminalistische Abhandlungen«. II, »Die Lehre vom strafbaren Betrug«. Leipzig, Breitkopf u. Härtel 1867.

[54]) Heinrich Escher, »Die Lehre von dem strafbaren Betruge und von den Fälschungen«. Zürich, Orell, Füssli u. Comp. 1840.

Pferdeverkäufers trauen soll«. — Merkel und Friedsam [55]) variieren die alte Parömie »*Vigilantibus lex*«, über welche letzterer sagt: »*Vigilantibus lex!* Die Einfältigen, Leichtgläubigen, Leichtsinnigen, unter dem Niveau der allgemein im Volke herrschenden Verstandesreife stehenden kann und braucht das Gesetz nicht zu schützen. ... Das Gesetz hat nur dann strafend zu wirken, wenn dolose Vermögensbeschädigungen durch Mittel verübt werden, gegen welche auch der Vorsichtige und der normal Verständige sich deshalb nicht schützen können, weil ein gewisses Mass von gegenseitigem Vertrauen und Glauben in die Rechtschaffenheit des Nebenmenschen im wechselseitigen Verkehr unentbehrlich ist.« (Vergl. Escher [56]) p. 57.) Und Glaser [57]) versteigt sich zur Äusserung: »Wo es sich um körperliche Einwirkung handelt, bedürfen wir eines Schutzes, auf geistigem Gebiete gilt zum Segen aller das Recht des Stärkeren, das auf physischem nicht anerkannt werden darf.« Das mag auf der Börse gelten, wo sie einander anstandslos betrügen, aber sofort nach der Polizei schreien, wenn einer dem anderen einen Stoss versetzt — im Strafrechte langen wir aber mit solchen Sätzchen nicht aus. Freilich ist man sogar soweit gegangen, zu sagen: die Dummen seien grundsätzlich nicht zu schützen, damit sie nach den Grundsätzen der Selectionstheorie im Kampf ums Dasein zu Grunde gehen und die Rasse der Dummen nicht weiter fortpflanzen. Dieses Wort klingt allerdings sehr modern und gesund-kräftig, aber man kann vor allem nicht auf den Besitz von Dummheit Todesstrafe setzen, weiters aber würde durch diese Theorie das Erstrebte doch nicht erreicht, sondern die Dummen würden dann nur in einen noch elenderen Zustand versetzt und erzeugen noch elendere Nachkommen; was das Gesetz der natürlichen Zuchtwahl von den Tieren behauptet, das bezieht sich nur auf das Futter und die damit zusammenhängenden Existenzbedingungen. Das Tier, das zu dumm ist, sich Futter zu suchen, geht zu Grunde, den dummen Menschen lässt man aber nicht verhungern, er gerät nur in äussere Misere, und die pflanzt sich in fluchwürdiger Weise doch fort. —

---

[55]) Ludwig Friedsam, »Der Begriff der Thatsache im § 263 RStGB.«. München, Wolf u. Sohn. 1893. Erlanger Diss.

[56]) s. Anm. [54]).

[57]) Jul. Glaser, »Abhandlungen aus dem österreichischen Strafrecht«. Wien 1858.

Fragen wir einmal, wie sich unsere modernen Gesetze zu der Frage stellen. Darüber, wie das Täuschungsmittel beschaffen sein müsse, um Strafbarkeit zu begründen, giebt das deutsche Reichsstrafgesetz keine direkte Auskunft; das österreichische Strafgesetz hat einen Anhaltspunkt durch die Einschiebung des Wortes »listige« (Vorstellungen und Handlungen) zu geben versucht. Handelt es sich also in Österreich um einen Fall, in welchem gar zu plump und offensichtlich vorgegangen wurde, so wird regelmässig erklärt: »es fehlt das Moment der List, die Vorstellung und Handlung war unwahr, erlogen, der Wahrheit nicht entsprechend, aber so ungeschickt und plump, dass sie nicht listig genannt werden kann«. Eine ähnliche Grenze kann im deutschen Reichsstrafgesetz in der Zusammenstellung der Worte »Vorspiegelung — Entstellung — Unterdrückung« gefunden werden, da hierbei doch immer eine gewisse geistige Thätigkeit, der Aufwand einer bestimmten Mühe einzutreten hat, die über ein blosses Anlügen hinausgeht. Bestimmte Grenzen konnte das Gesetz natürlich nicht ziehen, es hängt von den Verhältnissen und namentlich von der Intelligenz des zu Betrügenden ab, wie viel List, Mühe und Kunst aufgewendet werden muss, um ihn zu täuschen. Bei vollendetem Betruge ist die Frage nicht schwer zu entscheiden: ist der Betrug gelungen, so hat die aufgewendete List genügt, der Beweis liegt im Erfolge, und erscheint der Streich später noch so simpel und auf der Hand liegend — der Betrüger hat sich eben das richtige Objekt gewählt und der Betrug gelang. Wir werden daher wahrscheinlich recht thun, wenn wir bei jedem vollendeten Betruge annehmen: für diesen bestimmten Fall war die Täuschung genügend, um eine List, eine Vorspiegelung, eine Entstellung, eine Unterdrückung darzustellen.

Viel schwieriger gestaltet sich die Frage bei jedem versuchten Betruge, wenn die Täuschung nicht gelang. Die Gründe, warum der Streich fehl ging, sind in der Regel nicht leicht klar zu legen; war der zu betrügende lediglich zu intelligent, hat ihn jemand gewarnt, hat irgend ein Zufall mitgewirkt — das lässt sich selten ermitteln, und deshalb darf der frühere Grundsatz nicht umgedreht werden, man kann nicht jeden Betrüger freisprechen, weil sein Trik misslang und deshalb ein Deliktsmerkmal fehlte. Man muss es allein dem einzelnen Falle überlassen, zu erwägen, ob man mit Rücksicht auf alle Verhältnisse und namentlich die Intelligenz des zu beschädigenden annehmen darf, dass genügende List u. s. w. aufgewendet wurde, um von einem Betruge sprechen zu können.

Auf unsere Fälle angewendet, wird man diesfalls allerdings sehr weit herabgehen und schon sehr geringe Mengen von List als genügend bezeichnen müssen, um grossartigste Täuschungen durchzuführen. Merkel[58]) meint: »Es ist kein selbständiges Erfordernis, dass die täuschende Handlung sich durch eine besondere Raffiniertheit auszeichne; es genügt auch eine einfältige Lüge, wenn nur durch sie die zum Betruge gehörige Verletzung vermittelt wird.« Dass eine »Lüge« allein, ob einfältig oder schlau erdacht, zum Betruge genügt, dürfte kaum zu halten sein, sie muss wohl stets durch eine Thatsache unterstützt sein; dass aber die Täuschung nicht besonders raffiniert zu sein braucht, wird nicht nur zugegeben, sondern es wird sogar behauptet, dass sie gar nicht raffiniert zu sein braucht. Wird dies nicht angenommen, so blieben nicht viele strafbare Betrügereien übrig, wenigstens nicht auf dem hier fraglichen Gebiete. Die Praxis zeigt gerade beim Betruge die grössten Seltsamkeiten: oft ganz intelligente Leute fallen auf Triks herein, die man nur ob der Frechheit anstaunen kann, mit der sie gebraucht wurden. Was die Leute glauben, wenn sie betrogen werden sollen, ist besonders auf gewissen Gebieten unglaublich: Weibergeschichten, Hazardspiel, bei Geschäften, bei denen man plötzlich reich werden kann und endlich beim Raritätenkauf. Es ist keineswegs richtig, dass etwa bloss jene Leute in plump gestellte Fallen geraten, die wir gemeinhin als die Dummen, im Leben Unbrauchbaren und Wertlosen bezeichnen, es giebt genug Leute, die in ihrem Fache tüchtig ihren Mann stellen, aber leichter zu betrügen sind als andere. Beispiele giebt es hierfür genug. So sagt Eudel,[59]) dass namentlich die Gelehrten, die sich für die in Nebel gehüllten prähistorischen Zeiten interessieren, von einer oft antiken Sinneseinfalt sind; sie fallen um so öfter ein, als die Herstellung solcher Dinge aus der Kindheit der Menschheit einfach und leicht ist.

Wie weit sich gebildete Leute irreführen lassen beweist die

---

[58]) Adolf Merkels Artikel »Fälschung und Betrug« im Holtzendorffschen Rechtslexikon. 3. Aufl. Leipzig, Dunker u. Humblot. 1880.

[59]) s. Anm. [3]).

Geschichte, wie ein sicherer Vrain-Lucas dem Mathematiker Michel Châles Autographe um 140000 Fr. verkaufte (1869). Darunter waren: Billets der Cleopatra an Pompejus und Cäsar, Rapporte von P. Pilatus an Kaiser Tiberius, Bettelbriefe des armen Lazarus an den heil. Petrus, Karten von Vercingetorix an Cäsar u. dgl. mehr. Und Châles war ein verdienter, hochgeachteter Mathematiker! (Luthmer.)[60]) Nicht viel weniger naiv ist eine von Wessely[61]) erzählte Thatsache, nach der ein Engländer in einer »Bilderfabrik« in Brüssel, wo namentlich van Goyen, Potter, Berghem, Rembrandt gemacht werden, für seinen neuen Speisesalon zwei Fruchtstücke von Huysum und zwei Tierstücke von Fyt mit genauer Angabe der Grösse der Rahmen bestellt hatte! Selbstverständlich bekam er das Gewünschte, musste aber Unsummen bezahlen, da alte Bilder nach Massangabe »sehr schwer aufzutreiben seien«!

Ein »Spassvogel« hat zwei ganz gleich grosse Silbermünzen: eine von Tiberius, eine von Domitian; er schneidet beide mit feinsten Laubsägen periphär durch, und lötet sie verwechselt sehr sauber mit Silber zusammen; die Lötstelle rings um den Rand wird zuerst mit Lot verarbeitet, dann fein verhämmert und schliesslich noch mit Patina versehen. Nun liegt vor: ein Tiberiuskopf mit einem Revers, wie man ihn bisher nur bei Domitian kennt, und ein Domitianavers mit einem, nur bei Tiberiusmünzen bekannten Revers. Ein Sammler findet die beiden »Unica« bei dem Künstler, bietet eine hohe Summe und bekommt beide Münzen. Er hat also einen richtigen und ganzen Tiberius und einen richtigen und ganzen Domitian erstanden, nur beide in ungewöhnlicher Mischung und um ungewöhnlichen Preis. Der Künstler, zur Verantwortung gezogen, behauptet, geglaubt zu haben, der Sammler hätte den »Spass« sofort durchschaut und wolle die Kuriosa zu irgend einem Zweck.

»Man hat, nicht ohne Berechtigung, gelegentlich den Kunsthandel mit dem Pferdehandel verglichen. Abgesehen von der Schwierigkeit in Fragen des Geschmackes, hängt die Kenntnis des Wertes und damit die richtige Preisschätzung mit künstlerischer Veranlagung und bedeutendem Wissen zusammen, die nur ein kleiner Teil der Sammler und Händler besitzt. Daher sind Irrtum.

---

[60]) s. Anm. [9]). [61]) s. Anm. [8]).

Unkenntnis und Mangel an Geschmack, wie das Bestreben diese auszunützen von jeher wesentliche Faktoren im Kunsthandel gewesen. Dies ist in letzter Zeit besonders arg gewesen, da die guten Sachen sehr selten mehr zu haben sind, aber doch gesucht werden und da der Kunsthandel nicht mehr an wenige Punkte gebunden ist, wo sich früher gute, lokale Traditionen gebildet hatten.« (W. B.)[62])

Nichts bezeichnet übrigens deutlicher die unglaubliche Arglosigkeit der Leute, als der Umstand, dass man in einer Menge guter Bücher ganz deutlich und ehrlich nicht bloss die Adressen aller Imitatoren verzeichnet findet, sondern auch lesen kann, was mit diesen Nachahmungen geschieht, wenn sie erst in die Hände gewisser Händler und nun von da aus in die des Publikums gelangen. So sagt z. B. Jännicke[63]): Beste Imitationen von Majolika liefern: L. Ginori in Doccia bei Florenz, Ravené, Ende und Ewald in Berlin, F. Laurin in Bourg la Reine; dann: M. Ferlini in Bologna, Devers in Paris, Masson in Paris, Ulisse in Blois.

Trödler kaufen namentlich die schönen Arbeiten von Ginori in Doccia und machen sie alt: Abschleifen mit Schmirgel, Abschlagen von Muschelbruchstückchen, Kochen in fetten Flüssigkeiten (wegen des alten Geruches), auch Zerbrechen und Wieder-Kitten muss helfen. Mit Recht sagt Burty: »Welcher sachverständige Richter kann ernsthaft bleiben, wenn sich einer beklagt, dass ein um 30 Fr. gekaufter Luca della Robbia sich als falsch erwiesen hat?« — Persische Fayencen machen Th. Deck in Paris und E. Collinot in Paris; Genre Palissy kultivieren Minton & Co. in Stoke upon Trent, A. Barbizet und Theodor Sergeant in Paris und Avisseau in Tours. Nürnberger beste Sachen macht W. Fleischmann.

Solche Bücher lesen nun Sammler sehr häufig, sie finden ausserdem manche dieser Fabriken zahlreiche Male in Zeitungen angekündet oder ihre Erzeugnisse auf Ausstellungen zur Schau gestellt — nein, sie kaufen nicht bei Ginori in Doccia oder Fleischmanns Nachf. in München billige Imitationen, sie lassen dies den Händler thun, der sie ihnen dann um das xfache als echt anhängt.

Im allgemeinen werden wir nun sagen müssen: Zur Täuschung geeignet ist ein kaum zu fassender Begriff, namentlich in unseren

---

[62]) s. Anm. [6]). [63]) s. Anm. [22]).

Fragen. Mitunter waren Fälschungen geeignet Täuschungen hervorzurufen, bei welchen man zweifelt, ob es dem Veranstalter Ernst war, oder ob er einen höhnenden Spass machen wollte, und doch sind nicht alte Frauen oder Kinder, sondern Sammler irre geführt worden, die »ein Wort mitreden wollen«. Nehmen wir als Beispiel irgend einen Gegenstand beliebter Fälschung, z. B. alte Münzen. Es giebt solche, die das Erzeugnis ganz rohen Gusses sind, obwohl man weiss, dass auch die rohesten Völker, sobald sie nur überhaupt Münzen besassen, dieselben prägten und nicht gossen (etwa ausgenommen das *Aes grave* der ältesten Römerzeit und die altgallischen Münzen). Auf den gegossenen Falsifikaten sieht man die »spratzende« Oberfläche des Gusses, Luftblasen und die Formnaht (wo beide Formteile zusammenkamen); ausserdem sind feine Teile der Figuren oder Buchstaben ausgeblieben oder die Rundung eines O oder das obere Dreieck eines A vollkommen ausgefüllt, so dass jeder Knabe auf den ersten Blick erkennt, die Münze sei gegossen, folglich Falsifikat. Und doch waren derlei plumpe Gussfladen unzählige Male zur Täuschung auch unterrichteter Leute ganz geeignet. Als Gegenstücke dienen wieder Fälschungen, die mit allen nur erdenklichen Feinheiten ausgeführt wurden: das Metall wurde genau nach chemischen Untersuchungen echter Münzen legiert, der Stempel wurde, wie bei den Alten, nicht aus Stahl, sondern aus echter Bronce geschnitten, die Inschriften wurden mit den feinsten Instrumenten gemessen und gestochen, und auf ihre Redaktion die denkbarste historische Sorgfalt verwendet, die Form der Münze wurde nicht ganz flach, sondern, wie bei den echten Münzen leicht concav (schüsselförmig) hergestellt, kurz, die äusserste Mühe und alle wissenschaftlichen Kenntnisse waren aufgewendet worden, und das Objekt war zur Täuschung nicht geeignet, der erste, kleine Händler ohne Vorbildung erkannte die Fälschung; der Ruf der ganzen Fälschungsserie war vernichtet, wie man im Sammlerjargon zu sagen pflegt: »durch die untrügliche Nase« jenes kleinen Händlers, der es vielleicht gar nicht in Worte kleiden kann, an was er die Fälschung entdeckt hat.

Ich wiederhole: diese Worte über Münzenfälschung geben bloss ein Beispiel, *mutandis mutatis* kommt dasselbe bei ausnahmslos allen Raritätenfälschungen ganz gleich vor: das eine Mal lassen sich wirkliche Kenner durch die allerplumpsten Fälschungen irre führen, ein andermal wird die raffinierteste, alle Errungenschaften von Kunst und Wissenschaft ausnützende Fälschungsarbeit vom ersten besten, dem sie in die Hände fällt, sofort entdeckt. Man kann daher auch nicht vorsichtig genug sein, wenn »Sachverständige« ein Urteil darüber abgeben, ob etwas zur Täuschung geeignet ist oder nicht: ihr Urteil hängt so sehr von sachlichen oder persönlichen Zufälligkeiten ab, dass von einem objektiv richtigen Urteil fast nie gesprochen werden kann. Hierüber wird man besonders dann klar, wenn man »Fachstreitereien« über irgend ein bekanntes Objekt studiert: zehn, zwanzig Autoritäten erklären etwas für zweifellos echt und halten jedes Bedenken für unbegreifliche Lästerung, zehn, zwanzig andere Autoritäten finden dasselbe Objekt als so plump gefälscht, dass es »jeder Blinde« wahrnehmen müsse. Wird der Gegenstand endlich doch als falsch erwiesen, wie steht es mit der Frage seiner »Täuschungsfähigkeit?« War die Sache vor Gericht, vor zwei Sachverständigen, so ist die Entscheidung darüber, ob Täuschung denkbar war, von dem Zufalle abhängig, ob man die Sachverständigen aus der ersten oder zweiten Gruppe gewählt hat.

Um einen Anhaltspunkt für diese Frage zu gewinnen, dürfte es vielleicht berechtigt sein, wenn man zwischen der »Fähigkeit zu täuschen« eines Objektes und dem dafür geforderten Preise gewisse Beziehungen herstellt. Man wird sagen können: wenn für einen Gegenstand ein geringer Preis gefordert wird, so stellt sich der Kreis der darauf Reflektierenden in der Regel aus den sog. »geringen Leuten« zusammen: ganz kleine Händler, Anfänger im Sammeln, Leute, die mehr sog. Dekorationsstücke suchen u. s. w.; für alle diese sind keine besonderen Feinheiten im Fälschen nötig, sie verstehen die Sache nicht genauer und nehmen sie auch nicht genau. Diesen Leuten gegenüber, die also Sachen mit geringem Preise kaufen, wird somit eine gar nicht raffiniert ausgeführte Fälschung schon zur Täuschung genügen — d. h. Objekte mit geringem Preise können schon als zur Täuschung geeignet bezeichnet werden, wenn ihre Fälschung auch ziemlich derb ausgeführt ist.

Viel höhere Anforderungen muss man Objekten mit hohem Preise gegenüberstellen. Diese werden nur von grösseren Händlern und erfahrenen Sammlern gekauft, man bedingt sich Zeit zur genauen Untersuchung, zieht besondere Sachverständige heran, benutzt Litteratur und Untersuchungsmittel — kurz, ein teures Objekt wird von geschickteren Leuten und mit sorgfältigeren Mitteln untersucht, als ein billiges, es ist also zur Täuschung nur dann geeignet, wenn es sehr gut gefälscht ist. Also: Ein Falsifikat gilt um so eher als zur Täuschung geeignet, je billiger der dafür geforderte Preis ist.

Das ist nicht für Sachverständige gesagt, die sich nicht gerne Vorschriften geben lassen, sondern für Richter, um die Argumentation der Sachverständigen in einschlägigen Fällen beurteilen zu können.

Auch soll damit dem allgemeinen Grundsatz: zur Täuschung geeignet ist, was Täuschung bewirkt hat — nicht entgegengetreten werden und endlich soll dieser Satz auch nicht als ausnahmslose Regel hingestellt werden: von ihm ist nur auszugehen. Wir werden also im Sinne des Gesetzes zuerst fragen, ob wirkliche List vorliegt, ob Vorspiegelungen und Entstellungen oder bloss nackte, leicht entdeckbare Lügen oder ganz plumpe Verdrehungen angewendet wurden; wir werden aber dann auch untersuchen, wie sich der Hergang im einzelnen Falle gestaltet hat. Es ist durch gar nichts, weder durch einen Rechtssatz noch durch Gründe der Kriminalpolitik unterstützt, wenn wir nur solche List u. s. w. als genügend hinstellen wollten, die den Normalmenschen oder die grosse Mehrzahl der Menschen getäuscht hätte. Wir wissen überhaupt nicht, wie viele Menschen sich durch eine, im bestimmten Falle angewendete List hätten irreführen lassen, wir wissen auch meistens nicht den ganzen Hergang, der eine scheinbar plumpe List im besonderen Falle doch zu einer täuschungsfähigen gestaltet hat, wir sind auch gar nicht berechtigt, einen vielleicht sonst sehr wertvollen und leistungsfähigen Menschen, der eben unter Umständen über jene »antike Sinneseinfalt« verfügt hat, unter jene Dummen einzureihen, die das Gesetz nicht zu schützen hätte. Und wo steht es denn geschrieben, dass das Gesetz, welches sich um Kinder, Geisteskranke und die Armen im Geiste annimmt, ganze Mengen von Menschen, die sich im Handel als arglos und vertrauend erweisen, schnöder Ausbeutung preisgeben will? Die Gesetze sind nicht geschaffen, um die vielleicht bloss in einer Richtung minder Starken vernichten zu helfen, sondern um auch ihnen die Existenz zu ermöglichen und sie für die Allgemeinheit brauchbar zu erhalten, Was übrigens für den einen genügend war, ihn zu täuschen, das kann der andere nie beurteilen, er sieht nur den Erfolg; ich weiss es nicht, und kann es nie erfahren, ob mir blaue Farbe denselben Eindruck macht, wie anderen Menschen, ich habe nur gelernt, eine Reihe von Dingen blau zu nennen, die von den anderen so genannt werden, und so muss ich auch zur Täuschung geeignet, das nennen, was einen getäuscht hat.

Hiervon wird allerdings ganz grober Leichtsinn, Sorglosigkeit zu scheiden sein; wenn jemand etwas kauft, ohne es zu besehen, oder die allergewöhnlichste Prüfung vorzunehmen, die er leicht hätte vornehmen können, dann werden wir sagen, hier liegt nicht List, Vorspiegelung, Entstellung, Unterdrückung auf der einen Seite, sondern offener Leichtsinn auf der anderen Seite vor.

Dass wir beim Betruge anders vorgehen, als z. B. beim Diebstahl liegt zum Teile in der Natur des Deliktes, zum Teile wohl auch nur in positiven gesetzlichen Bestimmungen. Wenn jemand in der Verwahrung seiner Sache besonders leichtsinnig vorgegangen ist, so wird man sich zwar nicht wundern, wenn sie ihm weggenommen wird, es wird aber niemandem einfallen, deshalb nicht Diebstahl anzunehmen. Der Betrug hat (neben der Erpressung) eben das Eigentümliche, dass zur Vollendung des Thatbestandes stets eine Thätigkeit des Beschädigten nötig ist (»der Beschädigte vollendet durch seine Handlung den Betrug«) — sei es, dass er eine herausgeschwindelte Sache übergiebt, sei es, dass er eine ihm aufgeredete Sache übernimmt, sei es, dass er seine ihm abgelockte Unterschrift beisetzt u. s. w. Das Bestimmen zu dieser Handlung stellt den Betrug dar und daher ist es hier nicht gleichgiltig, *wie* sich der Beschädigte bestimmen liess; das ist aber eine rechtliche Thatsache, die nicht dazu veranlassen darf, den im Leben minder Widerstandsfähigen weniger zu schützen, als den ohnehin nicht so schutzbedürftigen Geriebenen.

Dass diese Auffassung aber auch in dem für uns so wichtigen Volksbewusstsein liegt, beweist der Umstand, dass man sich sofort beeilt hat, die Vorgänge bei einem Raritätenbetrug mit einem technischen Ausdrucke: Trukage oder Truquage zu belegen, um das ominöse Wort Betrug nicht gebrauchen zu müssen. Es ist charakteristisch, dass das Volk stets bereit ist, eine Lässigkeit der Gesetzgebung oder Rechtsprechung aufzugreifen, und dort, wo offensichtlich strafbare Vorgänge nicht energisch behandelt wurden, einen Namen zu erfinden, der das Nichtstrafbare der Sache festnagelt — die Ausdrücke des Strafgesetzes vermeidet man gerne und empfindet, dass ein Vorgang nicht mehr unter dasselbe fällt, wenn er einen milderen Namen bekommen hat. Als z. B. um die Mitte des 18. Jahrhunderts in Frankreich, namentlich im höheren Adel gewisse Giftmorde um sich gegriffen hatten, mittelst welcher junge Lebemänner ihre Eltern oder Erbonkel und Erbtanten bei seite schafften, und als man diese Vorgänge aus gewissen Gründen sehr selten verfolgte, da erhielten die betreffenden Mittel zum Giftmord sofort den Namen »Successionspülverchen«; das war zur selben Zeit, als fast jeder junge Ehegatte seine Frau mit Syphilis infizierte, die man schonend »die galante Krankheit« nannte. — Diese Thatsache, für die in psychologisch interessanter Weise die Gaunersprache unzählige Belege liefert, hat sich namentlich beim Betruge und zwar wieder bei jenen Teilen des Betruges geltend gemacht, in welchen von seite der Rechtsprechung nachsichtig vorgegangen wird. Erfunden haben stets die Franzosen das betreffende Wort — in der Sprache der Diplomaten; beim Spiel betrügen heisst *corriger le hasard*, beim Pferdehandel betrügen nennen sie *enrosser*, beim Rhedern betrügen *baratter*, und beim Raritätenhandel betrügen heisst *faire un truquage.* Dieses Wort hat sich im Händler- und Sammlerjargon längst eingebürgert, und — nennt der Richter den unverschämtesten Raritätenschwindel nicht Betrug, so brauchen es die Beteiligten auch nicht zu thun und reden stets nur von einer »famosen *truquage*«. Das Wort hängt aber sprachlich keineswegs, wie vielfach behauptet wird, mit unserem Trug, betrügen zusammen, sondern mit dem englischen *truc* = Kunststück, Kniff und bedeutet (E. Littré [64])): *terme presque d'argot, désignant cette industrie borgne, qui consiste à faire payer très-cher à des amateurs passionés pour l'antique des objets fabriqués la veille et savamment habillés d'un vernis d'ancienneté.*

Das Gegenstück zu dem in alle Kultursprachen aufgenommenen Worte *Truquage* bildet das Wort *smart.* Als englisches Wort ist es alt und hängt sprachlich zweifellos mit dem deutschen »Schmerz« zusammen, für welches die englischen Ausdrücke *ache*, *pain*, *dolor* und *smart* bestehen. Als Verbum *to smart* heisst es schmerzen

---

[64]) E. Littrè, »*Dict. de la langue francaise*«. Paris 1874.

als Adjektiv *smart* bedeutet es schmerzhaft, scharf, stechend, beissend, lebhaft, munter, frisch. Im modernen Amerikanisch bekam es die sozusagen lokale Bedeutung: sich in allen Lagen zurechtfindend, die Augen offen habend, geschickt, findig, gerieben; *a smart fellow* ist ein Mensch, wie ihn der amerikanische Geschäftsmann wünscht: er ist nicht zu betrügen, und wahrt seinen Vorteil unter allen Umständen, ohne dass man ihm etwas Nachteiliges beweisen kann. Seine Kinder zu *smart fellows* zu machen gilt in Amerika als Aufgabe für den Kampf ums Dasein. Bei uns hat das Wort insoweit keine gute Bedeutung, als wir sie auch unserem ziemlich gleichbedeutendem Worte »gerieben« beilegen, keineswegs aber beim Amerikaner, der uns regelmässig um einige Gaunerlängen voraus ist. Eine recht arge Fälschungsgeschichte heisst also in Frankreich und bei seinen Nachahmern eine prächtige *truquage*, die ihren Autor in Amerika allseits als *smart fellow* empfiehlt — wir nennen es einstweilen noch Betrug.

---

6. Das vermögensrechtliche Moment im Betruge.

Wenn wir erwägen, welche verschiedene Art von Schädigung bei unseren Fällen von Betrug, namentlich solchen von Betrug mit Kunstgegenständen und eigentlichen Antiquitäten, möglich ist, so muss uns die Frage wichtig werden, ob der Betrug in der That ein reines Vermögensdelikt bleiben soll. Sicher ist er dies nach dem deutschen Gesetze, nicht aber nach österreichischem Rechte, und niemand zweifelt, dass die Ausdehnung seines Begriffes nach dem letzteren eine viel zu weite ist; ob sie nach dem R.St.G.B. aber nicht zu enge ist, das ist eine andere Frage. Das vermögensrechtliche Moment im Betruge des deutschen Rechtes zerfällt in zwei Teile: vermögensrechtlicher Nachteil des Beschädigten und vermögensrechtlicher Nutzen des Thäters. Nach österreichischem Recht braucht der Thäter überhaupt keinen Nutzen zu beabsichtigen und dem anderen nur Schaden »an seinem Eigentum oder sonstigen Rechten« zufügen zu wollen; nach deutschem

Recht muss es der Thäter auf »Vermögensvorteil« abgesehen haben und das »Vermögen« eines anderen schädigen. So wurde die Frage auch theoretisch stets gelehrt. Liszt[65]): »Gegenüber der allzugrossen Ausdehnung des Betrugsbegriffes in der Gesetzgebung des vorigen Jahrhunderts und der österreichischen Gesetzgebung hat das deutsche R.St.G. den Betrug auf sein natürliches Gebiet, das des Vermögensverbrechens eingeschränkt«. Oder Schwarze[66]): »Der Betrug ist als ein selbständiges, keineswegs als ein formales oder subsidiäres Delikt aufgefasst und auf die Fälle des vermögensrechtlichen Betruges beschränkt worden«. Oder Olshausen II[67]): »Der Betrug ist Bereicherungsdelikt, denn er erfordert Absicht auf Vermögensvorteil«. (Binding[68]).) Oder Rommel[69]): »Das R.St.G.B. hat zunächst alle Delikte ausgeschieden, welche nicht oder wenigstens nicht in erster Linie vermögensrechtlicher Natur sind: §§ 108, 131, 138, 143, 144, 153, 154, 156, 164, 169, 170, 179, 234, 235, 236, 332, 334, 336, 348, 349, 352, 353, 360 (8), 363, 364. Ausserdem wurden ausgeschieden: §§ 146—152, 209 KO, 212 KO, 266, St.G. 356 und vielleicht 274«. Binding[70]) lehrt: »Die Ausdrücke »Absicht zu schädigen« — »Absicht sich oder anderen einen Vermögensvorteil zu schaffen« — »gewinnsüchtige Absicht« — »um sich einen rechtswidrigen Vermögensvorteil zu verschaffen« — sind offensichtlich identisch. Überall in diesen Fällen will jemand auf der Basis eines Verbrechens seinen Reichtum aufbauen, einen Vermögenszustand schaffen, der jedes Rechtsgrundes entbehrend, Anspruch auf Bestand nicht besitzt und mit einer rechtlichen Vermögensordnung sich als unverträglich erweist«. Vergl. §§ 268, 272, 273, 349; 266, 282_3; 133_2, 169_1, 301, 302; 257_1, 258, 259, 260 — vergl.: 219. Binding[71]) kommt dann

[65]) s. Anm. [2]).

[66]) Dr. F. O. Schwarze, »Kommentar zum Strafgesetzbuch für das Deutsche Reich«. Leipzig 1873.

[67]) Dr. Justus Olshausen, »Kommentar zum Strafgesetzbuch für das Deutsche Reich«. I. u. II. 4. Aufl. Berlin, Vahlen. 1892.

[68]) Dr. Karl Binding, »Die Normen und ihre Übertretung«. I. u. II. Leipzig, Engelmann. I.: 1872. II.: 1877.

[69]) Otto Rommel, »Der Betrug. Strafrechtliche Studie«. Leipzig, Mendelsohn. 1894.

[70]) s. Anm. [68]).

[71]) Karl Binding, »Lehrbuch des gemeinen deutschen Strafrechts«.

direkt auf unsere Frage: »Sonach entfällt der strafbare Betrug, wenn der Thäter der Absicht einen rechtswidrigen Vermögensvorteil zu erlangen, ermangelt, es also bei der Schädigung durch Täuschung bewenden lassen will. So wenn falsche Autografen, Manuskripte, Antiken gefertigt werden, lediglich um Kritiker zu vexieren«. Wer kann es sich aber vorstellen, dass es in einem solchen Falle beim »Kritiker vexieren« stehen bleibt? Hat ein Objekt erst einmal die Kritiker in Bewegung gesetzt, dann ist es auch der Wissenschaft und Kunst anheim gefallen und welche Verwirrungen, welchen wirklichen Schaden es hier anrichten kann, das weiss jeder.

Der sonst so belesene und für seine Zeit (Ende der 30er Jahre) ganz moderne Escher [72]) sagt mit gewinnender Harmlosigkeit: »Ein anderer Schlaukopf macht sich ein Vergnügen, oder eine Spekulation daraus, die verlornen Bücher des Livius, Tacitus, Polybius zu fabrizieren, er erprobt seine historische Gelehrsamkeit und seine Fertigkeit in Nachahmung des Styls und der Diktion des Autors, oder er beabsichtigt den Erlös einer Summe Geldes für das angeblich entdeckte Manuskript. Ist hier ein Stellionat vorhanden? Wir sagen nochmals: nein. Denn wo ist eine Gefährdung der Sicherheit? Wo eine Entziehung von Vermögen durch Nötigung, wo ein der Taxation unterliegendes Interesse? Hier fällt die Handhabung der Justiz der Kritik anheim. (!) Auf gleiche Weise wird man konsequent (allerdings!) entscheiden müssen in Hinsicht auf täuschende Nachahmung antiker Statuen, raphaelischer Gemälde, antiker Münzen, Gemmen u. s. w. Höchstens könnte der getäuschte Käufer auf Betrug klagen, wenn die echte Ware einen kurrenten Preis hätte«. Wie sich der Mann das vorstellt, dass die »Ware eines raphaelischen Gemäldes« einen »kurrenten Preis« hätte?

Wenn nun gefragt wird, ob dem vermögensrechtlichen Momente nicht ein zu grosses Gewicht beigelegt wurde, und ob nicht auch noch andere wertvolle Interessen gerade durch den Betrugsparagraphen geschützt werden sollen, weiteres aber auch, ob gewisse Handlungen nicht trotzdem als betrügerische erscheinen, obwohl

---

Leipzig, Engelmann. (Grundriss des gemeinen deutschen Strafrechts. II. Bes. Teil. I. Hälfte.) p. 195.

[72]) s. Anm. [54]).

sie nicht auf direkten Vermögensvorteil ausgegangen sind, so empfiehlt es sich vorerst einige Beispiele vorzunehmen, an welchen sich die Erfolge untersuchen lassen. Eine der eingreifendsten hierher gehörigen Fälschungen ist die vielbesprochene des »Sacro tesoro Rossi«, um deren Klarstellung sich der gelehrte Jesuit Hartmann Grisar verdient gemacht hat; sie sei genauer erzählt [73]).

Im Jahre 1880 findet ein Bauer bei Grabearbeiten den Sarkophag eines Bischofs mit vielen Gold- und Silbergegenständen, die er sammelt und aus Furcht vor dem Fiskus heimlich und nur nach und nach verkauft. Die ersten Stücke kauft der Goldschmied und Händler Pietro Guarantini, von dem sie der Graf Stroganoff erwirbt. Nach und nach erhält Guarantini von dem Bauer den weitaus grössten Teil des Schatzes und verkauft diesen um enorme Summen an Giancarlo de Rossi. Der Schatz selbst muss allerdings als sehr gross bezeichnet werden; er besteht aus einer Anzahl von Buchdeckeln aus Gold- und Silberblech, bedeckt mit getriebenen Bildern reichhaltigster symbolisch-religiöser Natur; Kreuzchen aus Goldblech, ebenfalls voll Bildern; Gürtelschmuck, Fibel, Stirnbänder, zwei Bischofstäbe, Löffel, Kelch, ein silbernes hohles Lamm mit 12 Bechern u. s. w. Der Eindruck, den der Schatz in der gelehrten Welt machte, war ein grossartiger. Der gelehrte Barnabit Luigi Bruzza und der »Fürst der christlichen Archäologie«, Giovanni de Rossi waren davon begeistert und rieten dem heutigen Besitzer dringend zum Ankaufe. Einer der berufensten Archäologen berichtete 1886 der französischen Akademie über diese »*Restes précieux*«, welche über die Frage der christlichen Symbolik Aufklärungen bieten werden; die römische Quartalschrift bringt 1887—1889 begeisterte Aufsätze über diesen Schatz, wahrscheinlich des Bischofs Sergius von Ravenna, der in seiner »einzigen Symbolik ganze Predigten über Glaubenswahrheiten enthalte«. Ähnlich äussern sich Aufsätze von Fabris Gori von 1892 und des Gelehrten Orazio Marucchi im *Osservatore Romano* und *Moniteur de Rome* von 1893 — die berufensten Leute drangen nachdrücklich in den Papst, den Schatz um jeden Preis zu erwerben.

Nun wurde der Fund auch litterarisch und zwar sehr ein-

---

[73]) Nach der »Zeitschrift für katholische Theologie«. 19. Jahrg., 1895, p. 306 ff.

gehend verwertet. Es wurden mehrfach die weitgreifendsten Konsequenzen auf archäologischem Gebiete gezogen; einer der besten Kenner der longobardischen Kunst bewies[74]) die Abhängigkeit derselben von römischer und byzantinischer Kunst nach diesem Schatz und die Besitzer veranstalteten im Vereine mit zwei anderen Gelehrten eine reiche Ausgabe der Abbildungen auf 25 Tafeln mit einem an gelehrten Ausführungen gehaltvollen Textband von fast 500 Seiten. In der *Revue de l'art chretien* 1893 werden von verdienstvollen Gelehrten weitgehende apologetische Konsequenzen aus den Bildwerken des Schatzes gezogen und im besten Werke über die archäologische Geschichte der heiligen Messe bezieht sich der Verfasser Fleury bezüglich der liturgischen Gewänder lediglich auf den »unvergleichlichen Schatz«; für die Kulturgeschichte Roms und Italiens im frühen Mittelalter stellt der Schatz »ein Arsenal von Aufschlüssen über jene Epoche« dar. Auch in Deutschland zog ein gelehrter Mitarbeiter der »Historisch politischen Blätter« Schlüsse für die Geschichte der Symbolik und das grosse Werk »Kreuz und Kreuzigung in ihrer Kunstentwicklung« von Forrer und Müller setzt ein Kreuzbild aus dem »Longobardenschatz« in Kontribution.

Plötzlich fragt ein Mitarbeiter in der *Revue de l'art chretien* 1893, ob denn die Bildwerke des Schatzes nicht eine Dissonanz zwischen Ikonographie und Ornamentik zeigen — er beruhigt sich aber und verwertet die Bilder weiter wissenschaftlich. Endlich tritt P. Grisar auf und beweist im eingangs genannten Aufsatze der »Zeitschrift für katholische Theologie« mit gelehrter Gründlichkeit und juristischer Schärfe zweifellos, dass der unvergleichliche Longobardenschatz eine freche Fälschung sei. Abgesehen von den äusseren Gründen, namentlich der abenteuerlichen Geschichte des Fundes, bei dem man weder Namen des Finders noch Ort der Entdeckung kennt, sind die inneren Gründe schlagend, da die F o r m der Bilder zweifellos dem 8. oder 9. Jahrhundert, der I n h a l t der Symbolik aber dem 2. Jahrhundert entspricht. Der Verfertiger kannte also ungefähr den Inhalt der Symbolik aus der Katakombenzeit, hatte aber als Vorbild bloss Sachen aus dem 8. oder 9. Jahrhundert — und so ist die Fälschung wohl widerspruchfrei dargethan.

---

[74]) *Riv. stor. Ital.* 1888.

Fragen wir nun um die Folgen der Fälschung. Der Longobardische Bischofsschatz ist allerdings tot und die wissenschaftlichen Verwertungen desselben auch, aber wer litterarische Vorgänge überhaupt kennt, wird zugeben, dass die Folgen der mehrgenannten Fälschung nicht mehr ausrottbar sind. Freilich, die zahlreichen Schriftsteller, die sich auf die oben genannten Arbeiten bezogen haben und sich etwa noch beziehen werden, müssen es sich gefallen lassen, auf die erbrachte Fälschung verwiesen zu werden. Aber wie es schon geschieht: immer wird die Quelle nicht genannt. Entweder heisst es: »wie der verdienstvolle X dargethan hat« — oder: »wie längst erwiesen« u. s. w. und wenn also der berüchtigte Longobardenschatz nicht genannt wird, so geht die »erwiesene Behauptung« von einem Buch ins andere und die *communis opinio* ist fertig, ohne dass man ihre längst nicht mehr bestehende Grundlage kennt.

Aber so rasch ist übrigens der Bischofsschatz noch nicht aus der Welt geschafft. Wer in der Sache unbefangen ist, wird die Gründe des gelehrten Pater Grisar als zwingend anerkennen — aber wer sich schon früher mit der Sache befasst hat, wer den Schatz für echt hielt oder gar, wer ihn schon wissenschaftlich verwertet hat, der ist nicht so leicht zu überzeugen — man kennt die, am Ende begreifliche Verbissenheit, mit welcher Gelehrte oft bei ihrer Meinung verbleiben. Und so werden die betreffenden sicherlich nicht so rasch oder vielleicht gar nicht widerrufen, sie haben auch ihre Anhänger und so verbreiten sich die wissenschaftlich gezogenen Konsequenzen aus der Longobardensymbolik eben so weit als rasch und in später Zeit liegen eine Menge von »bewiesenen« Thatsachen vor, die alle auf dem »Schatz« beruhen, deren Provenienz aber nicht mehr bewiesen werden kann, ja vielleicht gar nicht mehr vermutet wird. — Selbstverständlich handelt es sich da um keine Vermögenswerte, aber immerhin um sehr wesentliche und wichtige Interessen, für welche der Staat schützend eintreten muss. In der That ist es z. B. im vorliegenden Falle und in tausend ähnlichen von geringer Bedeutung, ob ein reicher, mehr oder weniger unvorsichtiger Sammler um eine, wenn auch höhere Summe geschädigt wurde, aber die wissenschaftlichen Interessen, die auch fast immer in ihren Ergebnissen in das Praktische eingreifen, sind von unverhältnismässig höherer Bedeutung, diese müssen geschützt werden und deshalb sind gerade Raritätenbetrügereien von viel allgemeinerer Wichtigkeit als andere Betrugsfälle. Und so eingreifend also der Betrug mit dem Longobardenschatze war — ich habe von einer Verfolgung der raffinierten, ebenso geschickten als gebildeten Fälscher niemals etwas vernommen.

Auf ganz anderem Gebiete spielend, aber von ähnlicher Bedeutung ist folgende Täuschung: Der verdienstvolle Jurist und Botaniker Alphonse de Candolle und der Botaniker Graf Sternberg machten, unabhängig von einander, vor etwa 75 Jahren eingehende Studien über die Keimfähigkeit von Samen. Zu dieser Zeit liessen eben die Mumienfunde in Ägypten viel von sich reden und es verlautete, dass man in alten Gräbern verschiedene Körnersorten, darunter Weizen und Gerste gefunden hatte. Beide Forscher interessierten sich darum, wendeten sich an einen Gelehrten, der in Kairo Studien machte (zufällig beide an denselben) und dieser verschaffte ihnen durch einen Händler Mumienweizen und Mumiengerste. De Candolle und Sternberg pflanzten ihre Körner sorgfältig, diese wuchsen und trugen vielfache Frucht. Beide veröffentlichten eingehende Berichte und diese gingen in zahllose gelehrte Arbeiten, in Lehr- und Schulbücher über und auch wir alle mussten noch die Darstellungen lernen, wie wunderbar es sei, dass sich die Keimfähigkeit von Weizen und Gerste Jahrtausende lang erhalte. An diese wissenschaftlich festgestellte Thatsache knüpften sich aber weitgehende Deduktionen und heute ist es gar nicht mehr festzustellen, welche Lehren, Annahmen und Gesetze auf der Thatsache der Erhaltung der Keimfähigkeit beruhen: der Ausgangspunkt wird als bekannt vorausgesetzt und gar nicht mehr genannt, und die Folgerungen bleiben bestehen. Heute weiss man — namentlich durch die Forschungen von Edmond Gain und Maspero —, dass die ganze Geschichte einfach nicht wahr ist. Der Mittelsmann des Gelehrten in Kairo wusste keinen echten Mumienweizen aufzutreiben und lieferte Weizen und Gerste vom vorigen Jahre und dieser ägyptische Weizen gedieh in der Hand von De Candolle und Sternberg allerdings vortrefflich. — Die Thatsache von der mehrtausendjährigen Keimfähigkeit des Weizens glaubt heute freilich niemand mehr — aber wie lange wird es währen, bis alle Folgerungen aus dieser »Thatsache« gefunden und mit allen ihren weiteren Folgen aus der Welt geschafft sein werden. Es wird versichert, dass diese Fälschung und ihre wissenschaftlichen Folgen auch praktisch, in landwirtschaftlicher Richtung, höchst verderblich gewirkt hatten.

Es ist meines Wissens noch nie behauptet worden, dass das sogen. Wessobrunner Gebet, das älteste süddeutsche Sprachdenkmal aus der 2. Hälfte des 8. Jahrhunderts ein *falsum* sei; aber nehmen wir an, es würde heute bewiesen, dass diese, für die deutsche Sprache so überaus wichtige Reliquie aus irgend einem Grunde gefälscht wurde, stellen wir uns vor, was seit Wackernagel und Müllenhoff darüber geschrieben wurde, welche Folgerungen daraus gezogen wurden und wie die gewonnenen Erkenntnisse bis in die äussersten Äderchen wissenschaftlicher Erkenntnis vorgedrungen sind — welche Unsumme von Arbeit wäre vergeblich gewesen, welche, noch viel bedeutendere Arbeit wäre nötig, um die entstandenen Irrtümer wieder zu korrigieren, und welche Menge von falschen Auffassungen blieben trotz aller Arbeit unverbessert. Man könnte wenigstens einen Teil des Schadens — die verlorne Arbeit — geradezu in Geld umsetzen, was eine beträchtliche Summe darstellen würde, und dann bliebe der wissenschaftliche Schaden noch besonders zu veranschlagen.

Eine der meistbesprochenen Fälschungen ist die der sogen. »Königinhofer Handschrift« durch Wenzel Hanka, welcher lediglich aus patriotischem Interesse eine Anzahl zum Teile sehr schöner Gedichte, dem Scheine nach aus dem 13. Jahrhunderte, gefälscht hat. Die teils lyrischen, teils epischen Gedichte und Gedichtfragmente sind mit grösster Sorgfalt und bedeutendem Geschicke gemacht und geschrieben, lediglich um der czechischen Nation etwas ähnliches zu schaffen, wie es die Deutschen in ihren Heldensagen u. s. w. besitzen. Wenn nun erwogen wird, welches Entzücken diese Fälschungen nicht bloss im Lande, sondern auch z. B. bei Göthe, Grimm, Cantù, Chateaubriand u. s. w. hervorriefen und welch kolossale Litteratur — also Mühe, Zeit und Geld — durch den Streit über die Echtheit der Gedichte veranlasst wurde (es existieren mindestens 2 Dutzend grösserer Arbeiten *pro* und *contra*), so muss es billig wundernehmen, dass eine solche Irreführung ganz straflos sein sollte; Schaden wurde genug angerichtet.

Ein anderes Motiv kann wissenschaftlicher Eigensinn sein. Eudel [75])

[75]) s. Anm. [3]).

erzählt z. B., dass zur Zeit, als der Streit darüber, ob Bronce- und Eisenzeit zusammenfallen, am lebhaftesten war, man sogar Argumente fälschte. Ein Broncebeil wurde ausgebohrt, ein Eisenstück hineingetrieben und an beiden Seiten glatt abgebrochen. Dann wurde das »Beweisstück« vergraben und Veranstaltung getroffen, dass es gerade ein Anhänger der Gegenpartei »entdeckte«. Lebhafter Streit entspann sich, die Fälschung wurde erwiesen, das Stück liegt aber heute noch im Museum von Saint-Germain.

Dass auch Scherz oder eine kleine Bosheit gegen einen Gelehrten ein Fälschungsmotiv sein kann ist bekannt — jedermann weiss von solchen mehr oder minder eingreifenden Spässen zu erzählen. Ich erwähne nur die auch von Eudel erzählte Geschichte vom Würzburger Arzt Ludwig Huber, der eine lange gelehrte, reich illustrierte Arbeit drucken liess über versteinerte Tiere, die zwei Kollegen angefertigt und so vergraben hatten, dass er sie finden musste. Das Buch, eine teure bibliographische Seltenheit, existiert heute noch.

Einem berühmten Mitgliede der *Académie des inscriptions* wurde ein »ausgegrabenes« Töpfchen mit der Inschrift M. J. D. D. gebracht. Der Gelehrte las: »*Maximo Jovi Deorum Deo*« — und der Topf kam in das Museum, als »Unikum«. Die richtige Lesung der Senftöpfchenetiquette wäre aber: *Moutarde Jaune De Dijon.* Die wissenschaftlichen Deduktionen und Irreleitungen, die aus dem »Unikum« bei nicht rechtzeitiger Entdeckung hätten geschehen können, wären unter Umständen recht beträchtlich gewesen.

Ich betone, dass in allen diesen Fällen und in tausend ähnlichen nicht Dilettanten, sondern sehr ernst zu nehmende Leute getäuscht wurden, so dass von »wissenschaftlich gleichgiltigen, guten Scherzen« sicherlich nicht geredet werden kann.

Wenn man auf das Motiv von Fälschungen weiter Rücksicht nehmen will, so findet man Fälle, in welchen es dem Fälscher gar nicht darum zu thun war, den Käufer zu schädigen. Sagen wir z. B., es gelänge einem sehr begabten jungen Künstler A trotz alles Könnens und aller Mühe nicht, sich einen Namen zu machen. Er malt nun ein Bild in der Manier des berühmten B, versieht es mit dessen Signatur und trachtet, es durch eine Reihe von Kunsthändlern in die Hände des bekannten Sammlers C zu spielen, bei dem es von den berühmten Kennern D, E, F und G als echtes Bild von B bewundert wird. Nach einiger Zeit veranlasst A selbst, dass der Betrug aufgedeckt wird; wer falsch signiert hat, wird natürlich nie festgestellt, aber das Glück des A ist gemacht, denn die ganze Kunstwelt erklärt: »Wie vortrefflich muss A malen, da seine Arbeit von den ausgezeichneten Kennern C, D, E, F und G für einen echten B gehalten wurde«. Melingo [76]) erzählt einen solchen Hergang, durch welchen der ehemals unbekannte Trouillebert plötzlich berühmt wurde, weil durch ein von ihm gemaltes und von irgend jemandem mit »Corrot« gezeichnetes Bild Alexander Dumas, Meissonier und andere Kenner irregeführt wurden. Dumas hatte Trouilleberts Erzeugnis als echten Corrot um 12000 Fr. gekauft, und so mussten wohl Dumas und seine kunstkennenden Freunde aller Welt gegenüber behaupten, Trouillebert male eben so schön wie der grosse Corrot. — In diesem Falle hatte Trouillebert nicht mitgewirkt, es kann aber sein, dass gerade dieser Vorgang viele junge Maler veranlasst hat, ähnliches absichtlich zu arrangieren.

Aber nicht bloss das Neumachen eines ganzen falschen Gegenstandes kann verhängnisvoll werden, dies kann auch bei blossen Restaurierungen ebensogut geschehen, namentlich dann, wenn Bestandteile eines Objektes korrekt ersetzt wurden, welche unter allen Umständen, auch beim ganz echten Objekt angefügt werden mussten, z. B. Beschläge an einem Schranke. Sagen wir, der Händler ersteht einen sehr schönen Kasten aus dem 17. Jahrhundert, ganz echt, nur sind die kontemporanen Beschläge nicht mehr daran. Sei es, dass ein vormaliger Besitzer den Schrank modernisieren wollte, und deshalb die alten Broncebeschläge beseitigte, um sie durch damals moderne Messingblechbeschläge zu ersetzen, sei es, dass die echten Broncebeschläge von einem Liebhaber weggekauft wurden — kurz sie sind heute durch gar nicht passende wertlose Beschläge ersetzt. Nun besitzt der Händler zufällig den Beschlag für eine Lade, welcher vollkommen zum Stil und dem Baue des neuerworbenen Schrankes passen würde; er lässt diesen einen Beschlag in Sand abformen, die benötigte Anzahl von Beschlägen in dieser Form giessen und richtet nun den Schrank so her, dass er genau so aussieht, wie er gleich nach seiner Fertigstellung vor 250 Jahren ausgesehen haben muss. Aber

---

[76]) s. Anm. [17]).

gefälscht ist der Schrank doch, er ist für einen Liebhaber ein immerhin begehrenswertes Objekt, in ein Museum darf er nicht kommen und wenn er noch so schön ist, ausser mit dem Vermerke, dass die Beschläge später daran gekommen sind. Vielleicht sind sie doch nicht ganz richtig: der Schrank ist vielleicht deutsche Arbeit, die Beschläge aus Italien. Auch das kann am echten Schranke so gewesen sein: der Tischler in Augsburg hat anno 1650 vielleicht wirklich seine Beschläge aus Mailand bezogen, dann ist dieses Moment aber vielleicht gerade wissenschaftlich wichtig, da es die Handelsbeziehungen aufklärt u. s. w., und deshalb darf auch ein solches Moment nicht willkürlich gefälscht werden.

Wenn man darum fragt, wie es denn dann steht, wenn Fälschungen oder Restaurierungen so gut gemacht sind, dass sie niemand wahrnimmt und dass also niemand geschädigt erscheint, so könnte man eigentlich sagen: diese Fälle interessieren uns nicht, denn wenn eine Fälschung nicht entdeckt wird, wenn niemand von ihr weiss, so kann sie niemand anzeigen, und ist sie nicht angezeigt, so kann sie auch nicht das Substrat eines Straffalles bilden: *quod non in actis, non est in mundo* — der Fall existiert nicht. Aber wenn auch das menschliche Auge getäuscht wurde und lange getäuscht blieb, so schläft der Zufall nicht und dieser hat manche Entdeckung, oft nach langer Zeit, zu Tage gebracht; die scheinbar unverletzte herrliche Vase kann beschädigt werden und jetzt treten die alten Kittflächen und Ersatzteile zum Vorschein; ein begeisterter Chemiker schabt — höchst unerlaubterweise! — von einer kostbaren Miniature ein bischen Farbe ab, um darauf zu kommen, womit sie im 12. Jahrhundert gemalt haben, er entdeckt eine ganz moderne Farbe und die ganze Miniatur ist auch als modern erwiesen, und in einem historischen Falle hat das Klima die Entdeckung besorgt; dies war bei der vielbewunderten, vielbeschriebenen und vieluntersuchten »Vase von Tezcoco« aus Mexiko der Fall, die eine durch Napoleon III. mit der Armee nach Mexiko entsendete wissenschaftliche Kommission heimgebracht hatte. Die höchst interessanten und merkwürdigen Reliefs, welche so viel Staunen erregt hatten, waren bloss aufgeklebt und lösten sich infolge der ersten Herbstfeuchtigkeit los, fielen ab, und liessen die ganze Technik der Fälschung deutlich erkennen. Die Fälschung war so jungen Datums, dass sie also noch nicht einmal eine Regenzeit in der Heimat mitgemacht hatte.

Zu berühren wären noch jene häufigen Fälle, in welchen ungebildete Leute sich einen kleinen Gewinn durch Fälschungen zu machen suchen, ohne die geringste Vorstellung davon zu haben, welchen wissenschaftlichen Schaden sie anrichten. Sie versteigen sich höchstens zu der Argumentation: »Mir nutzt es und schaden kann es unmöglich jemandem«. Hierbei helfen manche Gelehrte in so entgegenkommend naiver Weise mit, dass die Schuld der Fälscher allerdings minimal erscheint. Es ist unglaublich, sagt Eudel [77]), wie z. B. der bekannte Konservator von Lausanne, Herr Troyon auf die plumpen Fälschungen am Neuenburger Pfahlbaufunde einging; der tüchtige A. Meillet glaubte es und schrieb ein Buch darüber, dass die Pfahlbaumenschen auf Knochen von Renntier und Höhlenbär Schriftzeichen, echte Schrift, eingegraben haben; bei den Funden von Beauvais, wo man 1881 Streitäxte, Streitkolben und Feuersteindiademe in ungeheurer Menge fand, glaubten die gescheitesten Leute, darunter der Konservator De la Herche an die Echtheit, bis man die Arbeiter eines Kreidebruches in Bresles dabei fand, wie sie die »Feuersteindiademe« sackweise anfertigten; in Amiens hatte man einige echte Steinbeile gefunden, die von den Findern gut verkauft wurden, niemandem fiel es aber auf, dass die Steinbeile kein Ende nahmen, und jeder Gelehrte, der dahinkam, konnte Steinbeile kaufen, so viel er wollte; sie wurden auch immer billiger, da sich die Technik der Herstellung rasch bei den Steinarbeitern ausbildete.

Fragen wir um die Strafbarkeit solcher Fälle, so wollen wir uns einen derselben, z. B. mit den Steinbeilen in Amiens, näher ansehen. Der Arbeiter im Steinbruch sieht, dass die Leute aus der Stadt derlei Dinge erstens haben wollen und zweitens gut bezahlen, und wenn keine mehr gefunden werden, so kann man beiden Teilen helfen und welche machen. Dabei ist es dem Arbeiter allerdings vollkommen klar, dass niemand neugemachte Steinbeile wünscht und dass sie daher alt gemacht werden müssen. Zuerst wird also das Beil nach modernen Regeln aus dem Steinknollen herausgearbeitet und mit vieler Mühe auf einem anderen Steine poliert, damit namentlich die verräterischen Spuren von der Behandlung mit eisernen Werkzeugen verschwinden. Dann werden die Beile in einem Düngerhaufen vergraben, nach einigen Wochen

---

[77]) s. Anm. [3]).

herausgenommen, gereinigt, wiederholt mit Öl bestrichen, am Feuer geröstet und schliesslich an geeignetem Orte vergraben. Naht nun ein »Gelehrter mit antiker Sinneseinfalt«, so stellt sich der Arbeiter zum bewussten Orte und gräbt und gräbt. Der Gelehrte sieht ihm zu und nun »findet« der Arbeiter ein, nach Bedarf auch mehrere Steinbeile und der Gelehrte kauft. Der geschilderte Vorgang ist zweifellos raffiniert, auf Erregung eines Irrtums und auf Schaffung eines Vermögensvorteils berechnet, aber zweifellos fehlt die Absicht, das Vermögen des Gelehrten zu schädigen. Der Arbeiter weiss, dass der Käufer ein Beil haben will, welches genau so und nicht anders aussehen darf — folglich macht er es so. Er weiss ebenso, dass der Gelehrte ein »gefundenes«, nicht ein gemachtes Beil wünscht und kauft — deshalb giebt er der Sache den Anschein, als ob es sich um ein »gefundenes« Beil handelt. Dass aber zwischen »gefunden« und »gemacht« ein Unterschied sei, das hält der Arbeiter für Einbildung, und glaubt, wenn das Beil wirklich sorgfältig imitiert ist, so erhält der Käufer genau das, was er braucht. Dass der Unterschied wissenschaftlich von grosser Bedeutung werden kann, dass aus dem falschen Objekte vielleicht mit Rücksicht auf das Material, Art der Bearbeitung, Art und Stadium der Verwitterung u. s. w. sehr belangreiche und irreführende Schlüsse gezogen werden können, das weiss der Arbeiter entweder nicht, oder wenn er es weiss, so hält er das für ganz wertlose Spielereien, bei welchen für niemanden erheblicher Schaden entstehen kann. Etwas zu thun, was Nutzen und niemandem Schaden bringt, hält er aber für erlaubt und thatsächlich fehlt zum strafbaren Betrug ein wesentliches Merkmal. Dieses allerdings rein subjektive Moment: ob der Fälscher (oder Verkäufer) die Vorstellung hatte, dass durch seine Handlung fremdes Vermögen beschädigt wird und ob er demgemäss die Absicht, es zu thun, gehabt hat, wird für die Beurteilung einer ganzen Reihe hierher gehöriger Fälle massgebend sein.

Was aus diesen Beispielen hervorgehen soll, lässt sich dahin zusammenfassen, dass gewisse Arten von Betrügereien zwar keinen unmittelbaren Schaden an Geld, wohl aber anderweitige, wichtige Benachteiligungen nach sich ziehen, gegen welche Schutz nötig ist, und weiters, dass derselbe Erfolg unter Umständen eintritt, wenn der Thäter auch nicht (für sich oder andere) direkt Vermögensvorteil erzielen wollte; mit anderen Worten: Hat sich der

Begriff des Betruges bloss mit, in Geld umsetzbaren Werten zu befassen? Oder noch kürzer: Ist der Betrug lediglich Vermögensdelikt?

Soll diese Frage bejaht werden, so muss sowohl der Schaden des Beschädigten als auch der Vorteil des Thäters auf vermögensrechtliche, pekuniäre Interessen eingeschränkt werden — entfällt dies auch nur auf einer Seite, so ist der Betrug kein reines Vermögensdelikt mehr.

Wie bekannt ist dies nach dem Wortlaute des österreichischen Strafgesetzbuchs nicht der Fall: es wird überhaupt kein Nutzen des Thäters und nur irgend eine Schädigung »an Rechten« des Beschädigten verlangt. Das deutsche Strafgesetzbuch verlangt Vermögensvorteil auf der einen, Vermögensschädigung auf der anderen Seite, musste aber die positive Fassung der betreffenden Gesetzesstelle so bringen, dass unzweifelhaft ein Widerspruch vorliegt. — Das Verbrechen des Betruges ist unbestritten mit der Schädigung vollendet (Olshausen II [78]), Hälschner I [79]), Merkel [80]) III p. 774, H. Meyer [81]) p. 565, Oppenhoff [82]) § 263 Nr. 10, 24, 29, Rüdorff [83]) § 263 N. 11, Schwarze [84]) § 263 Nr. 30) und nicht erst mit der Erlangung des Vermögensvorteiles; diesfalls wird nur die Tendenz gefordert (»wer in der Absicht . . .«) — nicht erreichte Absicht und Vollendung schliessen einander aber aus, wenn die Erlangung des Beabsichtigten das Wesen des Deliktes ausmachen soll. So ist der Mord, Verbrechen wider das Leben, erst vollendet, wenn der Vorsatz zu töten, der hier Tötungsabsicht ist, erreicht wurde. Will somit der Betrug zum reinen Vermögensdelikt gemacht werden, so muss auch die Erlangung des vermögensrechtlichen Zweckes, die Bereicherung, in den Thatbestand des vollendeten Deliktes aufgenommen werden, sonst ist die

---

78) s. Anm. 67).

79) Dr. Hugo Hälschner, »Das gemeine deutsche Strafrecht«. I. u. II. Bonn, Marcus. 1884.

80) s. Anm. 58).

81) Hugo Meyer, »Die Vollendung der Urkundenfälschung«. Gerichtssaal, Bd. 47, (1892), p. 81.

82) Oppenhoff, »Die Rechtsprechung des preussischen Obertribunals in Strafsachen«.

83) Rüdorff, »Strafgesetzbuch für das deutsche Reich. Mit Kommentar«. Berlin 1871.

84) s. Anm. 66).

Aufnahme der »Absicht« blosse Färbung, blosse Richtungsangabe, sie trifft aber nicht mehr das juristische Wesen der Sache und wir können sagen: so wie der § 263 gefasst vorliegt, formt er den Betrug nicht als reines Vermögensdelikt. Binding [85]) hat die Frage zweimal gestreift: p. 179 und 194, ohne ihr aber näher zu treten.

Man könnte nun sagen: »Wenn wir wissenschaftlich davon überzeugt sind, dass der Betrug bloss ein Gelddelikt sein soll, so können wir diesen allerdings vorliegenden Widerspruch durch andere Fassung des § 263 beseitigen«. Allerdings liesse sich dann die Form des Gesetzes etwa so denken: »Wer sich oder einem dritten einen rechtswidrigen Vermögensvorteil dadurch verschafft, dass er das Vermögen eines anderen beschädigt, indem er durch Vorspiegelung . . .«. Dann haben wir aber eine echte *positio bicornis*, dem Sinne nach ein Subjekt mit zwei Prädikaten und eine andere Fassung lässt sich nicht denken.

Sehen wir aber von der Frage der positiven Gesetzgebung ab, so werden wir für unsere Fälle vor allem jene ausschliessen, von welchen Binding [86]) sagt, »man erlange häufig Vorteile ohne Recht, z. B. der Kaufmann, der zu teuer verkauft, der Jäger, der bei freier Jagd Wild okkupiert — aber ohne das Recht und wider das Recht ist wesentlich verschieden«; hiermit ist aber kein essentieller, sondern nur ein gradativer Unterschied gemacht. Der Kaufmann, der zu teuer verkauft, ist nicht unter allen Umständen straflos, und nicht unter allen Umständen strafbar; Kaufen und Verkaufen ist immer etwas moralisch und strafrechtlich Gleichgiltiges, nur was dabei nebstbei geschieht kann unmoralisch und strafbar sein. Verkauft der Kaufmann der armen Witwe unter dem Einkaufspreis, um ihr unbemerkt etwas zu schenken, so handelt er moralisch lobenswert, verkauft er mit bürgerlichem Gewinn, so handelt er indifferent, verkauft er überteuer, so ist das unmoralisch, gebraucht er hierbei listige Täuschungsmittel, so betrügt er — das ist aber bloss sprachliche Ausdrucksweise, in Wirklichkeit war stets das Kaufgeschäft nur der Boden, auf welchem anlässlich desselben moralisch oder unmoralisch oder indifferent oder strafbar gehandelt wurde; folglich sind aber auch die Grenzen vom einen zum andern fliessend, und erst die

---

[85]) s. Anm. [71]). [86]) s. Anm. [68]).

Untersuchung des einzelnen Falles kann ergeben, ob namentlich neben und bei dem Kaufe bloss unmoralische oder schon strafbare Vorgänge aufgetreten sind; mit anderen Worten, ob beim Kaufe ohne Recht oder wider das Recht Gewinn erzielt wurde. Hiermit ist der erste Anhaltspunkt für die Beurteilung unserer Fälle gegeben: der Verkauf auch einer Fälschung an sich, kann niemals als strafbar angesehen werden, es handelt sich nur darum, was hierbei noch vorgegangen ist, ob das Objekt als Fälschung bezeichnet wurde, ob besondere Kniffe angewendet wurden, um die Thatsache der Fälschung zu unterdrücken u. s. w.: immer ist der Kauf und Verkauf gleichgiltig, das Strafbare kann nur in den weiteren Vorgängen gelegen sein.

Eine weitere Frage mag dahin gehen, wie weit die Begriffe Vermögen und Vermögensvorteil einzugrenzen und namentlich, ob dieselben im direkten oder indirekten Sinne zu verstehen sind. — Mit einer Unterscheidung wie sie Gryziecki [87] (österreichisches Recht) gegeben hat, ist die Frage nicht vollends beantwortet: »Es ergiebt sich aus der eigentlichen Bedeutung des Ausdruckes (Vermögensrechte) und aus der Natur der Sache, dass der Begriff des gegenwärtigen Vermögens nicht über die Grenzen des *damnum emergens* hinaus ausgedehnt werden könne, und die Ausscheidung des *lucrum cessans* aus jener Sphäre unbedingt geboten erscheint;« wir haben auch im direkten *damnum emergens* noch zu unterscheiden, da auch dieser so weit gehen kann, dass wir ihn nicht mehr zu dem, durch den Betrug direkt erzeugten Schaden rechnen können. Wir müssen also die Frage dort fassen, wo es sich um die Bedeutung der vom Gesetze gebrauchten Worte handelt; Liszt [88]) definiert: »Vermögensvorteil liegt vor, wenn der Geldwert des Vermögens durch die That vergrössert wurde . . . Vermögensbeschädigung liegt vor, wenn der Geldwert des Vermögens durch die That verringert wird«. Hiernach ist auf beiden Seiten, der des Thäters und der des Beschädigten, das gesamte Vermögen in Geld zu veranschlagen und vor und nach der That miteinander zu vergleichen — dies wäre also die sogenannte objektive Auffassung, nach der auch z. B. Hälschner [89]) entscheidet:

---

[87]) Dr. Felix Gryziecki, »Studien über den strafbaren Betrug«. Lemberg 1870.

[88]) s. Anm. [2]). [89]) s. Anm. [79]).

»Ausgeschlossen vom Betruge sind also alle Fälle, in denen durch Täuschung zwar der Zustand des Vermögens verändert wurde, aber eine Beschädigung nicht stattfand, weil durch die Täuschung nur ein Austausch gleicher Werte veranlasst wurde.«

Wenn also ein Händler ein echtes Bild des berühmten Malers A besitzt, aber nicht als solches erkennt, und lässt zu Täuschungszwecken auf das Bild das Handzeichen des nicht minder berühmten Malers B anbringen, so läge bei einem Verkaufe kein Betrug vor, weil der Käufer ein gleich wertvolles Bild bekommen hat, so dass seine Vermögensbilanz nicht geändert wurde; gleichwohl hatte er nie die Absicht ein Bild von A zu erwerben, wollte es vielleicht auch gar nicht, weil er zufällig schon mehrere von A besitzt. Die Frage der objektiven oder subjektiven Auffassung der Schädigung ist aber als Vorfrage für die eigentliche Frage der Beschädigung wichtig, und wenn man die verschiedenen Definitionen von Vermögensschaden, wie sie Meyer, Schütze, Berner, Blum, Goltdammer, Schwarze, Liszt, Oppenhoff, Merkel, Olshausen, Rüdorff-Stenglein u. s. w. aufgestellt haben — und wie sie z. B. Schlesinger [90]) zusammenstellt — miteinander vergleicht, so finden wir zwischen der äussersten subjektiven und objektiven Richtung, zumeist vergleichende Versuche, so dass die *communis opinio* beiläufig mit dem Beschlusse der vereinigten Senate (20. April 1887) stimmt: »Vermögensschädigung ist die dem Getäuschten nachteilige Differenz zwischen dem Geldwerte, welchen dessen Vermögen nach und infolge der durch die Täuschung hervorgerufenen Verfügung thatsächlich hatte und demjenigen Geldwerte, den es gehabt hätte, wenn die Täuschungshandlungen nicht vorgekommen wären«. — Das wäre rein objektiv — es wird aber die Ansicht dadurch wesentlich subjektiv gefärbt, dass Rücksicht auf die Gesamtheit der Wirkungen verlangt wird, dass die mittelbaren Folgen der Täuschung herangezogen werden, dass der konkrete Sachverhalt, nicht Hypothesen, berücksichtigt wird, und dass Augenmerk auf die Geschäftslage des Getäuschten, die Brauchbarkeit der erworbenen Sache verlangt wird, wobei aber keine Thätigkeit des Getäuschten zu erfolgen hat, um die Sache brauch-

---

[90]) Schlesinger, »Vermögensschädigung bei Betrug«. Erlanger Diss. München 1894.

bar zu machen, insofern sie mit Anstrengung und Kosten verbunden wäre. (M. St.[91]).)

Im Verlaufe[92]) fasst derselbe die Frage schärfer und meint, man könne überhaupt nicht ergründen, was der § 263 unter Beschädigung meint, wenn nicht festgestellt werde, was er unter Vermögen verstehe. Stenglein übernimmt den Ausdruck v. Savignys, der sich das Vermögen als eine reine Quantität von gleichartigem Gehalt vorstellt, und nennt Vermögen »den Gesamtwert der Bestandteile des Vermögens einer bestimmten Person an Activis und Passivis, welcher sich aus dem Abzuge des Wertes der Passiva von dem Werte der Activa ergiebt«. (Leider kommt in dieser Definition des Vermögens wieder das Wort Vermögen vor.) Stenglein kommt zur Definition: »Vermögensschädigung im Sinne des § 263 ist die dem Getäuschten nachteilige Differenz zwischen dem Werte, den das Vermögen desselben infolge der Täuschungshandlung hat, und demjenigen Werte, den es haben würde, wenn die Täuschungshandlung nicht vorgekommen wäre.«

So sehr diese Definition im allgemeinen gefallen muss, so lässt sie uns doch darüber im Unklaren, ob bloss direkte oder auch indirekte Wertverminderung gemeint sein soll. Bei den einfachen Fällen von Betrug genügt die Definition allerdings: A hat dem B ein immerhin gutes Bild fälschlich als echten Jacob Ruysdael aufzuschwatzen gewusst, und von ihm dafür 1000 bekommen. Die Fälschung wird entdeckt, aber festgestellt, dass das betreffende Bild, vielleicht die Arbeit eines Schülers des Meisters, aber immerhin 200 Wert ist. Das Vermögen des B vor dem Handel betrug X, nach und durch den Handel aber $X - 1000 + 200$, der strafrechtlich zu behandelnde Schaden $= 800$. Das ist ganz einfach und einleuchtend. Nehmen wir aber einen der Fälle wie sie uns vorliegend am meisten interessieren.

A hat dem B, einen berühmten Gelehrten, eine Fälschung als echtes Objekt von erheblicher wissenschaftlicher Bedeutung in die Hände zu spielen gewusst; B kauft das Objekt von A für die, dem Staate gehörige Sammlung um 10, so dass im Sinne des § 263 A einen Vermögensvorteil gewonnen, und der Staat eine Schädigung seines Vermögens erlitten hat. B unterzieht nun das

---

91) M. St. (wohl Stenglein). Gerichtssaal, Bd. 40.

92) Bd. 43. *Ibidem.*

Objekt eingehenden Studien, verwendet sehr viele, doch auch in Geld zu veranschlagende Zeit auf dieselben, verbraucht Papier, Tinte, Federn, Photographien u. s. w., macht lediglich im Interesse dieser Arbeit kostspielige Reisen, schliesslich wird ein Buch darüber mit vielem Kostenaufwand gedruckt — und nun wird die Fälschung entdeckt, so dass alles Aufgewendete, sagen wir im Gesamtbetrage von 1000, vollständig verloren ist. Wenn wir nun auch die Einbusse des Gelehrten an Ansehen, seinen Ärger und Kummer ob der Blamage, das Erleiden von Schadenfreude und Spott gar nicht veranschlagen, die 1000, die er und sein Verleger erlitten haben, bleiben doch und es fragt sich, ob der strafrechtlich massgebende Schaden aus 10 besteht (direkter Schaden), den A für seine Fälschung bekommen hat, oder auch aus jenen 1000, die durch die Fälschung verloren gingen (indirekter Schaden). Hier wäre, auch *de lege lata* und nach der Definition Stengleins, so wie wir sie besitzen, der Schaden mit 1010 anzunehmen, denn das Gegenteil wäre nur dann vorliegend, wenn es in der mehr genannten Definition etwa hiesse: »die unmittelbar nach der That zu ziehende Differenz« — durch welche Terminsbestimmungen alle erst später, indirekt sich ergebenden Schäden ausgeschlossen wären. Wie die Sache nun liegt, müssen wir nach der hier zu Grunde gelegten, oder jeder anderen, dem Gesetze entsprechenden Definition den Schaden auch in der indirekten Form als vorliegend annehmen, was dem allgemeinen Bedürfnisse und auch dem Rechtsempfinden zweifelsohne entspricht.

Viel schwieriger gestaltet sich die Sache wenn wir den Fall sachlich gänzlich unberührt lassen, aber das vermögensrechtliche Moment beseitigen. Wir sagen: A hat dem B, in der Absicht, ihn dadurch zu Publikationen zu verleiten, die sein Ansehen unbedingt schädigen müssen, das fragliche Falsum geschenkt, also aus blosser Bosheit, ohne sich einen rechtswidrigen Vermögensvorteil zuwenden zu wollen, gehandelt. B ist auf die Fälschung eingegangen, hat zahlreiche Abhandlungen in einer Zeitschrift darüber veröffentlicht, andere haben daselbst geantwortet u. s. w. — endlich wird die Fälschung entdeckt, nachdem sie genug wissenschaftliches Unheil angerichtet hat. B erklärt, vor Gericht befragt, er habe an seinem Vermögen keinen Schaden erlitten: Spott und Schande ob seiner Leichtgläubigkeit sei in Geld nicht zu veranschlagen, ebensowenig die aufgewendete Zeit; hätte er nicht über das Falsum geschrieben, so hätte er über etwas anderes geschrieben, seine Aufsätze wurden ihm bezahlt, so dass Tinte und Papier nicht in Anschlag kommen, Reisen habe er nicht gemacht und sonstige Auslagen auch nicht gehabt. Die Zeitschrift erklärt sich auch nicht finanziell geschädigt, sie war froh, ihre Spalten mit den interessanten Abhandlungen gefüllt zu haben, um die sich die Leute gerissen haben, und auch ihr Spott und Schande seien finanziell nicht anzuschlagen.

Nehmen wir nun noch an, der wissenschaftliche Schaden sei im zweiten Falle unvergleichlich grösser, als im ersten, B habe sich im zweiten Falle weitaus schmerzhafter blamiert als im ersten und der Dolus des A sei im ersten Falle viel geringer als im zweiten — trotzdem ist der erste Fall Verbrechen des Betruges und der zweite gar nichts. Dass dies niemand als richtig empfinden wird, und dass auch vom strafpolitischen Standpunkte aus ein solches Prävalierenlassen des pecuniären Momentes gegenüber sonstiger viel wertvollerer Interessen nicht gebilligt werden kann, das dürfte kaum bestritten werden.

Unverrückbar stehen Iherings[93]) Worte fest: »Wo die sonstigen Mittel zur Verwirklichung des Rechtes ausreichen, ist die Anwendung der Strafe unnötig. Das Kriminalunrecht beginnt da, wo die Strafe durch die Interessen der Gesellschaft geboten ist.« Hiernach ist aber auch dem Abgrenzen von Deliktsbegriffen ein ganz bestimmter Weg vorgezeichnet: Wo die Thatbestände zweier Verbrechen aneinanderstossen, da muss zwar Mühe aufgewendet werden, um zu bestimmen, was dem einen und was dem anderen Delikt zugehört, ihre Grenzen sind nach Thunlichkeit scharf zu zeichnen. Gelingt dies aber das eine oder andere Mal nicht vollständig, so ist die Folge keine so arge, ein bestimmter Fall wird dann aus einem Deliktsgebiet in das andere gleiten und sollte er vielleicht auch falsch qualifiziert worden sein, so wird im Strafrahmen und durch andere gesetzliche Mittel ein Ausgleich herzustellen sein.

Anders verhält es sich dort, wo ein Delikt an Civilunrecht oder gar dorthin grenzt, wo weder strafbares noch auch Civilunrecht befunden wird; in diesen Fällen, besser gesagt, an diesen Stellen, kann mit dem Ziehen fester und unverrückbarer Grenzen

---

[93]) Ihering, »Der Zweck im Recht«. Leipzig, 1877—1883—1893.

nicht vorsichtig genug vorgegangen werden, weil sonst die Gefahr vorliegt, dass ganze Reihen von Vorgängen, die auch ganz wichtige Interessen auf das Ärgste schädigen, einfach ins Leere fallen, denn »durch ein Verbrechen ist verletzt, dessen Interesse durch die betreffende Strafbestimmung geschützt werden sollte« (Olshausen),[94]) und ist einmal eine bestimmte Begriffsabgrenzung vorgenommen worden, so ist unter Umständen einfach Schutzentziehung geschehen, wo geschützt werden soll. Freilich sagt Kessler[95]) (contra Liszt): »Ist das Verbrechen die mit Strafe bedrohte Handlung und nichts weiter, so folgt daraus, dass die Bestimmung des Objekts des Verbrechens nicht vom Willen des Verbrechers, sondern von dem des Gesetzgebers abhängt . . . . Objekt des Verbrechens und Objekt des Strafschutzes ist ein und dasselbe . . . . dieses Objekt ist aber nicht das objektive Recht, sondern . . . . das sogenannte Rechtsgut, oder das rechtlich geschützte Interesse oder das subjektive Recht« — aber wie weit dieses subjektive Recht zu gehen hat, das ist Sache der stets neu und nach den bestehenden Verhältnissen erwägenden Strafpolitik. Als man seiner Zeit, hauptsächlich nach Merkels genialen Lehren, daran ging, den Betrugsbegriff herauszulösen und den Betrug als reines Vermögensdelikt hinzustellen, scheint man vergessen zu haben, dass derselbe nicht bloss an die Fälschungsverbrechen grenzt und von diesen scharf zu scheiden ist, sondern dass er auch an vielen Stellen an das Zivilunrecht stösst und dass man durch die Fixierung des Vermögensmomentes eine Reihe von zweifellos strafbaren Vorgängen, bloss dem Zivilrichter zuweist, oder dass man gegen sie gar keinen Schutz gewährt. — Wollte man diesfalls Abhilfe treffen, so muss die Frage des Interessenschutzes gefasst werden. Roscher[96]) hat einfach gesagt: »Gut nennen wir alles dasjenige, was zur mittelbaren oder unmittelbaren Befriedigung eines wahren, menschlichen Bedürfnisses anerkannt brauchbar ist«; Ihering[97]) hat dann das

[94]) s. Anm. [67]).

[95]) R. Kessler, »Rechtsgut oder rechtlich geschütztes Interesse oder subjektives Recht?« Gerichtssaal, XXXIX, (1887), p. 94.

[96]) Roscher, »Grundlage der Nationalökonomie«. 21. Aufl. Stuttgart 1894.

[97]) Rudolf v. Ihering, »Geist des römischen Rechts«. Leipzig. 1852—1865.

Verhältnis zwischen Gut und Interesse berührt, Thon[98]) nennt das Gut eine Unterart des Interesses und Binding[99]) hat endlich dargethan, dass das Gut juristisch der Gegenstand des Interesses ist; Kessler[100]) führt noch aus: »Güter und Interessen bedingen einander wechselseitig. Es giebt kein Gut, welches nicht der Gegenstand eines menschlichen Interesses wäre, und es ist kein Interesse an dem Eintreten oder Nichteintreten eines Ereignisses denkbar, wenn dieses Ereignis nicht ein Gut wenigstens möglicherweise betrifft. Interessen und Güter sind also mit Notwendigkeit gleichzeitig da, und sie sind da, sobald ein Mensch existiert.«

Ob wir also, in unserem Sinn, von Gut oder Interesse handeln, ist vorläufig gleichgiltig, wir wollen, anschliessend an die früher erwähnten Fälle von dem Interesse sprechen, welches Kunst und Wissenschaft davon haben, durch betrügerische Vorgänge nicht geschädigt zu werden. Dass diese Schädigungen sehr bedeutende sind, und dass schon die Summen, um welche öffentliche Institute und Sammlungen durch Falsifikate kommen, allein ganze Vermögen ausmachen, dürften die angegebenen Beispiele gezeigt haben und dass nicht Leichtsinn und Unkenntnis der massgebenden Personen die Ursache der zahlreichen Täuschungen ist, das wird allgemein zugegeben. »Es giebt keine berühmte Sammlung, die nicht trotz der Kenntnisse und der Vorsicht der Konservatoren notorisch falsche Stücke hat. Berühmt durch Kenntnisse, Vorsicht und Misstrauen sind am meisten die Leute vom *Cabinet de médailles* an der Pariser Nationalbibliothek — trotzdem haben sie Falsches genug.« (Eudel[101]).) Dass aber ein sehr wesentliches Interesse dafür vorliegt, dass diese Sammlungen keine falschen Sachen haben, das beweist schon ihre Existenz allein. Milliarden sind für grosse Sammlungen ausgegeben worden und Millionen gehen jährlich noch weiter dahin, Beweis genug, dass die Staaten ein lebhaftes Interesse haben, ihren Bürgern die Objekte dieser Sammlungen zu zeigen und sie für künstlerische und wissenschaftliche Zwecke bereit zu halten. Besteht dieses Interesse, so will der Staat aber auch weder beim Ankaufe getäuscht werden, noch auch jene täuschen, die an den Dingen lernen wollen. Welche Folgen jede Fälschung

---

[98]) Thon, »Rechtnorm und subjektives Recht«.

[99]) s. Anm. [68]). [100]) s. Anm. [95]). [101]) s. Anm. [3]).

haben kann, wenn sie als echt angenommen, studiert und zu wissenschaftlichen Folgerungen ausgenutzt wird, das wurde wiederholt berührt, es zeigt auch, dass es keineswegs lediglich ideale Güter sind, um die es sich handelt, und die zu schützen der Staat nicht berufen sei, wie oft behauptet wird.

Vor allem ist es nicht wahr, dass sich das Strafgesetz um ideale Güter nicht kümmere (Religions-, Sittlichkeitsdelikte, Ehrenbeleidigung, falsche Anschuldigung, Verletzung von Geheimnissen u. s. w.), weiter aber wissen wir, dass es nur sehr wenig abstrakt wissenschaftliches und rein künstlerisches giebt, welches nicht in letzter Linie dem sehr praktischen Leben dient und in klingender Münze zum Ausdruck kommt; wie oft erfahren wir, dass irgend eine Entdeckung, die Kunst und Wissenschaft gemacht haben, zuerst lediglich als rein »theoretisch interessant« bezeichnet wird, worauf wir sie nach kurzem auf der ganzen Linie bis zum Handwerker mit Nutzen ausgebeutet sehen. Die Interessen, die der einzelne, die Gesellschaft und der Staat daran haben, von Fälschern und ihren Helfern nicht betrogen zu werden, sind sehr bedeutende, bedeutender vielleicht, als manche vom Strafgesetze höchst nachdrücklich geschützte andere Interessen, die Gefahr der Zunahme der Fälschungen ist um so grösser, als Kenntnisse und Geschicklichkeiten verbreiteter und umfangreicher werden, und wie weit das kommen soll, ist unabsehbar. Dabei ist endlich nicht zu vergessen die entsittlichende Wirkung, die entsteht, wenn zahlreiche Leute mit wenig Mühe und viel Gewinn sich zu einer wirklichen Gilde von Fälschern heranbilden und ihr Handwerk straflos fortführen, um endlich ihre da gewonnenen Kenntnisse und Fertigkeiten zu noch gefährlicherem zu verwenden. —

Grossen Nutzen und nicht die mindeste Gefahr könnte es bringen, wenn im Betrugsparagraphen der geforderte Vermögensvorteil für den Thäter, ganz entfiele, und statt »Vermögen eines anderen« — »die Güter eines anderen« gesetzt wird — »Gut« ist aber das zu schützende.

7. Wertbestimmung.

Wenn es gelingt, bei einem Raritätenhandel den Thatbestand des Betruges festzustellen, so tritt die Frage der Wertbestimmung heran, die fast unter allen Umständen Schwierigkeiten bietet. Dieselben haben manchen als so bedeutend geschienen, dass sie auf die ganze Auffassung über den Raritätenbetrug bestimmend einwirkten und sie annähernd zu der Meinung brachten: »Wo es mit der Wertbestimmung derart unüberwindliche Schwierigkeiten giebt, da kann überhaupt vom Eingreifen des Strafrichters nicht die Rede sein, da liegt kein Betrug vor«. Sehr häufig wirken die Mühseligkeiten der Wertbestimmungen auch mit dazu, derartigen Prozessen mit irgend einer, nicht schwer zu findenden anderen Motivierung aus dem Wege zu gehen. Zum mindesten haben sie manchen verzweifelten Ausspruch zur Folge gehabt: Stenglein[102]) sagt z. B.: »objektiver Wert eines Gegenstandes besteht in dem dafür zu erzielenden Verkaufs- bezw. in dem dadurch ersparten Einkaufspreise. Bei Ermittlung des Wertes wird der Richter mitunter z. B. den Wert von Leibrenten durch Wahrscheinlichkeitsrechnung mit unendlich grösserer Sicherheit ermitteln können, als bei Ermittlung des ordentlichen Wertes von Sachen, z. B. von Kunstwerken, Antiquitäten, Moabiter Scherben und dergl. durch Sachverständige.« Es bezieht sich diese Äusserung auf die früher[103]) unter M. St. gemachte Behauptung, es erübrige gar nichts anderes, als die subjektive Schätzung, alles andere sei unverlässlich.

Nun, so ganz hilflos steht der Richter auch in dieser Frage nicht da, wenn er sich eben auch hier um die Dinge, die seiner Rechtssprechung unterzogen werden, einigermassen kümmert und vor allem den Satz Liszts befolgt, nach welchem der Richter den Wert des Rechtsgutes für die Rechtsordnung feststellt. Selbstverständlich ist hier nicht gemeint, dass der Richter etwa die Abschätzung bei Heller und Pfennig vornimmt, wohl aber, dass er sich selbst über die Grundsätze klar ist, nach welchen im einzelnen

---

[102]) Stenglein, Im Gerichtssaal, XLIII, p. 321 ff.
[103]) M. St., Ibidem, Bd. XL.

Falle vorzugehen ist, und dass er die Einhaltung dieser Grundsätze von den schätzenden Sachverständigen verlangt.

Die Gründe, warum diese überall zutage tretenden Schwierigkeiten und die durch sie veranlassten Verwirrungen entstanden sind, liegen klar zutage; sie beruhen einerseits auf den üblen Erfahrungen, die man bei den ungeordneten, wechselnden und unmotivierten Schätzungen der Sachverständigen gemacht hat, anderseits aber auf der mangelhaften Entwicklung des Interessebegriffes, namentlich über das sog. Affektionsinteresse und der ungesichteten Hereinbeziehung wirtschaftlicher Begriffe in die eigentlich juristischen Deduktionen.

Dass es bei den Schätzungen durch Sachverständige besondere Schwierigkeiten giebt, wenn man sie ganz sich selbst überlässt, soll nicht geleugnet werden. Dies hat seinen natürlichen Grund schon einmal in der Natur dieser Sachverständigen. Bei allen anderen Sachverständigen handelt es sich um Leute von einheitlicher Natur, wenn man so sagen darf; habe ich je zwei oder mehrere Ärzte, Chemiker, Physiker, Graphologen etc., so können sie unter einander allerdings der verschiedensten Ansicht sein, ich habe aber doch stets Sachverständige derselben Gattung: zwei Ärzte oder zwei Chemiker oder zwei Graphologen. Ganz anders aber bei Schätzungssachverständigen in unserem Falle; vor allem braucht man für jede Gruppe von Objekten wieder ganz andere Sachverständige. Sagen wir, es sei z. B. mit dem gesamten Nachlass eines Raritätensammlers ein Schwindel geschehen und es werde die Schätzung desselben nötig: wir brauchen dann für Bilder, Gemmen, Kunstmöbel, Waffen, Prähistorisches, Münzen etc. stets besondere Gruppen von Sachverständigen, wenn man sich nicht mit einer nur höchst unsicheren Bewertung zufrieden giebt. Aber in dieser Verschiedenheit der Sachverständigen für den Summarbegriff »Raritäten« ist noch nicht alle Differenz gelegen, auch für einzelne Objekte derselben Gattung ist wieder zwischen einzelnen Gruppen zu scheiden; handelt es sich z. B. um Bilder, so kann man mit gleichem Rechte als Sachverständige sowohl Maler, als auch Kunsthistoriker oder Kunsthändler heranziehen, von denen jede Gruppe ganz verschieden bewertet, und da wird es wieder von Schule, Richtung und anderen Qualitäten abhängen, ob ein Bild hoch oder niedrig eingewertet wird. Nun hat man diesen Schwierigkeiten in ungeschickter Weise oft dadurch zu begegnen gesucht, dass man Sachverständige verschiedener Gruppen zusammenspannte und z. B. zu einer wichtigen Bilderschätzung einen Maler, einen Professor der Kunstgeschichte und einen Kunsthändler vereinte. Was da Gutes herauskommt, lässt sich denken.

Aber auch bei grösster Vorsicht und überlegter Zusammenstellung der Experten ergeben sich stets noch Schwierigkeiten, wenn man diese allein, ohne Direktiven arbeiten lässt. Wir ersehen dies aus den ersten besten Beispielen namentlich dann, wenn es sich um sehr hohe, oft schwankende Preise handelt. Nehmen wir etwa (zum Teil nach den Darstellungen Griffiths [104])) zur Erläuterung die Geschichte der »berühmten« grossen Diamanten (so des Kohinur, Orlow, Florentiner, Sancy, Pitt etc.) vor; jeder von ihnen hatte seine abenteuerlichen Erlebnisse, fast jeder von ihnen wurde einmal um einen Spottpreis, dann wieder weit über den natürlichen Wert verkauft. Für uns am belehrendsten ist vielleicht die Geschichte des herrlichsten aller bekannten Brillanten, des 136,7 Karat schweren, vollendet geschliffenen »Regent« oder »Pitt«. Er wurde, damals 410 Karat schwer, 1701 von einem Sklaven in den indischen Partealminen gefunden, gestohlen und angeblich in einer Schenkelwunde auf ein Schiff gebracht. Hier soll der Sklave getötet und der Diamant um 1000 £ an einen Händler und von diesem, Jamchand mit Namen, an den damaligen Gouverneur von Madras, Pitt, den Vorfahren der berühmten Pitts, verkauft worden sein. Pitt wurde beschuldigt, er habe den Stein in unrechtmässiger Weise um ein Spottgeld an sich gebracht; er veröffentlichte später eine Darstellung des ganzen Handels und behauptete, er habe an Jamchand (der aber nicht existiert haben soll) 20000 £, dann für das Schneiden des Steines 5000 £ und an Agenten und Mäkler weitere 5000 £ bezahlt; allerdings hat er den Stein an den Herzog von Orleans um 135000 £ verkauft, also mehr als eine Million Gulden gewonnen, selbst wenn alle seine Ausgaben richtig sind. Später kam der Stein in die Hand Napoleons I., dann nach Holland, nach Berlin und wieder nach Frankreich in den Kronschatz; er glänzte auf verschiedenen Ausstellungen und wurde als der schönste aller bekannten Steine bezeichnet; es gäbe viel grössere, keiner sei aber so vollendet in

[104]) A. Griffiths, »*Mysteries of Police et crime*«. Casell et Comp., London 1898, 2 Vol.

Feuer, Wasser und Schliff. 1881 sollte er nun aus dem Kronschatze veräussert werden; die Parlamentkommission erklärte, der Stein sei zweiffellos eine halbe Million £ wert, auf dem Markte würden aber sicher nicht mehr als 25 000 £ (also $^1/_{20}$ des Wertes) erzielt werden, also verblieb der Stein im Louvre.

Es lässt sich nun wohl denken, dass das »Parlamentskomitee« von 1881 die besten Sachverständigen herangezogen und alles aufgewendet hat, den wahren Wert der Juwelen festzustellen. Was heisst es nun: »der Stein ist 500 000 £ wert, aber man kriegt nur 25 000 £ dafür?« Der Wert einer Sache ist doch jener Preis, der unter normalen Verhältnissen dafür zu erzielen ist, die »halbe Million« ist daher ganz illusorisch, und wenn man die 25 000 £ als Wert annimmt, so hätte Pitt, als er den (noch nicht geschliffenen) Stein um 20 000 £ kaufte, gar kein »gutes Geschäft« gemacht, obwohl man ihn damals arg deshalb beschuldigte; dagegen hätte er den Herzog von Orleans betrogen, als er ihm den Stein um 135 000 £ (also um das 5,4fache des Wertes) verkauft hat.

In anderen Fällen beruhen verschiedene und oft angreifbare Bestimmungen der Experten wieder darauf, dass man nicht solche gewählt hat, die mit den alleräussersten Finessen des besonderen Objekts vertraut sind — ein Missgriff, der Unterschiede in der Höhe von Tausenden ausmachen kann. Nehmen wir als Beispiele die Werte von gewissen, heute so vielfach gehandelten Kunstblättern (nach Wessely)[105]: Blätter von Nanteuil, Masson, Edelinck sind ausserordentlich viel mehr wert, wenn gewisse kleine Zeichen fehlen (z. B. zwei Punkte hinter dem Namen, ein Komma etc.). Auch diese Kleinigkeiten sind leicht radiert (namentlich bei R. Morghens Abendmahl nach L. da Vinci öfter vorgekommen).

Für die Reihenfolge der Abdrücke, daher auch für ihren Wert ist in mehrfacher Weise die Adresse (Angabe der Verlagsfirma, unter welcher das Blatt in den Kunsthandel übergegangen ist) von Wichtigkeit. Die Nacheinanderfolge der Abdrücke lässt sich mit Rücksicht auf die Adresse so feststellen:

1. Vor aller Adresse; die Platte ist noch im Besitze des Künstlers, er lässt Abzüge nur für sich machen;

---

[105]) s. Anm. [8]).

2. mit Adresse des Künstlers, wenn er selbst der Verleger ist; beim Stechernamen steht dann meistens: »*fecit et excudit*«;
3. mit Adresse des Verlegers;
4. mit zwei oder mehreren Adressen zugleich, wenn der neue Besitzer der Platte die alte Adresse stehen liess;
5. nach der Adresse, wenn diese wieder getilgt wurde (die Abzüge haben also die Form von 1., sind aber viel schwächer, da die Platte abgenutzt ist).

Ausserdem können noch Verschiedenheiten in Aussehen und Wert von Abdrücken entstehen:

1. durch Hinzufügen neuer Arbeiten auf der Platte;
2. umgekehrt durch Wegnehmen von Details;
3. durch Abdecken gewisser Partien während des Druckes und Neuabziehen eines Ersatzteiles;
4. Retouchieren einer Platte, wenn sie schon schwach ist;
5. Verkleinerung der Platte; ausnahmsweise auch Vergrösserung.

Der Einfluss auf den Wert ist oft sehr bedeutend.

Das sind nun Details die schon nicht leicht zu wissen und aufzuzählen, aber noch viel schwerer zu entdecken, nachzuweisen und gar per Heller und Pfennig zu bewerten sind. Immerhin aber erfordert es die Gerechtigkeit, dass sie berücksichtigt werden, der sogen. »gewöhnliche« Sachverständige kann das aber nicht. Dass aber solche abnorme Schwierigkeiten auftauchen, ist nicht bloss bei bestimmten Objekten, wie es die aufgezählten sind, der Fall, sie ergeben sich bei der Schätzung wohl aller Raritäten. Hören wir, wie (Luthmer[106])) z. B. der feinfühlige Vorsteher des Berliner Gewerbemuseums, Julius Lessing, die Frage: »was ist ein altes Kunstwerk wert« in einem Vortrage erörtert: von geringem Werte sei im allgemeinen vorerst die Arbeitsleistung und das Alter des Gegenstandes. Das »Vaterunser« auf einem Kirschkern oder alte, schlechte Italiener sind sehr wenig wert. Sehr wichtig ist die Mode: antike, schöne Sachen sind heute nicht hoch im Preise, Renaissanceware ist es noch vor wenigen Jahren gewesen, Kongresszeit ist heute oben an und war noch vor 15 Jahren lediglich »altmodisch«. Material hat wenig Wert; wenn Rothschild für einen Jamnitzer Aufsatz 800000 Mark zahlte, so ist es gleich-

---

[106]) s. Anm. [9]).

giltig, ob das Silber dabei 1000 oder 2000 Mark wert ist. — Das Wichtigste ist wirkliche Schönheit und Seltenheit. Vom sogen. 100 fl. Blatt, Rembrandts berühmtester Radierung, existieren bloss 7 Stück (erste Abzüge) — eines wird mit 37000 fr. gehandelt. Nicht gleichgiltig ist noch die Handlichkeit eines Gegenstandes — eine kleine Truhe, die man überall hinstellen kann, wird hoch bezahlt, ein Riesenschrank, der vielleicht viel schöner ist, aber nirgends untergebracht werden kann, ist vielleicht fast unverkäuflich. Der Reihe nach sind massgebend: Mode, Seltenheit, Schönheit, Brauchbarkeit, Material, Alter.

Theoretisch sind die Fragen nach dem Werte in der Regel, wenn auch nicht leicht, so doch kurz zu beantworten, und wenn z. B. v. Wieser[107]) sagt: »die höchsten Preise werden solche Güter erhalten, welche in sehr geringer Anzahl vorhanden sind und zugleich von den reichsten Klassen begehrt werden« — so sieht eine Bewertung allerdings recht einfach aus; sollen aber im Praktischen die 7 Momente, die Julius Lessing anführt, richtig veranschlagt werden, so giebt das eine mühsame und vielfache Kenntnisse erfordernde Arbeit.

Was aus dem hier gesagten zu entnehmen sein möchte, wäre die Thatsache, dass namentlich in Strafsachen für Bewertungsfragen nur die allerbesten Experten genommen werden dürfen, dass zu diesem Zwecke kein Geld gespart werden darf, dass aber auch der auswählende Strafrichter die Mühe nicht scheuen soll, sich ebenfalls wenigstens orientierende Kenntnisse zu erwerben, da er sonst unmöglich erfassen kann, wen er zu wählen hat, was er von den Experten verlangen darf und muss und wie er mit ihnen zu arbeiten hat, wenn gedeihlicher Zweck erreicht werden soll. Um aber dies zu können, muss er sich auch über die verwirrten Begriffe von volkswirtschaftlichen und juristischen Wert und Preis hinaushelfen, da sonst ein Anweisen des Gebietes, auf dem die Sachverständigen zu arbeiten haben, von vornherein ausgeschlossen ist; insbesondere muss Klarheit über die sogenannten Sonderwerte, die also über Kurs und Marktwert, gemeinen Wert u. s. w. hinausgehen, zu schaffen getrachtet werden. —

Das Wertaffektionsinteresse scheint allgemein zurückgeführt zu werden auf *L.* 33 *pr. D. ad l. Aq.* (9. 2). *Paul l.* 2 *ad Plaut:*

---

[107]) Frh. v. Wieser, »Der natürliche Wert«. Wien 1889.

. . . . »*pretia rerum non ex affectione nec utilitate singulorum, sed communiter fungi*« — woraus entschieden hervorgeht, dass damit der Wert gemeint ist, den der einzelne der Sache beilegt und den ihm kein anderer dafür bezahlt, d. h. ein Preis, der auf keinem Markte bezahlt wird. Die übrigen Stellen aus dem römischen Recht, wie sie Fr. Mommsen[108]) zusammenstellt (p. 122 ff.) lassen auch keine andere Deutung zu und so bleibt es unbegreiflich, wie die Bedeutung »Wert der Vorliebe« für Affektionsinteresse in dem Sinne Verbreitung finden konnte: »Wert, den nur wenige der Sache beilegen«. Wir dürfen bei der Frage, was für uns Wert heisst und wie weit wir gewisse Sonderwerte als massgebend bezeichnen wollen, die einzelnen Werte nicht willkürlich herausgreifen, und müssen uns klar machen, dass auch hier nur langsam ansteigende Übergänge vorhanden sind. Die einzelnen Werte unterscheiden sich einzig und allein nur durch den Markt auf dem sie Geltung haben und deshalb sind sie nicht essentiell von einander unterschieden. Für die Haarlocke der Geliebten giebt nur Ein Mensch etwas und für ein gemünztes Stück Gold ist die ganze Welt der Markt, jeder nimmt es als Wert. Aber zwischen jener Locke und dem gemünzten Gold ist eine unendlich lange Reihe von Stufen eingeschoben, die, wenn richtig geordnet, sich nur dadurch unterscheiden, dass auf jeder folgenden Stufe wieder mehr Menschen als Nehmer stehen, als auf der vorhergehenden, d. h. der Markt wird immer grösser. Das hat eigentlich v. Wieser[109]) deutlich gemacht: »Die gewöhnliche Auffassung, für welche der Preis die gesellschaftliche Würdigung der Güter bezeichnet, ist nicht ganz richtig. Der Preis ist allerdings eine gesellschaftliche Thatsache, aber er bezeichnet nicht die gesellschaftliche Würdigung der Güter. Diese entsteht aus den individuellen Schätzungen, und wie sich diese zu einer gesellschaftlichen vereinen, das ist ein sehr komplizierter Vorgang.« Das Gewicht liegt in der Betonung, dass die Würdigung der Güter aus der individuellen Schätzung entsteht, — davon, wie viele Individuen schätzen, hängt aber der Markt ab. Und hierbei kommen aber wieder nur jene in Betracht, die hoch schätzen und schliesslich

---

[108]) Fr. Mommsen, »Zur Lehre von dem Interesse«. Braunschweig 1855.

[109]) s. Anm. [107]).

machen den Preis nur jene, die am höchsten schätzen, nicht die Durchschnittswerte. Wer für einen rohen Diamanten nicht mehr bezahlen will, als für Glas, der macht am Preiserzeugen nicht mit, der kommt nicht in Betracht, dies thun erst jene, die Preise bieten, die nach Meinung des Verkäufers dem Werte entsprechen. Diese Momente wollen aber auch vom strafrechtlichen Standpunkte aus berücksichtigt werden, mit allgemeinen Fassungen kommen wir nicht zum Ziel. So sagt z. B. vollkommen deutlich Binding [110]) (pag. 181): »Die Rechte, um die es sich bei einem Betruge handelt, brauchen, wie das Eigentum an Andenken gar keinen Geldwert zu besitzen. Bisher ward das Gegenteil angenommen, weil der Betrug nicht auf die rechtlichen, sondern auf die wirtschaftlichen Werte bezogen wurde. So z. B. Merkel [111]).« Dort heisst es: »Dass der Gegenstand des Gewinnes Tauschwert repräsentieren müsse, liegt in dem über das korrespondierende Requisit gesagten. Nicht aber ist erforderlich, dass derselbe ein »gewinnbringender« für den Empfänger sein müsse.« Dazu Binding [112]): »Der Schaden wird meist auch ein wirtschaftlicher sein, allein dies ist nicht notwendig: die wirtschaftliche Schädigung allein reicht nicht aus, und ihr fehlen hebt den juristischen Schaden nicht auf«. Hiermit ist wissenschaftlich eine Feststellung gewonnen; aber im praktischen Falle ist uns nicht geholfen. Welche Schwierigkeiten es da auf einem ähnlichen Gebiete zu überwinden giebt, der der zivilrechtlichen Gewährleistung, das ist z. B. zu ersehen bei Mugdan.[113])

Will man aber endlich die einzelnen Werte vornehmen, so muss strenge Unterscheidung angewendet sein; man wird sich kaum mit Schlesinger [114]) einverstanden erklären, der definiert:

Marktpreis oder Kurswert, dort, wo am Orte regelmässigen Verkehrs Mittel- und Durchschnittswerte festgestellt werden.

Gemeiner Wert, wo kein Marktpreis besteht, wohl aber durch häufigen Verkehr sichere Preise bekannt werden.

---

[110]) s. Anm. [71]). [111]) s. Anm. [53]), p. 120.

[112]) s. Anm. [71]), p. 190.

[113]) Mugdan, »Die gesammelten Materialien zum Bürgerlichen Gesetzbuch für das Deutsche Reich«. Bd. II, p. 125, 660, 1245.

[114]) s. Anm. [90]).

Affektionswert, der keinen Tauschwert hat.

Gelegenheitspreis für Sachen, die als Spezies erscheinen und bei denen die generelle Beschaffenheit für die Wertbemessung keinen Anhaltspunkt gewährt z. B. Kunstwerke, Manuskripte.

Es ist schon einmal nicht richtig Markt- und Kurswert zu identifizieren,[115]) und Kunstwerke mit »Gelegenheitspreis« zu belegen, ist einfach unverständlich. —

Um sich leichter zurecht zu finden, erübrigt nichts anderes, als eine thunlichst genaue Unterscheidung vorzunehmen; wir wollen trennen:

1. Kurswert, der an gewissen Zentralhandelsstellen aus den höchsten Durchschnittswerten jeweilig ermittelt und in irgend einer Weise bekannt gegeben wird; Waren, für die solche Feststellungen bestehen, kommen dem Gelde selbst am nächsten; z. B. Wertpapiere, Getreide, Wolle, Zucker.

2. Marktwert, dem vorigen ähnlich, ergiebt sich ebenfalls an grossen Handelsplätzen für häufig gehandelte, aber der Qualität nach verschiedene Waren, aus dem lokalen und momentanen Verkehre ohne dass aber fixe Verlautbarungen, eben wegen der Qualitätsverschiedenheit, geschehen können; z. B. Vieh, Metalle, Holz, Kohle.

3. Gemeiner Wert, der sich im täglichen Handel für häufig begehrte Gegenstände ergiebt, so dass die Verschiedenheit für gleiche Objekte keine grosse sein kann: Stoffe, Kleider, Möbel, Werkzeuge.

4. Qualitätspreise solcher Gegenstände, die eine hervorragende Eigenschaft, besondere Güte und aussergewöhnliche Zusammenstellung auszeichnen, z. B. ein hervorragend gut dressierter Hund, ein besonders gutes Gewehr, ein aussergewöhnlich gleichständiges Viergespann. Alle diese Dinge hätten sonst bloss gemeinen Wert, durch ihre Qualität sind sie aber für einen kleineren Markt solcher Leute beschränkt, die den höheren Preis bezahlen, weil sie das Objekt haben müssen, oder haben wollen.

5. Gelegenheitspreis, der nicht in der Sache und ihren Eigenschaften, sondern in der zufälligen Lage des Käufers oder Verkäufers begründet ist. Er kann gegen den gemeinen Preis:

---

[115]) Art. 353 H.G., »Der Marktpreis oder der Börsenpreis«.

a) steigen, wenn der Käufer dringend des Objektes bedarf, z. B. eines Hauses in gewisser Lage, eines besonders gearteten Pferdes oder in Kriegszeiten, Blei, Kupfer, Konserven, Monturen u. s. w.; — oder:

b) fallen, wenn aus gewissen Gründen rasch verkauft wird: Hausverkauf wegen Erbteilung, Möbelverkauf wegen Abreise, Ballkleiderverkauf wegen Trauer u. s. w.

In ersterem Falle kann der Gelegenheitspreis bis zum Monopolpreise steigen, wenn nur einige oder wenige das Gewünschte liefern können (Rothschild für Quecksilber), im letzteren Falle können sogenannte Not- oder Schleuderpreise (Konkurse) daraus werden.

6. Modewert, der allerdings bei fast allen anderen Preisen zum Vorschein kommt, sich aber manchesmal als Hauptwert geltend macht, z. B. bei Kleidern, Möbeln, Schmuck. Er ist meistens von kurzer Dauer und dem wirklichen Werte, der Schönheit u. s. w. sehr oft direkt widersprechend.

7. Kunst- und wissenschaftlicher Wert bei Schätzen, die einen allgemein anerkannten, bleibenden Wert für die Kunst oder Wissenschaft haben: Objekte der darstellenden Kunst von berühmten Meistern, oder wissenschaftliche Handschriften, seltene Petrefakte und Mineralien, kostbare Instrumente u. s. w. Sie haben beschränkten Markt, da sich nicht jedermann für sie interessiert und nur sehr wenige die hohen Preise bezahlen können.

8. Liebhaberwert, dem vorigen ähnlich, aber auf Objekte bezugnehmend, die nicht allgemein als wichtig und hochwertig anerkannt sind, z. B. seltene Briefmarken, Autographen, heraldische Petschafte, Gegenstände des Kleinkunstgewerbes u. s. w.

9. Seltenheitspreis, bei welchem die Eigenschaften der Sache ganz in den Hintergrund treten und rein bloss das Moment der Seltenheit bezahlt wird, z. B. ein alter Druck, der seiner Zeit beschlagnahmt oder vom Autor zurückgekauft und vernichtet wurde, so dass nur wenige Exemplare existieren; gewisse Stiche mit kleinen Änderungen sogar Fehlern, die nur auf den ersten Abzügen bestehen und dann auf der Platte verbessert wurden; Briefmarken mit Druckfehlern von denen nur wenige Stücke *per nefas* in den Handel kamen.

10. Persönliche Werte, die an Sachen haften, die für den einzelnen bedeutenden Wert haben, für die aber nichts auf

dem Markte erhältlich ist, z. B. das mühsam hergestellte Manuskript eines Schriftstellers, der hofft, damit sich einen Namen zu machen, ein falsches Gebiss, eine künstliche Gliedmasse — alles Objekte die dem Besitzer und nur dem Besitzer wertvoll, allen anderen wertlos sind.

11. Affektionspreise, die auch für den Eigentümer nur übertragener Wert als Träger einer Erinnerung sind, z. B. die Uhr meines Vaters, mein Säbel aus dem Feldzug, gewisse Briefe u. s. w.

Dieser Einteilung ist lediglich das faktische, pekuniäre Moment und zwar vom Standpunkte des Verkaufes, als das für uns einzig massgebende, zu Grunde gelegt, d. h. wir fragen lediglich: Was bekommt man für die Sache? — die einzige Frage, die juristisch massgebend sein kann. Deshalb wurde auch z. B. der Affektionspreis auf den eigentlichen Begriff der Affektion eingeschränkt, d. h. den der rein subjektiven Affektion, die gar keinen Markt besitzt. Man kann zwar von Affektion auch dort reden, wo einer Sache ein Wert beigelegt wird, den sie ihrer Verwendung nach nicht hat; eine Perle ist zu garnichts nütze und hat ihren Wert nur in der hineingelegten Affektion; vier ganz gleichgefärbte Schecken haben jeder für sich etwa einen Wert von 500, als Viergespann zusammengestellt kosten sie aber nicht 2000, sondern 3 oder 4000 und diese 1 oder 2000 Plus sind reinste Affektion. Diese ist aber bei beiden Beispielen objektiv, sie besteht, sie hat Markt und habe ich ein solches Viergespann und ich verkaufe es nicht etwa thörichter Weise dem Bauern, der für die Gleichständigkeit nichts giebt, so finde ich sicher genügenden Markt, auf dem man mir die Affektion baar bezahlt. Aber eben nur dieser Markt kann uns interessieren — Verkaufsmarkt, objektiv existierender Wert und Strafbarkeit hängen für uns zusammen.

Nehmen wir nun die einzelnen genannten elf Werte für unsere Fragen des Raritätenbetruges einzeln durch.

1. Kurswert kommt thatsächlich bei solchen Raritäten vor, die in bestimmbar gleicher Qualität öfter den Markt passieren, gewöhnlich einen bestimmten Weg nehmen und von den Lieb-

habern fast nur dort gesucht werden. Sowohl bei Auktionen als im Handverkaufe fixieren sich da gewisse Preise, die allerdings mit der Zeit und nach Angebot und Nachfrage wechseln, aber dann im Moment für die ganze interessierte Welt gelten und in den Katalogen, Lizitationsberichten u. s. w. bekannt gemacht werden. Selbstverständlich kann dies nur bei Gegenständen der Fall sein, die vervielfältigt wurden, die also in gleicher Qualität vorkommen; wird also bei einem wertvollen Kupferstich Meister, Gegenstand, Signierung und Erhaltung genannt, so weiss man massgebenden Ortes ebenso genau, um was es sich handelt und welchen Preis das Objekt dermalen hat. Hierher gehören also: Holzschnitte, Kupferstiche, Radierungen, Erzeugnisse der alten Briefmaler, Inkunabeln und andere seltene Drucke, Landkarten, alte Spielkarten, Münzen, Medaillen u. s. w. — endlich Briefmarken.

Handelt es sich nun um einen derartigen Fall von Betrug, so kann man der Sachverständigen keineswegs entraten, man bedarf aber keines, der vom Werte etwas versteht, hiervon braucht er nicht das Allermindeste zu wissen, es handelt sich nur darum, dass er wirklich sachverständig ist und das Objekt sicher erkennt, was es ist, und es sachverständig beschreiben (»ansprechen«) kann. Hat man dies sicher erlangt, so wendet man sich an eines der ganz grossen und verlässlichen Auktionshäuser (z. B. Hôtel Drouot in Paris, Lepke's Kunstauktionshaus in Berlin) beziehungsweise bei Münzen, Medaillen u. s. w. an das British museum oder das Berliner Münzkabinett und bei Briefmarken an eine der grossen sogenannten Briefmarkenbörsen, und fragt, was der beschriebene Gegenstand dermalen wert ist. Diese geben verlässlich gewisse Grenzen an (von x—y) und den Mindestpreis kann man getrost jeder Strafsache zu Grunde legen.

2. Marktwert; mit diesem verhält es sich ähnlich; er kommt bei jenen Objekten vor, die zwar häufig auf den Markt gelangen und gesucht werden, die aber so fixiert sind, dass sich die Verlautbarung ihrer Werte nicht lohnt. Auch hier muss ihre Natur, Echtheit, Erhaltung durch Sachverständige, und zwar stets die besten, die man bekommen kann, also nicht Trödler und Händler, sondern Gelehrte, festgestellt werden, dann aber wird auch hier angefragt, nötigenfalls selbst unter Einsendung der Objekte. Handelt es sich um Gegenstände der Kunst oder des

Kunstgewerbes, so wendet man sich am besten an eines der früher genannten Institute, sind es wertvolle spätere Drucke, seltene Bücher, besondere Einbände, so sind die grossen Antiquare (B. Quaritsch in London, F. A. Brockhaus in Leipzig, L. Rosenthal in München, Morgand in Paris u. s. w.) vollständig zuverlässig. Dasselbe gilt bei Amsler und Ruthardt in Berlin für Kunstblätter. Handelt es sich endlich um Objekte der Wissenschaft: Prähistorisches, Dinge des klassischen Altertumes, der Renaissance u. s. w., so wendet man sich unbedingt an das betreffende Museum seiner Hauptstadt (Berlin, Wien, München, Dresden u. s. w.).

Diese beiden Werte (Kurs- und Marktwert) haben mit der Höhe des Preises insofern nichts zu thun, als sie sich von den weiters zu besprechenden Werten nur durch die Art ihrer Feststellung unterscheiden: beim Kurswert durch Kurszettel u. s. w., beim Marktwert durch gewisse häufige, gleichbleibende Übung. Es können daher selbstverständlich Kurs- und Marktwert neben andern z. B. Kunst- und Liebhaberwert vorkommen; erstere sind formelle, letzte materielle Werte.

3. Gemeiner Wert. Unter diesem Namen wird in verwirrender Weise eigentlich dreierlei verstanden:

a) Der Wert, den eine bestimmte Sache gemeinhin hat: »ein Stich von Rembrandt wird »gemeinhin«, überall auf den betreffenden Märkten um x Thaler gehandelt«.

b) Jener Wert, den die Sache ohne Rücksicht auf bestimmte Akzidentien hat. Liegt z. B. ein Dutzend echter Renaissancethürbeschläge vor, so wäre der gemeine Wert der, den sie als Thürbeschläge aus dem gleichen Materiale, ohne Rücksicht auf Alter und Provenienz haben würden (also eine Art Gebrauchswert).

c) Der Wert, den nur Dinge des gewöhnlichen Gebrauches haben können: Werkzeuge, Baumaterialien, Kleider, Stoffe, Rohprodukte u. s. w., so dass man bei Gegenständen der Kunst oder Wissenschaft überhaupt nicht von gemeinem Wert reden kann; jene haben bloss gemeinen Wert, diese Kunstwert u. s. w.

Für unsere Objekte fällt daher die Beurteilung verschieden aus, je nachdem man sich einer der drei Auffassungen anschliesst:

ad a hätte man diesen gemeinen Wert in einer der sub 1 oder 2 u. s. w. genannten Arten zu erheben.

ad b ergeben sich regelmässig Schwierigkeiten, da bei den meisten Objekten wenig oder nur der Materialwert als gemeiner Wert übrig bliebe. Handelt es sich z. B. um eine sehr wertvolle römisch-antike Broncestatuette, so müsste man dann vielleicht fragen, was eine Statuette an sich wert ist, welche Frage aber ebenso unbeantwortbar wäre als etwa die: »was ist ein Gebäude wert?« Die Frage aber einzuschränken, etwa dahin: »was wäre die Statuette als modernes Erzeugnis oder als Imitation u. s. w. wert?« — dazu fehlt jeder Anlass. Ebenso unmotiviert wäre es, bloss den Materialwert als gemeinen Wert anzunehmen, denn dann wäre z. B. eine höchst wertvolle Arbeit aus Schmiedeisen auf nur wenige Kreuzer zu veranschlagen. Übrigens kommt eine solche Erörterung nur dann vor, wenn man z. B. den Dieb, der den Wert einer Sache nicht erkannt hat, bloss mit Zugrundelegung dieses sehr illusorischen gemeinen Wertes verantwortlich machen wollte.

ad c ergiebt sich die Schwierigkeit bei der Frage, ob das bestimmte Objekt gemeinen Wert hat, d. h. ob etwas dem gewöhlichen Gebrauche oder der Kunst und Wissenschaft angehört. Diese Frage würde sich also eigentlich bei allen Erzeugnissen des Kunstgewerbes ergeben und es wäre stets zu zweifeln, ob z. B. ein schön geschnitzter Bilderrahmen, ein reich verzierter Sessel u. s. w. gemeinen Wert überhaupt besitzt oder nicht. Wie gesagt, ist auch hier die Frage nach gemeinem Wert für uns nicht recht praktisch.

4. Qualitätspreis kommt in diesem Sinne für unsere Fragen nicht in Betracht, da die, uns interessierenden Qualitäten als Kunstliebhaberwert u. s. w. ohnehin besonders veranschlagt werden. Wir müssten den Qualitätspreis nur sekundär in Betracht kommen lassen und unter Umständen nebst dem Kunstwert noch Qualitätswert berechnen. Hiernach wäre z. B. eine Radierung von Rembrandt nach ihrem Kunstwert x Thaler wert, wenn sie aber aussergewöhnlich gut erhalten wäre, was den Qualitätswert darstellen könnte $x + y$ Thaler wert. Dies hätte aber allerdings nur in Ausnahmefällen Sinn, nämlich wenn eine, für gewöhnlich im Kunst- und Antiquitätenhandel meistens nicht berücksichtigte Qualität ausnahmsweise vorkäme und in Rechnung gezogen werden müsste.

5. Gelegenheitspreis ist aber für uns sehr wichtig, da

derselbe häufig alle bestehenden fixen Annahmen, die seit Jahren gegolten haben, sogar Kurs- und Marktpreis auf den Kopf zu stellen vermag.

a) Gelegenheitspreis nach aufwärts tritt namentlich auf, wenn neue kaufkräftige Sammler erscheinen, namentlich, wenn sie sich auf ein enger begrenztes Gebiet werfen, oder gar wenn jemand (öffentliche Institute oder Private) z. B. zur Kompletierung ihrer Reihen (etwa anlässlich einer Ausstellung, eines Kongresses) sich auf gewisse Stücke kaprizieren. Hat dann jemand solche, in beschränkter Anzahl bestehende Objekte, so kann daraus Monopolpreis werden. Solches Emporschnellen eines Preises ist im Strafrechte unbedingt mehrfach zu berücksichtigen, z. B. wenn einer einen scheinbar betrügerisch hohen Preis verlangt hat, wenn jemandem, der nicht wusste, dass er Monopolpreise fordern konnte, sein Besitz billig abgeschwindelt wurde, wenn fälschlich Thatsachen vorgespiegelt wurden, wonach Vorliegen von Monopol angenommen werden musste u. s. w.

b) Gelegenheitspreis nach abwärts tritt namentlich ein, wenn zufällig durch gleichzeitigen Tod mehrerer Sammler, durch finanzielle Schwierigkeiten derselben u. s. w. mehrere grosse, gleichartige Sammlungen auf den Markt geworfen werden. Dann sind Preisstürze unausbleiblich, namentlich wenn hierbei mehrere »Unica« zum Vorschein kommen. Dies ist auch der Grund, warum die Händler unter sich nicht leicht einen der ihren fallit werden lassen: sie wissen, dass seine Konkursmasse Gelegenheitspreise erzeugt, die ihnen allen schädlich wären. — In ähnlicher Weise wirkt auch das Bekanntwerden von Fälschungen und Fälschungsserien, was stets auf die Preise der einschlägigen Objekte stark reduzierend wirkt, bis festgestellt ist, wie weit diese Fälschungen reichen. —

Alle diese Momente werden fast immer in den Kreisen der grossen Auktionshäuser, der ersten Museen und hervorragenden Händler sofort bekannt, es kann aber vorkommen, dass erste Kenner und gelehrte Autoritäten lange Zeit davon keine Kenntnis erlangen, was die Notwendigkeit ergiebt, dass man letztere zwar stets zur Bestimmung und Untersuchung der fraglichen Objekte heranzieht, aber dann, wenn es sich um Kurs- und Marktpreise handelt, wegen derselben immer bei den sub 1 und 2 genannten Faktoren anfragt. —

6. Modewert hängt natürlich mit dem inneren und eigentlichen Wert der Sache nicht zusammen, er ist Erzeugnis der schwer fassbaren Erscheinung, die wir Mode nennen. Wir sind gewohnt, über diese menschliche Thorheit einfach hinwegzugehen, und uns um dieselbe weiter nicht zu kümmern: sie spielt aber wie viele ihrer Schwestern gerade in unseren Fragen eine wichtige Rolle, und ohne sie näher besehen zu haben, verstehen wir eine Menge von Erscheinungen nicht, die schliesslich doch juristische Bedeutung haben. Eine grosse Menge von Werten beruhen nur auf Moden, diese bilden und formen aber eine Menge von Delikten und so sollen wir einen solchen Faktor nicht bloss als bestehend konstatieren, sondern auch seine Entstehung und sein Wesen untersuchen. Es ist unrichtig, wenn wir die Mode einfach als Erzeugnis der Laune ansehen: sie geht allerdings fast immer von einzelnen aus und nimmt von ihnen aus kontagiös oder suggestiv ihre Verbreitung, aber bei dem einzelnen, von dem sie ausging, war sie selten Laune, sondern eine, oft sehr umständliche Berechnung für den eigenen Vorteil. Eine Mode in irgend einer Richtung schaffen können nur sogenannte grosse, in gewisser Richtung massgebende Leute: entweder grosse Konsumenten oder grosse Produzenten (hierzu auch Händler gerechnet). Nehmen wir als einfaches Beispiel die Mode mit Edelsteinen und Perlen. Hier wirken vor allem reiche, weibliche Schönheiten, welche grosse Einkäufe machen; diese kaufen natürlich, was ihnen gut steht, und wenn einige reiche Konsumentinnen ähnliche Erscheinung haben, also gewisse Steine als ihnen gut stehend brauchen, so ist auch die Mode fertig. Also: Saphiere werden wegen ihrer blauen Farbe von Blondinen getragen, grüne Smaragde stehen Brünetten besser, reiche grosse Perlenschnüre können nur Frauen mit schöner Büste tragen: eine magere sieht damit noch knochiger aus, und rote Korallen suchen gut oder zu gut Gefärbte, weil ihre rote Gesichtsfarbe durch die noch röteren Korallen gemildert aussieht. Sind nun einige Saisonen lang die reichen, kaufenden Frauen Blondinen, so steigen die Saphiere im Wert; sind die wichtigsten Konsumentinnen brünett, so steigen die Smaragde, und reiche Frauen mit vollen Büsten treiben die Perlen in die Höhe. Unsere Zeit ist endlich sehr anämisch, fast niemand braucht Dämpfung allzugesunder Gesichtsfarbe, folglich sind die schönsten Korallen seit längerem ohne Wert.

Ebenso wirken aber die Händler, nur thun die es nicht wegen ihrer Schönheit, sondern wegen ihres Geldbeutels; hat ein Händler ein grosses Lager von Rubinen zusammengebracht, so weiss er den Frauen klar zu machen, dass ihnen diese besonders gut stehen, und die Rubine steigen. Und als die herrlichen ungarischen Opale, die eigentlich einzigen, speziell europäischen Edelsteine, anfingen allen orientalischen Steinen gefährliche Konkurrenz zu machen, so haben geschickte Leute es verstanden durch besondere Manöver den Opal als »Unglücksstein« zu verschreien; versuche es einer, heute einer Braut den schönsten Opal zu schenken! er ist »ausser Mode« und ohne Wert.

Ganz ähnliches Auf- und Absteigen ist auch bei anderen Raritäten massgebend. Welchen Wert hatten antike Gemmen zu Göthes Zeit und antike Statuen oder nur Statuenteile um die Mitte des 19. Jahrhunderts; dann kam die Renaissance durch fast drei Jahrzehnte dran, wurde kurz durch Empire abgelöst und nun ist Secession mode. Zimmereinrichtungen »echt altdeutsch«, die vor kurzem Tausende wert waren, kosten heute kaum den zehnten Teil. Ebenso geht es mit Bildern, Kunstblättern, Büchern, Waffen, Einbänden und tausend ähnlichen Dingen des Sammelns, und handelt es sich um Bewertungen im Strafverfahren, so will das berücksichtigt werden. Auch hiervon weiss aber der Gelehrte, der das Stück mit unfehlbarem Wissen richtig bestimmt, nichts, und der Händler will es nicht wissen, weil seine Lagerware leiden würde, wenn er ihre Natur gering bewertet oder anderes, was er nicht vorrätig hat, hoch schätzt. Auch hier sind nur wieder die zuerst genannten ganz grossen Institute und Häuser massgebend, und der Strafrichter muss sich vorerst darüber klar sein, ob gerade in seiner Frage die Mode einspielt.

7. Kunst- und wissenschaftlicher Wert stellt im allgemeinen die höchsten Summen, aber auch die höchsten Schwierigkeiten dar. Bei hierher gehörigen Gegenständen ist vor allem zweifellose Sicherstellung der Identität (Ölbild von Murillo, Holzschnitt von Dürer, echte Tanagrafigur, echte gallische Münze u. s. w.) und Angabe des Wertes durch massgebende Faktoren notwendig. Aber hiermit ist noch nicht alles gethan, da es sich namentlich bezüglich der Imputationsfrage um Scheidungen und bezüglich der Fälschungsfrage um Feststellungen, die noch andere Sachverständige vornehmen werden müssen, handelt. Bezüglich der ersten Frage

dreht es sich z. B. bei trügerischen Ankäufen darum, was der Verkäufer wissen musste, wie der ganze Vorgang usancemässig aufzufassen ist, und wie die Täuschungsmittel zur Zeit des Handels gewirkt haben müssen.

Bezüglich der zweiten Frage handelt es sich aber um die Heranziehung richtiger weiterer Sachverständiger; so wird z. B. bei Beseitigung der Unterschrift auf einem Kunstblatt die Heranziehung des Mikroskopikers und Photographen, bei künstlichen Ergänzungen die des Chemikers und Physikers, unter Umständen die von Papierfabrikanten, Keramikern, Goldschmieden, Bildhauern etc. unerlässlich sein. Natürlich: die Verwendung des eigentlichen Kunstgelehrten muss allen anderen vorangehen.

Besondere Schwierigkeiten ergeben sich allerdings, wenn es sich um wissenschaftliche Wertsachen, um, mit Stenglein [116]) zu sprechen, Moabiter Topfscherben und ähnliches handelt, wenn also z. B. derlei Dinge gefälscht wurden, oder wenn man sie an einem Orte finden liess, wo dieser Fundort erst den Wert ausmachte, wohin man sie aber fälschend gebracht hatte. Die »Mitschuld des Beschädigten«, von der man öfter sprechen wollte, kann hier insofern eine grosse Rolle spielen, als häufig von Vorliegen von List, von Vorspiegelung etc. nicht die Rede sein kann. Allerdings sieht die Täuschung nach ihrer mehr oder minder zufälligen Entdeckung ganz anders aus als vor derselben, und der zugezogene Sachverständige hat leicht darüber lachen, wie sich der Kollege täuschen lassen mochte. Gerade hier hat wieder der Jurist einzusetzen und den Sachverhalt darauf zurückzuführen, wie er sich zur Zeit der Täuschung gestaltet hat.

8. Liebhaberwert. Hier beginnen allerdings Grenzgebiete, auf welchen mitunter die von den Fachleuten behaupteten Werte für den Kriminalisten recht zweifelhaft zu werden pflegen. Kein Fall ist diesfalls belehrender, als der von Dennstedt [117]) erzählte. Die Hamburger $1\frac{1}{4}$ Schillingmarke ist ihrer Natur nach lila und kostet in diesem Zustande 40 Pfennig bis 2 Mark. Sie kommt aber auch grau, grünlich, bläulich und rein blau vor; alle Fär-

---

[116]) s. Anm. [102]).

[117]) M. Dennstedt, »Aus der Praxis des Gerichtschemikers«. Im I. Bd. p. 26 des »Archiv für Kriminalanthropologie und Kriminalistik«. Herausgegeben von H. Gross. Leipzig, F. C. W. Vogel.

bungen sind verschieden taxiert, die teuerste ist die reinblaue, die bis 15 Mark kostet. Als nun einmal zugleich mehrere reinblaue auf den Markt kamen, wurde Fälschung vermutet und nachgeforscht. Man stellte vor allem fest, dass diese Briefmarke (vom 1. März 1864) infolge der damaligen politischen Verhältnisse (dänischer Krieg) plötzlich in grosser Menge gebraucht wurde, weshalb die Herstellung auch bei Nacht geschah. Unglücklicher Weise hatte man eine Mischfarbe (lila) gewählt, die aus Karmin und einem schmutzigen Berlinerblau hergestellt wurde. Je nachdem die Arbeiter mischten und je nachdem gerade die Beleuchtung war, entstanden die verschiedensten Farben, nie aber Marken mit reinem Blau, die so kostbar wurden. Wenn man aber eine der billigen Lilamarken mit Chlorkalklösung überstreicht, so schwindet das Karmin, das Blau wird oxydiert und wenn man die Marke sofort gut wäscht, so ist sie reinblau und teuer. Aber es geht noch einfacher: lässt man eine billige Lilamarke einige Wochen in der Sonne bei Luftzutritt liegen, so wird ganz von selbst eine teuere reinblaue Marke daraus.

Fragen wir nun, ob Betrug vorliegt, wenn einer eine Lilamarke mit Chlorwasser behandelt oder in der Sonne liegen lässt und dann beim Verkaufe etwa 12 Mark pro Stück gewinnt, so sagen wir mit Dennstedt: im ersten Falle ja, im zweiten nein.

Fassen wir die Preise, die für Briefmarken und ähnliche Sammelwerte etwas dubioser Natur bezahlt werden, näher ins Auge, so werden wir einerseits zugeben, dass dieselben oft recht problematisch und namentlich nicht im Wesen der Objekte gelegen sind, anderseits aber, dass die Entstehung der Werte und ihre Berechtigung uns, vom strafrechtlichen Standpunkte aus, nichts angehen; uns kann und darf nur interessieren, ob die Preise bestehen. Wollten wir dies nicht zugeben, so hätte dann unser diesfälliger Einspruch überhaupt keine Grenze mehr, und wir dürften es nicht zugeben, wenn ein Brillant wegen eines kleinen Fleckchens im Innern oder wegen schwachgelblicher Färbung viel niedriger geschätzt würde, als ein ganz reiner; er ist ja gerade so gut. Ebenso müssten wir es für Narrheit erklären, wenn gewisse ganz seltene Platinmetalle, die gerade aussehen wie Platin und nur gewisse andere Eigenschaften besitzen, vielleicht 500 mal so hoch bewertet werden wie Platin. Das sei Narrheit könnte der Richter sagen. Aber der Preis wird bezahlt, folglich existiert er und kann nicht bestritten werden. Freilich muss ich mit meinem Palladium oder Ruthenium oder wie diese kostbaren Platinoide heissen mögen, im Verkaufsfalle zum richtigen Mann gehen; aber den richtigen Markt muss ich bei jedem Verkaufe aufsuchen. Ein kostbares Bild darf ich nicht dem Bauern und einen schönen Zuchtstier nicht der Salondame anbieten. Gerade so ist es mit der kuriosen Briefmarke auch; habe ich eine solche und ich bekomme, allerdings nur bei den betreffenden Liebhabern, jedesmal einen, wenn auch noch so verrückten Preis, so existiert er und ist strafrechtlich zu berücksichtigen. Wird also eine Lilamarke, um auf unseren Fall zurückzukommen, absichtlich chemisch in eine blaue verwandelt und als teure verkauft, so liegt Täuschung vor, es fehlt kein Deliktsmerkmal des Betruges und der Vorgang ist strafbar. Ganz anders, wenn die Marke bloss in der Sonne lag und da rein blau wurde. Rein blaue Marken dieser Art hat es von Haus aus, wie oben dargestellt, nie gegeben, solche wurden nicht erzeugt; wenn solche aber existierten, so können sie nur durch Zufall entstanden sein, indem sie eben zufällig wochenlang in der Sonne lagen. Legt aber einer die Marke absichtlich in die Sonne, so ist genau dasselbe geschehen, was früher zufällig geschah, es ist kein Unterschied weder im Wesen noch im Hergange und so liegt auch nichts Strafbares vor.

9. Seltenheitspreis ist ebenso wie der Modepreis ein Accessionswert, der neben anderen, namentlich Kunst-, wissenschaftlichen und Liebhaberwert in Betracht kommt. Selbstverständlich hat er mit dem eigentlichen Wert der Sache nichts zu thun, wenn es auch eine Thatsache in den Erscheinungen ist, dass das Seltene häufig auch zugleich das Bessere ist. Aber auch die Seltenheit allein ist einmal werterhöhend, auch im gewöhnlichen Leben, und wenn z. B. der Haushahn ein höchst seltener Vogel wäre, würden wir sein prächtiges Gefieder, seine stolze Erscheinung, seinen seltsamen Kamm, vielleicht sogar seinen Gesang lebhaft bewundern und ein solches Tier auch teuer bezahlen. Wir können also gegen Seltenheitspreise, die von Sachverständigen im besonderen Falle behauptet werden, nichts einwenden, wenn sie thatsächlich bezahlt werden; aber es ist nicht zu übersehen, dass nichts so sehr wechselt als diese Preise, da sie ebenso oft durch plötzliche Funde schwinden, als auch ebenso plötzlich entstehen, wenn entdeckt wird, dass sich gewisse Objekte durch grosse Seltenheit auszeichnen.

10. Persönlicher Wert kann für unsere Fälle nur ausnahmsweise interessieren; sagen wir, es hätte jemand eine fast vollständige Reihe aller bayerischen Thaler, nur einer fehlt ihm. Wenn ihm dann einer den fehlenden (echt oder falsch) zu stande bringt, so wird er, und sonst vielleicht niemand, einen besonders hohen Preis dafür bezahlen, um seine Thalerreihe vollständig zu sehen.

11. Affektionswert wird in der Regel in anderem Sinne gebraucht und zwar in engerem oder weiterem Sinne dann, wenn eine Sache höher bezahlt wird, als es ihrem unmittelbaren Gebrauchswert entspricht. Fasst man den Begriff aber so auf, so hat er eigentlich gar keine Grenze mehr, und es haben dann nicht bloss Kunstsachen, wissenschaftliche Objekte, Edelsteine und edle Metalle bloss Affektionswert, sondern überhaupt alle Dinge, die nicht den notwendigsten Bedürfnissen entsprechen. So hätten dann auch z. B. meine Kleider hauptsächlich Affektionswert, denn ich könnte auch mit einem Tierfell meine Blössen bedecken.

Es ist also sicher entsprechender, wenn man den Begriff Affektionswert darauf beschränkt, was der Name besagt: ein Wert, der für den einzelnen zwar sehr hoch sein kann, der aber gar keinen Markt hat und daher im Verkehr nicht besteht.

---

8. Raritätenbetrug und Betrug im allgemeinen.

Wenn behauptet werden will, dass einerseits sehr bedeutende Interessen durch den Raritätenbetrug geschädigt werden, und dass anderseits zum Schutze derselben besondere Fassung der betreffenden Gesetzesstelle nötig ist, so muss vorerst die Entwicklung der fraglichen Begriffe näher angesehen werden.

Wir haben davon auszugehen, »dass die Deliktarten des heutigen Strafrechts nicht nach theoretischen Gesichtspunkten aufgestellt und abgegrenzt sondern vom Gesetzgeber meist so rezipiert und formuliert sind, wie sie sich in der historischen Entwicklung ausgebildet oder fixiert haben, oder, wie sie sich in der Wirklichkeit zu ereignen respektive zusammenzufinden pflegen« (Löning)[118]. Und wenn es sich ergiebt, dass theoretische Gesichtspunkte, die eine Weile leitend gewesen sind, zu den Bedürfnissen des Handels und Verkehrs nicht mehr passen, so darf nicht gezögert werden, die Frage einer Revision zu unterziehen.

Vergleichen wir Verbrechensdefinitionen, wie sie z. B. Finger[119] (p. 155 Anm.) zusammenstellt, mit der von Stenglein[120] dargelegten Entstehung des § 241 Preuss. bezw. 263 R.St.G., so müssen wir zugeben, dass mindestens zur Zeit der Schaffung der erstgenannten Gesetzesstelle, vielleicht auch noch bei der des zweiten Paragraphen, eine zwingende Notwendigkeit, Raritätenbetrug besonders zu schützen, nicht bestanden haben mag. Aber die Zeiten sind andere geworden, die Bedürfnisse haben sich geändert, diese haben neue Deliktsformen zutage gefördert und so wird auch das Bedürfnis nach Schutz ein anderes.

Schopenhauer[121] meint, man solle bei den Fragen nach Recht nicht »die weitesten, folglich hohlsten Begriffe künstlich aneinanderreihen« sondern »die Realität ins Auge fassen und die Dinge und Verhältnisse, aus denen je ne Begriffe abstrahiert sind leibhaftig anschauen.« Schauen wir aber die, uns hier interessierenden Verhältnisse leibhaftig an, so gewahren wir, dass es sich geradeaus um sehr grosse Summen und um noch wichtigere Schädigungen von Wissenschaft und Kunst handelt; ist das aber der Fall, so sind wir auch dort, wo Lenz[122] im Verbrechen »eine Verletzung oder Gefährdung von Lebensinteressen der Gemeinschaft« findet: grosse Summen, Schädigung von Kunst und Wissenschaft und, nicht zum mindesten, Gelegenheit und Aneiferung für viele, sich auf Kosten der anderen in unehrlicher Weise reich-

---

118) Richard Löning, »Grundriss zu Vorlesungen über deutsches Strafrecht«. 1885.

119) s. Anm. 1).

120) Gerichtssaal, Bd. XLIII, p. 345.

121) A. v. Schopenhauer, »Parerga und Paralipomena«. Cap. IX.

122) Dr. A. Lenz, »Die Fälschungsverbrechen in dogmatischer und rechtsvergleichender Darstellung«. I. Bd., »Die Urkundenfälschung«. Stuttgart, Enke. 1897.

lichsten Gewinn zu verschaffen; gerade das letztere appelliert an »die Schutzanstalt für Menschen«, als was Finger [123]) das Recht in gewissem Sinne ansieht; wo wir dieselbe aber für unsere Fälle anrufen sollen, das macht uns natürlich immer an jenem gewissen einen Punkte Schwierigkeiten, wo jedes Delikt charakteristisch an das gerade noch straflose Vorgehen anstösst. Kein Delikt grenzt in seinem ganzen Umfange an straflose Thätigkeit, stets giebt es nur eine bestimmte Ausbruchsstelle, wo der Übergang weitergeht; so bei Ehrenbeleidigung: scharfe, aber noch erlaubte Kritik, bei Tötung: erlaubte Notwehr, bei Veruntreuung: Retentionsrecht u. s. w.; für unsere Fälle des Raritätenbetruges finden wir die Ausflussstelle im Momente der Spekulation, der für alles vorwärtskommen im Handel und Wandel so wichtigen Thätigkeit. »Das egoistische Moment in der Spekulation ist nach unserer Kulturanschauung nicht unsittlich; denn nicht jeder Egoismus fällt in die Sphäre des bösen. Unrichtig und verkehrt ist es, im Egoismus die Quelle der Sittlichkeit zu finden. Aber der Egoismus ist notwendig, um die Menschheit dem Höchsten zuzuführen, durch die höchste Entfaltung der individuellen Kräfte« (Kohler [124]). Damit ist jener gesunde Egoismus gemeint, der allein vorwärts bringt, die einzige Triebfeder im Menschen, auf die man sich immer und unter allen Umständen verlassen kann, für den wir aber nie bestimmte Grenzen finden können, weil sie nach den äusseren Verhältnissen in jedem Augenblick wechseln. Es kann eine Zeit kommen, in der man es gesunden Egoismus nennt, wenn jeder nimmt, was er braucht und totschlägt, was ihm im Wege steht, und diese Auffassung ist von der heutigen nur dem Grade nach, nicht im Wesen verschieden. In gewissem Sinne ist auch eine solche Verschiedenheit in der Auffassung heute schon vorhanden; was »gesunder Egoismus« und »verweichlichtes, kränkliches Empfinden« ist, das wird auch jetzt schon sehr verschieden bestimmt: der eine meint, gerade der von Natur aus Benachteiligte, der Dumme, braucht besonderen gesetzlichen Schutz, das Ausarten des übervorteilenden Egoismus müsse eingeschränkt werden. Der andere will freie Bahn für wirtschaftliche Entwicklung; die Welt

---

[123]) s. Anm. [1]).

[124]) J. Kohler, »Treue und Glauben im Verkehr«. Ein Beitrag zur Lehre vom strafbaren Betruge. Berlin, Heymann. 1893.

und ihre Güter gehören den Klügeren, wer sich nicht behaupten kann, ist ein Schädling: »*crepa, se non puo viver*«. Und zwischen diesen äussersten Anschauungen giebt es unzählige vermittelnde, die nach der einen oder anderen Richtung Übergewicht verlangen und ängstliche Umfrage halten: »Was ist Betrug? Wo hört erlaubter Egoismus, notwendige Spekulationsfreiheit auf und wo fängt der strafbare Betrug an?« Helfen kann allein ein vorsichtiges Erwägen der augenblicklichen Bedürfnisse und ein unbefangenes Erfassen des Betrugsbegriffes, ohne Vereinigung beider Momente wird die Frage stets verfehlt, namentlich, wenn es sich um die Beurteilung von Verhältnissen handelt, die uns zeitlich oder örtlich ferne liegen. So genügte es z. B., wenn die *lex Cornelia* bloss Testaments- und Münzfälschungen bedrohte, während alle anderen Strafdrohungen erst später nach Bedarf *per analogiam* angefügt wurden. Was z. B. das englische Recht juridisch abgegrenzt unter Betrug versteht, wird erst durch das Korrigens gemildert und brauchbar, welches die Geschworenen eintreten lassen, die eben von Fall zu Fall, den Bedürfnissen entsprechend, neues Recht gestalten (vgl. Schlesinger[125]) und die von ihm hierüber zit. engl. Litteratur). Die Gesetzgebung selbst scheint den grössten Wert auf das Vorhandensein von »*false prentence*« zu legen i. e. Vorschiebung von falschen Thatsachen, was allerdings den Geschworenen sehr weiten Spielraum schafft. Das alte italienische Gesetz (art. 626) steht auf dem Boden des französischen art. 405; das neue (art. 413) hat durch seine Fassung »*Chiunque, con artifizii o raggiri atti a ingannare o a sorprendere l'altrui buona fede, inducendo l'alcuno in errore procura a sè o ad altri un ingiusto profitto con altrui danno, è punito*« viele Schwierigkeiten geschaffen.

Charakteristisch ist es auch, wie man früher in der Auffassung des Betruges durch gewisse Betonungen doch auf das Wandelbare im Betruge hinweisen wollte; dies that namentlich Cucumus[126]), der die Gefährlichkeit der angewendeten Täuschungsmittel hervorhebt und schon früher[127]) die Definition gegeben hat: »Betrug

---

[125]) s. Anm. [90]).

[126]) Cucumus, »Von dem Unterschiede zwischen Fälschung und Betrug«. N. Archiv des Kriminalrechts, X. Bd., 513. (Halle 1829.)

[127]) Conrad Cucumus, »Über das Verbrechen des Betruges als

ist die durch äusserlich existierende falsche Gründe dem Erkenntnisvermögen einer Person dolos angethane Gewalt, welche, wenn ihre Wirkung nicht unterdrückt wird, eine Verletzung der Rechtssphäre hervorbringt.«

Die eigentliche Fixierung des Betrugsbegriffes, die man fast eine Erstarrung desselben nennen darf, rührt bekanntlich von Merkel her und so sehr seine Verdienste um die Klarstellung der hier wichtigsten Fragen unvergängliche sind, so sehr ist es nicht zu leugnen, dass durch ihn, durch die unverrückbare Aufnahme des vermögensrechtlichen Momentes, die Anpassung der neugeschaffenen Auffassung für geänderte Verhältnisse wesentlich erschwert wurde. Merkel [128]) giebt die beste Geschichte der gemeinrechtlichen Lehre vom Betruge und erklärt, die Schwierigkeiten bei der Behandlung der Frage vom Betruge seien:

»1. Die verhältnismässig spätere Entwicklung des Verbrechens überhaupt.

2. Die Formen der Verübung des Betruges, die für die Ausbildung des Thatbestandes viel schwieriger sind, als bei anderen Eigentumsdelikten. — Dies liegt in der Mannigfaltigkeit der Formen und darin, dass diese charakteristischen Formen des Betruges auch bei den Begehungsweisen vieler anderer Rechtsverletzungen vorkommen.«

Allerdings wären gerade diese zwei, so überaus wichtigen und für den Betrug so bezeichnenden Momente eine Mahnung gewesen, einer allzuscharfen Abgrenzung erst recht aus dem Wege zu gehen und der Freiheit der Auffassung Raum zu gewähren. Wenn Merkel vorerst hervorhebt, dass sich der Betrug verhältnismässig spät entwickelt habe, so heisst dies nichts anderes, als dass er nicht einfachsten Lebensverhältnissen entspräche, wie etwa Raub, Mord, Totschlag, Körperbeschädigung, Brandlegung, sondern kompliziertere Bedingungen zu seinem Bestehen voraussetze: dies allein zeugt aber schon von einer erheblichen Wandelbarkeit, da sich doch die Lebensverhältnisse der Menschen immer mehr vervielfältigen und zusammengesetzter gestalten; sind diese Momente aber so beweglich, so muss sich auch in der Entwicklung des

---

Beytrag für Criminalgesetzgebung«. Ein Programm. Würzburg, Nitribit. 1820.

128) s. Anm. 53).

Betruges grössere Veränderung wahrnehmen lassen, und er passt nicht für engere wissenschaftliche und gesetzliche Fassung.

Ganz zu denselben Ergebnissen führt das zweite, von Merkel angeführte Kennzeichen des Betruges, die Vielgestaltigkeit des Verbrechens. Erscheint ein Verbrechen stets und von jeher immer in einer einzigen oder in wenigen ausgeprägten Formen, so ist auch nicht anzunehmen, dass es in kommender Zeit wesentlich andere Erscheinung darbieten werde. Weiss man aber, dass es schon jetzt sich durch Mannigfaltigkeit der Form auszeichnet, dass sich die Zahl der Formen in rechtlich-historischer Zeit, gewissermassen vor unseren Augen zählbar vermehrt hat, dann ist die Annahme zwingend, dass dies in der nächsten Zeit nicht zum Stillstand gelangen, dass sich die Mannigfaltigkeit der Formen noch weiter vermehren werde. Umsomehr tritt aber die Notwendigkeit hervor, auch dieser Erweiterung zu gedenken, und in der Begriffsfassung die Einreihung neuer Formen zu ermöglichen.

Der Schlusssatz Merkels: »Die charakteristischen Formen des Betruges kommen auch bei den Begehungsweisen vieler anderer Rechtsverletzungen vor« giebt in anderer Weise zu denken. Wenn dies richtig ist, — und unsere Gesetzbücher beweisen die Richtigkeit — so ist ein Fehler in der Systematik begangen worden. Systematik ist aber nichts selbständiges, sie ist nur eine Kunst das wissenschaftlich Gebotene zu ordnen, sie bedingt das Bestehen der Phänomenologie, und wenn mit Recht behauptet wird, dass die »charakteristischen« Formen des Betruges auch bei anderen Rechtsverletzungen vorkommen, so liegt hier offener Widerspruch und Fehler vor — Widerspruch, weil etwas Charakterisierendes, Differenzierendes, nicht auch bei etwas anderen vorkommen kann, Fehler, weil dann, wenn die Systematik verwirrt auftritt, ein Irrtum in der Phänomenologie begangen worden sein muss. Denn, wenn Erscheinungen zusammengefasst werden, die nichts gemeinsames haben, und wenn wieder solche abgesondert behandelt werden, die Charakteristisches, also Zusammenschiebendes, gemeinsam haben, dann ist in der Phänomenologie des Deliktes etwas nicht in Ordnung. Es sei schon hier berührt, dass dieser Fehler in der Auffassung des Begriffes von der Schädigung der *publica fides* gefunden werden dürfte, jenes Momentes, das zwar als Prinzip für die Scheidung von Betrug und Fälschung angerufen, aber nicht konsequent durchgeführt worden ist.

Was aber die Fixierung des vermögensrechtlichen Momentes (auf Seite des Thäters und Beschädigten) anlangt, so ist es bezeichnend, wie dasselbe sich anfangs nur widerwillig in die Auffassungen einfügen liess; so sagt z. B. Merkel [129]) selbst bei Besprechung des »Benehmens« des Thäters hiervon noch garnichts; es heisst: »von dem Requisite des auf Täuschung eines anderen angelegten, wahrheitswidrigen Benehmens:

a) das Verhalten des Betrügers muss aktiv sein;

b) dieses aktive Verhalten muss objektiv als ein auf Irreleitung eines anderen angelegtes erscheinen;

c) das betreffende Verhalten muss sich auch subjektiv als ein auf Täuschung angelegtes darstellen;

d) es ist nicht erforderlich, dass es an sich als ein rechtsverletzendes erscheint.«

Und a. a. O. [130]) nennt Merkel den Betrug: »absichtliche Verletzung fremder Vermögensrechte, wobei der Wille des Berechtigten dem äusseren Scheine nach respektiert wird«. Von den Vermögensvorteilen wird hier ebensowenig gesprochen, wie in etwas späteren Definitionen, so dass z. B. Gryziecki [131]) (allerdings vom öster. StG. ausgehend) auch nur sagt: »Betrug ist die vorsätzliche Verletzung fremder Vermögensrechte durch Täuschung das ist durch Erzeugung, rücksichtlich Bestärkung oder Unterhaltung des Irrtums eines anderen über Thatsachen.«

Erst in letzter Zeit wird die vermögensrechtliche Seite auch in den Erörterungen strenge gefasst und wir finden z. B. bei Liszt [132]): »Betrug ist Vermögensschädigung in Bereicherungsabsicht, herbeigeführt durch arglistige Täuschung.«

---

[129]) s. Anm. [53]). [130]) s. Anm. [58]). [131]) s. Anm. [87]).
[132]) s. Anm. [2]).

9. Krimineller Betrug und civilrechtlich verfolgbare Täuschung.

Dass bei keinem Delikt die Grenze zum bloss civilrechtlich verfolgbaren Unrecht so nahe und fliessend ist, als beim Betrug, hat seinen Grund in der Gelegenheit, bei der Betrug zumeist verübt wird. Diese ist der Handel. Auch beim ehrlichsten Handel will jeder der Handelnden seinen Vorteil wahren, um sich benachteiligen zu lassen handelt niemand; die Mittel, die man anwendet, um nicht übervorteilt zu werden, sind tausendfach, und der Instinkt, den angeblich jeder darüber hat, ob im bestimmten Falle ein bestimmtes Mittel noch angewendet werden darf oder nicht, ist eben so verschieden; was für den einen erlaubter, ja gebotener Egoismus erscheint, gilt dem andern unerlaubt, dem dritten strafbarer Betrug. Nehmen wir als Beispiel aus einem, dem unseren abseitsliegenden Betrugsgebiete eine Stufenleiter der Vorgänge: Gelingt es einem, vor dem Kartenspiele die zu benützenden Karten in die Hand zu bekommen und sie zu markieren, so liegt zweifelloser Betrug vor; drückt er während des Spieles gewissen Karten mit dem Daumennagel Marken auf, an denen er sie später, während desselben Spieles, wieder erkennt, so ist dies nach Ansicht mancher Leute kein strafbarer Betrug, denn »es steht jedem der Spielenden frei, es ebenso zu machen; thut er es nicht, so wahrt er seinen Vorteil nicht«. Hat einer der Mitspielenden ein so gutes Gedächtnis und so scharfen Blick, dass er sich die Muster auf der Rückseite der Karten merkt und so die Valeurs von rückwärts erkennt, so sind die Meinungen darüber, ob er dies ausnützen darf oder nicht, geteilt und wenn einer aber aufpasst und aus dem Gebahren der Mitspielenden und dem sonstigen Vorgange entnimmt, welche Karten da sind und wer sie hat, wenn er hieraus seinen Vorteil zieht, so ist dies »das Wesen des Spieles« und man würde jeden auslachen, der diese Kenntnisse nicht ausnützt.

Dieselbe Reihenfolge und noch viel längere, lassen sich bei jedem Handel, namentlich aber beim Raritätenhandel herstellen, überall sucht doch jeder der beiden Kontrahenten so gut als möglich für seine Person drauszukommen und wendet die erlaubten

Mittel hierzu an. Ein Bischen mehr, und der Betrug, der strafbare Betrug ist fertig. »Das Strafrecht muss auf das Civilrecht zurückgreifen, weil es eine civilrechtliche Handlung zur Strafbarkeit erhoben hat. Man kann sich absolut keinen ausserhalb des Privatrechtes liegenden Betrug konstruieren und es war auch nur die Absicht des Gesetzgebers, die aus strafbaren Voraussetzungen resultierende Vermögensschädigung von rein privatrechtlicher Natur zu treffen« (Schlesinger).[133]) Liegt aber jeder Betrugsfall innerhalb des Privatrechts, dann ist der Unterschied von Kriminal- und Civilunrecht hier bloss im Minus und Plus des Vorganges, nicht im wesentlichen zu suchen und die Unterordnung des speziellen Vorganges unter Betrug oder Nichtbetrug ist Sache der Auffassung, d. h. der durch jeweilige Natur und Kultur gebildeten und geänderten Ansicht. Natur und Kultur wechseln aber rascher als unsere Strafgesetze und so ergiebt sich abermals die Notwendigkeit, die Begriffe von Betrug so weit und den Verhältnissen anpassbar als möglich zu machen. Niemandem fällt es ein, unbestimmte und unfassbare Grenzen zu verlangen, wohl aber sollten bei der Begriffsbestimmung des Betruges ähnliche Grundsätze festgehalten werden, wie sie Berner als vom allgemeinen Teile des österreichischen Strafgesetzes berücksichtigt, lobend hervorgehoben hat.

Es wird zweckmässig sein, vorerst eine Anzahl von Auffassungen zusammenzustellen, wie sie von Verschiedenen auch verschieden gegeben wurden; einen Teil hat schon Merkel[134]) und Friedsam[135]) p. 32 aufgezählt:

Hegel[136]) kennt drei Stufen des Unrechtes: das bürgerliche Unrecht, den Betrug und das Verbrechen — wodurch er offen die Schwierigkeiten einbekennt, die mit der Qualifikation des Betruges verbunden sind.

Abegg[137]) findet die Frage über die Grenze des strafbaren Unrechts nur in historischer Weise lösbar.

---

[133]) s. Anm. [90]).

[134]) Ad. Merkel, »Kriminalistische Abhandlungen«. I. »Zur Lehre von den Grundeinteilungen des Rechts und seiner Rechtsfolgen«. Leipzig 1867.

[135]) s. Anm. [55]).

[136]) Hegel, »Grundlinien der Philosophie des Rechts«. § 82.

[137]) »Lehrbuch des gemeinen Strafrechts.« § 4.

Luden[138]) will erst dann strafen, wenn unvernünftiger Wille zu Grunde liegt.

Köstlin[139]) findet die Strafbarkeit in dem Momente als der Einzelwille seine Einheit mit dem allgemeinen wirklich aufhebt.

John[140]) betont, dass beim civilen Unrecht bloss der Erfolg, nicht der Schaden gewollt wird.

Puchta[141]): civiles Unrecht ist relatives, strafrechtliches aber absolutes Unrecht.

Unger[142]) unterscheidet nach dem Gegenstande der Verletzung und dem Charakter der rechtsverletzenden Handlung.

Geib[143]): »Strafbarkeit beginnt mit der Schuld dessen, von dem es ausgeht«.

Liszt[144]) findet den Unterschied in dem nach Ansicht des Gesetzgebers besonders gefährlichen Angriff.

Binding[145]) sucht den Kern des Delikts in der »Verletzung des Rechts auf Botmässigkeit«.

Berner[146]): »Wo der Civilzwang zur Erhaltung der Rechtsordnung nicht ausreicht, muss die That mit Strafe bedroht werden«.

Janka-Rulf[147]): »Verbrechen ist jenes Unrecht, rücksichtlich dessen das positive Recht die Notwendigkeit der Bestrafung erkennt und dessen Strafbarkeit es demgemäss in Wirklichkeit ausspricht.«

Ihring[148]): Die Lebensbedingungen der Gesellschaft hat das Strafrecht zu wahren.

Hugo Meyer[149]): Es kommt darauf an, jene Handlungen zu strafen, durch welche unmittelbar (persönliche Interessen) oder

---

[138]) Luden, »Handbuch etc.«. p. 18.
[139]) Köstlin, »Neue Revision etc.«. § 3 und »System«. § 2.
[140]) John in Goltdammer, III, p. 632.
[141]) Puchta, »Institutionen«. I, p. 68.
[142]) Unger, »System«. II, § 109.
[143]) Geib, »Lehrbuch des deutschen Strafrechts«, II, p. 175.
[144]) s. Anm. [2]).
[145]) s. Anm. [66]) u. Anm. [71]).
[146]) A. F. Berner, »Lehrbuch des deutschen Strafrechts«. 15. Aufl. Leipzig 1895.
[147]) K. Janka und F. Rulf, »Das österreichische Strafrecht«. Wien, Prag, Leipzig 1894.
[148]) s. Anm. [93]). [149]) s. Anm. [81]).

mittelbar (allgemeine Interessen) öffentliche Interessen in erheblicher Weise verletzt werden.

Hälschner[150]): Betrug ist in allen Fällen strafbar, es giebt keinen von ihm zu unterscheidenden straflosen Betrug, von welchem man bloss redet, wo es eigentlich nur am Beweise der absichtlichen Täuschung fehlt.

Jagemann[151]): So oft von einem Vertrag anzunehmen ist, dass er auch ohne die angewandte List zu stande gekommen wäre, so oft der Betrug nur in Nebenpunkten ausgeübt ist, so oft endlich im Vollzug des Vertrages Täuschung unterlaufen, sollte man nicht von kriminellem Betruge sprechen.

Zimmermann[152]) kommt zu dem Schlusse, dass es keinen Unterschied zwischen dem nur civilrechtlich zu verfolgenden und dem strafbaren Betruge giebt, dass es sich aber empfiehlt, den Betrug in, wenn auch nur scheinbaren Vertragsverhältnissen für ein Antragsvergehen zu erklären.

Glaser[153]) sucht den Unterschied prinzipiell und findet ihn darin, dass das civile Unrecht lediglich die Störung eines Rechtsverhältnisses bedeutet, während das strafbare Unrecht einen rechtswidrigen Zustand schaffe.

Zucker[154]): Auf kriminalistischem Gebiete hat sich das Recht als Widerspruch des Unrechtes entwickelt, erst war das Unrecht und dann trat, zu ihm im Gegensatze, das Recht hervor.

Impallomeni[155]) hat mit mehreren anderen früher die Unterscheidung aufgestellt (und später wieder aufgegeben), nach der beim strafrechtlichen Betruge nur die Täuschung über die Sache und ihr Wesen, nicht über Eigenschaften der Sache in Betracht käme.

Schlesinger[156]): »Für den kriminalistischen Begriff des Schadens kann insbesondere in Rücksicht auf das Betrugsdelikt nur die privatrechtliche Auffassung zu Grunde gelegt werden,

---

150) Hälschner, »Preussisches Strafrecht«. III, p. 371.

151) Jagemann, »Über Fälschung und Betrug«. Archiv des Kriminalrecht, Neue Folge, Jahrg. 46 p. 206.

152) Zimmermann, Gerichtssaal, XXIX, p. 142.

153) Glaser, »Handbuch des Strafprozesses«.

154) Zucker, »Civil und Kriminalunrecht«. Grünhut IX, p. 501.

155) Impallomeni, »*Cod. pen. Italiano*« III, p. 289.

156) s. Anm. 90).

d. h. ein prinzipieller Unterschied, der von verschiedenen Voraussetzungen ausgeht, existiert für die Definition von kriminalistischem und privatrechtlichem Schaden nicht.«

Schütze:[157]) »... der Begriff der strafbaren Betrügerei, die grundsätzlich von der privatrechtlichen überall nicht geschieden werden kann, wird inhaltlich zu allen Zeiten verschieden begrenzt, niemals aber in abstracto scharf begrenzbar sein.«

Nach Herbst[158]) ist infolge »der überaus weiten Begriffsfassung des österreichischen Betrugsbegriffes die Scheidung zwischen strafbarem Betrug und civilrechtlichen Übervorteilungen nirgends so schwierig vorzunehmen, als unter dem österreichischen Strafgesetzbuch«.

Das Suchen nach dem prinzipiellen Unterschiede ist heute wohl aufgegeben; Merkel und Hertz waren da bahnbrechend, die Nichtanerkennung des prinzipiellen Unterschiedes ist heute wohl *communis opinio* (vergl. Finger.[159])

Merkel[160]) sagt: »Man hat im allgemeinen nach den Unterscheidungsmerkmalen zwischen bürgerlichem und strafbarem Unrecht geforscht, ohne sich in betreff des ihnen Gemeinsamen, also der Merkmale des Unrechts ernsthafte Rechenschaft zu geben. Unrecht ist Verneinung des Rechts .... und die vielfachen Irrungen bestehen darin, dass man das Recht mit den Rechtsobjekten, den Zuständen und Interessen, welchen unter Umständen der rechtliche Schutz verheissen ist, und, was damit zusammenhängt, die subjektiven Rechte mit den Gegenständen, auf welche sie sich beziehen, identifizierte. Eigentlich beruht auch die civilrechtliche Verpflichtung auf einer strafrechtlichen, sie wird nur aus gewissen, verschiedenen Gründen nicht bestraft.« Und weiter: »wenn wir das bürgerliche Unrecht dem strafbaren Unrechte gegenüberstellen, so haben wir dabei nicht an eine Einteilung der rechtswidrigen Handlungen zu denken — denn viele Rechtsverletzungen, wie z. B. die meisten Arten doloser Vermögensbeeinträchtigungen qualifizieren sich zugleich als bürger-

[157]) Th. R. Schütze, »Lehrbuch des deutschen Strafrechts«. 2. Aufl. Leipzig 1874.

[158]) Herbst, »Handbuch des allgemeinen österreichischen Strafrechts«. I. Wien 1882.

[159]) s. Anm. [1]).

[160]) s. Anm. [134]).

liches und als strafbares Unrecht —, sondern zunächst an eine Unterscheidung der Rechtsfolgen des Unrechts oder, was auf dasselbe hinaus läuft, an verschiedene Seiten der rechtlichen Verantwortlichkeit, welche sich in rechtswidrigen Handlungen begründen kann. Dieselben qualifizieren sich nämlich als bürgerliches Unrecht, sofern sie nach civilrechtlichen Grundsätzen, als strafbares Unrecht, insofern sie nach strafrechtlichen Grundsätzen verantwortlich machen . . . Bezüglich einiger Rechtsverletzungen ist es streitig, ob mit ihnen neben den civilen auch pönale Rechtsfolgen zu verbinden seien. Dahin gehören mehrere Arten von Betrügereien.«

An diese Darstellungen wäre nur wegen des letzten Punktes noch anzufügen, dass heute wohl kaum jemand daran zweifelt: eine That könne civiliter und criminaliter zu verfolgen sein; vergl. z. B. Heissler.[161]) Wäre eine solche Doppelverfolgung nicht denkbar, so könnte ja auch beim Diebstahl auf eine Strafe verzichtet werden, da doch die *rei vindicatio* vorgekehrt ist.

Was aber den Unterschied zwischen strafbarem Betrug und civilem Unrecht anlangt, so können wir mit voller Sicherheit alle Argumentationen bei seite legen, bei welchen essentielle Unterschiede gesucht werden wollten, wir werden nur bei jenen Befriedigung finden, bei welchen sich auf das positive Gesetz berufen wird, so dass als Betrug momentan zu gelten hat, was im Gesetz als Betrug bezeichnet wird. Was aber vom Gesetze so genannt wird, das kann nur von einem bestimmten Grundsatze abhängen, von dem das Gesetz ausgegangen ist, und als solcher wird heute, nach v. Liszts Vortritt, ziemlich allgemein das Moment der grösseren Gefährlichkeit des Angriffes bezeichnet. Wird dieses Moment festgehalten, so will es aber bedünken, als ob man dasselbe auf seine allgemeine Brauchbarkeit nicht genügend vom kasuistischen Standpunkte aus untersucht hätte.

Greifen wir zuerst wieder auf Beispiele, die nicht unserem hier fraglichem Gebiete angehören, und nehmen wir das oben ge-

---

[161]) Heissler, »Das Civilunrecht und seine Folgen«. 1870.

nannte mit den zwei Spielern vor. Der A markiert während des Spieles mit dem Daumnagel die Valeurs — also Figuren und Ass —, erkennt die Karten an der Marke und gewinnt im Verlaufe des weiteren Spieles beständig. Der B besitzt ausserordentliche Beobachtungsgabe, scharfes Auge und untrügliches Gedächtnis, mit deren Hilfe er sich bald die Muster der Kartenrücken merkt (s. Manteuffel)[162]), er kennt nun die Valeurs ebenso gut, wie A, der mit dem Daumennagel markiert hatte, und gewinnt nun auch beständig. A ist ohne Zweifel Betrüger und wird im Betretungsfalle gestraft; B — sagen wir, er gestünde seine Kunststücke — hat nicht honorig gehandelt, aber es wird kein Mensch strafbaren Betrug annehmen. Allerdings »zieht das Strafrecht den Menschen wegen seines Verhaltens zur Rechenschaft« (Aldosser)[163]), aber gute Augen, gutes Gedächtnis u. s. w. haben und dies benutzen ist kein strafbares Verhalten. Also: A hat strafbaren Betrug begangen, B nicht. Welcher ist aber der Gefährlichere, welcher Angriff ist gefährlicher? Unzweifelhaft der des B. A kann jeden Augenblick ertappt werden und sein Betrug ist an den Marken leicht zu erkennen und zu beweisen. Sobald seinen Mitspielern sein häufiges Gewinnen auffällt, werden sie aufmerken, und da die Karten ja auch in die Hände der anderen gelangen, werden diese die Valeurs ansehen und bald die Marken entdeckt haben. Kurz, ein Falschspieler, der in dieser Art zu betrügen sucht, ist bloss für Anfänger bedenklich, wirklich gefährlich ist er nicht. Wohl aber ist dies bei B der Fall. Sein Kunststück ist kaum zu entdecken, nicht zu beweisen, für ihn untrüglich und ganz ungefährlich in der Anwendung, mit ihm kann kein Mensch spielen ohne in Gefahr zu sein, Geld zu verlieren, und so ist B, dessen Täuschungsart n i c h t strafbar ist, der weitaus Gefährlichere als A, der für sein Vorgehen jeden Augenblick gestraft werden kann.

Ein anderes Beispiel:

A besitzt einen grossen Teil der Aktien einer Kohlengewerkschaft. Ein Bediensteter des Werkes telegraphiert ihm, dass in demselben ein grosser Unfall geschehen sei: alle Schachte sind

[162]) H. v. Manteuffel, »Zur Technik des Betruges beim Glücksspiele«. In Gross' Archiv, IV. Bd. p. 81. (s. Anm. [117]).)

[163]) s. Anm. [5]).

verstürzt oder durch Wassereinbruch ersäuft, oder es sei plötzlich und unerwartet die Kohle ausgegangen, kurz das Werk ist vollkommen wertlos geworden. A, der in der Hauptstadt vorläufig allein von diesem Vorgange Kenntnis hat, verkauft augenblicklich alle Aktien zu dem noch herrschenden hohen Kurs, die Verhältnisse werden bekannt, die Aktien sind wertlos und ihre Käufer sind arg geschädigt.

B besitzt ebenfalls viele Aktien eines grossen Kohlenwerkes. Durch besonderen Scharfsinn und besondere geologische Kenntnisse gelingt es ihm an der Hand von Karten u. s. w. auf seiner Stube auszurechnen, dass die Kohle im fraglichen Werke in allernächster Zeit vollständig zu Ende gehen muss (nicht vielleicht ausgehen könnte). Hiervon weiss niemand sonst etwas, B verkauft seine Aktien u. s. w. *ut supra* bei A.

Qualifizieren wir, so müssen wir sagen: A hat zweifellos strafbar betrogen — B hat klug, vielleicht genial seinen Vorteil zu wahren gewusst, honorig war sein Vorgehen nicht, aber strafbar auch nicht. Wessen Angriff auf fremdes Vermögen war aber gefährlicher? Ebenso zweifellos der des B. A hat einfach den Zufall, dass er mit dem telegraphierenden Bediensteten bekannt war, dass er diesem vielleicht einmal einen Dienst erwiesen hat, oder dass dieser auf spätere Erkenntlichkeit des A rechnet u. s. w. ausgenutzt; er hat eine Kenntnis, zu deren Erwerbung keinerlei Geschicklichkeit gehört, betrügerisch verwertet und sich der grossen Gefahr, dass sein Gebaren bekannt und bestraft wird, ausgesetzt. Gefahr des Thäters und Gefahr der Beschädigten steht aber stets im umgekehrten Verhältnisse: Je grösser die Gefahr ist, in die er sich durch seine That begiebt, um so geringer ist die Gefahr für die anderen, da sich wenige Thäter der erstgenannten Gefahr aussetzen und da die Möglichkeit, dass der Thäter ertappt und bestraft wird, mit derselben wächst. Kurz die Gefahr, dass A den genannten Betrug begehen wird, ist keine sehr grosse. Wohl aber liegt sie bei B vor. Sein Vorgehen ist ganz ungefährlich für ihn; rechnen, kombinieren, Schlüsse ziehen darf jeder und das Erschlossene verwerten darf jeder ebenso. B hat nichts anderes gethan, er lief nie einer Gefahr, wegen Betrug verfolgt zu werden, konnte also ruhig handeln, er ist also subjektiv gefährlich, und da es genug Leute giebt, die richtig die Vorgänge beobachten, daraus Schlüsse ziehen und mit ihnen spekulieren — Beweis das Reichwerden auf der Börse —, so liegt in diesem Vorgehen offen auch eine soziale Gefahr vor. Und um diese handelt es sich hier. Nicht ob der B subjektiv ein gefährlicheres Individuum ist, als der A, sondern ob Vorgänge, wie sie B beliebte, sozial gefährlicher sind als die des A, wird gefragt, nicht allein, ob der einzelne Vorgang bedenklicher ist, sondern ob die Vorgänge ihrer Zahl nach, nach der Art der Betroffenen, nach ihrer Wirkung u. s. w. gefährlicher sind, ist hier zu untersuchen: und überall muss geantwortet werden: B ist gefährlicher als A, dieser hat aber strafbaren Betrug verübt, B nicht.

Nun noch ein Beispiel aus den uns hier interessierenden Fällen.

A, Händler in Kunstsachen, hat von einem Kunstfreund den Auftrag, einen echten Palma zu beschaffen. Er lässt durch einen jungen, geschickten Maler einen echten Palma kopieren, derselbe wird künstlich alt gemacht, das Handzeichen darauf gemalt, ein passender Rahmen wird auch gefälscht und nun das ganze Erzeugnis dem Auftraggeber um einen Preis verkauft, um den man allerdings einen echten Palma nicht zu kriegen pflegt, der aber immerhin das 10fache von der Summe ausmacht, die A seinem Maler bezahlt hat. Dass dies Betrug ist, wird nicht bezweifelt werden.

Der bekannte reiche Sammler X, der eine Menge hochwertvoller Bilder, darunter viele alte Italiener besitzt, stirbt, seine Sammlung wird zum Teile verkauft und der Händler B erwirbt um verhältnismässig geringe Summe ein Bild, das unter den Bekannten des X allgemein als echter Palma bekannt war. B weiss aber aus einer Andeutung des verstorbenen X, dass das Bild nur eine gute Kopie ist. Wer das Bild bei B sieht, hört von ihm, er habe es aus dem Verlasse des X gekauft, was weiter mit demselben sei, wisse er nicht, er verstehe sich eigentlich nur auf Moderne, nicht aber auf alte Italiener. Dabei weiss er von dem Bilde viel reden zu machen, namentlich dadurch, dass er eine Riesensumme dafür verlangt. Zu dieser Zeit verkauft B dem bekannten Kunstkritiker Y um sehr billiges Geld ein wirklich gutes Bild, dem vielvermögenden Kunstschriftsteller Z erweist er eine andere Gefälligkeit, ladet eine Zahl von »Kennern«, deren Urteil er »auf das höchste schätzt«, zur Besichtigung seines von X gekauften »Bildes« ein, von dem er »durchaus nicht weiss, ob es ein echter Palma ist«, für das er bloss wegen seiner grossen Schönheit jene Riesensumme verlangt; der Kunstkritiker, der Schriftsteller und die Kenner thun ihre Schuldigkeit und erzählen von dem »herrlichen, echten Palma«, alle Welt redet davon und schliesslich bekommt B die verlangte enorme Summe für das — falsche Bild.

Wer kann behaupten, dass dies strafbarer Betrug ist? B hat stets versichert, er weiss von dem Bilde nichts, er versteht nichts von alten Italienern, das Bild sei nur sehr schön, das kenne er, und aus der berühmten Sammlung von X sei es auch. All das ist wahr und richtig. Dass er an Y ein Bild billig verkaufte, dass er gegen Z gefällig war, dass er den »Kennern« Artigkeiten sagte — das ist alles weder verboten noch strafbar, nirgends sind die Deliktsmerkmale des Betruges wahrzunehmen, Betrug liegt nicht vor. Selbst das von Janka [164]) geforderte Requisit: dass die den Betrug begrifflich charakterisierenden Momente ineinandergreifen müssen, lässt sich behaupten, wir werden vielleicht sagen: im Sinne des Laien wurde betrügerisch vorgegangen, aber bis zum strafrechtlichen Betruge gelangte der Angriff nicht.

Wer ist aber der Gefährlichere? Sicherlich wieder der B. Im ersten Falle hat A nach herkömmlichem Rezepte ein Bild fälschen lassen, und der Käufer hätte vielleicht ohne Schwierigkeiten erfahren können, dass das Original des Bildes sicher im Palazzo des Principe N. in Florenz hängt; eine sorgfältige Untersuchung des Bildes hätte gezeigt, dass das Monogramm nicht richtig ist, und schon die verhältnismässig geringe Kaufsumme hätte den Mann aufmerksam machen sollen, dass das Bild nicht echt sein kann — kurz, der ganze Vorgang war strafbarer Betrug, aber verhältnismässig war die Gefährlichkeit des Vorganges keine grosse, eine öffentliche Sammlung wäre nicht irregeführt worden und so kann bei diesem, ziemlich alltäglichen Vorgange im Vergleiche zur Handlung des B von einer sozialen Gefahr nicht gesprochen werden.

Ungleich gefährlicher ist das Vorgehen des B. Er hat sich nicht in die mindeste Gefahr versetzt, er hat keine einzige unwahre Behauptung aufgestellt, er hat keine einzige unerlaubte Detailhandlung verübt, niemand kann ihm etwas Unrichtiges nachweisen, er hat nur die ungeheure Summe eingestrichen, die man

---

[164]) s. Anm. [147]).

ihm gab, und er hat die unrichtigen Vorstellungen, die durch sein an sich unstrafbares und nur unhonoriges Benehmen wachgerufen wurden, für sich ausgenutzt. Die eminente Gefahr eines solchen Angriffes ist offensichtlich: das raffinierte Vorgehen lässt sich leicht variieren, nutzt sich also nicht ab; der Mann gefährdet sich nicht, riskiert nichts, kann dasselbe Manöver also beliebig wiederholen; es ist keineswegs auf Dummheit berechnet, es können also nicht leicht dagegen Vorsichten angewendet werden, auch die bestgeleiteten öffentlichen Institute können durch solches Gebahren irregeführt und betrogen werden, kurz: derartige Täuschungen bedeuten geradezu eine soziale Gefahr, sie sind viel bedenklicher als die erstgenannte plumpe Betrügerei, und doch ist die letztere, die des A, strafbar, und die gefährlichere: die des B, nicht.

Fassen wir die Ergebnisse der drei angeführten Beispiele zusammen, so finden wir, dass stets das viel weniger gefährliche Vorgehen des A strafbaren Betrug darstellt, während das gefährlichere Auftreten des B straflos bleiben muss. Gegen die Aufstellung wird mehreres eingewendet werden. Vor allem wird man sagen, es sei Gefährlichkeit mit Beweisbarkeit verwechselt worden, der Thatbestand des Betruges sei jedesmal bei A und bei B vorhanden, das Vorgehen des A sei nur jedesmal mehr objektivisiert und daher nachweisbar, bei B aber weniger vortretend und daher nicht darzuthun; die Frage der Gefahr, das Vergleichen der einen Gefahr mit der anderen könne erst dann in Betracht kommen, wenn der Betrug in beiden Fällen nachgewiesen sei. Dagegen wäre lediglich zu sagen, die Beweisfrage kann in allen drei Fällen ausgeschieden werden, weil sich gar nichts am juristischen Thatbestande ändert, wenn wir annehmen, dass B vollkommen gesteht; wenn der Kartenspieler zugiebt, er erkenne die Karten von rückwärts durch sein Gedächtnis, seinen Scharfblick — wenn der Spekulant zugiebt, er habe die eintretende Wertlosigkeit der Gruben berechnet — wenn der Händler sagt: »ja, so habe ich kalkuliert« — kann man einen von ihnen ob Betrug verantwortlich machen? Vielleicht brüsten sich alle drei B mit ihrer Geschicklichkeit und verlachen ihre ungeschickteren Kompaziszenten und doch kann sie niemand strafen.

Ein zweiter Einwand: das Vorgehen des B sei nur unmoralisch, aber nicht juridisch zu behandeln, wäre eine *petitio principii*, denn es handelt sich ja eben um die Frage: wann ein Begriff in den Bereich des strafbaren Betruges aus dem des nicht strafbaren Unrechtes heraustritt, zu letzterem gehört aber eben auch das bloss Unmoralische.

Formell könnte noch eingewendet werden, die drei angeführten Beispiele seien nur besonders ausgesuchte, bei welchen zufällig das Nichtstrafbare gefährlicher sei als das Strafbare. Den Gegenbeweis, dass dies nicht der Fall ist, kann sich jeder selber führen, indem er irgend ein ganz beliebiges Beispiel von wirklichem Betrug herausgreift und dazu einen parallel laufenden Angriff konstruiert, der viel gefährlicher und doch nicht strafbar ist. Es geht bei absolut jedem Beispiel.

Dass der B in jedem der einzelnen Fälle nicht als der gerade hier Gefährlichere als der A erscheint, sondern dass seine That die sozial gefährlichere ist, um was es sich gerade handelt, wurde bereits ausgeführt.

Vielleicht liegt die Erklärung dieses Widerspruches lediglich darin, dass die drei B nur deshalb nicht strafbar erscheinen, weil ihrem Thun kein greifbares Thun zu Grunde liegt. Bei den drei A liegt im ersten Falle die markierte Karte, im zweiten die telegraphische Mitteilung, im dritten das gefälschte Bild als greifbares Substrat vor — während bei den drei B der strafbar erscheinende Vorgang eigentlich mehr in einer Reihe von Erwägungen liegt, die kein verkörpertes Substrat darstellen. Die Gefährlichkeit kann aber als Komparativum selbstverständlich erst in Betracht kommen, wenn sonst der Thatbestand der zwei zu vergleichenden Delikte vollständig vorhanden ist.

Endgültig befriedigt diese Erklärung aber auch nicht, da wir das Moment der Gefährlichkeit ja auch dann heranziehen wollen, wenn es sich überhaupt darum handelt, ob ein Vorgang als strafbar erscheinen soll; hierbei ist es aber noch gar nicht massgebend, ob wissenschaftlich bestimmter Thatbestand vorliegt.

10. Betrug und Fälschung.

Das Bestehen einer gesetzlichen Auffassung einer Rechtsfrage bedeutet eine Art von Besitz für dieselbe, es wird, wenigstens in der ersten Zeit ihres Bestehens an ihr nicht gerüttelt, wenn auch der Bestand kein besonders langer und das Zustandekommen der betreffenden Gesetzesstelle kein ganz selbstverständliches gewesen ist. Eine solche Frage wäre die nach der Scheidung von Betrug und Fälschung, wie sie im Deutschen Reichsstrafgesetzbuch enthalten ist, welche aber mit Rücksicht auf vielfach geänderte Verhältnisse doch wieder vorgenommen werden darf. Es wird niemand behaupten, dass man auf die, zu keiner Zeit passenden und glücklichen Bestimmungen des österreichischen Gesetzes greifen soll; der Zirkel, in dem sich dasselbe rettungslos herumbewegen muss, besteht, wie schon Herbst [165]) hervorgehoben hat, darin, dass es einerseits den Begriff des Betruges so überaus weit fassen muss, damit alle möglichen Delikte darin Platz finden, und dass es anderseits so viele Delikte hineinbringen musste, um wieder den Begriff auszufüllen. Aber wenn wir auch endlich aus diesem Zirkel herauskommen wollen, so ist der vom Deutschen Reichsstrafgesetzbuch gewiesene Weg nicht der einzige, den man gehen kann. Die Fassung desselben in den hier fraglichen Gebieten ist nicht einstimmig geschaffen worden, da, wie auch Schwarze [166]) z. B. hervorhebt, die Motive des revidierten Entwurfes folgende Ausführung enthalten: »ferner lag kein Grund vor, die Urkundenfälschung, wie mehrseitig verlangt worden, lediglich als einen ausgezeichneten Fall des Betruges zu behandeln [167]) und daher sie nur, wenn sie in der Absicht auf einen rechtswidrigen Vermögensvorteil begangen wird, mit den schweren Strafen der Urkundenfälschung zu belegen. Vielmehr liegt bereits in der Fälschung einer Urkunde überhaupt die Herstellung eines

---

[165]) s. Anm. [158]). [166]) s. Anm. [66]).

[167]) So auch in den ersten Entwürfen des preussischen Gesetzbuchs. K. Beseler, »Kommentar über das Strafgesetzbuch für die preussischen Staaten«. Leipzig 1851.

gefährlichen Mittels zur Täuschung anderer und in der Anwendung desselben eine in der Regel schwerere Verschuldung, als in der einfachen Unwahrheit, wie sie in dem Thatbestande des Betruges sich darstellt.« Gerade diese Erörterungen beweisen, dass man so oft den Fehler begangen und festgehalten hat, die Wirkungen der Vielgestaltigkeit des Betruges unrichtig zu fassen: Der Betrug ist kein Paragraph im Strafgesetz, er bildet ein Kapitel in demselben.

Ein Blick auf den historischen Verlauf der Behandlung dieser Frage ist von höchstem Interesse. Lenz [168]) stellt eine Entwicklung der Begriffe von Fälschung und Betrug bei den Gesetzgebungen aller Kulturstaaten zusammen, und die Geschichte der wissenschaftlichen Schwankungen über die Begriffe von Fälschung und Betrug giebt gut Teichmann,[169]) welcher sämtliche damals existierenden modernen Gesetze und Gesetzesentwürfe auf die Frage der Systematisierung von Betrug und Fälschung untersucht. Die römisch-rechtliche Entwicklung namentlich für die des *crimen falsi* findet sich bei Elben;[170]) als *crimen falsi* stellt sich z. B. dar: Fälschung und Unterschlagung eines Testaments und andere Vorgänge mit Testamenten; eine Reihe von Urkundenfälschungen, Münzfälschung, Bestechung von Richtern und Zeugen; Annahme von Geld für falsches Zeugnis und Ablegung eines solchen; Fälschung von Siegeln, Mass, Gewicht; Annahme falschen Namens und Standes; Unterschiebung eines Kindes; Verkauf einer Sache an mehrere. Mit der *lex Cornelia* begnügten sich die rein praktischen Bedürfnisse anfangs; erst nach Hadrian (Schlesinger [171])) wurde die *actio stellionatus* notwendig, die sich ziemlich auf dasselbe bezog, was man heute Betrug nennt (Elben [172])). Eine eigentliche Subsumption von Warenfälschung unter das *crimen falsi* findet nicht statt. Auch später, unter den Volksrechten findet sich wenig über Münz- und Urkundenfälschung, fast nichts über Warenfälschung: am meisten bringt noch die *lex Visigothorum*,

---

[168]) s. Anm. [122]).

[169]) Zeitschrift für schweizerisches Recht, 29. Bd., neue Folge, 7. Bd., Basel 1888, p. 347.

[170]) Karl Elben, Inaug.-Diss.: »Zur Lehre von der Warenfälschung, hauptsächlich in geschichtlicher Hinsicht«. Freiburg und Tübingen 1881.

[171]) s. Anm. [90]). [172]) s. Anm. [170]).

dagegen gar nichts hiervon die Kapitularien. Sehr lebhaft wird dann die Frage in den Stadtrechten behandelt, namentlich in Richtung auf Münz-, Urkunden- und Warenfälschung; Fälschungen von Gold- und Silberwaren werden häufig als strafbar genannt, ebenso oft Fälschungen von Lebensmitteln (Wein, Honig, Schmalz, Salz, Saffran, Bäckerware und Fleisch), dann von Tuch, Sammt, Leinwand und Pelz; später tritt auch die Fälschung von Zinn auf. Die gesetzlichen Fassungen sind sehr verschieden, oft sehr eingehend, oft ganz allgemein; so sagt das Luzerner Ratsbuch von 1417: »wer einz für dz andere verkoufte«[173]) ... — Die Bambergensis[174]) und die Carolina[175]) fassen (unmittelbar nach den so streng bestraften Religionsdelikten) die Calumnien, Münz-, Siegel-, Urkunden-, Mass-, Gewichtsfälschung, Grenzsteinverrückung und Prävarikation zusammen; es würden also auch unsere Fälle, wenn man sich damals hierfür interessiert hätte, hierher gehören.

Italien hat begreiflicher Weise den Waren- und Sachenbetrug frühzeitig bestraft (vergl. Kohler[176]). So hat Venedig schon 1232 eine allgemeine Bestimmung über Warenfälschung: Verlust des Kaufpreises nebst »*tantundem*« und Verlust der »Legalität«. — Ferner Rom (1580): Wer una res pro alia verkauft, erleidet die *poena falsi*. — Besonders streng, fast drakonisch sind die *Constitutiones Siculae* III, 36, 1, wo der Warenbetrug, namentlich in Gold- und Silberwaren das erste mal mit 1 *libra auri* bestraft wird, das zweitemal *perdat manum*, das drittemal kommt der Thäter an den Galgen.

Die einfachen Formen blieben auch weiter bestehen. Carpzow[177]) sagt »*falsum est omne id, quod non verum est*«, und Damhouder[178]) teilt das Falsum in 5 Klassen; darunter Verfälschung von Gold und Silber, Verkauf von unechtem Metall für Gold und Silber (vergl. Friedsam[179])).

Der Verlauf in moderner Zeit ist ganz klar. Nach Feuerbach, Abegg, Martin, Henke zeichnet sich das *genus falsi* posi-

---

[173]) Segesser, »Rechtsgeschichte«, II, p. 647.

[174]) Art. 133—140. [175]) Art. 110—115.

[176]) Kohler, »Studien aus dem Strafrecht«. IV, Mannheim 1896, p. 472.

[177]) *Practica rer. crim. Qu. 93 Nr. 5—10.*

[178]) *Praxis rerum crim. cap. 119 124.*

[179]) s. Anm. [55]).

tiv durch die Täuschung einer Person und negativ durch den Mangel eines bestimmten Angriffsobjektes aus. Alle möglichen Güter können dadurch verletzt werden. Geschieht die Täuschung durch Veränderung einer Sache zum Nachteil der Güter eines anderen, so liegt Fälschung, sonst Betrug vor (Lenz[180])).

Cucumus[181]) beginnt mit dem Grundsatze, es scheine notwendig, die Verbrechen wider das Rechtsgesetz von den übrigen strafbaren Handlungen zu unterscheiden und geht dann auf das Sprachliche über: »in der deutschen Sprache deutet Betrug an, dass jemand wirklich getäuscht wurde, während man mit Fälschung wohl nichts anderes bezeichnen kann, als das Hervorbringen einer Sache, die den Schein einer anderen an sich trägt.« Cucumus kommt dann auf seine Lieblingsidee »vom Rechte auf Wahrheit« und meint: »Die Einteilung in Fälschung und Betrug ist immer nur ein Wortspiel, sobald sie nicht gleichbedeutend ist mit der Einteilung in Verbrechen wider das Recht auf Wahrheit und Verbrechen der hinterlistigen Beschädigung. Es wird dann sehr leicht die Fälschung lediglich ein Versuch des Betruges.«

So sind wir knapp vor die moderne Auffassung getreten, und Lenz[182]) zeigt, wie der Streit von Preuschen, Bauer und Osenbrüggen gegen Kleinschrod, Birnbaum u. a. den Anstoss zum Zerfall in Fälschung und Betrug gab: Gefährdung der *publica fides* und gewinnsüchtiges Eigentumverbrechen. Marezoll[183]) scheidet die Fälschung als besonders gefährlich vom Betruge; der Fälscher bedroht eine öffentliche und vom Staate garantierte Glaubwürdigkeit und Echtheit gewisser Äusserungen, Erkenntnisgründe und Thatsachen. Dann kam Merkel.

Speziell über Warenfälschung sagt Lenz, es habe abweichend vom römischen Recht, welches die Warenfälschung zum *stellionatus* zählt, das mittelalterliche Recht sie zur Kategorie des »Falsch« gerechnet. Die gemeinrechtliche Theorie hat die Warenfälschung nicht als eine Verbrechensspezies anerkannt, sondern als Betrug oder Körperverletzung behandelt, welchem Beispiele die Partikulargesetzgebung folgte. Das Reichsstrafgesetzbuch bestraft nur die sog. Nahrungsmittelfälschung (367 Z. 7) und die Gefähr-

---

[180]) s. Anm. [122]). [181]) s. Anm. [126]). [182]) s. Anm. [122]).

[183]) Th. Marezoll, »Das gemeine deutsche Kriminalrecht«. Leipzig 1841—1856.

dung der Gesundheit von Menschen durch gewisse Objekte (324 bis 326); die Warenfälschung kann auch unter Betrug (263) fallen. In der Praxis war meistens nur die Gesundheit und nicht das Vermögen des Käufers geschützt und so kam es, dass durch die Nachtragsgesetze die Vermögensgefährdung der Gesundheitsgefährdung gleichgestellt wurde. Das Wesen des neuen Delikts (Gesetz vom 14. Mai 1879) besteht in der vorsätzlichen oder fahrlässigen Täuschung der Konsumenten von Nahrungs- und Genussmitteln über deren Nähr- und Genusswert.

(Mit diesem Gesetze und den österreichischen entsprechenden Bestimmungen[184]) scheint es so zu gehen, wie mit zahlreichen anderen neuen Nebengesetzen, die Vorgänge treffen wollten, weil sie strafbar scheinen, aber unter das allgemeine Gesetz nicht passen. Der Erfolg ist aber in der Regel der, dass Vorgänge, die ganz wohl unter die strenge Bestimmung des Hauptgesetzes fallen, unter die mildere Bestimmung des neuen Nebengesetzes genommen werden.)

Anzuschliessen sind hier noch die Bestimmungen über den unlauteren Wettbewerb, der nach v. Liszt[185]) besteht aus:

1. Unlautere Reklame; 2. arglistige Täuschung über fremdes Geschäft; 3. Verrat von Geschäftsgeheimnissen; 4. rechtswidrige Verwertung derselben; 5. Verleitung zum Verrat derselben; 6. Quantitätsverschleierung.

Für uns von Bedeutung kann nur 1 und vielleicht auch 6 sein.

Das scharfe Fassen des Unterschiedes zwischen Betrug und Fälschung lässt sich ganz gut verfolgen:

Preuschen[186]) unterscheidet:

A. Betrug ist eine vorsätzliche, rechtswidrige Täuschung anderer, die von der Beschaffenheit ist, dass der civilrechtliche Zwang zum Schutz der Rechte für Handlungen dieser Art im allgemeinen nicht als hinreichend betrachtet werden kann.

---

[184]) Vergl. die in der Manzschen Gesetzsammlung bei § 403 abgedruckten Gesetze und das Gesetz vom 16. Januar 1896 Nr. 89 ex 1897.

[185]) s. Anm. [2]).

[186]) Fr. v. Preuschen: »Beiträge zur Lehre vom strafbaren Betruge und der Fälschung«. Giessen, Heyer. 1837.

Zum Thatbestande gehört:

1. Täuschung anderer durch Vorbringung von Unwahrheit oder Vorenthalten von Wahrheit;
2. Dolus;
3. Rechtswidrigkeit;
4. civilrechtlicher Schutz muss unzureichend sein.

B. Fälschung ist die vorsätzliche rechtswidrige Vorbringung von Unwahrheit durch Veränderung oder durch Hervorbringung eines Gegenstandes, welcher den täuschenden Schein des echten oder eines anderen an sich trägt.

Zum Thatbestande gehört:

1. Veränderung oder Hervorbringung eines Gegenstandes, der den täuschenden Schein des echten oder eines anderen an sich trägt;
2. Rechtswidrigkeit;
3. Dolus.

So schön und einfach das auseinandergehalten erscheint, dürfte man sich damit doch nicht gut zurechtgefunden haben; wenigstens klagt Jagemann[187]) bald darauf, dass die Theorie über den Unterschied von Fälschung und Betrug viel schneller ins Reine gekommen sein mag, als die Praxis. Man hatte sich damals allerdings das unterscheidende Moment beider Delikte nicht klar gemacht und so geschah es, dass häufig eines in das andere geschoben wurde. Dies zu unterscheiden war Merkel vorbehalten. Er hat den Grund des Vertrauens und damit die Funktion der Träger der *publica fides* klargelegt: »Es handelt sich bei den Fälschungsverbrechen um den Kredit gewisser Beglaubigungsformen für rechtlich relevante Thatsachen; die Fälschung hat öffentliches Interesse zu ihrem unmittelbaren juristischen Objekte, der Betrug richtet sich gegen das Vermögen einer Einzelperson; dieser ist mit der Schädigung, jene schon mit der Täuschung vollendet. Damit ist die herrschende Theorie begründet« (Lenz[188])).

Dass dieser Unterschied zwischen Betrug und Fälschung aber überall durchgedrungen wäre, namentlich aber, dass er für die einzelnen Fälle volle Befriedigung gewährt hätte, das kann

---

[187]) s. Anm. [151]). [188]) s. Anm. [122]).

sicherlich nicht behauptet werden; wir finden vielmehr häufig, dass nur mit Schwierigkeit auf dem Gefundenen beharrt wird, dass mühsam neue Unterschiede hervorgesucht und diese zu tiefgreifenden zu gestalten getrachtet werden; ebensoviel Mühe giebt man sich, zu verhindern, dass die beiden Begriffe einmal hier, einmal dort wieder zusammenfliessen, und namentlich, dass nicht immer wieder die Fälschung sich als eine Vorbereitung zum Betruge qualifizieren will. Diese Mühsamkeit in der Beweisführung, die offensichtlich auch den Autor nicht endgiltig überzeugt, wird häufig deutlich; nehmen wir z. B. Olshausen II: [189])

»Der Betrug (263) hat mit der schweren Urkundenfälschung zwar dadurch, dass diese in ihrer einen Modalität die ‚gewinnsüchtige Absicht' erfordert, eine nahe Berührung; doch ist das Verbrechen des § 268 weder, wie die Motive anzunehmen scheinen, lediglich ‚ein ausgezeichneter Fall des Betruges' noch geht der Betrug im Reate des § 268 auf. Als wesentliche Unterschiede zwischen Betrug und der bezeichneten Modalität der schweren Urkundenfälschung bleiben immer bestehen: Die schwere Urkundenfälschung erfordert den Gebrauch einer falschen Urkunde ‚als Urkunde' derart, dass die Täuschung eines anderen durch Ermöglichung der Einsicht derselben bewirkt werden soll, während der Betrug auch durch eine echte, aber inhaltlich unwahre Urkunde, ferner durch blosse Verweisung auf eine Urkunde, endlich auch durch Benutzung der Urkunde nicht als Urkunde, sondern in einer anderen Eigenschaft bewirkt werden kann.

Die schwere Urkundenfälschung fordert ferner nur eine auf einen ‚Vermögensvorteil' gerichtete Absicht, während beim Betrug ein rechtswidriger Vermögensvorteil erstrebt werden muss. Dazu kommt, dass die schwere Urkundenfälschung den Eintritt einer Vermögensbeschädigung nicht erfordert, während der Betrug wenigstens der vollendete, eine solche voraussetzt.« Die Frage nach der Verletzung der *publica fides* war jetzt in den Vordergrund geschoben; diese, als Beglaubigungsmittel, gilt »als Produkt des Verkehrslebens, eine soziale Einrichtung im eminenten Sinne« (Lenz), aber der Glaube an sie als differenzierendes und sonst nirgends hin eingreifendes Moment ist gering, und Binding [190]) nennt sie eigentlich doch eine Phrase: »Die römische und die

[189]) s. Anm. [67]). [190]) s. Anm. [71]).

germanisch deutsche Gesetzgebung hat Betrug und Fälschungsverbrechen nicht zu scheiden vermocht; . . . der Fälschung wie dem Betruge gemeinsam ist das Mittel der absichtlichen Wahrheitsunterdrückung, die Täuschung. Es dient beim Betruge zur Vermögensbeschädigung, bei den Fälschungen zum Angriff auf die Grundlagen der *publica fides*, oder um an die Stelle einer Phrase einen Gedanken zu setzen, auf die Echtheit von Beweismitteln oder Beglaubigungsformen.« Sehen wir uns diese ganz klaren Worte genauer an, so fallen uns darin drei Momente auf:

1. Das beiden Delikten Gemeinsame und sie Vereinigende, die Täuschung, ist so charakteristisch, signifikant und gegen andere Delikte abhebend, dass wir nur dann nach dem Angriffsobjekte unterscheiden dürfen, wenn wirklich alle Täuschungsdelikte systematisch zusammengefasst werden.

2. Das Differenzierende: Vermögensschädigung beim Betruge wurde in den Begriff des Betruges hineingelegt, es liegt aber nicht im Wesen desselben. Dadurch, dass man den Betrug zum reinen Vermögensdelikt stempelte, hat man dem Sprachgebrauche, dem juristischen Konstruieren und dem Grundsatze von der Gefährlichkeit des Angriffes als Kennzeichen des Verbrechens widersprochen — Vorteil ist auf keiner Seite wahrzunehmen. Dies zeigt jedes Beispiel. Wenn einer ein Mädchen durch die Komödie einer falschen Trauung (z. B. geheimer Trauung durch einen als Priester verkleideten Menschen) zu geschlechtlicher Hingabe bringt, so liegt auf seiner und ihrer Seite kein vermögensrechtliches Moment vor und es ist doch Betrug; Betrug nach allgemeinem Sprachgebrauch, Betrug nach juristischer Konstruktion und Betrug wegen der grossen Gefährlichkeit eines solchen Vorganges, und die Einreihung des § 179 R.St.G. befriedigt nicht. Preuschen [191]) hat Recht, wenn er behauptet, im österr. Gesetze (er meint das von 1803) sei der kriminelle Betrug von demjenigen, der nur civilrechtliche Folgen haben sollte, nicht gehörig geschieden, und hierdurch dem Strafrecht eine zu weite Ausdehnung gegeben; Fälschung und Betrug seien durchgehends mit einander verwechselt, und die erstere als eine Art des letzteren betrachtet worden; nur Kreditpapier- und Münzfälschung ist besonders behandelt, was nicht konsequent erscheint — aber in dem Nicht-

[191]) s. Anm. [186]).

hervorheben des rein vermögensrechtlichen Momentes des Betrugs war das österreichische Recht dem deutschen entschieden überlegen.

3. Binding[192]) will die »Phrase« von der *publica fides* ersetzen durch »Echtheit von Beweismitteln oder Beglaubigungsformeln«. Das ist entschieden mindestens zu weit gefasst. Wenn einer z. B. in seinen Schuh zwei Nägel einschlägt, so wird der Schuh auch bei der beliebten allerweitesten Auffassung des Begriffes Urkunde doch keine solche, er kann aber zu einem »Beweismittel« werden, wenn sein Besitzer fälschlich dem anderen damit zu beweisen sucht, dass eine gewisse Fussspur nicht die seine sein kann. Das kann u. U. Betrugsfaktum werden, aber nie Fälschungsverbrechen, obwohl ein »Beweismittel« gefälscht worden ist, und ein »Angriff auf die Echtheit« eines solchen unternommen wurde.

Auch Lenz[193]) weiss die Stellung von Betrug und Fälschung nicht anders zu charakterisieren — Vermögensmoment als trennend, Täuschung als gemeinsam: »Vom Betrug als dem zunächst liegenden Delikte unterscheidet sich das reine Fälschungsverbrechen durch den Mangel der gewinnsüchtigen Absicht und des Kausalzusammenhanges zwischen Täuschung und Vermögensbeschädigung . . . Gemeinsam haben beide Delikte die auf Täuschung gerichtete Absicht.« (Vergl. dazu Kleinfeller[194]).)

Wie unsicher sich die Abgrenzung, der Umfang des Fälschungsbegriffes gestaltete und, der Natur der Sache nach, gestalten musste, zeigen Fassungen, die weiteren und engeren Begriff der Fälschung aufstellen, aber nicht zu sagen vermögen, wo die Grenze liegt, so dass mehr oder minder willkürlich eine Anzahl von Angriffen unter die Fälschung vereint werden, während die »Fälschungen im weiteren Sinne« bestimmungslos im weiten Rahmen des übrigen Strafgesetzes umherirren. So nennt Merkel[195]) »Fälschungen im allgemeinen, eine Verletzung der *publica fides*, also Fälschung von Urkunden, Münzen, Siegeln, Marken, Punzen u. s. w. aber auch im weiteren Sinne den Falscheid endlich auch die rechtswidrige Täuschung anderer durch Veränderung einer Sache«. (Vergl. Feuerbach[196]).) Später suchte man mehr Sicher-

---

[192]) s. Anm. [71]). [193]) s. Anm. [122]).
[194]) Kleinfeller, in der kritischen Vierteljahrschrift, Bd. 40 p. 439.
[195]) s. Anm. [58]).
[196]) Feuerbach, »Lehrbuch«, § 410 und 415.

heit in die Unterscheidung dadurch zu bringen, dass man die äussere Erscheinung berücksichtigte. Man sei sich darüber einig, sagt Goldschmit,[197] »dass das Delikt der Urkundenfälschung ein Formaldelikt sei, welches nicht in der Verletzung einer konkreten materiellen Berechtigung, sondern in dem, dem objektiven Recht zuwiderlaufenden Missbrauche der Form der Beurkundung sein Wesen hat«. Das wäre ein Rückgriff auf Kohler:[198] »Das Recht ordnet Beziehungen von Personen zu Sachen, oder von Personen zu Personen und es werden danach absolute und relative Rechte unterschieden« — nur dass dieser allgemein gültige Satz auf unsere Frage nicht anwendbar ist.

Ebensowenig wird Sicherheit gewonnen, wenn das Objekt des Angriffes präzisiert wird; so meint Warneyer:[199] »Der § 267 richtet sich gegen die unbefugte Herstellung und den falschen Gebrauch einer Urkunde; durch diese Handlung wird aber nicht die Urkunde als Sache betroffen, sondern der in der Urkunde verkörperte Inhalt« — denn dass der Angriff dem Inhalte der Urkunde gilt, und nicht ihr selbst, liegt schon in ihrer Natur als Beweismittel, wenn sie ein solches ist. Ist die Urkunde aber mehr als Beweismittel — Wechsel, Inhaberpapier u. s. w. — dann wurde durch die Fälschung allerdings doch die Urkunde als Sache betroffen.

So ist es gekommen, dass man den Thatbestand des Fälschungsdeliktes nur schwer fassen konnte, und es bleibt schliesslich als Thatbestand für ein angeblich selbständiges Delikt nur ein Vorgang übrig, wie er selbständig in der Wirklichkeit nicht auftritt. So sagt z. B. Reiffel:[200] »Das Gesetz verlangt lediglich die Täuschung bezüglich der Echtheit der Urkunde und nicht noch etwas anderes, wie das Bewusstsein, die Rechte dritter sonst zu beeinträchtigen. Die Quintessenz des § 267 geht laut vieler Entscheidungen dahin, dass ich beim Gebrauche der Urkunde glauben machen will, sie sei gerade so entstanden, wie sie heute vorliegt.« Eine solche

---

[197] Friedr. Goldschmit, »Der strafrechtliche Begriff der Urkunde«. Gerichtssaal, LV, (1898), p. 161.

[198] Kohler, »Recht und Prozess«. In Grünhuts Zeitschr., 14. Bd.

[199] Warneyer, »Über den Zweck des § 274 des Strafgesetzbuchs«. Archiv für Strafrecht, 41. Jahrg. (1893).

[200] Reiffel, »Zum Thatbestande der Urkundenfälschung«. Archiv für Strafrecht, 41. Jahrg., p. 221.

Absicht kann aber nicht vorkommen, da niemand dieselbe in der Herstellung (und Gebrauchmachung) der Urkunde wird abgrenzen wollen. Wer eine Urkunde fälscht, der muss doch irgend einen Zweck damit verbinden und wir müssten dann, wenn obige Abgrenzung richtig wäre, jeden Angriff in zwei Teile teilen, von denen jeder ein besonderes Delikt darstellte: ein Thatbestand wäre der der Fälschung und ein Thatbestand der eines zweiten Deliktes, wohl meistens des Betruges. Welchen Zweck diese Zerreissung haben soll bleibt unerfindlich.

Das Widerspiel der Übertreibung im Festhalten an der verletzten *publica fides* hat die österreichische Auffassung gezeigt, die im Thatbestande öffentliche und Privaturkunde zusammenwarf. So sagt z. B. Ehrenfeld [201]): »zum Thatbestande des Betruges durch Fälschung von Privaturkunden gehört nicht weniger als zu dem durch Fälschung öffentlicher Urkunden.«

Noch grössere Schwierigkeiten bereitete stets die Frage nach dem Gebrauchmachen der Urkunde und die der Konkurrenz mit Betrug.

Bezüglich des Gebrauchmachens sagt Merkel [202]): »Fälschungsverbrechen setzt voraus:

Entweder die scheinbare Herstellung einer betreffenden Form, oder Verfälschung einer gegebenen echten Form
oder den Missbrauch einer solchen.

An sich wären das aber (erste und zweite Art) bloss Vorbereitungshandlungen für die Verletzung der *publica fides*, es muss noch der rechtswidrige Gebrauch des betreffenden Instrumentes dazukommen.«

Dies berechtigt zur Frage: »Wodurch wird denn dann die *publica fides* verletzt?« Die Herstellung einer falschen Urkunde oder die Verfälschung einer echten verletzt die *publica fides* noch nicht, denn dies wird ausdrücklich als »Vorbereitungshandlung für die Verletzung der *publica fides*« bezeichnet und was eine Vorbereitung zu einer That ist, das ist nicht die That selbst. Folglich könnte die Verletzung der *publica fides* erst in dem »dazukommenden Gebrauchmachen« liegen — dies ist

[201]) Ehrenfeld, in der allgem. österr. Gerichtszeitung, 1855, Nr. 63 und 65.

[202]) s. Anm. [58]).

aber wieder nicht das Fälschungsdelikt, sondern der etwa konkurrierende Betrug und so kommt das Schädigen der *publica fides*, welches gerade als unterscheidendes Merkmal, als Eigenschaft der Fälschung aufgeführt wird, gerade in den Thatbestand des Betruges. Hiermit allein wird die Scheidung von Betrug und Fälschung undurchführbar.

Dass es nicht Gebrauchmachen einer Urkunde im gesetzlichen Sinne ist, wenn die Urkunde zu einer Täuschung über ihren paläographischen [203]) oder autographischen [204]) Wert benutzt wird, und dass eine solche Täuschung sehr wohl Betrug sein kann (Meyer [205])) ist selbstverständlich.

Die zweite Schwierigkeit bietet das Konkurrieren mit Betrug; namentlich Binding hat diese Schwierigkeiten klar empfunden (s. Handb. [206]) I. p. 575 und Lehrb.[207]) p. 197) und endlich Normen [208]) II p. 562: »Obwohl der Betrug wesentlich Deliktseinheit ist, so schliesst dies natürlich nicht aus, dass er etwa durch Urkundenfälschung begangen werden kann. Dann tritt zu ihm noch ein zweites Delikt hinzu.« Allerdings: der Betrug ist Deliktseinheit, aber die Fälschung für sich ist es nicht. »Betrug kann etwa durch Urkundenfälschung begangen werden«, hätte Sinn nach österreichischem Gesetz (§ 201 a), welches ein abgesondertes Fälschungsdelikt nicht kennt. Aber nach D.R.St.G. müsste es so gemeint sein, wie man sagen könnte: »Mord kann auch etwa durch Brandstiftung begangen werden« — dies wäre die einzige Möglichkeit der Auffassung — aber beide Thathandlungen laufen nicht parallel. Wenn A den B, der etwa an den Beinen gelähmt ist, töten will und zu diesem Zwecke dessen Haus anzündet, so bilden beide Verbrechen, Mord und Brandstiftung jedes für sich abgeschlossenen Thatbestand. Das ist aber bei Bindings Fall nicht so, denn ein Betrug durch Urkundenfälschung lässt sich nur so denken, dass der erste Teil des Thatbestandes des § 267 erfüllt (also die falsche Urkunde angefertigt) wurde, während statt

[203]) Olshausen, N. 37 zu 267; Reichsger. III v. 5. Februar 1881 (Entsch. III, S. 337), III v. 9. Februar 1888 (Entsch. XVII, S. 140).

[204]) A. M. Rubo, Nr. 11 zu § 267; Olshausen, Nr. 38 zu § 267.

[205]) s. Anm. [81].

[206]) »Grundriss des gemeinen deutschen Strafrechts.« Leipzig 1897.

[207]) s. Anm. [71]). [208]) s. Anm. [68]).

des zweiten Teiles (Gebrauchmachen) der Thatbestand des Betruges eintritt — dann haben wir aber nicht zwei abgeschlossene Thatbestände vor uns.

Wie schwer eine weitere Anwendung des Fälschungsbegriffes fällt, sehen wir bei Erscheinungen, wie sie der steigende Handel und Verkehr mit sich bringt. »Die Konstruktion des Markendeliktes als Fälschungsverbrechen wird in der Theorie vertreten von Merkel, Meili, H. Meyer, van Calker, Finger und Brunnstein — während Kohler, Janka, v. Liszt, R. Loening im »Markeneingriff« die Verletzung dieses Individualrechtes, des ausschliesslichen Gebrauchsrechtes an der Marke erblicken« (Lenz[209]).)

Noch schwerer wird die Frage, wenn das so wichtige Kapitel der Warenfälschung einbezogen wird; hier sind namentlich die Ausführungen von Stooss[210]) für uns massgebend, die er, anknüpfend an Bemerkungen von Dennstedt dargelegt hat. Dennstedt[211]) hatte gesagt: »Alles was gesammelt wird, wird auch gefälscht, und alles was gefälscht wird, findet auch schliesslich Liebhaber und Abnehmer« — was Stooss dahin ausdehnt: »Alles was Gegenstand des Handels ist, also jede Ware wird gefälscht und verfälscht, und sie findet Abnehmer.« Ruchonnet[212]) wollte seiner Zeit durch besondere gesetzliche Bestimmungen namentlich den ehrlichen Produzenten von Lebensmitteln gegen die Konkurrenz des Fälschers schützen, und meinte, es müsste diese Absicht dann wohl auch zum Schutze der Produzenten von Objekten der Kunst und des Kunstgewerbes, sowie der Besitzer von echten Antiquitäten und sonstigen Raritäten, welche mit denselben Handel treiben, ausgedehnt werden. Stooss[213]) giebt zu, dass die Warenfälschung aller Art durch die Strafbestimmungen über Betrug lange nicht wirksam bekämpft werden können, dies liege aber weniger in der mangelhaften Fassung der Paragraphen über den Betrug, sondern darin, dass Fälschung und Betrug der Art nach verschieden sei. Wer eine Ware fälsche, begehe damit

---

[209]) s. Anm. [122]).

[210]) Carl Stooss, »Kriminalpolitische Mitteilungen«. In Gross' Archiv, I. Bd. p. 183.

[211]) s. Anm. [117]).

[212]) Rede vom 8. März 1888. (Zeitschr. f. schweizer. Strafrecht, I, 1888, p. 209.)

[213]) s. Anm. [210]).

niemals einen Betrug, er schaffe damit nur ein Mittel zum Betruge und bereite den Betrug vor; hiernach liege es in der Natur der Sache, dass die Warenfälschung durch die Strafbestimmungen über den Betrug nicht getroffen wird. Wird ein Warenfälscher wegen Betrug bestraft, so wird seine Strafbarkeit nicht durch die fälschende Handlung begründet, sondern durch die Täuschung die mittels der Erzeugnisse der Fälschung zum Schaden anderer in Bereicherungsabsicht verübt wird. Im weiteren Verlaufe der Auseinandersetzungen gelangt Stooss zu dem Satze, es dürfe unter allen Umständen nur die zum Zwecke der Täuschung betriebene Herstellung gefälschter oder verfälschter Waren unter Strafe gestellt werden, was im Art. 83 des Vorentwurfes zu einem schweizerischen Strafgesetzbuch[214]) zum Ausdruck kommt:

»Wer eine Ware zum Zwecke der Täuschung fälscht, ver»fälscht oder im Werte verringert —

»Wer solche Ware feilhält oder in den Handel bringt, ein»führt, ausführt oder lagert, als ob sie echt, unverfälscht oder voll»wertig wäre etc. etc.«

Klarer und schärfer ist das Verhältnis zwischen Betrug und Fälschung nirgends gegeben, wir wollen also gerade an der Hand dieser einfachen Fassungen die Sache näher betrachten und namentlich zwei Einwendungen erheben.

1. Es ist vom strafpolitischen Standpunkt aus nicht einzusehen, warum gerade das Verbrechen des Betruges für seine Vorhandlungen eine Ausnahmestellung zugewiesen erhalten soll. Wenn der A eine Ware fälscht, mit der später ein Betrug begangen wird, so hat er relativ genau dasselbe gethan, wie der B, der ein Gift bereitet, mit dem später ein Mord begangen wird, wie der C, der einen Nachschlüssel verfertigt, der später zu einem Diebstahl dient, und der D, der eine Vorrichtung macht, die zu einer Brandstiftung benutzt wird. Unter Umständen liegt überall Mitschuld vor: bei A ob Betrug, bei B ob Mord, bei C ob Diebstahl, bei D ob Brandstiftung — unter Umständen liegt aber bei B, C, D bloss eine besonders normierte Übertretung vielleicht vor, nur bei A ist das eigens konstruierte Delikt der »Fälschung« vorhanden. Zu dieser Ausnahmsstellung liegt kein zwingender Grund vor.

---

[214]) nach den Beschlüssen der Expertenkommission.

2. Weder die Fassung des genannten Art. 83, noch eine andere, eben so sorgfältig ausgedachte, kann der Natur der Sache nach den angestrebten Zweck erfüllen. »Wer eine Ware zum Zwecke der Täuschung fälscht u. s. w.« — dieser Satz »zum Zwecke der Täuschung« ist absolut unausweichlich, er müsste in einer derartigen Bestimmung enthalten sein. Aber was besagt er? Wenn der A »zum Zwecke der Täuschung« auf seiner Stube ein Objekt fälscht, so hat er nicht mehr und nichts Gefährlicheres gethan, als der B, der zum Zwecke des Mordes auf seiner Stube ein Gift bereitet — ersterer wäre strafbar ob Fälschung, letzterer wäre wegen blosser Vorbereitungshandlung straflos. Weiter: A fälscht zum Zwecke der Täuschung ein Objekt und giebt es dem X, der, wie A von Anfang an wusste, den Y damit betrügt. B bereitet Gift und giebt es dem Z, der, wie B von Anfang an wusste, damit einen tötet. Beide Fälle stehen vollkommen gleich: B ist am Giftmorde mitschuldig, A aber ist schuldig ob Fälschung und Betrug — oder wird die Fälschung nun konsumiert? Diese Unterschiede sind entschieden nicht gerechtfertigt, aber abgesehen hiervon ist eine solche gesetzliche Bestimmung absolut undurchführbar, da Fälschung und Imitation nicht zu scheiden ist. Eine Ausnahme hiervon können lediglich Nahrungsmittel machen, da niemand (zum eigenen Gebrauche) mit Sand gemengtes Mehl oder gefärbten Kaffee im Kaufladen oder beim Erzeuger verlangen wird. Im übrigen aber wird thatsächlich Fälschung verlangt, d. h. der Käufer will nur für Gefälschtes zahlen, will aber der Welt mit Echtem imponieren. Ob wir das gesteigerten Schönheitssinn und verfeinerten Geschmack nennen, oder ob es Plusmacherei, Schwindel, äusserer Schein ist, bleibt für uns gleichgiltig. Man verlangt ausdrücklich mit Baumwolle gefälschte Leinwand, mit Schafwolle gemengte Seide, mit Baumwolle verunreinigte Schafwolle, mit Baryt beschwertes Leinenpapier, falschen Schmuck, Gipsstukatur aus Papier, Farbendrucke, die wie Ölbilder aussehen, photographische Radierungen, falsche, alte Waffen, imitierte Münzen, Neuauflagen von Briefmarken und Gott weiss was noch alles.

Der Unterschied zwischen Imitation und Fälschung liegt einzig und allein im Gebrauche, der mit dem Objekte gemacht wird: mengt einer Wolle unter die Seide und letztere wird als reine Seide verkauft, so ist der Vorgang strafbare Fälschung, wird das

Ding aber ehrlich als Halbseide, oder wie es heissen mag, verkauft, so liegt vielbegehrte, im Handel unbedingt notwendige Imitation vor, denn aussehen soll auch das minderwertige Zeug wie echte Seide, es wird also solche imitiert. Mit einem Fälschungsparagraphen will man in erster Linie den Erzeuger treffen — den wird man aber einfach niemals erwischen. Ich könnte mir keine Fälschung denken, von der der Fabrikant nicht behaupten kann und zwar ohne Möglichkeit eines Gegenbeweises: dass er ehrliche Imitation machen will — was der Händler damit thut, dafür kann man ihn nicht verantwortlich machen.

Wir unterscheiden also: Hat der Fabrikant die Sache noch bei sich, so kann man ihm nie beweisen, dass es sich um strafbare Fälschung handelt. Hat er sie aber schon an den Händler abgegeben, so liegen drei Möglichkeiten vor: Hat er sie ihm als echt gesendet, so hat er ihn betrogen; hat er ihm etwa geschrieben: »Anbei sende ich Ihnen Unechtes zum Zwecke des Betruges an Ihren Kunden« — dann hat er eben geholfen betrügen. Ist er aber endlich ehrlich gegen den Händler vorgegangen und betrügt dieser seine Kunden, ohne dass der Fabrikant darum wusste — dann hat letzterer ebensowenig schuld daran, wie der Waffenfabrikant, bei dem jemand eine Waffe kauft und damit einen tot macht. Hiermit sind alle Möglichkeiten erschöpft und juristisch qualifiziert, ohne dass wir für einen Fall unbedingt auf ein besonderes Delikt der Fälschung angewiesen sind.

Wollte man aber endlich bezwecken, dass alle Imitation, die möglicherweise zu einer strafbaren Fälschung werden könnte, vom Erzeuger als Imitation sofort bezeichnet werden müsste, so steht man vor einer Unmöglichkeit, die wieder nur bei Nahrungsmitteln und auch nur zum Teil, eine Ausnahme findet; ich kann allerdings verlangen, dass ein Fass Kunstbutter mit »Margarine« und ein Fass Kunstwein mit »Kunstwein« bezeichnet ist. Hierdurch wird aber höchstens der grosse Händler geschützt, der direkt vom Fabrikanten kauft; der kleine Konsument, den man eigentlich schützen will und soll, wird doch betrogen und kriegt doch Margarine statt echter Butter und Kunstwein statt Traubenwein, denn beides kann man aus den vorschriftsmässig bezeichneten Gefässen herausnehmen und in gar nicht oder anders bezeichnete Fässer thun. Also bei einigen wenigen Nahrungsmitteln ist Bezeichnungszwang zwar zwecklos, aber wenigstens technisch durchführbar. Gehen wir nun zu anderen Gebrauchsgegenständen über, so liegt die Unmöglichkeit der Bezeichnung — wenn sie wirksam sein soll — auf der Hand. Irgend ein Beispiel beweist dies. Sagen wir z. B. es handelt sich um falschen Stucco, jene vortrefflichen Nachahmungen echten Gipsstuccos, der zur Verzierung von Plafonds etc. so wertvolle Anwendung findet und sich thatsächlich im Ansehen gar nicht, sondern nur durch das Gewicht unterscheidet. Echter Gipsstucco ist eben dicker Stein, falscher dünnes Papier, letzterer also vielleicht 500mal leichter als ersterer. Findet nun Verwendung statt, so werden wir sagen: Eine Täuschung des Baumeisters durch den Fabrikanten ist undenkbar, da er sofort wahrnimmt, ob er es mit schweren Gipsplatten oder mit dünnem Papier zu thun hat, beziehungsweise: ob er selbst den Gipsstuck direkt aus dem Plafond arbeiten oder Papier aufkleben liess.

Eine Täuschung ist bloss bei dem denkbar, der das betreffende Haus kauft und durch Betrachten der Plafonds allein nicht entdecken kann, ob der ganze Zauber echter Gips oder Papier ist. Will man also diesen Herrn auch noch vor Täuschung bewahren, so bliebe nur das Verlangen übrig, dass über alle schönen Ornamente, Festons und Amoretten der oft kunstvoll hergestellten Papierstuccos mit unvergänglicher Farbe und spannlangen Buchstaben gedruckt wird: »das ist falscher Gips!«

Ähnliche Schwierigkeiten ergeben sich, wohin man sieht: ich kann nicht verlangen, dass man jeder Hose aus Shoddywolle quer über die Nordseite einwebt: »das ist Wolle aus Lumpen«. — Kleinere Gegenstände: imitierte Edelsteine, Perlen, Briefmarken, Münzen, Gemmen etc. kann man entweder gar nicht oder nur so bezeichnen, dass eine Bezeichnung das Objekt völlig entwertet oder aber leicht zu beseitigen ist, und letztere Schwierigkeiten kommen durchgängig auch bei allen grösseren Objekten der Imitation zum Vorscheine.

Man wird also sagen dürfen:

1. Der heutige Bedarf und Verkehr kann in fast allen Schichten der Imitationen unmöglich entbehren, sie *müssen* erzeugt werden.

2. Jede ehrliche Imitation kann zu strafbarer Fälschung verwendet werden und umgekehrt: jede strafbare Fälschung kann vor ihrer Verwendung als ehrliche Imitation ausgegeben werden.

3. Ist mit der Imitation noch kein Gebrauch gemacht worden, so liegt entweder ehrliches, im Verkehr unentbehrliches Vorgehen oder aber noch straflose Vorbereitungshandlung vor.

4. Ist aber Gebrauch gemacht worden, so liegt wieder entweder strafloser und im Verkehr nötiger Imitationsverkauf vor oder die Bestimmungen über Betrug sind juristisch einwandfrei anzuwenden und auch vollkommen ausreichend.

5. Das Verlangen, alle Imitationen als solche zu bezeichnen, ist entweder undurchführbar oder zwecklos und höchstens auf einige wenige Nahrungsmittel anzuwenden und auch da mit zweifelhaftem Erfolge.

Kommen wir aber zu der Ansicht, dass Sonderbestimmungen über Fälschung juristisch nicht haltbar und praktisch nicht zum Zwecke führend sind, so braucht man deshalb nicht die Hände in den Schoss zu legen. Auch hier gelangt man zu dem allgemeinen Erkenntnissatze, dass der Wert einer Gesetzgebung nicht darin besteht, dass möglichst viele, eingehende und nach allen Mücken schlagende Bestimmungen gegeben werden: notwendig sind einerseits vorsichtig, aber in grossen Zügen gefasste Normen und anderseits richtiges und energisches Anwenden derselben. Mit Detailbestimmungen, die grösseres Vergehen bequem in stets passende, gering strafende Sondergesetze einschachteln lassen, wird nur geschadet. Strafgesetze sollen nicht kitzeln, sondern packen. Wenn einer wegen Warenfälschung um 100 Thaler gestraft wird, so imponiert das weder ihm noch anderen, muss er aber ob Verbrechens des Betruges ein halbes Jahr sitzen, dann merkt er sichs und seine Genossen auch.

Es zeigt sich hier, wie in vielen anderen ähnlichen Fällen ein merkwürdiger Zug der Zeit, der die Verantwortung von der Rechtsprechung auf die Legislative schieben möchte. Steigt irgendwo die Kriminalität, so wird der Hebel lediglich bei der Gesetzgebung angelegt, man ruft nach einem neuen Spezialgesetz, anstatt mit den vorhandenen Gesetzen sein Auslangen zu suchen, und so ist der Wust der modernen »Sondergesetze« entstanden, die uns,

Gott seis geklagt, wahrhaftig keinen Nutzen brachten. Man glaubt, durch ein Spezialgesetz auch das mindere Vergehen, das angeblich nicht unter das Hauptgesetz passt, treffen zu können, statt dessen werden aber auch Delikte, die noch unter das Hauptgesetz fallen könnten, unter das bequemer zu handhabende Spezialgesetz gereiht, und das mindere Vergehen fällt wieder ganz durch.

Wer hat denn, wenn wir beim Betruge bleiben, das ganze Heer von Falschspielern, Rosstäuschern, Warenfälschern und Betrügern beim Handel mit Dingen der Kunst, Wissenschaft und des Kunstgewerbes geschaffen, als die Kriminalisten, welche die Leute gewähren und auf das unverschämteste betrügen liessen um Summen, die alljährlich grosse Vermögen darstellen? Wie oft stehen denn diese Leute vor Gericht? Mit Recht klagt Eudel[215]), dass man Fälscher von Kunstsachen nur sehr selten vor dem Zuchtpolizeigericht und nie vor den Geschwornen sieht. Der einzige Grund hierfür ist der, dass bei Untersuchungen über alle die genannten Delikte besondere Kenntnisse nötig sind, ohne welchen der Strafrichter weder mit Zeugen noch mit dem Beschuldigten noch mit den Sachverständigen verhandeln kann. Aber in der Regel bequemt sich der Kriminalist nicht dazu, sich diese Kenntnisse anzueignen, infolgedessen verzichtet der Beschädigte, der den Misserfolg im voraus weiss, darauf, eine vom Richter ohnehin nicht verstandene Anzeige zu erstatten, die Betrüger betrügen ungestört weiter und wenn man dann doch den Schaden besieht, dann schreit man um ein neues Spezialgesetz, das natürlich das Unheil nur noch grösser macht.

Wird aber die Sache gar zu bunt, muss der Staatsanwalt doch einmal einschreiten, dann wird der von niemanden recht verstandene Fall nur mit zugespitzten Fingern berührt, aber nicht kräftig angepackt und das Ergebnis ist eine schüchtern bemessene, kleine Strafe, die niemanden abhält ähnliche, so gut rentierende, selten und dann nur *pro forma* bestrafte Betrügereien zu begehen.

Die einzige, aber sicher wirkende Hilfe liegt also nicht in der Schar der unseligen Spezialgesetze, sondern in Detailkenntnissen

---

[215]) s. Anm. [8]).

des Kriminalisten über das Vorgehen der Verbrecher und im energischen und ausgiebigen Strafen der Ertappten.

Die grossen Schwierigkeiten, welche sich bei der Behandlung des Betruges in Theorie und Praxis ergeben haben, lassen sich im folgenden entwickeln:

Man hat es unternommen, den nach Sprachgebrauch und Rechtsempfinden des Volkes sehr weiten Begriff des Truges immer mehr auf ein ganz enges Gebiet einzuengen. Dies führt nie zum Richtigen, weil dann einerseits stets gewisse Bedeutungen im kleinen Rahmen nicht bleiben wollen und unverstanden in den weiteren Raum entschlüpfen, so dass dann Konstruktionen, wie die des österreichischen Rechtes entstehen und weil anderseits ebenso unverstanden manche Erscheinungen ausserhalb der willkürlich gezogenen Grenze bleiben, die begrifflich innerhalb derselben sein sollten. Auch der gelehrte Jurist kann sich dem Sprachgebrauche und dem Rechtsempfinden des Volkes nicht entziehen und wird dann immer übel davon beeinflusst, wenn diese Momente nicht berücksichtigt wurden. Trug und Betrug ist sprachlich dasselbe: das Präfix be- hat den Sinn von Objektivisieren, es bedeutet: auf, an, daran, z. B. bemalen = malen auf etwas; betasten = tasten an etwas; beleidigen = Leid zufügen an jemanden u. s. w. Also Betrug = Trug an jemandem verübt. Als strafrechtlicher Begriff tritt Betrug bekanntlich erst sehr spät auf (*trogene* erscheint in den Quellen des deutschen Mittelalters nur vereinzelt), bis dahin behalf man sich mit einer, nicht einmal besonders umfangreichen Kasuistik; dafür ist der »Trug« in der gemeinen Sprache um so verbreiteter. Nach Kluge geht das Wort auf die germanische Wurzel *drug* = täuschen, auf die indogermanische Wurzel *dhrugh* = übervorteilen, schädigen; es hängt zusammen mit dem germanischen *draumo* = Trugbild und dem altnordischen *draugr* und dem mittelhochdeutschen *getroc*, was beides Gespenst bedeutet.

Nach Grimm [216]) und nach Sanders [217]) bedeutet das Wort nach allen, weit über Goethe und Schiller herauf angeführten Beispielen, stets ganz allgemein »arglistig täuschen und dadurch schädigen«. Die überaus grosse Begriffsausdehnung des Wortes, welches ursprünglich von der Jagd und dem Tierfange ausging, lässt kaum feststellen, wo die eigentliche Bedeutung in die übertragene übergeht; soviel lässt sich aber zweifellos entnehmen, dass im Sprachgebrauche durchaus nirgends eine Einschränkung auf das vermögensrechtliche Moment, oder auch nur ein Hinweis auf dasselbe zu entnehmen ist. So kommt man zu der Annahme, dass die Reception des vermögensrechtlichen Momentes in den Betrug weder sprachgebräuchlich, noch aus der römisch-rechtlichen Auffassung entwickelt, sondern erst deshalb vorgenommen wurde, um einen Unterschied von der schon ausgeschiedenen Fälschung zu haben. Man übersah, wie schon einmal erwähnt, dass der Begriff Betrug ein grosses, viel umfassendes Kapitel im Strafrecht ist und nicht ein einzelner Paragraph.

Die natürliche Folge dieses Übersehens ging dahin, dass man den Begriff des Betruges in einer, seinem Wesen nicht entsprechenden Weise zusammendrücken musste; hätte man ihn als grosses Kapitel aufgefasst, so hätte alles reichlich darin Raum gefunden, was naturgemäss hineinkommen hätte sollen; machte man aus dem Betrug bloss einen Paragraphen, so musste natürlich eine wesentliche Einschränkung erfolgen und alles herausgeworfen werden, was man irgendwo anders im Strafrecht unterbringen konnte. Äusserlich ging das ja an: denn eine rechtsgeschichtliche, breite Vergangenheit hat der Betrug nicht, und um den Sprachgebrauch und das Rechtsempfinden des Volkes kümmerte man sich nicht. So kommt es, dass z. B. Münzfälschung, Kreditpapierfälschung, Verbrechen in Beziehung auf den Personenstand u. s. w. haltlos besonders untergebracht werden mussten, während sie doch sinngemäss mit dem Betrug zu vereinen sind. Man mag sich drehen und winden wie man will: auch diese Delikte sind arglistige Täuschungen zum Zwecke der Schädigung anderer,

---

216) Grimm, »Deutsches Wörterbuch«, Bd. I; unter »betrügen«; (das Heft mit Trug ist noch nicht erschienen).

217) Daniel Sanders »Wörterbuch der deutschen Sprache«. Leipzig 1865.

sie lassen sich weder dieser Merkmale entäussern, noch haben sie andere, die zu einer Ausscheidung berechtigen — sie sind das, was das Volk unter Betrug versteht, und auch dem Juristen ist das Empfinden nicht fremd, dass diese unzweifelhaft zum Betrug gehören und dass die abgesonderte Behandlung logisch und juristisch nur Schwierigkeiten und Fehler mit sich bringt; falsches Generalisieren ist schädlich, aber falsches Distinguieren vielleicht ebenso.

Aber auch nachdem man aus dem Betrugsbegriffe eine Menge Hineingehöriges ausgeschieden hatte, war der Paragraph über den Betrug noch immer zu lang, und so musste auch die Fälschung hinaus. Die Geschichte dieser Teilung ist genugsam erörtert, hier soll nur nochmals darauf hingewiesen werden, dass vielleicht erst ihretwegen und um einen Unterschied zu konstruieren, das vermögensrechtliche Moment in den Betrug hineingelegt werden musste, und dass konstruktiv absolut nichts gewonnen wurde. Das Verbrechen der Fälschung besteht aus zwei, wenn man so sagen darf, Vorgängen: der Herstellung des Falsifikates und der Gebrauchmachung desselben. Erstere ohne letzterer ist und bleibt straflose Vorbereitungshandlung (s. Liszt[218]) p. 552 Note 6) und letztere ist und bleibt Betrug und nichts anderes, wenn man von dem künstlichen Requisite der Vermögensschädigung und von dem ganz überflüssigen des Vermögensvorteiles absieht. Jeder Zusatz im Strafgesetz, der den Vorteil des Thäters als notwendiges Motiv hervorhebt, ist unnütz. Mit der Absicht, sich zu schaden, handelt nur der Narr, denn selbst wer im höchsten Affekt gegen sich wütet, thut dies nicht, um sich zu beschädigen, sondern um sich augenblickliche Erleichterung zu schaffen, was für ihn ein Vorteil sein soll. Den Vorteil aber auf vermögensrechtlichen einzuschränken ist ganz willkürlich. Es mag vom Standpunkte der Moral und dem der gesellschaftlichen Auffassung einen Unterschied machen, ob einer aus pekuniären Motiven handelte, ja man kann sogar unter Umständen so weit gehen, dass man ein Geschenk von 10 Thalern als tiefe Beleidigung und das eines Blumenstrausses um 10 Thaler als Ehrung auffasst — aber das sind keine juristischen Momente; ob einer betrogen hat, um Geld zu gewinnen, um seine Geschlechtslust zu befriedigen, um eine Stelle zu erlangen, das kann bei der Strafzumessung in Betracht kommen, die Natur

[218]) s. Anm. [2]).

des Verbrechens kann dadurch nicht geändert werden. Es hat fast den Anschein, als ob man Objekt des Delikts und Folge desselben nicht strenge genug auseinandergehalten hätte. Allerdings: wenn der Dieb ein Pferd stiehlt, will er eben das Pferd haben, wenn der A an B einen Mord begeht, so will er dessen Tod haben und wenn der C dem D einen falschen Stein für echt verkauft, will er den Kaufpreis haben — aber Gegenstand des Verbrechens war im ersten Falle das Pferd und im zweiten Falle der Mensch B, im dritten Falle aber die Täuschung und nicht die Kaufsumme, denn die Auszahlung und das Einstreichen derselben war erst eine, vielleicht viel später eintretende Folge der gelungenen Täuschung. Diese Folge kann uns aber für die Fassung des Verbrechensbegriffes ebenso gleichgiltig sein, wie etwa die Frage, was der Dieb mit dem gestohlenen Gelde gethan hat. Das ist beiläufig ebenso, wie Kessler[219]) irrig Liszt »Missbrauch der Sprache« vorwirft, wenn dieser behauptet: »Der Träger des Rechtsgutes kann eine Abstraktion sein — denn der von den Aufständischen überrumpelte Posten ist doch nicht das »Objekt des Hochverrates«.

Was der Grund der Scheidung von Betrug und Fälschung wirklich ist, ob die *publica fides* oder der Kredit oder die Integrität anderer Rechtsgüter, Interesse des Publikums, den Angriffsgegenstand bei der Fälschung darstellen und diese dadurch auszeichnet (vergl. Liszt[220]) p. 540) soll hier nicht untersucht werden. Ausscheiden lässt sich das Moment der *publica fides* und ihre Gefährdung durch gewisse Delikte sicherlich nicht (vergl. Lenz[221]) in der Zusammenstellung der Beglaubigungsmittel). Wo diese verletzt wird, ist sie zwar nicht das Angriffsobjekt, sie wird nur nebstbei bei Begehung des Verbrechens geschädigt, aber hierdurch werden die Vorgänge besonders gekennzeichnet und zusammengestellt. Das Objekt des Angriffes ist nicht immer das die verschiedenen Delikte vereinende oder scheidende; Vereinigung oder Scheidung bewirken auch oft die dabei zu stande kommenden Umstände (Sachbeschädigung und Brandstiftung; Diebstahl und Raub; Tötung und Mord), und so kann es nicht bezweifelt werden, dass Angriffe auf Objekte, die unter einer gewissen staatlichen Autorität zu stande gekommen sind, als juristisch besonders differenzierend an-

---

[219]) s. Anm. [95]). [220]) s. Anm. [2]). [221]) s. Anm. [122]).

zusehen sind. Hierbei muss aber allerdings anders unterschieden werden, als bloss nach der äusseren Form und es darf zu den unter *publica fides* stehenden Objekten nur das gerechnet werden, was wirklich behördliche Autorität geniesst, es muss also vor allem die öffentliche Urkunde von der Privaturkunde geschieden werden. Nur die erstere geniesst eine besondere Autorität, die letztere ist nichts anderes wie jedes andere Beweismittel. Die öffentliche Urkunde verhält sich zur Privaturkunde wie eine staatliche Geldmünze zu einer von Privaten herausgegebenen Wertmarke; äusserlich sind öffentliche Urkunde und Privaturkunde einander ebenso ähnlich, wie die Geldmünze und die Wertmarke, sie unterscheiden sich aber durch staatliche Autorität und haben daher auch strafrechtlich andere Stellung. Ihrem Wesen nach hat die öffentliche Urkunde viel mehr Ähnlichkeit mit der Geldmünze als mit der Privaturkunde und die letztere steht der Wertmarke viel näher als der öffentlichen Urkunde.

Ähnlich verhält es sich mit Grenzzeichen und ähnlichen Besitzstandsmarken; sind sie bloss von den zwei Nachbaren vereinbart und gesetzt worden, so haben sie auch nur privaten Charakter und haben auch keine andere Bedeutung als etwa ein schriftlicher Vertrag; sind sie aber von einer Behörde oder unter ihrer Intervention von den Parteien errichtet und behördlich gezeichnet worden, dann haben sie den Charakter einer öffentlichen Urkunde und auch ihre Verletzung verletzt die *publica fides*.

Wollte man hiernach eine Systematisierung versuchen, so wäre das grosse Kapitel vom Betruge, als der arglistigen, zur Schädigung anderer unternommenen Täuschung in zwei grosse Gruppen von Verbrechen zu teilen und zwar nach dem Umstande, ob dabei in qualifizierender Weise die *publica fides*, die staatliche Autorität und zwar neben dem eigentlichen Angriffsobjekte verletzt wurde oder nicht.

Zur ersten Gruppe würde namentlich gehören:

Betrug unter Amtsanmassung (§ 132 D.R.St.G. und § 199d Ö.St.G.).

Erschleichung des Beischlafes, wenn er durch arglistige Vorspiegelung einer amtlichen Trauung geschah (§ 179 D.R.St.G.).

Münzfälschung.

Kreditpapierfälschung.

Fälschung und Verfälschung öffentlicher Urkunden.

Änderung von behördlich gesetzten Grenzen und Marken.

Änderung behördlich angebrachter Punzen an Wagen, Gewichten, Maassen, Gold- und Silberwaren u. s. w.

Zur zweiten Gruppe gehört:

Arglistige und schädigende Täuschung durch falsche oder gefälschte Privaturkunden, durch gefälschte Waren, Objekte der Kunst- und Wissenschaft, durch Entstellungen und Verbergen bei sonstigem Handel, Erschleichung des Beischlafes ausser den oben genannten Fällen, Grenzänderungen bei Feststellung der Grenze ohne behördliche Intervention u. s. w.

11. Wahrheit und Lüge.

In dem Vorgange bei jedem Betrugsfall liegt eine Behauptung, die denselben für den zu Beschädigenden günstiger erscheinen lässt, als er es wirklich ist. Diese Behauptung geschieht entweder mit ausdrücklichen Worten oder, in verhältnismässig selteneren Fällen durch konkludente Handlungen. Wer einen falschen Wechsel begiebt, behauptet, dass er echt sei, der Beschädigte meint, dass er Geld bekommt, erhält aber ein leeres Papier; wer mit einem Pferde betrügen will, behauptet es sei gut, der Käufer erhält Wertloses und nicht, wie er glaubt, Gutes; wer eine, vom Eigentümer nicht erkannte wertvolle Sache billig erwirbt, behauptet, sie sei nicht mehr wert, der Verkäufer glaubt, gut gehandelt zu haben, hat aber viel zu wenig erhalten; auch wer falsches Geld ausgiebt, behauptet, es sei echt, der Verkäufer hat aber für seine Sache statt des Wertes derselben nichts bekommen u. s. w. So geht es bei jedem Betrugsfaktum, besonders deutlich aber bei dem eigentlichen betrügerischen Handel, Kauf und Verkauf. Anders drückt dies Heilbronner[222]) so aus:

»Im allgemeinen lässt sich behaupten, dass der Verkäufer bei

[222]) Julius Heilbronner, »Der Begriff der Unterdrückung wahrer Thatsachen«. Erlanger Diss. München 1898.

Vollziehung eines Kaufgeschäftes implicite erklärt, dass der Gegenstand solche Fehler nicht hat, für welche der Verkäufer Gewähr leisten muss — also insbesondere nicht verborgene Fehler.« Vergl. hierzu Feige.[223])

Der Umstand, dass bei dem Betrugshergang ein unwahres, schädigendes Behaupten, also ein Lügen, vorkommt, hat Veranlassung gegeben, dass man in dem Lügen allein etwas Strafbares fand und so das »Recht auf Wahrheit« konstruierte, obwohl das Lügen allein lediglich Frage der Moral ist, wenn nicht diesfalls positive Bestimmungen geschaffen wurden (Falscheid, Ehrenbeleidigung u. s. w.). So hatte Cucumus[224]) behauptet, es sei nach dem römischen Recht das *crimen falsi* nicht als Beeinträchtigung sonstiger Rechte durch Betrug, sondern rein als Verbrechen wider das Recht auf Wahrheit aufzufassen. Und anderwärts[225]) deduziert er: es muss ein Recht auf Wahrheit geben, weil sonst die Entstellung derselben nicht der Grund zu einer Verbindlichkeit sein könnte. Dies sei aber nur dann der Fall, wenn es sich um Gründe handelt, durch deren Existenz oder Nichtexistenz die Integrität der Rechtssphäre einer physischen oder juridischen Person bedingt wird. Das war aber nicht bloss eine theoretische Idee, sie wurde auch praktisch durchgeführt und es teilt z. B. Ortloff[226]) mit, dass in einem »sächsischen Lande« oft Anzeigen ob Betrug erstattet wurden, wenn sich Brautleute als Junggesell und Jungfrau angegeben und hatten verkündigen lassen, ohne es zu sein. Aber schon Preuschen[227]) vertrat den Satz, dass es kein Recht auf Wahrheit gebe und meint, dass auch die Gegner dieser Ansicht zugeben, man sei nicht unter allen Umständen verbunden, die Wahrheit zu sagen. Ebenso führt Mittermaier aus, dass es eine übertriebene Zumutung wäre, wenn man (im Civilprozess) von den streitenden Parteien verlangen wollte, dass sie selbst ihre Waffen aus der Hand legen sollten; eine solche Wahrhaftigkeit wäre eine geradezu heroische Tugend, »die man im gewöhnlichen Leben von niemanden verlangen kann und auf die auch keine Partei im Civilprozess

---

[223]) Feige, »Über den Causalzusammenhang der Irrtumserregung und Vermögensbeschädigung beim Betruge«.

[224]) s. Anm. [126]). [225]) s. Anm. [127]).

[226]) Ortloff, »Lüge, Fälschung und Betrug«. Gerichtsaal, (1860), 12. Jahrg. p. 56.

[227]) s. Anm. [186]).

rechne«. Was hier vom Civilprozess gesagt wird, das gilt auch vielfach vom gemeinen Verkehre im Handel und es wäre auch hier »eine heroische Tugend«, wenn jemand auf alle Fehler seiner Ware aufmerksam machen wollte, um ja den Preis soviel als möglich zu drücken. Vergl. hierzu Michel.[228]) Dieselbe Ansicht wurde auch historisch und völkerpsychologisch nachgewiesen. Freund[229]) giebt überreiche Beispiele aus allen erdenklichen Aussprüchen, Sprichwörtern und Ansichten aller möglichen alten und modernen Völker, um zu zeigen, dass es ein Recht auf Wahrheit auch nach dem Empfinden des Volkes nie gegeben hat. Merkel[230]) führt, um zu zeigen, dass es kein Recht auf Wahrheit giebt, den Fall an, dass einer für ein Haus 16000 bietet, weil er glaubt, dass so viel dafür verlangt wird, obwohl es der Besitzer gerne um 12000 hergäbe. Wenn der nun die 16000 nimmt, so ist das natürlich kein Betrug. Und Binding[231]) II p. 564 schliesst endlich: »das seltsame Monstrum des Rechtes auf Wahrheit sei glücklicherweise zu Grabe getragen«.

Aber deshalb, weil es kein Recht auf Wahrheit giebt, ist nicht behauptet und bewiesen, dass die Lüge überhaupt nicht zum Thatbestande des Betruges gehört, sie ist nur ein (unvollständiger) Teil desselben und wird erst in Verbindung mit äusseren, vorgebrachten oder schon vorhandenen und benützten Umständen zur arglistigen Täuschung, die Deliktsmerkmal des Betruges ist. Wenn ich also bloss fälschlich sage, ich hätte eine grosse Erbschaft gemacht, man möge mir Geld zum Stempelzahlen u. s. w. geben, so ist dies blosse Lüge; lege ich aber Vorladungen, gerichtliche Bescheide u. s. w., die meine Behauptung scheinbar unterstützen, vor, dann kann arglistige Täuschung und Betrug vorliegen — es waren also zur arglistigen Täuschung die äusseren, zur Lüge dazutretenden Momente notwendig, um das vollständige Deliktsmerkmal darzustellen. Das hat schon Cucumus[232]) trotz seines »Rechtes auf Wahrheit« gewusst; er sagt: »wenn ich jemandem vorlüge, dass dies silberne Löffel seien, so ist es straflose Lüge, wenn sie unecht waren; drücke ich aber das Zeichen

---

[228]) Otto Michel, Diss.: »Der strafbare Betrug im Civilprozess«. Breslau 1897.

[229]) Leonhard Freund, »Lug und Trug unter den Germanen«. Berlin 1863.

[230]) s. Anm. [58]). [231]) s. Anm. [68]). [232]) s. Anm. [127]).

des Silbers darauf (die Punze) so ist ein äusserlich existierender Grund dazu gekommen, und nun kann es strafbarer Betrug sein.«

Im übrigen wurde die Beantwortung der Frage, wie weit und wann die Lüge strafbar sei, verschieden zum Ausdruck gebracht. So lehrt Merkel[233]): »Bei Erörterung der Frage, inwieweit eine Lüge genügen kann, um den Thatbestand eines Betruges herstellen zu helfen, ist zu berücksichtigen, dass hier (ebenso wie z. B. bei der Erpressung) die Qualität des Mittels einer bestimmten Einwirkung in einem nahen Zusammenhange mit der Qualität der letzteren steht«. Es ist aber schwer zu sagen, worin hier die »Qualität des Mittels« bestehen sollte, wenn nicht dazu kommende, oder dazu genommene äussere Umstände darunter gemeint sind; wenigstens vermag man sich die Qualität der Lüge selbst nicht anders so weit gesteigert denken, dass sie zum Betruge genügen sollte. Es ist daher die Begründung eines Beispieles, das Merkel anderweitig[234]) giebt, nicht richtig; er sagt: »die Lügen der Zigeunerin, Wahrsagerinnen, Kartenaufschlägerinnen u. s. w. sind kein Betrug, da der Zahlende doch weiss, dass die Sachen nicht wahr sein können«. (Ebenso Köstlin.[235])) Dass solche Vorgänge (in der Regel) nicht strafbar sind, ist ohne Zweifel richtig, aber nicht deswegen entfällt Verfolgung, weil niemand die Lügen glaubt. Die Leute glauben doch daran, wie hundertfältige Erfahrung und der Umstand beweist, dass sie immer wieder zu diesen Wahrsagerinnen u. s. w. hingehen — glaubten sie das Gesagte nicht, so wäre das Fragen und Bezahlen einfach unsinnig. Aber gestraft werden diese Vorgänge deshalb nicht, weil bloss gelogen wird, ohne dass äussere Umstände herangezogen werden. Geschieht dies aber, werden z. B. unwahre Briefe, Geistererscheinungen, Stimmen aus der Unterwelt u. s. w. im Laufe einer längeren, zu Ausbeutungszwecken betriebenen Wahrsagerei herangezogen, dann kann der Vorgang sicherlich zum strafbaren Betruge werden; aber eben diese äusseren Umstände müssen zur Unterstützung der Lüge — gewissermassen zu deren Substanzierung — herangezogen werden. — Dies mit der herrschenden Lehre von der *culpa* des Getäuschten oder der *naturalis licentia decipiendi*

---

[233]) s. Anm. [58]). [234]) s. Anm. [53]).
[235]) Köstlin, Abh. 151 d.

(Merkel, Betrug[236]) Abt. II p. 258 und Rechtslexikon[237]) p. 370) zu erklären, geht wohl nicht gut an, da hierzu in irgend einem Rechtsgrundsatz weder Begründung noch Analogie gefunden werden kann.

Hälschner[238]) kommt auf anderem Wege zur Annahme der Notwendigkeit einer besonderen Unterstützung der Lüge: »Niemals kann die Täuschung als Form des Delikts eine so überwiegende Bedeutung erlangen, dass vor ihr der Inhalt des Delikts ganz zurückträte und sein Thatbestand, vom Inhalt völlig abgesehen, in der Form erschöpft wäre ... Strafrechtlich darf also die Wahrheitsentstellung überhaupt nur als Mittel zur Begehung einer strafbaren Rechtsverletzung, niemals an sich selbst als eigentümliches Delikt in Betracht kommen.« Dass die Wahrheitsentstellung als eigentümliches Delikt (ausser bei Falscheid, Ehrenbeleidigung u. s. w.) nicht in Betracht kommen kann, ist richtig, nicht aber, dass sie lediglich »als Mittel zur Begehung einer strafbaren Rechtsverletzung« betrachtet werden kann; das Einbeziehen des Begriffes »Mittel« in dieser Form ist juristisch nicht zulässig: entweder bedeutet es Hilfsmittel, Werkzeug, Objekt, dann gehört es nicht zum Thatbestand (Nachschlüssel, Gift, Zündstoff), oder es stellt einen Teil der Thätigkeit vor, dann ist es Deliktsmerkmal und es wäre doch nicht zulässig, das »Wegnehmen« als »Mittel« zur Begehung des Diebstahls, das »Inbrandsetzen« als »Mittel« zur Brandstiftung zu bezeichnen. Allerdings wird die Lüge nicht ausdrücklich als Deliktsmerkmal des Betruges aufgeführt, wohl aber die arglistige Täuschung und ein Teil dieses Deliktsmerkmales ist die Lüge, die falsche Behauptung. Will man diese oder, wie Hälschner sagt, die Wahrheitsentstellung bloss als Mittel zur Begehung des Betruges ansehen, so wäre es schwer zu sagen, was denn dann der Thatbestand desselben sein soll — dieser bestünde dann häufig nur in der Schlussthat, etwa dem Einstreichen des Kaufpreises für die gefälschte Ware.

Wie die Behauptung gemacht wird, ob *expressis verbis* oder *ex actis* ist natürlich nicht wesentlich: »Ob ausdrückliche Behauptungen gemacht werden oder ob sich das Verhalten des Betrügers dementsprechend gestaltet, ist gleichgiltig; ob also der Juwelier sagt: »dies ist echt« — oder ob er die Sache mit Zeichen des

---

236) s. Anm. 53). 237) s. Anm. 58). 238) s. Anm. 79).

Echten versieht und entsprechenden Preis verlangt, ist ganz dasselbe« (Merkel[239])).

Entschieden verunglückt sind gewisse Versuche, lediglich kasuistisch vorzugehen; so sagt z. B. Berner:[240]) »falsche Versicherungen über die Natur, die Identität, den Ursprung, über das Vorhandensein bestimmter Eigenschaften einer Ware ist betrügerische Täuschung. Wer einem anderen gegen ein Darlehen ein Baugrundstück verpfändet und dabei den Wert des Grundstückes viel zu hoch veranschlagt, betrügt nicht, ... gäbe er aber den Flächeninhalt des Grundstückes zu gross an, übernähme er vielleicht gar die Gewähr für den falsch angegebenen Umfang, so würde er Betrüger sein.« Wie da distinguiert wird, lässt sich schwer sagen; die Grösse eines Grundstückes in bestimmter Lage angeben oder den Wert desselben nennen, dürfte für einen, der sich halbwegs dafür interessiert, ziemlich dasselbe sein, und wer ein Darlehen auf ein Grundstück giebt, interessiert sich doch dafür wenigstens so weit, dass er weiss, wieviel ein Ar eines Grundstückes unter diesen Verhältnissen wert ist: ob er also hört, das Grundstück soll 10000 wert sein oder es ist 1000 Ar gross, bleibt sich gleich. —

Auch fremde Rechte lassen es nicht bei der Lüge allein bewenden. Das französische Recht (Art. 405, der durch den, die eigentliche »*filouterie*« behandelnden Art. 401 ergänzt wird) verlangt zum Thatbestande der *escroquerie* ausdrücklich *maneuvres frauduleuses*; Lügen genügen hierzu nicht, es muss eine *mise en scene* dazukommen (David[241])). Der französische Kassationshof nimmt die *man. fraud.* ziemlich enge gefasst und verlangt bestimmtes Handeln; aber er findet es genügend, wenn ein Dritter, Gutgläubiger mitwirkt (etwa mitbietet) und wenn diese Thatsache vom Verkäufer rasch aufgefasst und ausgenützt wird. — Charakteristisch ist ebenso im englischen Rechte eine besondere Art von Betrug, die *conspiracy*, das betrügerische Zusammenwirken, bei welcher weiterer Thatbestand nicht verlangt wird, weil eben das Vorgehen des einen durch das des andern unterstützt wird. Es genügt also auch hier die blosse Lüge nicht, es muss noch

---

[239]) s. Anm. [53]). [240]) s. Anm. [146]).
[241]) David, »*Etude sur le delit d'escroquerie*«. Paris 1883.

eine Unterstützung derselben durch ein äusseres Moment dazutreten.

Diese Frage, wie der Wert der Lüge bei Beurteilung eines bestimmten Betrugsfalles juristisch zu veranschlagen ist, kommt gerade bei unseren Fällen des Raritätenbetruges am meisten in Betracht. Die Behauptung des Betrügenden geht dahin, dass das Objekt echt sei, dass es von einem bestimmten Verfertiger herrühre, dass es ein gewisses Alter habe, dass es von einem angegebenen Fundorte stammt, dass das ganze Objekt gleichmässiger Provenienz sei, dass es aus dem behaupteten Material bestehe u. s. w. Alle diese Behauptungen sind einfache Lügen und als solche nicht strafbar, gleichviel, ob sie sich auf das Wesen der Verkaufssache oder ihre Form beziehen, auf Haupt- oder Nebeneigenschaften derselben, auf Substanz oder Äusserlichkeiten oder wie die sonst noch beliebten Unterscheidungen heissen mögen. Ebenso ist es gleichgiltig, ob die Lüge raffiniert oder plump ersonnen, ob sie leicht zu entdecken oder überhaupt nicht nachzuprüfen ist, ob sie jeden bestimmen sollte oder bloss einzelne: eine blosse Behauptung zu glauben oder nicht zu glauben ist Sache des Kontrahenten, jeder muss wissen, dass Behauptungen wahr sein können und auch nicht, er trägt den Schaden, wenn er das zweite unbeachtet liess.

Zum Betruge wird der Vorgang auch hier erst dann, wenn der Thäter zur Unterstützung seiner Aussage einen äusseren Umstand dazu treten lässt, wodurch der Handel über das ganz blinde Vertrauen auf fremde Worte hinausgehoben wird. Diese äusseren Momente können verschiedener Art sein:

a) Sie können an der Sache selbst erscheinen; z. B. auf einem Bilde das gefälschte Monogramm eines berühmten Meisters; Abschleifen von Holz an einem gefälschten Möbelstück; Anbringen künstlicher Wurmlöcher und sonstiger Zeichen von Alter; Einschlagen einer Punze u. s. w.

b) Sie werden akzessorisch vorgebracht z. B. Beibringen eines Briefes, der die Echtheit des Objektes bezeugt; Beischaffung von Zeugen, die Falsches bestätigen u. s. w.

c) Sie treten in der ganzen Gestaltung des Herganges, in einem gewissen Arrangement auf: die falsche Truhe wird zu einem Bauer ins Gebirge gebracht, das falsche Steinbeil wird vergraben, das falsche Relief in einem alten Hause eingemauert u. s. w.

Wie weit nun beides zusammen: Lüge und äussere Momente zu gehen haben, das hängt im einzelnen Falle davon ab, ob durch dieses Zusammenwirken eine arglistige Täuschung zu stande gekommen ist. Das Zusammenwirken, also der ganze Hergang ist dasjenige, was hauptsächlich im Auge zu halten ist, es darf weder die Behauptung, die Lüge, noch das äussere Moment herausgerissen und für sich betrachtet werden — es muss beides zusammengehalten und, zum ganzen Vorgang gestaltet, einer Beurteilung unterzogen werden; hierbei müssen nicht bloss die Natur und Kultur des Geschädigten, sondern häufig auch Vorgänge, die sich entlegen von der eigentlichen Betrugshandlung zugetragen haben zum Ganzen vereinigt werden; so wie überall im Strafrecht ist einerseits die strenge Individualisierung des Falles und andererseits das Heranziehen von allen, denselben wirklich beeinflussenden Momenten, auch in unseren Fällen das einzig Richtige und Notwendige.

12. Thatsachen.

Ob die Aufnahme der »Thatsachen« in den Betrugsparagraphen nützlich war, ist zum mindesten zweifelhaft, und Rommel[242]) sagt sicher richtig: »Erregung oder Unterhaltung eines Irrtums zufolge Vorspiegelung falscher oder Entstellung oder Unterdrückung wahrer Thatsachen« lässt sich völlig zutreffend durch »Täuschung« übersetzen.« Ebenso betont Heilbronner[243]) mit Recht, dass im § 263 »wahre Thatsachen« ein Pleonasmus sei; »That« bezeichnet etwas perfekt gewordenes — Faktum — etwas (seiner Entstehung nach) in der Vergangenheit liegendes. Sache ist etwas Vorhandenes. Beide Worte zusammen bezeichnen also alles, was als Ereignis in die Wirklichkeit getreten, und alles,

242) s. Anm. 69). 243) s. Anm. 222).

was wirklich vorhanden ist, also alles Geschehene und alles Seiende. Eine »unwahre Thatsache« ist also ein Unding, folglich »wahre Thatsache« pleonastisch. Ich kann unwahrer Weise eine Thatsache behaupten, die es nicht ist, ich kann aber nicht »unwahre Thatsachen« behaupten.[244])

Hätte der § 263 (freilich mit einer dann nötigen anderen Fassung) das Wort »wahrer« weggelassen, so wäre vielfaches Missverständnis vermieden worden, denn nichts ist in einem Gesetze gefährlicher als Pleonasmus. Wird ein Ausdruck falsch, d. h. nicht in der Bedeutung des allgemeinen Sprachgebrauches verwendet, so hat dies allerdings grosse Schwierigkeiten, die namentlich Geschwornen gegenüber schädigend zu Tage treten; aber schliesslich gewöhnt sich Theorie und Praxis, namentlich die letztere, überraschend schnell an die aufgezwungene Bedeutung, und der Schaden ist, wie vielfache Beispiele zeigen, in der Regel nicht all zu arg. Ganz anders, wenn etwas Überflüssiges im Gesetze steht; da handelt es sich nicht um einfache Umformung eines Begriffes, die dann eine bleibende Auffassung gestaltet, sondern es dreht sich um die Erkenntnis, dass wirklich etwas Überflüssiges gesagt wurde, und diese Erkenntnis wird verhältnismässig schwer gewonnen. Zuerst vermeint man doch, dass jedes Wort im Gesetze etwas bedeuten müsse und so versucht die Wissenschaft alle möglichen Auslegungen, die sich dann in den Köpfen festsetzen und kommt man endlich doch zur Überzeugung, dass das vielgefragte Wort nichts bedeutet, so sind die mehrfachen Auslegungen und Auffassungen aus den Köpfen nicht mehr herauszubringen. In unserem Falle haben sich aber die Schwierigkeiten noch dadurch vermehrt, dass man einen so vielfach gebrauchten und so selten verstandenen Ausdruck, wie »Thatsache« ins Gesetz aufnahm; dadurch kam eine der in modernen Gesetzen so häufigen Erscheinungen zu stande, dass man, dem unwiderstehlichen Definierungsdrange nachgebend, einen, allgemein ganz gut verstandenen Begriff durch einen viel weniger verstandenen zu fixieren suchte. Zweifellos hatte das Gesetz den Begriff der Täuschung vor Augen, welcher als Requisit des Betruges angesehen wurde; dieser, jedermann völlig geläufige und wissenschaftlich scharf fassbare Aus-

[244]) Vergl. auch bei Heilbronner den Unterschied von »juristische Thatsache« und »juristisch eine Thatsache«.

druck schien aber entschieden zu allgemein, und so kam statt desselben die Irrtumerregung oder -unterhaltung durch die verschiedenen Thatsachen, welches Wort vielfach unverständlicher ist als das einfache Wort Täuschung.

Wie das Wort in das Gesetz gekommen ist, zeigt uns Friedsam,[245]) der einen geschichtlichen Überblick über »das Mittel der Täuschung bei Betrug und Fälschung« giebt, und nachweist, wie »Thatsache« zuerst im bayrischen Strafgesetz von 1803 (Art. 256) vorkommt und wie es in die Partikulargesetze überging. War das Wort einmal im Gesetz so musste sich die Wissenschaft damit befassen, und diese hatte mit dem an sich so schwierigen Worte harte Arbeit. Sehen wir uns einige Definitionen, wie sie die Wissenschaft giebt, an.

Liszt[246]) p. 359: Thatsache ist im Gegensatze zu Urteilen, Meinungen, Ansichten des Behauptenden alles, was der Gegenwart oder der Vergangenheit, nicht aber der Zukunft angehört; (ob das Wort in den §§ 131, 186 und 263 wohl die gleiche Bedeutung hat?).

Binding[247]):

Eine Thatsache ist alles, was gewusst werden kann, einerlei ob es der Aussenwelt angehört oder eine Erfahrungsthatsache des Innenlebens ist, einerlei ob es in die Vergangenheit, Gegenwart oder Zukunft fällt.

Merkel[248]) III p. 753 und Hälschner[249]) II p. 261:

Thatsache ist ein äusseres und der Gegenwart angehöriges Verhältnis.

Olshausen[250]) zu § 131 Note 2:

Thatsache ist etwas Vorhandenes oder Geschehenes d. h. alles, was der Gegenwart oder Vergangenheit, nicht aber, was der Zukunft angehört.

Aber in den Definitionen des Wortes Thatsache ist die Verschiedenheit der Ansichten nicht erschöpft. So ist verschiedentlich die Frage aufgeworfen worden, ob in dem gewöhnlichen Begriffe der Thatsache etwas anderes liege, als im Begriffe dieses Wortes, wie es im § 263 vorkommt. Wenn nur die Möglichkeit erwogen werden muss, dass das Gesetz etwas anderes meint, als

---

245) s. Anm. 55). 246) s. Anm. 2). 247) s. Anm. 71).
248) s. Anm. 58). 249) s. Anm. 79). 250) s. Anm. 67).

der Sprachgebrauch, so ist die Situation stets eine bedenkliche, denn hat sich das Gesetz vom gewöhnlichen Sprachgebrauche abgehoben, so ist nirgends die Grenze zu finden, in der der Begriff des fraglichen Wortes liegen soll. So findet z. B. Friedsam[251]), es sei »zwischen dem Begriff der Thatsachen im allgemeinen und dem des § 263 als innerer Unterschied bloss der festzustellen, dass den Charakter des letzteren im Gegensatz zu ersteren etwas Bestimmtes, als Grundlage zu berechtigten Schlussfolgerungen zu dienen Geeignetes bildet. Unter Thatsache im Sinne des § 263 ist daher jeder bestimmte, der Gegenwart oder Vergangenheit angehörige, äussere oder innere Vorgang oder Umstand zu betrachten . . . Die Thatsache muss geeignet sein, das Mittel zu einer besonders geeigenschafteten, mit besonderen Folgen versehenen, mithin zu einer qualifizierten Täuschung zu bilden.«

Der hier gegebene Unterschied zwischen Thatsachen im allgemeinen und denen des § 263 ist schwer zu verstehen; »etwas Bestimmtes« wird wohl jede Thatsache überhaupt bilden, und wie durch diese sonderbaren Thatsachen eine »qualifizierte« Täuschung entstehen soll, bleibt unerfindlich. Wenn Friedsam weiter behauptet, es sei gerade das Wort Thatsache für den Betrugsbegriff von hervorragender Bedeutung geworden, und von seiner engeren oder weiteren Auffassung hänge es ab, ob eine ganze Reihe von auf Täuschung berechneten Handlungen als strafbare Betrugshandlungen zu betrachten sind — so kann dem nur zugestimmt werden. Aber es heisst nichts anderes, als dass durch das unglückliche Wort Thatsache eine Menge von Missverständnissen und Unsicherheiten bereitet wurde.

Dass der von Friedsam behauptete Unterschied besteht, wird keineswegs allgemein zugegeben; so sagt z. B. Olshausen II[252]): Dem Begriffe »Thatsache« selbst wurde eine weitere Beschränkung nicht hinzugefügt; auch ist in keiner Weise ersichtlich, dass man beabsichtigte, ihn nach irgend einer Richtung einzuengen; er ist vielmehr nur in einem Gegensatz zu demjenigen gebracht, was eben nicht ‚Thatsache' ist, so dass deshalb der allgemeine Begriff einer ‚Thatsache' für massgebend erachtet werden muss.«

»Was eben nicht Thatsache ist« — was ist nicht Thatsache,

---

[251]) s. Anm. [55]). [252]) s. Anm. [67]).

was doch bei einem betrügerischen Vorgange relevant sein könnte? Es bliebe nur die Lüge übrig, aber auch diese ist eine Thatsache, ebenso wie Anpreisungen, Beteuerungen, Versicherungen ebenfalls Thatsachen sind. Hälschner [253]) sagt: »Die Vorspiegelung angeblicher Ansichten und Meinungen ist eine Täuschung über Thatsachen; gleichwohl wird sie zum Thatbestande des Betruges nicht genügen, da doch nur eine subjektive Meinung zum Ausdrucke kommt, auf die der andere ja nicht eingehen muss.« Diese Begründung genügt nicht, da doch der vom Gesetze geforderte Thatbestand erfüllt sein kann, und wenn wir alle der Ansicht zustimmen, dass hier strafbarer Thatbestand nicht vorliegt, so beweist dies nur, in welche Schwierigkeiten und Unmöglichkeiten uns das Gesetz hier gebracht hat. Es ist deshalb ein blosses Missverständnis, wenn schon seiner Zeit über das preussische Strafgesetzbuch Goltdammer [254]) meint, es liesse sich nicht verkennen, dass in der besonderen Betonung des Ausdrucks Thatsache durch das Gesetz eine wesentliche Beschränkung in dem Mittel des Betruges liege; dadurch fällt alles weg, was bloss täuschende Anpreisung ist, und jede ausschliessend in die Zukunft fallende Täuschung (z. B. das wissentliche falsche Versprechen künftiger Leistungen).

In letzter Richtung ist die Sache schon längst und wiederholt klar gestellt worden, namentlich von Hälschner, Meyer, Zimmermann; man weiss, dass sehr viele »künftige Momente« nur das Aussehen solcher haben und in Wirklichkeit »gegenwärtige« sind. Wenn ich eine Kuh mit dem Versprechen verkaufe, dass sie künftig stets 8 Liter Milch im Tage geben werde, so habe ich nur versprochen, dass die Kuh derart beschaffen ist, dass man von ihr eine solche Leistung erwarten darf — ich meinte also nur gegenwärtige Verhältnisse.

Was aber die behauptete »wesentliche Beschränkung in dem Mittel des Betruges« anlangt, so müsste dies — wenn es wirklich der Grund war, warum man im Gesetze von Thatsachen sprach — als überflüssig bezeichnet werden, da es doch niemandem einfallen würde, lediglich Beteuerungen als betrügerisches Vorgehen zu bezeichnen. Dass man sich aber nicht viel anderes als »Nicht-

---

253) s. Anm. 79).

254) Goltdammer, Materialien, Teil II. Berlin 1852.

Thatsache« vorzustellen weiss, das zeigen die Beispiele, die diesfalls immer gegeben werden; z. B. Merkel [255]): »Die Wahrheitsentstellung beim Betrug muss sich spezieller auf »Thatsachen« beziehen; dadurch sind Täuschungen über blosse Absichten des Täuschenden, sowie über blosse Ansichten Dritter oder des Täuschenden ausgeschlossen.« Ebenso erklärt Zimmermann [256]), dass unter »Thatsachen« im Sinne des § 263 des Reichsstrafgesetzbuchs auch blosse Absichten über künftige Entschliessungen und Leistungen zu verstehen sind, wofern sie nur nichts physisch oder moralisch oder juristisch Unmögliches enthalten.

Das Widerspiel zeigt sich darin, dass man wiederholt Veranlassung fand, zu erklären, was u. a. auch unter Thatsachen zu verstehen sei, wodurch man wieder zum Widerspruche kommt, dass blosse Lügen wenigstens unter Umständen doch wieder Thatsachen sind; so sagt Rommel [257]): »Zu den »Thatsachen« gehören bestimmte Eigenschaften einer Ware in Bezug auf Qualität, Quantität, Ursprungs- und Produktionsort«, und Kohler [258]): »Zu den Qualitätsangaben gehört auch die Angabe über die Herkunft der Waren und besonders die lokale Herkunft.« Auch Hälschner [259]) findet unter Umständen »Entstellung der Wahrheit« durch Thatsachenänderung für genügend: »Die Handlung des Betruges erfordert in objektiver Beziehung eine Entstellung der Wahrheit und zwar entweder durch Vorspiegelung falscher oder durch Entstellung oder Unterdrückung wahrer Thatsachen.«

Wir stehen also vor dem bezeichnenden Umstande, dass auf der einen Seite behauptet wird: »Thatsachen« stellen den Gegensatz zu blossen Angaben, Lügen und Versprechungen vor — während anderseits ausgeführt wird, dass aber mitunter blosse Angaben, Lügen und Versprechungen doch wieder »Thatsachen« im Sinne des Gesetzes vorstellen. Hiermit soll aber nicht gesagt werden, dass diese Behauptungen unrichtig sind: so wie der Wortlaut des Gesetzes vorliegt, muss es zu derlei widersprechenden Behauptungen kommen; Thatsache ist alles, was geschehen ist, folglich ist auch jede Lüge eine Thatsache. Jede Lüge kann aber unmöglich Betrug sein, und so müssen wir die so vielfach gesuchte Beschränkung der Betrugsmittel nicht in der Anführung

---

255) s. Anm. 58). 256) s. Anm. 152). 257) s. Anm. 69).
258) s. Anm. 124). 259) s. Anm. 79).

des Wortes Thatsache, sondern in einer Beschränkung der blossen Lüge durch äussere, dazukommende Momente suchen, die sie zur schädigenden Täuschung machen.

Die vollen Schwierigkeiten, welche die »Thatsachen« gebracht haben, sehen wir an den Erörterungen über das »Unterdrücken« derselben. Wenn wir unbefangen sagen sollten, was das heisst: eine Thatsache unterdrücken, so würden wir wahrscheinlich erklären, wir vermöchten uns darunter nichts Rechtes vorzustellen, da diese beiden Worte eigentlich eine *contradictio in adjecto* darstellen, sie heissen: etwas Geschehenes ungeschehen machen. Sprachgebräuchlich bezieht sich Unterdrücken auf eine Thätigkeit, es ist gleichbedeutend mit Aufhörenmachen einer Bewegung, Paralysieren einer Kraft, nicht einem Verdecken eines Zustandes. Ich kann eine Blutung, Schmerzensäusserungen, Weinen oder einen Brand, einen Aufstand, eine Seuche unterdrücken, nicht aber einen Fehler eines Pferdes, einen Fleck in einem Brillanten, den Umstand, dass ein Gegenstand nicht von Gold, sondern von Messing ist u. s. w. Diese Umstände kann ich verdecken, verschleiern, unkenntlich machen, verbessern, nie aber unterdrücken. Es giebt ja vereinzelte Fälle, in welchen beim Betruge ein Unterdrücken vorkommen könnte, z. B. beim Verkaufe eines rotzkranken Pferdes ein »Unterdrücken« des verdächtigen Nasenausflusses, beim Verkaufe eines Kohlenwerkes ein momentanes Unterdrücken eines entwertenden Wassereinbruches — aber das sind so wenige Ausnahmsfälle, dass gerade an diese der Gesetzgeber unmöglich gedacht haben kann. Wenn z. B. Berner [260]) p. 569 sagt: Unterdrücken einer Thatsache heisst: sie dem Erkanntwerden entziehen — so entspricht dies einfach nicht dem Sprachgebrauche. Eine Thatsache dem Erkanntwerden entziehen heisst wie erwähnt: sie verdecken, verschleiern, verändern, unkenntlichmachen, nie aber unterdrücken. Ja durch diese Auffassung kann man zu der gefährlichen Folgerung gelangen, etwas als strafbar zu bezeichnen, was es sicherlich nicht ist, bloss weil ein Unterdrücken stattfand, was aber unterdrückt ist, das besteht nicht mehr; ein Aufstand, eine Epidemie, ein Brand existiert nach Unterdrückung nicht mehr. Wenn also in meinem Kohlenbergwerk ein Brand ausgebrochen war und diese Thatsache wurde

---

[260]) s. Anm. [146]).

unterdrückt (wirklich und nicht bloss scheinbar) so begehe ich doch keinen Betrug, wenn ich dann das Werk verkaufe — es wurde aber doch eine Thatsache unterdrückt. Darin hat Berner selbstverständlich recht, wenn er behauptet es sei unter Umständen Betrug, wenn Fehler u. s. w. dem Erkanntwerden entzogen werden — aber sprachlich unrichtig ist es, wenn man dies Unterdrücken von Thatsachen nennt.

Ähnlich wie Berner sagt Olshausen[261]) II: »Eine Unterdrückung wahrer Thatsachen liegt vor, wenn etwas Vorhandenes oder Geschehenes dem Erkanntwerden seitens Dritter entzogen wird (vergl. Schütze[262]) p. 472 Note 9), — und zwar erheischt die Unterdrückung hier ein heimliches Verhalten, weil ohne ein solches die zu täuschende Person an der Benutzung der ‚wahren Thatsachen' nicht gehindert werden kann; sie bezeichnet somit nicht minder wie die Vorspiegelung falscher bezw. die Entstellung wahrer Thatsachen ein Handeln, so dass jenes Thatbestandsmoment durch reine Unterlassung namentlich ein blosses Verschweigen der Wahrheit nicht erfüllt werden kann, da es ein zur Kundgebung der Wahrheit verpflichtendes ‚Recht auf Wahrheit' nicht giebt.«

Auch hier ist alles Gesagte richtig: es muss etwas Heimliches geschehen, es muss gehandelt werden u. s. w. — nur unrichtig ist, dass dies ein »Unterdrücken von Thatsachen« genannt werden kann. — Wie weit dieser missbräuchliche Sprachgebrauch des Gesetzes schon geführt hat, beweisen Emanationen von Praxis und Theorie. Rommel[263]) führt Entscheidungen an, in denen verurteilt wurde, weil Kunstwein für echten, gewöhnliches Bier für Kulmbacher, Butter aus X für solche aus Y, eine nichtträchtige Kuh für eine trächtige verkauft wurde — überall wurden »Thatsachen unterdrückt«! Das Reichsgericht verurteilt den Verkäufer eines Hauses, der die Schäden, die der Hausschwamm angerichtet hatte, zu einer Zeit hatte verputzen lassen, als er noch nicht verkaufen wollte und dann doch verkauft hatte, ohne etwas zu sagen. Dies sei Irrtumserregung bezw. -Erhaltung durch Vorspiegelung falscher und Unterdrückung wahrer Thatsachen! Und Heilbronner[264]) kommt zu dem verzweifelten Ausspruch: »Die

---

261) s. Anm. 67). 262) s. Anm. 157). 263) s. Anm. 69).
264) s. Anm. 222).

tägliche Praxis wird mit Rücksicht auf die Uneinigkeit der Theorie über das Problem von der ,Unterdrückung wahrer Thatsachen' gut thun, wenn sie die letztere selten oder nie für sich allein zum Gegenstande einer Strafklage macht, sondern immer eine Verbindung mit der ,Vorspiegelung falscher Thatsachen' aufzufinden sucht«. — Das heisst aber nichts anderes als eine gesetzliche Bestimmung für die Praxis ausschalten, sie für ungiltig erklären. Wenn man aber auch für diesen Fall dem Autor aus Zweckmässigkeitsgründen recht geben wollte, so ist die Aufstellung eines solchen Grundsatzes theoretisch doch unzulässig — wo käme es, namentlich bei einer Verallgemeinerung desselben endlich hin?

Ich glaube, auch mit diesen Erörterungen nicht über die vorgesteckte Grenze hinausgegangen zu sein, da gerade in unseren Fällen die Entstellung und Unterdrückung von Thatsachen die grösste Bedeutung hat und in keinem anderen Falle bei der Beurteilung der Strafbarkeit dermassen in den Vordergrund tritt, als in den unsrigen. Das meiste, was in dieser Richtung geschieht und die Frage nach Betrug anregt, geht auf Unterdrückung von Thatsachen entweder direkt hinaus, oder es lässt sich mit einigem Drücken und Drehen dahin einschachteln. Alle Embellierungen, täuschende Verbesserungen, Reparaturen, Ergänzungen, alles Beseitigen von Fehlern, Schäden, Kennzeichen, Merkmalen, Zusammenfügen oder Trennen kann als Unterdrückung von Thatsachen bezeichnet werden und schliesslich ist das Beseitigen von altem Schmutz auch noch die Unterdrückung der Thatsache, dass der Gegenstand unrein gewesen ist. Es ist vielleicht nicht zu viel gesagt, wenn behauptet wird, dass gerade wegen des Bestandes der »Thatsachenunterdrückung« im Gesetze für den Raritätenbetrug so unabsehbar viele Schwierigkeiten entstanden sind.

Nur ein Beispiel. Zwei sehr geschickte und geachtete Maler, Vernon und Pata, haben sich angewöhnt, der eine in der Manier von Diaz de la Peña, der andere in der von Courbet zu malen so dass ihre Bilder genau so aussehen, wie die von ihren Vorbildern gemalten. Sie setzen aber beide ehrlich ihre Namen: Vernon bezw. Pata auf ihre Erzeugnisse, und verkaufen dieselben sehr günstig, obwohl ihre Namen noch wenig gesucht sind. Es sind nämlich die Bilder von Diaz de la Peña und Courbet hoch im Werte und da nichts leichter ist, als die auf den Bildern befindlichen Namen Vernon oder Pata zu beseitigen, so thun dies die Händler bei den gekauften Bildern und diese werden nun von den Sammlern nicht als Vernon und Pata, sondern als Peña und Courbet angesprochen, obwohl sie nun gar nicht signiert sind. Zweifellos darf der Händler an seinem Eigentume etwas, wie die Beseitigung der Namen, vornehmen, und da er die Bilder nun unsigniert lässt, und nicht etwa die Namen Peña oder Courbet daraufsetzt, so hat er auch nichts imitiert. Ist das Beseitigen der Namen eine betrügerische Unterdrückung von Thatsachen? Ist der Umstand, dass der Name Vernon oder Pata auf den Bildern stand eine Thatsache? Entspricht es dem Sprachgebrauche, wenn man statt: »die Namen wurden beseitigt« — sagt: »die Namen wurden unterdrückt«?

---

13. Irrtum.

Der Drehpunkt im Vorgange bei jedem Betrug ist sowohl im deutschen als im österreichischen Rechte das Moment des Irrtums: chronologisch vor ihm liegt die Thätigkeit des Betrügers auf Erzeugung, Unterhaltung oder Benutzung des Irrtums, chronologisch nach ihm liegt die Thätigkeit des Getäuschten, der infolge des Irrtums das vom Thäter beabsichtigte Nachteilige vollzieht; der Betrüger zielt auf den Irrtum ab, von dem der Betrüger geleitet wird. Auf ihn gehen auch alle Bestimmungen des Gesetzes aus: was im Gesetze enthalten ist, betrifft nur die Mittel zur Irrtumsentstehung und seine Folgen. Ist aber der Irrtum der Kern des Betrugsbegriffes in gesetzlicher und wissenschaftlicher Hinsicht, so muss er es auch in jedem einzelnen Vorgange sein: ist die Frage des Irrtums richtig erkannt, so ist auch die Bestimmung des ganzen Falles richtig zu machen. Dass gerade in unseren Fällen das Festhalten des Irrtumsbegriffes besondere Schwierigkeiten bietet, hat seinen Grund in den häufig auftretenden Zweifeln, ob gewisse Annahmen und Voraussetzungen, namentlich über die Echtheit des Kaufobjektes schon als Irrtum im strafrechtlichen Sinne zu betrachten sind, wenn sie sich als unrichtig herausgestellt haben.

Die Litteratur über die Frage ist reich, wichtig ist namentlich Savigny [265]), Wächter [266]), Hesse [267]), Weil [268]), Ötker [269]), Gossler [270]), Löffler [271]), Franz [272]), v. Bar [273]), besonders eingreifend ist Zitelmann [274]) geworden, durch welchen eigentlich der Grund zu weiterer Klarstellung gelegt worden ist. Dies war namentlich deshalb notwendig, weil man sich im Laufe der Zeit allzuviel mit der Unterscheidung befasst hat, was für ein Irrtum notwendig sei, um das Requisit der gesetzlichen Bestimmung darzustellen: ob es ein Irrtum in der Haupt- oder Nebensache, im Wesen der Sache oder in ihren Eigenschaften, bestimmender oder motivierender Irrtum u. s. w. sein müsse. Man hatte übersehen, dass das Gesetz hiervon weder ausdrücklich gesprochen noch darauf hingewiesen hat: der Irrtum muss einzig und allein das Schädigende sein, alle anderen Unterscheidungen sind in unserem Falle müssig. Hierin äussert sich die genannte Eigenschaft des Irrtums

---

[265]) Savigny, »System«, III, p. 264, 446.

[266]) Wächter, Gerichtssal, XVI, p. 59.

[267]) Hesse, In Iherings Jahrb., XV, p. 71.

[268]) Weil, Zeitschrift f. Civilrecht, N. F., XII.

[269]) Ötker, »Über den Einfluss des Rechtsirrtums im Strafrecht«. 1876.

[270]) Gessler, Gerichtssaal, X p. 217.

[271]) Löffler, »Schuldformen«. 1895.

[272]) Franz, »Bedeutung des Irrtums im Strafrecht«. 1879.

[273]) v. Bar, Gerichtssaal. 1886.

[274]) E. Zitelmann, »Irrtum und Rechtsgeschäft«. Leipzig 1879. (Es giebt wenige, für den Kriminalisten wichtigere Bücher, als das von Zitelmann, es werden aber auch wenige so selten gelesen wie dieses orientierende Werk. Vor 20 Jahren hat Lammasch darauf (und auf die wichtigen Bücher von James Will, John Austin und Clark) nachdrücklich und in beredten Worten hingewiesen, wie es scheint, ziemlich vergeblich.)

als Drehpunkt der Frage am deutlichsten: hat der Irrtum, auf den der Thäter abgezielt hat, den Schaden hervorgebracht, so liegt Betrug vor, ist der vorliegende Schaden nicht durch den Irrtum erzeugt worden, so kann auch kein Betrug angenommen werden. Es ist daher überflüssig, wenn (z. B. von Merkel [275]) betont wird, es sei Betrug ausgeschlossen, wo die entscheidende Handlung des Getäuschten der Wahrheitsentstellung vorausgeht.

Weitere Schwierigkeiten sind dadurch entstanden, dass statt des wissenschaftlich viel klareren Wortes Täuschung das Wort Irrtum gebraucht wurde, welches mit »Unkenntnis«, »Unwissenheit«, »Fehler« und ähnlichen Begriffen zusammenstösst und sich nicht immer von denselben scheiden lässt. Schon Irrtum und Täuschung ist nicht leicht auseinanderzuhalten, weil Täuschung transitiven und intransitiven Sinn haben kann — ich kann von einem anderen getäuscht werden, ich kann mich aber auch einer Täuschung hingeben, mich selbst täuschen; es kann aber auch beides zusammentreffen: ich kann über etwas schon getäuscht sein und es kann von einem zweiten diese schon vorhandene Täuschung bestärkt oder ausgenützt werden, in welchem Falle die Thätigkeit des zweiten noch immer Täuschung bleibt. Irrtum ist immer subjektiv, er kann erregt und bestärkt werden, er ist aber immer Zustand und als solcher selbst nie Thätigkeit eines anderen. Im gemeinen Sprachgebrauch wird Irrtum und Täuschung nicht immer zusammenfallen, da Irrtum immerhin etwas weiter ist, als Täuschung. Wenn ich bei einer Wegkreuzung statt nach rechts, nach links gehe, so ist das stets Irrtum zu nennen, Täuschung aber nur dann, wenn man mich falsch berichtete, wenn ich durch Schneefall oder andere Veränderungen in der Landschaft falsch aufgefasst habe. Wenn jemand in mir die Vorstellung erregt, dass es heute Freitag ist, obwohl wir Donnerstag haben, so schafft er in mir einen Irrtum; Täuschung wäre es nur, wenn er mich absichtlich zum falschen Glauben bringt. Im strafrechtlichen Sinne dürfte dieser Unterschied niemals zur Geltung kommen, da wir ja stets nur von absichtlicher Thätigkeit sprechen und so wird jeder, der den anderen täuscht, ihn in Irrtum führen, und jeder, der in einen Irrtum geführt wurde, wird auch getäuscht worden sein.

---

[275]) s. Anm. [58]).

Viel schwieriger ist die Scheidung zwischen Unkenntnis und Irrtum; (s. Kap. 14). Hier sei nur erwähnt, dass in Betrugsfällen, in welchen es sich um Unkenntnis oder Unwissenheit handelt, stets eine Umstellung vorgenommen werden muss. Zitelmann sagt mit Recht: »Die *ignorantia* kann nie Ursache (Motiv) eines Willensaktes sein, da das Kausalgesetz nur auf positive Grössen Anwendung findet« — aber so darf die Frage nicht gestellt werden; wenn ich ein krankes Pferd kaufe, weil ich von dessen Krankheit nichts wusste, so war nicht dieses Nichtwissen, diese *ignorantia*, die Ursache, das Motiv meines Kaufes, sondern die positive Annahme, dass das Pferd gesund sei. Wenn ich eine Renaissancetruhe teuer bezahle, weil ich nicht wusste, dass der grösste Teil neu dazu gemacht wurde, so kaufte ich nicht deshalb, weil ich nicht wusste, dass die Truhe nicht ganz echt ist, sondern ich kaufte in dem Glauben, dass die Truhe echt sei. Das ist auch die Erklärung zu einer Konstruktion, die Zitelmann dann weiter vornimmt: »wenn ich wüsste, dass auf mich jetzt ein Raubanfall geschehen soll, würde ich nicht ruhig weiter schreiben. Wenn mich aber jemand fragt: ‚warum schreibst du?' so werde ich nicht sagen: ‚weil ich nicht weiss, dass auf mich ein Raubanfall geschehen soll'. Die Abwesenheit einer Vorstellung wird dann Motiv eines Willensakts genannt, wenn das Vorhandensein dieser Vorstellung die den Willensakt herbeiführenden Motive in ihrer Wirksamkeit gehemmt hätte«. Die Sache steht einfach so, dass auch hier erst ins Positive umkonstruiert werden muss und zwar eben in Befolgung des Zitelmannschen Satzes: *ignorantia causa agendi esse nequit.* Ich schreibe, weil ich schreiben will oder muss und ich höre auf, weil dieser oder jener positive Grund mich dazu veranlasst. Warum ich nicht aufhöre, das hat unendlich viele Ursachen, denn die Negation an sich ist ∞.

Aus dem Versäumen dieses, stets und unbedingt notwendigen Umkonstruierens vom scheinbar Negativen ins Positive erklären sich viele Fehler. Wenn z. B. Berner[276]) sagt: »auch die Entziehung einer Chance, welche ein Vermögensrecht bildet, ist eine Vermögensschädigung, z. B. der Verkauf eines schon wertlosen Lotterieloses« — so ist das nicht genau richtig. Nicht deshalb wird hier der Verkäufer gestraft, weil er den Käufer um eine

[276]) s. Anm. [146]).

Chance, sich zu bereichern gebracht hat, sondern weil er ihm etwas ohne Wert verkaufte, wobei der Käufer im Irrtum war, er kaufe ein Wertobjekt. Noch nicht gezogene Lose haben Markt- ja Kurswert, gezogene Lose ohne Treffer sind wertlos. In der von Berner ausgedrückten Allgemeinheit wäre der Satz gefährlich. Die positive Form von Berners Behauptung ist bloss scheinbar, eigentlich ist gemeint: das Nichtermöglichen des Gewinnes sei strafbar, was direkt in das Verkaufen von etwas Wertlosen umkonstruiert werden muss.

Nicht Konstruktionsfehler sondern Nichtbeachten des Thatsächlichen liegt bei gewissen Erörterungen über das sogenannte passive Verhalten beim Handel vor. Merkel[277]) sagt: »Die blosse Benutzung eines fremden Irrtums, den man nicht bestärkt oder unterhält, genügt nicht« — freilich, aber dann lässt sich auch kein Vorgang denken, welcher die Frage nach vorliegendem Betrug rege machen kann. Derartiger Betrug mit Benutzung fremden Irrtums kann der Natur der Sache nach, bloss beim Handel vorkommen; wenn aber der eine, der etwa einen Handel abschliessen könnte, gar nichts thut, dann entfällt allerdings jeglicher Betrug, aber es kann überhaupt kein Handel zu Stande kommen. Wenn ich bei jemanden ein sehr wertvolles Bild sehe, für welches er irrtümlicher Weise einen verschwindend kleinen Betrag verlangt und ich thue gar nichts, um seinen Irrtum zu bestärken oder zu unterhalten, so kann unmöglich ein Geschäft, also auch kein Betrug zu Stande kommen. Benehme ich mich nun der Wahrheit gemäss und zeige z. B. nur durch erfreute Miene, dass der andere sich im Irrtum befindet, so wird er seinen Irrtum einsehen und das Bild nicht mehr hergeben. Benehme ich mich aber so, dass der Handel zu Stande kommt, so muss auf meiner Seite eine Täuschung des anderen naturnotwendig unterlaufen sein. Ich muss, will ich anders das Bild bekommen, eine gleichgiltige Miene annehmen, vielleicht sogar den ohnehin minimalen Preis noch herabzuhandeln suchen und schliesslich den Preis bezahlen. Hierin liegt aber zweifellos Täuschung; durch mein ganzes Auftreten muss der Irrtum, in dem der Verkäufer befangen war, bestärkt werden, er muss glauben, dass es sich um ehrlichen Handel dreht, d. h. dass

---

277) A. Merkel, »Lehrbuch des deutschen Strafrechts«. Stuttgart 1889.

ich ebenfalls das Bild nicht wesentlich höher bewerte als er, er wird beruhigt und kommt in seinen Irrtum nur noch mehr hinein. Ob in solchen und ähnlichen Fällen wirklicher Irrtum vorliegt und ob der Hergang strafbar ist, soll später erörtert werden, hier genügt es festzustellen, dass rein passives Verhalten beim Handel nicht denkbar ist.

Anders sucht sich Glaser[278]) zu helfen: »Wenn mir jemand, ohne den Fehler meines Pferdes zu kennen eine viel zu grosse Summe anbietet und ich nehme sie, ohne etwas zu sagen an, so ist das nicht Betrug, weil dem Irrtum des Bietenden gegenüber mein Verhalten lediglich passiv war; meinem Vorteil (und des anderen Nachteil) gegenüber bin ich allerdings nicht passiv, da ich mit der Annahme der geschäftlichen Offerte eine wesentliche Bedingung für den Eintritt des Vorteils und Schadens herstelle«. Das ist nur scheinbar richtig, denn die Trennung meines Verhaltens gegenüber dem fremden Nachteil lässt sich von meinem Verhalten gegen den Irrtum nicht trennen, es handelt sich nur um mein Verhalten als Ganzes in Rechnung auf den Irrtum des anderen. Wenn er mir eine viel zu grosse Summe bot, weil er das Pferd für fehlerfrei hielt, so muss er in dem Irrtum, das Pferd sei so beschaffen, unbedingt bestärkt werden, denn er darf annehmen, dass ich z. B. die Bestimmungen über die Gewährsmängel, das Strafgesetz u. s. w. kenne, und das Geld nicht nehmen werde, wenn das Pferd nicht wenigstens annähernd diese Summe wert wäre. Ich habe mich also nicht passiv verhalten und seinen Irrtum bestärkt. — Wie wenig hier differenziert wird, zeigt die Zusammenfassung zweier, gar nicht zusammengehöriger Beispiele bei Schwarze[279]): »wenn A in dem ausgesprochenen Irrtum, dass ein Bild das Werk eines grossen Meisters sei, dem Eigentümer eine unverhältnismässig grosse Summe anbietet, wenn der Verkäufer dem Käufer eines Staatspapieres ohne dessen besondere Empfehlung verschweigt, dass man ein Sinken der Kurse erwarte . . . . so liegt für den Empfänger keine Verpflichtung ob, den Irrtum aufzuklären — er liess den Irrtum unberichtigt, ohne ihn zu veranlassen oder ihn durch bestimmte Erklärungen zu befestigen. Erst das ‚unterhält' bringt den Irrtum in Verbindung

---

[278]) s. Anm. [57]). [279]) s. Anm. [66]).

mit der Thätigkeit des Empfängers und stellt die ursächliche Verbindung zwischen ihr und der Vermögensbeschädigung dar.«

Bezüglich des Bildes gilt das früher Gesagte, was aber das Beispiel mit dem verkauften Staatspapiere anlangt, so gehört dasselbe gar nicht hierher, da man hier unmöglich von einem Irrtum sprechen kann. Vor allem weiss der Verkäufer gar nicht, ob »man« recht hat, wenn »man« ein Fallen des Kurses erwartet — er kann ebensogut steigen, und wenn man das so genau wüsste, dann gäbe es kein Spekulieren. Aber selbst wenn das Fallen sehr wahrscheinlich wäre, wenn sich die politischen Konstellationen z. B. so gestaltet haben, dass ein Fallen der Kurse unausweichlich ist, so läge auf seite des Käufers noch immer kein Irrtum, sondern eine Unkenntnis vor, und die zu korrigieren, dem Käufer ein Privatissimum über die momentanen politischen Verwicklungen zu halten, dazu ist allerdings niemand verpflichtet. Aber dieser Umstand darf nicht allzusehr verallgemeinert werden, wie es häufig geschieht; so lehrt z. B. Olshausen [280]) II.: »das blosse Vorliegen eines Irrtums auf seite eines Dritten und seine Benutzung durch den Thäter genügt aber nicht, vielmehr ist erforderlich, dass letzterer ‚einen Irrtum erregt oder unterhält'; doch reicht auch die hierin liegende Täuschung eines Dritten durch den Thäter nicht hin, vielmehr muss die Täuschung in bestimmter Weise verursacht worden sein«. Hier muss allerdings gefragt werden, was man unter dieser »bestimmten Weise« verstehen soll? Es bleibt doch am einfachsten, wenn man erklärt, die Täuschung muss schädigenden Irrtum hervorgerufen haben. So kann man dann eine, unbedingt richtige Darlegung Kohlers [281]) praktisch verwendbarer machen; er sagt: »man kann niemandem Betrugsvorwurf machen, wenn er sich bezüglich dessen, was er vorhat in Nebel hüllt oder Irrtum verbreitet . . . aber es muss diese Täuschung über Spekulationsabsichten geschieden werden von Täuschung über objektive Thatsachen, die allerdings strafbar ist«. Es kann nicht bezweifelt werden, dass niemand verpflichtet ist, seine Spekulation überhaupt oder richtig bekannt zu geben. Wenn z. B. einer ein Grundstück zum Bau einer erträgnisreichen Fabrik zu erwerben gedenkt und er erklärt dem Käufer, er wolle dasselbe als Kartoffelacker haben, so kann ihm das nicht verübelt werden,

---

[280]) s. Anm. [67]). [281]) s. Anm. [124]).

denn gäbe er die wahre Absicht kund, so würde der Verkäufer sicherlich mit dem Preise in die Höhe gehen; der Käufer ist aber nicht verpflichtet, dem Verkäufer gewissermassen einen Anteil von dem mit der Fabrik zu erzielenden Gewinne abzugeben. Und dies ist der Grund, warum sein Vorgehen nicht strafbar ist: er erregt allerdings in dem Verkäufer einen Irrtum über die Verwendung des zu verkaufenden Grundstückes, aber der Irrtum ist kein schädigender, es wird nur Schaden für den Käufer und ganz unberechtigter Nutzen für den Verkäufer verhindert. Die Unterscheidung von Spekulationsabsichten und Thatsachen ist nicht zulässig: Absichten sind selbstverständlich keine Thatsachen, die Absichten sind aber auch gänzlich wirkungslos, wenn sie nicht äusserlich vortreten, giebt aber jemand seine Absicht kund, so ist dies Kundgeben eine Thatsache. Dass einer gesagt hat: »ich habe die Absicht so und so zu spekulieren« ist eine Thatsache und nur dies, nicht sein innerliches Vorhaben kann Gegenstand einer Erörterung sein, es ist also auch nur da ein Täuschen denkbar und da liegt kein Unterschied gegen »objektive Täuschung« vor. Das hat eigentlich Merkel[282]) angedeutet: »die näher charakterisierte Wahrheitsentstellung kommt nur in Betracht insofern sie einen ‚Irrtum erregt oder unterhält', also einen Einfluss auf die Vorstellungen des anderen ausübt und insofern sie auf diese Wirkung berechnet ist«. Es fehlt nur der Satz: »und kausal mit dem erfolgten Schaden ist«.

Wie weit abseits ein Verkennen von Grundsätzen gerade hier führen kann, beweist eine alte Aufstellung von Benesch[283]), der keinen Betrug findet:

1. Wenn der eine Kompaciscent durch Vorspiegelung falscher Nebenumstände unbedingte Bewegungsgründe zu diesem Vertrage veranlasst.
2. Wenn der Irrtum über augenfällige Fehler benutzt wird.
3. Wenn Unwissenheit und Irrtum benutzt wird um den anderen sogar über die Hälfte zu verkürzen, weil hierüber in dem Civilrechte vorgesehen ist.

---

282) s. Anm. 58).

283) Benesch, »Theoretisch-praktische Erläuterungen über den Betrug nach dem XXIV. Hptst. des österreichischen Strafgesetz, I. Teil«. In »der Jurist«, 12. Bd., 1844, p. 217.

Benesch giebt aber (p. 243) einen Fall an, wo es Betrug wäre, wenn ein Kaufmann einer Frau einen Wiener Shawl als englischen um 100 Fl. verkauft hätte; er stellt aber seine Behauptungen so, dass einer wegen Betrug gestraft werden kann, wenn er weniger, i. e. nicht *ultra dimidium* betrogen hätte, dass er aber bloss civilrechtlich haftbar bleibt wenn er viel ärger dreingegangen ist und über die Werthälfte betrogen hat. Allerdings schrieb Benesch nur über das österreichische Strafgesetz von 1803, in welchem die blosse Benutzung eines nicht vom Benutzenden selbst bestärkten oder unterhaltenen Irrtums durch die Fassung des Begriffes vom Betruge ausgeschlossen ist (Merkel [284])), und bei welchem es notwendig war, besonders zu bemerken (Gryziecki [285])), dass »Täuschung auch vorliegt, wenn erst durch das täuschende Handeln der, bereits in schwächerem Grade bestehende Irrtum des anderen die erforderliche Festigkeit erlangt, also bestärkt, oder aber das frühere Aufhören desselben verhindert, also der Irrtum unterhalten wird«.

---

14. Unkenntnis des Verkäufers.

Die Schwierigkeiten, die sich bei der Frage ergeben, wann der Käufer betrügt, der dem Käufer einen gefälschten, entstellten oder sonst minderwertigen Gegenstand der Kunst u. s. w. als echt u. s. w. verkaufte, sind verschwindend klein gegen die Schwierigkeiten über die Frage, von wann an Strafbarkeit des Käufers eintritt, der eine von ihm als wertvoll erkannte Sache dem Eigentümer, der von dem Werte nichts weiss, billig abkaufte. Um diese Frage dreht sich ein grosser Teil des Handels mit Raritäten, da dieser seiner ganzen Natur nach eigentlich fast nur durch gelegentliche besonders günstige Einkäufe bestehen kann. Im allgemeinen handelt es sich hier um verhältnismässig hohe Werte und um ziemlich bedeutende

---

[284]) s. Anm. [58]). [285]) s. Anm. [87]).

Kenntnisse, die sich auf die verschiedensten Gebiete erstrecken müssen; es werden technische Kenntnisse im allgemeinen und fachtechnische im besonderen, archäologisches und kunsthistorisches Wissen der verschiedensten Art, Aufmerken und Herausfühlen der herrschenden und der kommenden Mode, Überblick auf den augenblicklichen Einkaufs- und Verkaufsmarkt und was fast das Wichtigste ist, psychologischer Scharfblick auf Käufer und Verkäufer erfordert, und wenn der Händler das nicht besitzt, so bezahlt er den Mangel mit schwerem, baren Geld. Ein einziger ungeschickter Einkauf kann das Ergebnis des bürgerlichen Gewinnes einer langen Zeit kosten, und wird er einmal betrogen, so darf er nicht einmal davon reden, weil er doch nur Spott der Konkurrenten erntet und was noch wichtiger ist, Ansehen bei den Kommittenten verliert; der richtige Händler muss vor allem in den Ruf kommen, er sei unfehlbar, er besitze »untrüglichen Scharfsinn, eine vollkommen verlässliche Nase« — hat er das nicht, so verliert er den grössten Teil seiner Klientel, deren prunkhafte Kenntnisse in der Regel nur auf der Verlässlichkeit ihres Lieferanten beruhen; diese darf daher um keinen Preis geschädigt werden, am wenigsten durch einen Prozess, in dem er voraussichtlich nichts ausrichtet. Ist der Händler also noch so arg betrogen worden, so kann er nichts thun, als schweigen und zusehen, wie er den Schaden bei einem gelegentlichen »billigen, guten Kauf« wieder hereinbringt, d. h. er muss trachten eine wertvolle, teuer zu verkaufende Sache bei jemanden billig zu bekommen, der den Wert derselben nicht kennt.

Nicht viel anders gestaltet sich die Frage bei den Sammlern selbst. Diese sind in zwei Gruppen zu teilen; die eine besteht aus wohlhabenden und reichen Leuten, welche entweder die Bestände ihrer Sammlungen oder nur gelegentlich ein Stück zur Ausschmückung ihrer Wohnung u. s. w. bei den Händlern erwerben. Um selbst bei den Besitzern, also aus erster Hand zu kaufen, sind sie entweder zu bequem oder zu unwissend. Diese Gruppe kommt für unsere Frage ausser Betracht. Die zweite Gruppe besteht aus Liebhabern mit entweder wirklichem oder eingebildeten Verständnis, die entweder aus Passion am Herumstöbern und Selbstentdecken und Selbsterwerben, oder weil sie nicht Geld genug haben, um beim teuren Händler zu kaufen, direkte bei den Leuten die »Etwas« haben, suchen und kaufen. Beim Händler kaufen diese Sammler nur, wenn dieser ihnen gegenüber die Rolle des Privaten spielt, d. h.

wenn sie bei ihm etwas Wertvolles entdecken, dessen Bedeutung der Händler selber nicht kennt und es auch billig abgiebt. Beiden Sorten dieser zweiten Gruppe liegt daran, möglichst billig zu kaufen: den Wohlhabenden, die aus Sport selber suchen, weil das »Billigkriegen« eben zum Sport gehört und vom »Kennerblick« zeugt, den nicht Wohlhabenden, weil sie sonst nicht kaufen könnten und doch etwas schönes haben möchten. Gerade unter den zuletzt genannten sind die meisten wirklichen Kenner, die das Schöne finden und sicher erkennen, diese müssen aber erklären: »wenn man nicht billig kaufen darf, so hört das Sammeln auch auf«, und so suchen und kaufen sie bei Leuten, die noch gute alte Sachen haben, um Spottgeld ein, d. h. sie bereichern sich in oft recht erheblicher Weise zum Nachteile von mitunter armen Leuten. Was da geleistet wird, grenzt an das Unglaubliche; am ärgsten war es zu jener Zeit, als das sogenannte »altdeutsch«, Renaissancesachen, eben erst modern zu werden begann; später, etwa 1875—1895, wussten die Leute, wie teuer ihre Sachen sein können und so wurden »Gelegenheitskäufe« selten. Jetzt, als Empire und Secession modern, und Renaissance vernachlässigt wurde, haben gewisse Leute ihren Vorteil wahrgenommen, sie wissen, dass »altdeutsche« Sachen nicht gesucht sind, es aber unbedingt wieder sein werden und so mehren sich diese »glücklichen Erwerbungen« wieder sehr stark. Was da in Sammlerkreisen, oft mit grösstem Stolz mitgeteilt wird, erzählt man entweder ganz harmlos, ohne daran zu denken, dass da etwas Unerlaubtes unterlaufe, etwa so, wie man beim Pferdehandel die ärgsten »Trics« rühmend und brüstend ungestört sagt, oder es werden Entschuldigungsgründe angeführt. Meistens der schon erwähnte »sonst hört das Sammeln sofort auf« — oder »thu ichs nicht, so thuts ein anderer« — oder »es ist doch besser, das Objekt wird gerettet und der Eigentümer erhält wenigstens einige Gulden, als dass es die Kinder zerreissen oder dass es sonst wie zu Grunde geht« — oder »ja wenn der Eigentümer nicht mehr verlangt, so bin ich doch nicht verpflichtet, ihm mehr aufzudrängen« — oder wie die Entschuldigungs- oder Beschwichtigungssätzchen sonst noch lauten mögen. Thatsache ist es, dass alljährlich Werte in ganz bedeutender Höhe aus den Händen von zumeist unbemittelten Leuten in die oft wohlhabender Sammler um geringe Preise übergehen, so dass es sich der Mühe lohnt, einmal nachzusehen, ob alle diese Vorgänge als straflos zu betrachten sind, zumal dieselben in der Wissenschaft regelmässig kurz und, ich möchte fast sagen, ablehnend behandelt werden. So sagt Mittermaier[286]): »denke man sich den Fall, dass jemand einem anderen eine Sache um geringen Preis zum Kauf anbietet, der Käufer bemerkt bald, dass der Verkäufer den Wert der Sache nicht kennt. Soll er strafbar sein, wenn er den Kontrahenten nicht auf den hohen Wert, den er wohl kannte, aufmerksam macht?« Ebenso Kohler[287]), der ausdrücklich unsere Beispiele anführt: »Jemand erkennt den als unecht angebotenen Stein für echt, die Geige als unschätzbaren Guarneri, die Handschrift als wichtiges Palimpsest — oder ein Los als schon mit grossem Treffer gezogen.« Letzterer Fall sei zweifellos Betrug; ebenso beim Stein, anders bei Bild, Geige, Handschrift da der Verkauf derselben nicht die »Erklärung« involviert, es handle sich nicht um Echtes. Zudem riskiere der Käufer - noch viel, da die Sachen doch nicht echt sein mussten, es bedarf Reparaturen und Reinigungen u. s. w. So allgemein ausgedrückt, ist die Behauptung, dass da kein Betrug vorliegt, sicherlich nicht richtig. Die genannte »Erklärung« ist nicht massgebend und die übrigen Gründe, warum kein Betrug begangen wurde, beweisen nichts, weil wir sie ganz gut eliminieren können, ohne dass das Wesentliche des Falles leidet: nehmen wir an, die Verkaufssumme sei ein Spottpreis, dann riskiert der Käufer nichts, denn ein Bild, eine Geige u. s. w. an sich hat er ja doch bekommen; die Reparaturen und Reinigungen können minimal und die Sicherheit des Käufers, er habe etwas Echtes, hoch Wertvolles bekommen, kann als absolut angenommen werden, dann entfällt das alles, und der Vorgang bleibt nicht nur derselbe, sondern das bedenkliche Gebahren des Käufers erscheint noch krasser.

Aber nicht bloss die Juristen finden in solchen Vorgängen selten etwas Strafbares, auch im grossen, gebildeten Publikum steigt fast nie diesfalls ein Bedenken auf. Nur ein Beispiel sei erwähnt, das u. a. Melingo[288]) erzählt. Vor etwa 90 Jahren entdeckte man nach dem Tode des Direktors der Louvre-Gallerie den Abgang

---

[286]) Mittermaier, In »Über die richtige Begriffsbestimmung der Verbrechen des Betruges«, in Demme und Klunges Fortsetzung von Hitzigs Annalen, 1838, VI, p. 11 ff.

[287]) s. Anm. [124]). [288]) s. Anm. [17]).

eines unschätzbaren Bildes von Rafael und konnte endlich feststellen, dass es vor längerer Zeit an den Direktor der schönen Künste, Marschall Soult gesendet worden war, der davon eine Kopie machen lassen wollte. Aber Soult war gestorben, seine Bilder waren verauktioniert worden und das Rafaelbild war weder im Nachlasse von Soult zu finden, noch im Auktionskatalog verzeichnet. Endlich fiel es dem neuen Direktor auf, dass in diesem Katalog »ein Bild italienischer Schule« verzeichnet stand, das ein kleiner Händler um 75 Fr. erstanden hatte. Er ging zu dem Händler, stöberte in seinem Laden und fand richtig den verlornen Rafael, den er um — 250 Fr. zurückerwarb.

Dieser Fall wurde in Kreisen, die sich um solche Dinge interessieren, vielfach besprochen und kritisiert: man schimpfte über die Lotterwirtschaft, einen Rafael so ohne weiteres auszuleihen, man schimpfte über den alten Direktor, der das Bild weggegeben und über Soult, der das Bild genommen hatte, man schimpfte über die Leute von der Auktion, die das Bild nicht erkannt hatten — man erhob den neuen Direktor über die Wolken wegen seines Scharfsinnes und seiner Geschicklichkeit, mit der er das Bild zurückerobert hatte, aber kein Mensch gedachte des armen Händlers, dem man ein Bild von unschätzbarem Wert um 250 Fr. herausgelockt hatte. Er hatte ehrlich und rechtlich unangreifbar den Rafael allerdings um nur 75 Fr. erworben, aber nun war er rechtmässiger Eigentümer dieses grossen Schatzes, und niemand, auch der Direktor der Anstalt, der das Bild gehört hatte, war berechtigt, ihn darum zu bringen. Wenigstens ist die Frage hiernach wert, genau erörtert zu werden.

Wir haben von Zitelmanns[289]) Feststellung auszugehen: »Unwissenheit und Falschwissen sind konträre, Unwissenheit und Vorstellung kontradiktorische Gegensätze.« Merkel[290]) lehrt nun: »Thatbestand des Betruges ist nicht erfüllt, wenn einerseits ein blosses Verschweigen von Thatsachen, andererseits ein aktives Verhalten vorliegt, welches auf Irreführung des anderen nicht angelegt ist« (von Kien[291]) so ausgedrückt: »wenn ich mein Über-

[289]). s. Anm. [274]). [290]) s. Anm. [53]).

[291]) Kien, »Beiträge zur richtigen Bestimmung und naturgemässen Entwicklung der Theorie über das Verbrechen des Betruges und der Verfälschung«. Neues Archiv des Kriminalrechts, Bd. I Nr. 5 u. 8.

gewicht an Kenntnissen insoferne benütze, dass ich selbige dem anderen nicht mitteile, der mit mir in Rechtsverhältnisse treten will, weil er sonst auf die von mir beabsichtigte Weise das Geschäft abzuschliessen unterlassen würde.«)

»Es ist daher kein Betrug, wenn der Verkäufer von Staatspapieren dem Käufer gewisse Umstände verschweigt, aus welchen er folgert, dass der Kurs der Papiere bedeutend heruntergehen werde; wenn der Käufer eines Grundstückes von einem in diesem verborgenen Schatze weiss und dem Verkäufer keine Mitteilung macht; wenn der Käufer eines Rembrandtschen Bildes den Verkäufer in dem Irrtum lässt, dass das Bild von einem obskuren Meister herrührt u. s. w.«

Ich glaube, dass diese Fälle nicht nur nicht unter sich gleichartig behandelt werden dürfen, sondern dass auch bei jedem derselben wieder unterschieden werden muss. Vor allem gehört der erstgenannte Fall nicht hierher. Der Kauf von Wertpapieren (Merkel meint wohl nicht bloss Staatspapiere) ist nicht Gebrauchskauf, sondern Spekulationskauf. Wenn ich mir einen Rock kaufe, so will ich ihn zum Gebrauche, und will gerade diesen Rock haben, weil ich einen solchen brauche und wenn ich ein Buch »über den Betrug« kaufen will, weil ich es brauche, so nehme ich keines über Bienenzucht. Ganz anders aber, wenn ich ein Wertpapier kaufe, da handelt es sich stets um eine gewisse Spekulation. Ich will nicht gerade Gläubiger des Staates oder einer bestimmten Eisenbahngesellschaft werden, ich will auch nicht gerade Miteigentümer eines Kupferbergwerkes oder einer Farbenfabriksunternehmung werden: ich will ein sicheres, ertragendes und im Werte steigendes Papier haben. Und wenn ich mich darauf kapriziere, Aktien der X-er Brückenbaugesellschaft zu kaufen, so thue ich das nicht, weil ich mich für Brückenbau interessiere, sondern weil ich auf die Sicherheit, Ertragsfähigkeit und Steigerung dieser Papiere spekuliere. Wenn also, um zu Merkels erstem Beispiele zu kommen, zwei um Aktien eines Steinkohlenbergbaues handeln, so kaufen und verkaufen sie nicht ein Stückchen jener Steinkohlengruben, sondern sie spekulieren auf die Aussichten jenes Bergbaues und beim Spekulieren braucht natürlich keiner dem anderen sein besseres Wissen und Kennen zu offenbaren. Also dieser Fall gehört nicht hierher. — Anders ists beim Grundstück mit dem Schatz und dem Rembrandtbilde. Wenn ich mehr

Kenntnisse, mehr Erfahrung, mehr Scharfblick und mehr Energie habe als ein anderer, so darf ich dies auch zu meinem Vorteile i. e. zu des anderen Nachteil ausnützen und bin auch nicht verpflichtet, ihm von meinen Kenntnissen, meiner Erfahrung u. s. w. etwas mitzuteilen; ich nütze sie aus, und darin liegt der gesunde, und die Allgemeinheit fördernde Egoismus im offenen Kampf ums Dasein. Aber: da sind nur innere Momente ausgenützt, äussere müssen ausser Spiel bleiben, keiner darf zum Nachteil des anderen ein besonderes, näheres Verhältnis, in welchem er zur betreffenden Sache steht, ausnützen, und in dieser Relation zur Sache liegt das unterscheidende Moment zwischen Strafbarkeit und Nichtstrafbarkeit. Wenn ich also z. B. bei einem Grundstücke vorbeigehe und etwa aus alten Mauerresten auf das Vorhandensein eines geheimen Ganges schliesse, an dessen Ende ein Schatz verwahrt ist, oder wenn ich beim Durchsehen alter Schriften eine Mitteilung über einen in jenem Grundstücke verborgenen Schatz entdecke — weiters, wenn ich gelegentlich eines anderen Kaufes bei einem Trödler oder bei einem Besuche im Besitze eines Privaten ein Bild entdecke, das ich als sehr wertvoll erkenne: in allen diesen Fällen darf ich das Grundstück beziehungsweise das Bild erwerben, ohne etwas von meiner Kenntnis sagen zu müssen und ohne mich deshalb eines Betruges schuldig zu machen.

Wenn ich aber irgendeine nähere Relation zur Sache habe, wenn ich also z. B. das fragliche Grundstück in Pacht hatte und infolgedessen den erst zu hebenden Schatz entdeckte, oder wenn ich das Zimmer, in welchem das bewusste Bild gehangen ist, gemietet, somit Zeit und Gelegenheit hatte, dasselbe auf seinen Wert zu untersuchen, dann habe ich nach österreichischem und nach deutschem Rechte einen Betrug begangen. Nach österreichischem Strafgesetz, weil ich durch eine listige Handlung eines anderen Unwissenheit benutzt habe, nach deutschem Strafgesetz, weil ich in ihm durch Entstellung wahrer Thatsachen einen Irrtum erregt habe; (alle anderen Merkmale sind ja zweifellos vorhanden). Selbst wenn ich gar nichts weiter gethan habe, als dass ich zum Eigentümer sagte: »ich kaufe Ihnen Ihr Grundstück, Ihr Bild ab — was kostet es?« — so habe ich den Schein angenommen, als ob ich die Sache als das kaufen wollte, als was sie der Eigentümer ansieht, i. e. als ein Grundstück von gewöhnlichem

Werte, als ein altes Bild ohne Kunstwert und darin liegt eine listige Handlung, eine Entstellung wahrer Thatsachen. Ich muss mich zusammennehmen, um dem Eigentümer nicht zu verraten, dass ich ein besonderes Interesse habe, die Sache zu erwerben: das ist listig gehandelt; ich lasse ihn glauben, dass ich ein Grundstück, ein wertloses Bilderwerben will — in der That liegt mir aber am Grundstück nichts, ich will den Schatz haben; ich will nicht ein wertloses Bild, ich will einen kostbaren Rembrandt haben, ich habe also Thatsachen entstellt.

Warum macht es aber straflos, wenn ich zur Sache keine Relation hatte? Die Tendenz und die Politik unserer Strafgesetze über den Betrug gehen — entgegen gewissen Rechtsparömien von der »*licentia naturalis decipiendi*«, vom »*mundus vult decipi*«, vom »*bellum omnium contra omnes*«, von dem: »Auge zu, Beutel auf«, vom »*leges vigilantibus*«, von der »*culpa* des Getäuschten«, von dem »glücklicherweise geltenden Gesetze vom Rechte des Stärkeren auf geistigem Gebiete«, vom »natürlichen Kampfe der Intelligenz im Verkehre« u. s. w. — ich sage, entgegen diesen Sätzen und Sätzchen gehen unsere Betrugsgesetze aus auf einen Schutz des geistig Schwächeren, des minder Erfahrenen, des Naivehrlichen sagen wir kurz: des Dümmeren. Denn wollten das die Gesetze nicht, so stände irgendwo im Gesetze: »sehe jeder, wie er's treibe: versehen, verspielt«. Das steht aber nirgends im Gesetze und darin, dass bestimmte Schutzgrenzen aufgestellt wurden, liegt ein gewisser nivellierender, um nicht zu sagen sozialistischer Zug des Gesetzes: der, von der Natur ohnehin Benachteiligte soll nicht auch noch der finanziellen Ausbeutung von seite der intellektuell Bessergestellten ausgesetzt werden. Und wenn das Gesetz gewisse Bestimmungen als Betrugsparagraphen aufgestellt hat, so wollte es damit nichts anderes, als Wind und Sonne zwischen beiden Parteien gleichmässig verteilen, sie auf möglichst gleichen Boden stellen, sowie das mittelalterliche Ordale beim Kampfe zwischen Mann und Weib den ersteren bis zur Hüfte in eine Grube stellte.

Auf unsere Fälle mit dem Schatz im Boden und dem Rembrandtbilde angewendet, stellt sich die Frage des gesetzlichen Ausgleiches so: der Käufer ist durch seine Intelligenz, Zufall, Scharfblick u. s. w. besser gestellt; diesem Umstande kommt ungefähr an Kraft gleich, die Relation des Verkäufers zur Sache, da er als Eigentümer derselben Zeit und Gelegenheit genug hat, seine Sache eingehend zu untersuchen und auf ihren offenen oder verborgenen Wert zu prüfen. Hat also der Käufer keinerlei Relation zur Sache, so stehen sie so ziemlich auf gleichem Boden: Käufer hat Intelligenz u. s. w., Verkäufer hat Relation zu seiner Sache — und nun sollen sie sehen, wer besser draus kommt. Hat aber der Käufer auch Relation zur Sache (also z. B. als Pächter des Grundes, als Mieter der Stube, in der der Rembrandt hing), dann ist er wesentlich besser gestellt: Relation zur Sache haben sie beide und Intelligenz hat er allein, und so darf er in diesem Falle von seinem Übergewicht nicht Gebrauch machen; benutzt er seinen doppelten Vorteil, so ist es in diesem Falle strafbarer Betrug. — Das Moment »der Relation zur Sache« als Unterscheidungsmerkmal dürfte sich in allen hierher gehörigen Fällen durchführen lassen. — Damit soll aber noch lange nicht gesagt sein, dass in den Fällen, in denen der Käufer keine Relation zur Sache hat, von ihm das Nichtwissen des Eigentümers unbehindert ausgebeutet werden darf. Wir werden sagen: hat der Käufer Relation zur Sache, so darf er seine Überlegenheit keinesfalls ausnützen, hat er aber keine Relation zur Sache, so darf auch hier nicht kritiklos gleich vorgegangen werden, obwohl der Unterschied nicht leicht zu fassen ist. Man wird vielleicht am besten thun, wenn man auf seite des Verkäufers unterscheidet zwischen wirklichem Irrtum und dem Nichtkennen besonderer Umstände. Irrtum darf ich weder erregen, noch unterhalten (deutsches Strafgesetz), Irrtum oder Unwissenheit darf ich nicht benutzen (österreichisches Strafgesetz) — aber das Nichtkennen besonderer Umstände auf seite des anderen brauche ich nicht zu korrigieren, ich bin nicht verpflichtet, dem Verkäufer Unterricht zu erteilen. Wenn dieser also einen goldenen Gegenstand für Messing, einen echten Rubens für ein fast wertloses Bild, einen Edelstein für Glas, eine wertvolle Pergamentschrift für altes Papier hält, so ist dies Irrtum, Unwissenheit, und nutze ich dies aus, so begehe ich Betrug. Wenn ich aber weiss, dass ein reicher Sammler zu einer Vase das Gegenstück sucht und teuer bezahlen will, wenn ich weiss, dass das British Museum gegen viel Geld Kompletierungen einer Reihe sucht, wenn mir bekannt ist, dass Münzen des Kaisers Nerva mit links schauendem Gesichte besonders wertvoll sind, wenn ich weiss, dass alte Venetianer Lustres bald im

Preise steigen werden, weil man anfängt, sie zu suchen — da brauche ich meine besonderen Kenntnisse dem anderen nicht mitzuteilen, ich benutze sie ebenso, wie jeder daraus Vorteil ziehen darf, wenn er mehr weiss als ein anderer. Vom strafrechtlichen Standpunkte bin ich also nicht verantwortlich, wenn ich einen der genannten Gegenstände finde und billig kaufe, ohne dem Besitzer über ihren grossen Wert Unterricht zu erteilen.

Dass die Grenze zwischen »Irrtum und Unwissenheit« einerseits und »Unkenntnis besonderer Umstände« anderseits sowohl im allgemeinen als auch im einzelnen Fall schwer, oft unmöglich zu ziehen sein wird, kann freilich nicht in Abrede gestellt werden. Aber einen Anhaltspunkt gewinnt man wenigstens durch diese Unterscheidung. —

Das Verschweigen des wahren Wertes einer Sache beim Ankaufe macht aber auch noch deshalb besondere Schwierigkeiten, weil die Schädigung wenigstens nicht sicher nachweisbar ist. Wenn ich einem Bauer eine geschnitzte Truhe, einem Philister ein wertvolles Bild, einem Grundbesitzer ein Feld, in welchem ein Schatz, ein Kohlenlager, eine Petroleumquelle liegt, einer alten Frau einen Schreibtisch, der im geheimen Fach Juwelen enthält — abkaufe und nicht sage, dass mir der genannte Wert oder Inhalt bekannt ist, und die Sache deshalb sehr billig erhalte, so ist es nicht sicher, unter Umständen sogar unwahrscheinlich, dass der massgebende Umstand je bekannt wird. Wenn kein Entdecker kommt, zerfällt die Truhe und wird verbrannt, das Bild bleibt hängen, bis es zerrissen wird und zu Grunde geht, der Schatz im Felde bleibt liegen, die Kohlengrube findet in 100 Jahren ein Besitznachfolger, die Petroleumquelle gräbt ein Nachbar ab und die Juwelen findet vielleicht ein Trödler, der den Tisch nach dem Tode der Frau kauft — kurz keiner der Eigentümer, denen ich die Sache abkaufen wollte, kommt je in den Besitz jenes Vermögens, um welches ich sie durch den billigen Ankauf angeblich geschädigt hätte.

Sehen wir uns einmal den Begriff »Vermögen« näher an. Die unzähligen Definitionen, welche für dasselbe zum Teil im rechtlichen, zum Teil im wirtschaftlichen Sinne gegeben werden, erwähnen nie das Moment des Kenntnishabens; wahrscheinlich, weil dies selbstverständlich ist. Die Verfügbarkeit über ein Vermögensobjekt ist notwendige Voraussetzung, damit etwas zum realen

Vermögen gehört. Der Ring des Polykrates blieb auch im Meere sein Eigentum denn als er ihm wieder gebracht wurde, behielt er ihn auch mit Recht als solches. Wäre er ihm aber nicht gebracht worden, so hätte er ihn nie als Vermögensbestandteil aufzählen dürfen, weil ihm die Verfügungsmacht darüber fehlte. Wenn also der A kostbare Brillanten besitzt und sie für Glas hält, wenn der B ein glaublich wertloses Buch hat, in dem höchst wertvolle, alte Falzstreifen eingeklebt sind, wenn der C eine alte Geige hat, die zerbrochen und für ihn wertlos ist, während sie ein teures, italienisches Instrument darstellt — so haben sie die Sachen allerdings zu Eigentum, aber in ihrem Vermögen zählen sie nicht mit, sie »vermögen« alle drei mit diesen Dingen nichts, oder verschwindend wenig. Dieser A, B, C stehen zu ihren unerkannt teuren Sachen in einem ähnlichen Verhältnis, wie der D, der eine höchst verwertbare technische Idee, der E, der eine wunderbare Singstimme und der F, der grösstes Bildhauertalent besitzt — ohne dass diese drei davon Kenntnis haben, wie wertvoll ihre Gaben sein könnten.

Es ist diesfalls viel Unklarheit durch die missbräuchliche Verwendung des Wortes »verfügen« in Ansehung des Eigentumsbegriffes geschaffen worden. Wo immer das Eigentum definiert, in der Regel wohl nur beschrieben wird, spielt das Wort verfügen oder ein ähnliches, ausnahmslos die grösste Rolle, so dass man gewohnt wird, unter dem Satze: »diese Sache ist mein Eigentum« lediglich zu verstehen: »ich kann darüber verfügen«. Das ist aber einfach nicht immer wahr. Verfügen kann ich über meine Uhr, die auf meinem Tische liegt: ich kann sie verkaufen, verschenken, vertauschen, umändern und umändern lassen, sie zerlegen, ruinieren, wegwerfen — kurz ich kann mit ihr thun, was zu thun denkbar ist: das heisst verfügen können. Aber: mein Hund, der mir heute morgens entlaufen ist, die Fische in meinem grossen Teiche, das unaufgeschlossene Kohlenlager in meinem Grunde, mein verlegtes Messer — das ist alles mein Eigentum, aber verfügen kann ich sehr wenig darüber. Den verlaufenen Hund, die Fische, die Kohle, das Messer kann ich lediglich verkaufen, wenn mir jemand etwas dafür giebt, und die Fische kann ich vielleicht durch Einstreuen von Gift kaput machen, das ist aber alles, was ich dermalen damit thun kann, das ist kein verfügen; ich kann nicht einmal, wenn es jemand wünscht, den grossen

Karpfen herzeigen, wenn er nicht zufällig an die Oberfläche kommt, auch kein Stück meiner Kohle aus der unaufgeschlossenen Grube kann ich vorweisen — kurz: das Wort verfügen stimmt bloss dann, wenn ich es mit veräussern identifiziere — und da wird es z. B. mit der Übergabe seine Schwierigkeiten haben, wenn ich z. B. meinen verlaufenen Hund verkaufe. Diese Unklarheit ist nun aber durch eine Reihe von Unsicherheiten in das Strafrecht übergegangen, in welchem zwischen Eigentum und Vermögen nicht immer entsprechend geschieden wird. Sehen wir uns die Sache (überhaupt im Recht) näher an.

Nach den Kommentatoren, z. B. Endemann [292]), geht im deutschen Bürgerlichen Gesetz die Grundauffassung des Eigentumsbegriffes (§ 903 Bürgerliches Gesetzbuch) dahin, der Eigentümer einer Sache kann, soweit nicht das Gesetz oder Rechte Dritter entgegenstehen, mit der Sache nach Belieben verfahren und andere von jeder Einwirkung ausschliessen. Das Vermögen aber (Endemann I, 228) setzt sich als Vermögensganzes aus Sachen, Rechten aller Art, Forderungen, zusammen. Dieser Auffassung entspricht auch der Wortgebrauch des deutschen Bürgerlichen Gesetzbuchs z. B. in den §§ 310, 311, 1363, 1551, 1627, 1793 u. s. w. und die Frage, wie eine vorgekommene Vermögensschädigung gut gemacht werden soll. So sagt Endemann I, 558, »Interesse ist der zusammenfassende Ausdruck für den positiven Vermögensverlust und den entgangenen Gewinn (den einer nach dem gewöhnlichen Laufe der Dinge mit Wahrscheinlichkeit erwarten kann). Das deutsche Bürgerliche Gesetzbuch gebraucht Interesse im gemeinem Sinne z. B. § 307, . . . zu berechnen ist beim Schadenersatz, der Verlust, der durch die Rückwirkung der schädigenden Handlung auf das gesamte Vermögen eintritt. Wer z. B. aus einem Isabellen-Viergespann ein Pferd tötet, hat zu ersetzen die Wertdifferenz, zwischen dem kompletten Viererzug und den verbliebenen 3 Tieren . . . bei Berechnung der Höhe des Schadens kommen wesentlich die persönlichen Verhältnisse des Geschädigten in Betracht . . . Immerhin ist nur der objektiv festzustellende Vermögensschaden zu ersetzen; das sogenannte Affektionsinteresse, der Liebhaberwert und dergleichen kommen nicht zur Anrechnung«.

---

[292]) F. Endemann, »Lehrbuch des bürgerlichen Rechts«, 6. Aufl. Berlin 1899.

Wenn hier Affektionsinteresse und Liebhaberwert gleichgestellt werden soll, so ist dies entschieden falsch; Affektionsinteresse (Uhr meines Vaters) hat keinen Markt; ausser mir (und etwa meinem Bruder) giebt niemand mehr als den gemeinen Wert; Sachen mit Liebhaberwert haben aber oft gar nicht so kleinen Markt; man spricht sogar z. B. von »Liebhabereinbänden«; oder: »für Gemmen des *cinquecento*, für antike Cameen, zahlen Liebhaber besonders hohe Summen«; oder »Pferde von dieser und jener Farbe sind von Liebhabern sehr gesucht« u. s. w. Der Liebhaberwert ist also jederzeit zu bekommen, wenn man nur den richtigen Markt findet. Wichtig ist noch, dass das deutsche Bürgerliche Gesetzbuch keine Höhe des Schadensersatzes kennt — der Richter hat nach § 260 Zivilprozessordnung nach freiem Ermessen vorzugehen.

Das österreichische Bürgerliche Gesetzbuch sagt im § 353: »alles, was jemandem zugehöret, alle seine körperlichen und unkörperlichen Sachen, heissen Eigentum«. Und § 354: »als ein Recht betrachtet, ist Eigentum das Befugnis, mit der Substanz und den Nutzungen einer Sache nach Willkür zu schalten, und jeden anderen davon auszuschliessen.« — Die §§ 222, 282, 727, 751, 1331 u. s. w. sprechen auch von »Vermögen« stets im Sinne der Auffassung des § 353.

Das Strafrecht geht entschieden anders vor. Das deutsche Reichsstrafgesetzbuch weicht dem Worte Eigentum gerne aus (nur 305, 308, 313, 314; Eigentümer: 289, 370[6]), dagegen kommt »Vermögen« u. s. w. häufig vor; so: Vermögen: 263, 282[3], 288; Vermögensvorteil: 253, 263, 268, 272, 273, 282[2], 349; (Vorteil allein: 331, 332, 333, 334, 352); Vermögensstück: 266[2], 281[1], 282[1]; Vermögenszustand: 281[4], 282[2]. Der Begriff, den das deutsche Strafgesetz mit Vermögen verbindet, stimmt mit dem im § 353 des österreichischen Bürgerlichen Gesetzbuchs, und wie ihn wohl auch z. B. der § 1085 des deutschen Bürgerlichen Gesetzbuchs versteht. Das österreichische Strafgesetz bringt die Worte Eigentum (85, 86, 98 b, 166, 169, 170, 197, 467, 468) und Eigentümer (173, 201 d, 351, 391, 427, 473) häufig; Vermögen in den §§ 2 g, 42, 59, 199 f, 201 d und Vorteil in 5, 6, 104.

Fragen wir nun, was gesagt werden wollte, so finden wir, dass das deutsche Strafgesetz unter Vermögen offenbar das wirtschaftliche Vermögen meinte, während es von Eigentum lediglich dann redet, wenn es dasselbe als »fremdes« bezeichnete (305, 308 ausdrücklich; sonst selbstverständlich) und somit sagen wollte: »etwas, das nicht dem Thäter gehört«. Hier, wie dort, wo das Gesetz von Eigentum redet, meint es den juristischen Begriff.

Das österreichische Gesetz meint unter »Eigentum« stets Vermögen, unter Eigentümer mitunter auch den Detentor (173). Unter Vermögen versteht es mehrerlei; so in § 2g lediglich Wertobjekte, in § 42: Entschädigungsquelle, § 59: »alles, was er hat«; 199f: Konkursmasse; 201d: einmal Verfügungsgewalt, das andere Mal Vermögen im wirtschaftlichen Sinne.

Wir kommen also zu dem Ergebnisse:

1. wenn das Gesetz von »Eigentum« redet, so ist dann der juristische Begriff Eigentum gemeint, wenn der Gegensatz von eigenem und fremdem Eigentum angezeigt werden wollte: also z. B. im deutschen Strafgesetz: § 305: »wer vorsätzlich und rechtswidrig ein Gebäude, ein Schiff . . . welche fremdes Eigentum sind«; oder im österreichischen Strafgesetz: § 170; »wer sein Eigentum in Brand steckt, ohne dass dabei fremdes Eigentum Gefahr läuft«. . . .
2. Redet das Gesetz aber von Eigentum, als Objekt der Schädigung oder Bereicherung, dann ist Vermögen im wirtschaftlichen Sinne gemeint; z. B. österreichisches Strafgesetz § 98b »mit einer Verletzung an . . . Eigentum . . . bedroht«.
3. Wo das Gesetz von Vermögen (Vermögensvorteil u. s. w.) spricht, kann es stets nur das wirtschaftliche Vermögen meinen, obwohl zwar Eigentum, aber nicht Vermögen ein juristischer Begriff ist, — denn im Strafrecht kann es sich nie um Durchführung privatrechtlicher Momente, sondern nur um die wirtschaftliche Stellung des Beschädigten vor und nach der That des Beschuldigten handeln.

Allerdings werden wir uns für unsere Zwecke mit wirtschaftlichen Fassungen des Vermögensbegriffes, wie sich ihn die Nationalökonomen für ihre Zwecke geschaffen haben, nicht behelfen können und würden unbrauchbare Grundlagen haben, wenn wir z. B. (mit Schröder [293]) sagten »die Summe des Eigentums stellt

[293]) E. A. Schröder, »Die politische Ökonomie«. 3. Aufl. 1897.

das Vermögen einer wirtschaftenden Person dar . . . es entsteht aus der Nährthätigkeit und dem Intellekt« — oder mit Roscher [294]) »Vermögen ist die Summe aller wirtschaftlichen Güter, welche sich im Eigentume einer physischen oder juristischen Person befinden« — strafrechtlich wird sich der wirtschaftlich verwendbare Begriff von Vermögen dahin zusammenfassen lassen: Vermögen sei der in Geld umsetzbare Wertkomplex aller, jemandem zustehenden Rechte nach Abzug des in Geld umgesetzten Wertkomplexes der ihm obliegenden Verpflichtungen. Dazu als Definition der verschiedenen Wertarten (nach Roscher ibidem): »Wert eines Gutes im wirtschaftlichen Sinne ist die Bedeutung, welche dasselbe für das Zweckbewusstsein des wirtschaftenden Menschen hat; Gebrauchswert ist der, den das Gut für den hat, der es unmittelbar gebraucht; Kostenwert entsteht, wenn berechnet wird, was das Gut gekostet hat; Tauschwert beruht auf einer Kombination des Gebrauchswertes mit dem Kostenwerte, wie die Menschen sie im Verkehr unter einander vornehmen«, und die des Preises (ebenfalls nach Roscher): »Preis einer Ware nennen wir den Tauschwert derselben, ausgedrückt in dem Quantum einer bestimmten anderen Ware, das dafür eingetauscht worden ist, oder werden soll; kostbar ist eine Sache im Vergleiche mit einer anderen, teuer im Werte mit sich selbst«.

Schreiten wir jetzt zur Anwendung des Gesagten auf unsere Fälle, so haben wir zu sagen: sowohl der Begriff »Vermögen« im § 263 deutsches Strafgesetz, als der Begriff »Eigentum« im österreichischen Strafgesetz bedeuten gleichermassen Vermögen im wirtschaftlichen Sinn und Schädigung durch den Thäter liegt vor, wenn der Wertkomplex des Getäuschten nach und durch die That herabgesetzt wurde. Dieser Wertkomplex muss aber in Geld umsetzbar sein; es ist also wirtschaftlich ein Vermögensstück,

---

[294]) W. Roscher, »Grundlage der Nationalökonomie«. 1874.

welches der Eigentümer nicht kennt, als nicht umsetzbar, nicht zum Vermögen zu rechnen. Ich wiederhole: wenn also A ein Bild von Lucas Kranach im Werte von 50000 hat, und es für ein wertloses Bild hält und wenn B eine Schachtel mit antiken Gemmen im Wert von 100000 besitzt und hält sie für wertloses Glas — so ist A Eigentümer im juristischen Sinne eines Kranach im Werte von 50000, und B ist im juristischen Sinne Eigentümer von antiken Gemmen im Werte von 100000 — aber wirtschaftlich vermögen beide mit diesen hohen Werten nichts, sie zählen nicht zum wirtschaftlichen Vermögen, aber sie stellen latentes Vermögen vor. Mit diesem Begriffe verbindet sich aber sofort die Vorstellung, dass solches latentes Vermögen früher oder später im Bewusstsein des Eigentümers hervortreten, also zum aktiven, in Geld umsetzbaren Vermögen werden kann; es spielt also die Rolle von künftigem, von werdendem Vermögen, je nach der Wahrscheinlichkeit, ob aus dem werdenden, wirkliches Vermögen sich gestalten kann (§ 252 deutsches bürgerliches Gesetzbuch, § 1293 österreichisches bürgerliches Gesetzbuch).

Wenn ich bei einem Bauern einen grossen Obstgarten mit Bäumen voll unreifer, also noch wertloser Äpfel sehe, so schätze ich den Mann wirtschaftlich höher ein, als wenn er diese Objekte nicht besitzt, weil ich weiss, dass diese Äpfel mit grosser Wahrscheinlichkeit zu Wertobjekten reifen werden; würde ich aber — in unseren Himmelsstrichen einen noch grösseren Garten mit Orangenbäumen voll unreifer Orangen sehen, so schätze ich den Besitzer deshalb wirtschaftlich nicht höher ein, weil ich weiss, dass diese Orangen nie reif, nie Werte werden können. Ganz das gleiche gilt für die Einschätzung eines latenten Vermögenswertes in der Gestalt eines wertvollen Gegenstandes, dessen Wert der Eigentümer aber nicht kennt. Im allgemeinen ist zu sagen: latentes Vermögensstück zählt zum wirtschaftlichen Vermögen nicht mit, und ein, sonst rechtlicher Erwerb desselben gilt für den Erwerber nicht als strafbar, wenn er den Eigentümer über den eigentlichen Wert der Sache nicht aufgeklärt hat. Die Möglichkeit, dass eine solche Aufklärung später durch Dritte hätte erfolgen können, ist nicht massgebend, wohl aber wird der Vorgang strafbar, wenn die Gewissheit vorliegt, dass aus dem latenten Vermögen aktives hätte werden müssen. Also: befindet sich eine geschnitzte Truhe in einem ganz abgelegenen Orte, in den die Sammler und ihre Händler nicht kommen, hängt ein wertvolles Bild in einer Kammer, in die fast nie ein Fremder kommt, ist eine Petroleumquelle in einem Gebiete, in welchem noch niemand an Naphtasuchen dachte — und kaufe ich den Leuten in zufälliger Kenntnis des Wertes ihre Sachen ab, ohne den Wert zu sagen, so wurde nur latentes, nicht aktives Vermögen geschädigt, die Leute sind durch mein Vorgehen nicht ärmer geworden, ich habe sie nur durch Aufklärung nicht reicher gemacht, wozu ich nicht verpflichtet bin. Dieses »latente Vermögen«, welches durch mein trügerisches Vorgehen scheinbar geschädigt wurde, ist kein schon feststehendes und wird voraussichtlich niemals eines werden, es kann also kein Moment strafbaren Thatbestandes herstellen.

Ganz anders aber, wenn die Truhe in einem, von Sammlern häufig abgestöberten Dorfe Tirols steht, wenn das Bild bei einem, von Kunsthändlern oft besuchten Trödler hängt, und wenn sich das Feld mit der Petroleumquelle in einem Gebiete befindet, in welchem schon auf Naphta gebohrt wird — in allen diesen Fällen ist es nur Frage einer kurzen Zeit, wann aus dem latenten Vermögensstück ein aktives, verfügbares wird, ich habe also fremdes Vermögen thatsächlich geschädigt, ich habe nicht das Nichtkennen besonderer Umstände, sondern fremden Irrtum, fremde Unwissenheit zu meinem Nutzen und fremden Schaden ausgebeutet.

Massgebend sind also 3 Momente:

1. Irrtum im Gegensatz zu Unkenntnis —
2. das Moment der Relation zur Sache —
3. die Wahrscheinlichkeit, dass der Eigentümer den wahren Wert seiner Sache in absehbarer Zeit erfährt.

15. Schweigen.

v. Berger[295]) erklärt in bezeichnender Weise:

»Wenn sich dem klar und ruhig vorwärts bewegenden Strome der Wissenschaft irgendwo ein verborgener Grundirrtum als Stein des Anstosses entgegenstellt, so verrät sich die kritische Stelle an der Oberfläche durch einen Schwall von Scharfsinn.« Dies zeigt sich, wie bei so unendlich vielen anderen Anlässen, auch sehr deutlich bei der, allerdings schwierigen Frage von der strafrechtlichen Verantwortung bei passivem Verhalten, beim Nichtthun oder, was für unsere Fälle wohl dasselbe ist, beim Schweigen. Warum hier so viel verräterischer Scharfsinn aufgewendet wurde, hat mehrere ziemlich zweifellose Gründe. Vor allem bietet es immer seine Schwierigkeiten, wenn der massgebende Faktor von einer Negation, also hier dem Nichtthun dargestellt wird; das Negative ist aber etwas Endloses und wenn daher verlangt wird, dass jemand nicht hätte nichtthun sollen, so ist hiemit die Forderung nicht fixiert, es muss gesagt werden, was er hätte Positives thun sollen, und dies stellt sich als endlose Reihe dar; so ist der Begriff des Nichtthuns schon an sich unfassbar. Dies wird so besonders klar in der Argumentation von Krug;[296]) er geht von dem Beispiele des Ertrinkenden aus, den ich durch Handreichung retten könnte, es aber nicht thue. »Steht denn hier meine Unthätigkeit in irgend einem Kausalzusammenhange mit dem Tode des Ertrinkenden? Würde er nicht auch ertrunken sein, wenn ich nicht dazu gekommen wäre? sein Tod ist lediglich die Folge seiner Unvorsichtigkeit und der hierdurch in Thätigkeit gesetzten Naturkräfte, nicht meiner Unthätigkeit. Denn diese ist gleich 0. Aus nichts wird aber nichts.« Der offensichtliche Fehler der Schlussfolgerung liegt natürlich darin, dass bloss das Nichtthun gleich 0 gesetzt wird, das allein aber nicht den Gegenstand der Erörterung bildet. War der Betreffende nicht an Ort und Stelle, so macht

[295]) »Über das Bewirken durch Unterlassen« von Dr. A. Freiherr v. Berger. Grünhuts Zeitschrift, Bd. IX, 1882, p. 734.

[296]) Krug, Kommentar, 4. Abt. p. 32.

ihm niemand einen Vorwurf, dieser wird aus drei Momenten gebildet, von denen nur eines negativ ist: Anwesenheit an der Unfallstelle, die Möglichkeit helfen zu können und dann erst das Nichtthun. Diese drei Momente sind aber nicht gleich Null.

Ein zweiter Grund der Schwierigkeiten liegt darin, dass man sehr oft durch ein Übersehen scheinbar in das Positive gelangt ist, weil man sich durch die positive Form des Wortes Schweigen täuschen liess, welches aber nur als das negative Nichtreden in unsere Argumentation gezogen werden darf.

Endlich war auch hier, wie sonst so oft, der Wunsch der Vater des Gedankens: man empfand es als notwendig, unter Umständen das Nichthandeln zu strafen, man erblickte darin eine Gefahr für das Zusammenleben der Menschen, wenn man gewisse Passivitäten ungestraft liesse und erklärte sie für strafbar, ohne zu bedenken, dass man in diesem Falle eigentlich dazu käme, positive Verhaltungsmassregeln für bestimmte Ereignisse zu geben. Diese bestehen aber nicht, wir haben dem Wesen der Sache nach im Strafgesetz keine Gebote, dasselbe besteht nur aus Verboten, und wo Gebote vorkommen, sind sie nur positiv gestellte Verbote. Wenn es heisst: »du musst eine Fallthüre verwahren, du musst deine Kinder beaufsichtigen, du musst aufgestellte oder aufgehängte Gegenstände befestigen,« so sind das nur umgeformte Verbote, welche der Kürze und Einfachheit wegen nicht diese Erscheinung bekommen haben. Sie lauten eigentlich: »du darfst nicht durch deine Fallthür jemanden gefährden, du darfst nicht deine Kinder zu schaden bringen, du darfst nicht Veranlassung sein, dass deine Sachen auf andere fallen u. s. w.« Und wo in der That im materiellen Strafgesetze Gebote vorkommen (z. B. Anzeigepflicht), da ist die Berechtigung derselben derart problematisch, dass ihre Existenz *per nefas* kaum zweifelhaft ist. Wollte man also auch in unseren Fällen eine Ausnahme machen, so müsste genau gesagt werden, was man nicht thun darf, also z. B. »du darfst deinen Nebenmenschen nicht ertrinken lassen« — dann müsste aber hier zum Ausdrucke kommen, was einer thun muss, wann es geschehen muss, in welchen Fällen er entschuldigt ist u. s. w. — solche positive Bestimmungen haben aber im Strafgesetze keinen Raum.

Wir dürfen also vielleicht von zwei Grundsätzen ausgehen:

1. Wo von einem Verschulden durch blosses Schweigen gesprochen wird, da werden fast immer noch positive Handlungen

vorgekommen sein, die das eigentliche Verschulden darstellen; in unseren, den Betrugsfällen, lässt sich aber ein strafbares Verschulden bloss durch schweigen nicht denken. Praktisch könnte es nur als Beihilfe zum Betruge konstruiert werden. Sagen wir, ein als Kenner in der ganzen Stadt bekannter Mann hält sich viel im Laden eines grossen Antiquitätenhändlers auf. Der Händler sagt nun zum Kenner: »in wenigen Minuten wird ein reicher, grüner Sammler kommen, dem ich dies und jenes Falsche als grosse Kostbarkeit anhängen will; wenn Sie hierbei ernst bleiben und keine Grimassen machen, so bekommen Sie dafür dies und jenes.« Die Sache läuft programmmässig ab und später erklärt der »grüne« Sammler, er habe den, ihm von Sehen wohl bekannten Kenner während der Anpreisungen und Beteuerungen des Händlers scharf beobachtet und nur weil dieser ernst blieb und keine Miene verzog, habe er sich vom Händler in Irrtum führen lassen und habe deshalb auch den enormen Preis gezahlt. Hier hat der Kenner wirklich gar nichts gethan, man wird ihn aber nach § 49 deutschen Strafgesetzes und § 5 österreichischen Strafgesetzes behandeln können, denn geholfen hat er dem eigentlichen Thäter zweifellos.

2. Die übrigen, ohnehin nicht zahlreichen Fälle, in welchen wirklich bloss passives Verhalten vorkommt: nicht helfen, nicht warnen, nicht Hilfe rufen u. s. w. mögen uns zwar vom Standpunkte der Moral sehr verwerflich und schändlich vorkommen, strafbar sind sie aber nicht, wegen der Unmöglichkeit, diesfalls positive Vorschriften zu geben.

Sehen wir uns einmal die herrschende Lehre hierüber näher an. — In einem ausgezeichneten und grundlegenden Aufsatz hat Lammasch [297]) dargethan, dass die Beschränkung der Möglichkeit, Antecedentien eines Ereignisses als dessen Ursache hervorzuheben, aus der besonderen Art der Formulierung jener Frage abzuleiten ist, auf welche die Benennung der Ursache die Antwort sein soll... Wenn jemand um die Ursache des Todes eines Menschen fragt, so ist das die Frage, warum der Körper desselben, der früher noch ... die Phänomene des organischen Lebens bot, jetzt die des Todes zeigt? Wer auf diese Frage mit dem Namen des veränderten Substrates selbst oder mit dem eines Antecedens der

[297]) Lammasch, »Handlung und Erfolg«. In Grünhuts Zeitschrift, Bd. IX, 1882, p. 221.

Entstehung desselben antworten würde, würde nicht die ihm gestellte Frage nach den Antecedentien des Überganges . . . beantwortet haben, sondern die ihm nicht gestellte, nach den Antecedentien des nunmehr bestehenden Phänomens. Lammasch erwägt weiter: wenn der X, um dessen Todesursache ich frage, nicht geboren worden wäre, so hätte er auch nicht als Leichnam da liegen können. Aber die Antwort auf die Frage: »warum starb X, warum liegt er als Leichnam hier?« darf doch nicht sein: »weil er geboren wurde« — damit ist nur eines der Antecedentien des Phänomens gegeben, dass X vom Leben zum Tode kam. Anders, wenn gefragt wird: »warum giebt es einen Leichnam Muhammeds?« — dann ist die Antwort: »weil er als Mensch gelebt hat« ganz richtig. *Fiat applicatio.* Frage ich: »warum hat der A vom B diese unechte Sache um einen so hohen Preis gekauft« — und man antwortet: »weil der B. geschwiegen hat«, so ist nur ein Antecedens des Kaufes genannt worden. Freilich: wenn B nicht geschwiegen das heisst wenn er die Geschichte der Entstehung der Sache genau erzählt hätte, so hätte der A nicht gekauft, — aber X hätte auch nicht sterben können, wenn er nicht geboren worden wäre, und es wäre daher in unserem Falle die Antwort bloss richtig, wenn ich gefragt hätte: »gäbe es einen Kauf dieser Sache von B an A, wenn B geschwiegen hätte?« War aber die Frage so gestellt, wie zuerst angegeben, dann musste die Antwort lauten: »A hat gekauft, weil B Händler mit derlei echten Dingen ist, weil die Sache so gestellt war, dass sie für echt gehalten werden konnte, weil A so in den Irrtum geriet, dass sie echt sei, weil B beim Angebot des hohen Preises keine Miene verzog und den hohen Preis annahm ohne den Irrtum zu berichtigen.«

Den Unterschied zwischen Antecedens und Schuldgrund für strafrechtliche Fälle scharf hervorgehoben zu haben, ist Lammasch's Verdienst.

Eine Übersicht über die Litteratur wird verschiedenen Ortes gegeben; Aldosser[268]) bringt eine vollständige Zusammenstellung der Ansichten über die Strafbarkeit von Unterlassungen bei Feuerbach, Spangenberg, Luden, Krug, Glaser, Merkel, Bar, Ortmann, Buri, Binding; die Litteratur über Unterlassung bringt Binding,[299])

[298]) s. Anm. [5]).

[299]) s. Anm. [71])

und alle bisher entstandenen Theorien über die Kausalität der Unterlassung stellt Rohland[300]) zusammen. Früher, bis Ende der 80er Jahre galt einstimmig die Ansicht, dass ein Nichtthun nicht verursachen kann, die natürliche Kausalität der Unterlassung wird geleugnet.

Haager[301]) will formell zu einem Resultate kommen und meint:

Im gemeinen Recht war die Frage, ob das Verschweigen oder Vorenthalten der Wahrheit zur Begehung des Betruges geeignet sei, von jeher bestritten . . . Von Feuerbach, Abegg und anderen unbedingt bejaht, wird sie von Mittermaier und anderen unbedingt verneint, von anderen bedingungsweise bejaht. Wann eine Zwangspflicht zur Mitteilung der Wahrheit besteht, hat natürlich die grössten Schwierigkeiten gegeben; siehe namentlich Henke[302]) und Köstlin[303]), Hälschner[304]), Meyer[305]), Rüdorff[306]), Schwarze[307]).

Haager kommt zu dem Schlusse, dass nur das Merkmal der Rechtswidrigkeit, die Verletzung einer Rechtspflicht, das Moment sei, welches den Betrug durch Unterdrückung der Wahrheit zu einem strafbaren macht. Die Verletzung einer Rechtspflicht ist überall da vorhanden, wo nach den Grundsätzen des Civilrechts eine Nichtigkeits- oder Entschädigungsklage begründet ist.

Köstlin[308]) fasst die Frage enge: zum Unterdrücken der Wahrheit gehört »das Unterlassen der Mitteilung des Wissens oder besseren Wissens gegenüber einem ohne Zuthun des Wissenden im Irrtum Befindlichen«. Er unterscheidet also auch nicht, ob die in Frage kommenden Personen in einem, wenn auch erst beginnenden Rechtsverhältnisse zueinander stehen (z. B. Käufer und Verkäufer, die miteinander handeln), oder ob sie in gar keiner Relation zu einander sind (z. B. der Vorübergehende, der ein ihm fremdes Kind in sehr gefährdender Lage bemerkt). Wenn

---

[300]) Rohland, »Die strafbare Unterlassung«. Leipzig 1887.

[301]) »Zur Lehre von dem strafrechtlichen Betruge.« Gerichtssaal, 1875, Bd. XXVII p. 561.

[302]) Handbuch u. s. w.

[303]) s. Anm. [235]). [304]) s. Anm. [79]).

[305]) Meyer, »Lehrbuch des deutschen Strafrechts«. 5. Aufl. Leipzig 1895.

[306]) s. Anm. [83]). [307]) s. Anm. [66]).

[308]) Zeitschrift, p. 353.

man den Passus »gegenüber einem, ohne Zuthun des Wissenden im Irrtum Befindlichen« genügend weit ausdehnt, so bringt Köstlins Ansicht ohne Widerrede manchen sonst schwer zu behandelnden Fall zu befriedigender Lösung. Als Beispiel diene die in interessierten Kreisen viel besprochene, allerdings auch verschieden erzählte Geschichte von der Königin Nitokris. Eine Version geht dahin, dass ein alter Arzt eine schöne Sammlung echter Mumien besass, die er aber verkaufen musste. Unmittelbar nach dem Verkaufe besuchte ihn der Bevollmächtigte eines sehr grossen und berühmten Museums, fand den Arzt schweigsam und sehr betrübt, neben einer Mumie, die er also irgendwie aus dem Verkaufe gerettet hatte. Die weibliche Mumie war ein Unikum, Hände und das schöne Gesicht waren frei und ganz wunderbar erhalten. Der Bevollmächtigte fragte, was das für eine Mumie sei und erhielt bloss die Antwort: »Königin Nitokris«. Man fragt um den Preis — der Arzt zuckte die Achseln. Man bietet eine hohe Summe, der Arzt, mit Thränen in den Augen, schweigt. Es erfolgt Bezahlung, Abholung und Aufstellung der Mumie im Museum, wo sie nach kurzem so fürchterlich zu stinken beginnt, dass sie schleunigst beseitigt werden muss. — Zur Verantwortung gezogen, erklärt der Arzt, er habe sich zum Troste nach dem Verkaufe seiner geliebten Mumien selber eine gemacht, aus der im Spitale heimlich gekauften Leiche eines schönen jungen Mädchens, und habe nie an Verkauf gedacht. Als man ihm aber für seine kunstvolle Leistung eine hohe Summe bot, so habe er sie hergegeben, er habe nie behauptet, dass es sich um eine echte ägyptische Mumie u. s. w. handle. »Aber Sie nannten sie doch Königin Nitokris?« — »Ich kann meine Erzeugnisse nennen wie ich will, für mich war sie die Königin Nitokris, eine wirkliche Königin dieses Namens hat es nie gegeben.« Die Direktion des Museums hat es vorgezogen nicht zu klagen, sie hätte vermutlich auch nichts ausgerichtet, aber es befriedigt, den Vorgang doch als Betrug aufgefasst zu sehen und für diese Auffassung sprechen Köstlins Worte; es ist nicht zu bezweifeln, dass das ganze Gebahren des alten Arztes vom Fabrizieren der Mumie angefangen bis zum Einstreichen des Kaufschillings beim Kaufenden den Irrtum hervorrufen musste, dass es sich um eine seltene, echte und alte ägyptische Mumie handle — der Irrtum war also »mit Zuthun des Wissenden« entstanden und somit derselbe verpflichtet, sein »Besserwissen« nicht in Schweigen zu hüllen. Wir haben dann so recht einen Fall, von dem Merkel[309]) sagt, es werde scheinbares Schweigen in Wahrheit als ein auf Irreführung des anderen berechnetes Lügen aufzufassen sein. — Die Frage lässt sich auch auf die der Kausalität prüfen.

Liszt[310]) erklärt die Unterlassung für kausalitätslos und führt sie neben der verursachenden Handlung als selbständige Art der Begehung in das Strafrecht ein. Vgl. dazu Boye.[311]) Liszt hat auch (p. 115) klargelegt, dass es sich hier um die richtige Fragestellung handle: diese lautet nicht: wann ist das Unterlassen kausal? sondern: wann ist es rechtswidrig? Selbstverständlich wird Kausalität als erwiesen vorausgesetzt, und so hätten wir in unserem Falle zu sagen: das Benehmen des alten Arztes war kausal, weil ohne demselben der Kauf nie zu stande gekommen wäre, es war aber auch rechtswidrig, weil es eine den Käufer schädigende Täuschung enthielt, und offensichtlich auch auf dieselbe angelegt war.

Aber man darf auch in der Konstruktion der Kausalität nicht zu weit gehen; Glaser[312]) hat entschieden nicht recht, wenn er als Kennzeichen des Kausalzusammenhanges angiebt: »Versucht man es, den angeblichen Urheber ganz aus der Summe der Ereignisse hinwegzudenken, und zeigt sichs dann, dass nichts destoweniger der Erfolg eintritt, dass nichtsdestoweniger die Reihenfolge der Zwischenursachen dieselbe bleibt, so ist klar, dass die That und deren Erfolg nicht auf die Wirksamkeit dieses Menschen zurückgeführt werden können.« Dass dies unrichtig ist hat, meines Wissens, zuerst v. Berger[313]) gezeigt: es wird einfach zu viel weggedacht. Wenn wir in unserem Falle »den Urheber ganz aus der Summe der Ereignisse hinwegdenken«, so entfällt natürlich jeglicher Betrug, aber auch die Möglichkeit zu einem solchen, das heisst der ganze Fall entsteht ohne den alten Arzt nicht. Konzentrieren wir aber den »Urheber« auf das Schweigen, richtig gesagt auf das Nichtreden, so ist diese Negation konstruktiv nicht zu fassen, wir können uns den Fall nicht denken bei blossem Hinweglassen des Nichtredens, weil wir unzählige Gegensätze zum Nichtreden haben,

---

[309]) s. Anm. [53]). [310]) s. Anm. [2]).

[311]) »Über das Kommissivdelikt durch Unterlassung.« Erlanger Diss. 1893.

[312]) s. Anm. [57]). [313]) s. Anm. [295]).

und erst wissen müssen: was hätte er reden sollen? Die Konstruktion gelingt erst, wenn wir — so hat aber Glaser nicht gelehrt« — wenn wir die, wenn auch unscheinbaren Handlungen des alten Arztes, also das Positive eliminieren: das Heucheln der Betrübnis, das Achselzucken, die Benennung der Mumie mit Königin Nitokris, und das Annehmen der gebotenen hohen Summe — hätte der Mann all dies Positive nicht gethan, dann wäre kein Kauf, und kein Betrug geschehen.

Ganz ähnlich sind die von Olshausen [314]) II Note 14 angeführten Fälle, in welchen im Verschweigen der Charakter eines, dasselbe zur Unterdrückung wahrer Thatsachen stempelnden aktiven Verhaltens gefunden wurde, z. B. bereits geschehene Zahlung bei Neuzahlung, wirkliche Beschaffenheit eines Wechsels als »fabrizierter« (sogenannter Keller-) Wechsel u. s. w.; die hier vorgenommene Konstruktion ist aber eine andere, indem nicht auf die neben der Negative, neben dem Schweigen vorkommenden Handlungen, auf das Positive Gewicht gelegt, sondern direkt das Schweigen als umgeformtes aktives Verhalten betrachtet wird. Dagegen liesse sich nichts einwenden, wenn nicht sprachliche und logische Bedenken vorlägen: Nichtthun ist einmal kein Thun. Um dem auszuweichen interpoliert z. B. Berner [315]) die konkludenten Handlungen: »Vorspiegeln, Entstellen, und Unterdrücken sind Thätigkeiten, folglich genügt nicht Passivität, besonders Schweigen. Die Thätigkeiten brauchen aber nicht Worte, sondern können auch andere Handlungen sein, welche einen Irrtum zu erregen oder zu unterhalten vermögen . . . so giebt es bei Geschäften konkludente Handlungen; wer eine Sache verkauft, erklärt damit, über dieselbe verfügen zu können; . . . . wer ein Los verkauft, erklärt damit, dass die Ziehung noch nicht stattfand.« Also wohl auch: wer eine Sache um einen Preis anbietet, der nur entsprechend ist, wenn die Sache echt ist, erklärt damit, dass er die Sache als echt feil hat. Wenn ich z. B. zum Goldschmied komme, der durch keine Angaben auf seinem Aushängeschild oder sonstige Anzeichen wahrnehmen lässt, dass er auch unechte Ware führt, und wenn ich dann für eine Kanne, die ich für echt halte, eine Summe biete, die nur dem echten Stoffe entspricht, wenn er nickt und das Geld einstreicht, so hat er zwar scheinbar nur geschwiegen und doch betrogen. Er

---

[314]) s. Anm. [67]). [315]) s. Anm. [146]).

hat aber auch mehrfach gehandelt: er hat die unechte Kanne unter seine echten Waren gestellt, er hat ein Aushängeschild angebracht (oder angebracht belassen), welches glauben macht, man bekomme hier bloss echtes, er hat endlich das Geld eingestrichen, von dem er nach dessen Höhe entnehmen musste, dass ich gewillt sei, es für eine echte Ware zu zahlen. Es liegt also auch hier kein Grund vor, die konkludenten Handlungen, die in den meisten, hier fraglichen Fällen gar nicht eingetreten sind, zu Hilfe zu nehmen, es genügen die, stets auffindbaren und zum ganzen Vorgehen zusammengebauten positiven Vorkommnisse vollständig. Dadurch entfallen auch manche Schwierigkeiten, die sich bei gewissen positiven Bestimmungen zu ergeben scheinen. So behauptete Schlesinger [316]) nicht ganz mit Recht: »Das ungarische Recht [317]) verlangt zur Täuschungshandlung positive Thätigkeit und es sind also Unterlassungen im Gegensatze zu § 263 Reichsstrafgesetzbuch und § 280 österreichischer Entwurf nicht geeignet, um den Thatbestand des Betruges zu begründen«. Es scheint übersehen zu sein, dass es sich hier nicht um Unterlassungen im allgemeinen, sondern nur um solche beim Betrug handelt — betrügerisches Vorgehen, wo bloss (zu reden) unterlassen wurde, lassen sich aber nicht denken, es kommen stets hiebei positive Handlungen vor, die dann die Verantwortlichkeit konstruieren helfen. Dies scheint auch Geyer [318]) angedeutet zu haben: »Durch blosse (konkludente) Unterlassungen (Verschweigen von Thatsachen) kann Betrug begangen werden, wenn auf diese Weise Irrtum erregt oder unterhalten wird. Eine Rechtspflicht zur Offenbarung der Thatsache ist dabei nicht massgebend«. Unter dem »auf diese Weise« kann wenigstens das beim Unterlassen mitunterlaufende Positive gemeint sein.

Auch Binding [319]) anerkennt Täuschung durch »konkludentes Nichtreden«; vergleiche dazu Binding [320]) p. 224. Schütze [321]) erklärt ganz allgemein: »Blosses Verschweigen reicht nicht hin, selbst wenn es Irrtum erregen oder unterhalten wollte, sondern ist strafloses Geschehenlassen bezw. Benutzen eines vorhandenen Irrtums.« Wie er sich die Fälle praktisch denkt, wird nicht dargelegt. Einen

---

[316]) s. Anm. [90]).

[317]) Übersetzung von Dr. Gustav Steinbach.

[318]) Grundriss II.

[319]) s. Anm. [71]).

[320]) s. Anm. [68]).

[321]) s. Anm. [157]).

Versuch hierzu macht Grysiecki.[322]) Er meint: »Beim Verbrechen des Betruges besteht die ausnamslos festzuhaltende Regel: dass nur ein Irreführen, nie aber bloss passives Irrenlassen dessen Thatbestand zu begründen vermag . . . wer die Initiative zu dem fraglichen Geschäfte gegeben hat, ist gleichgiltig«. Weiters wird angeführt: »Ein Betrug durch blosses Verschweigen der Wahrheit könnte nur in der Art gedacht werden, dass der (vermeintliche) Betrüger einen, von ihm selbst nicht hervorgebrachten, in dem anderen schon vorhandenen Irrtum dadurch benutzt, dass er bloss zu demselben schweigt. Dieser Irrtum musste aber, um benutzt werden zu können, schon so intensiv sein, dass er keiner Bestärkung mehr bedarf; dann kann er nicht noch einmal hervorgebracht werden, so dass das hinzukommende, blosse Schweigen für den Bestand jenes Irrtums ganz gleichgiltig ist.« Als Beispiel führt Grysiecki an: »Wenn A Accepte des allgemein als aufrecht bekannten B an C weiter giebt, in dem Momente als er ein Telegramm erhält, B habe falliert, so ist das kein Betrug, denn sein Handeln war in Beziehung auf den (benutzten) Irrtum des C rein passiv, weil er diesen Irrtum weder hervorgerufen noch bestärkt hat, noch solchen in dem obengedeuteten Sinne unterhalten hat«.

Das ist entschieden falsch. Dadurch, dass A die Accepte an C begab, hat er in diesem den Glauben hervorgerufen, dass er verhältnismässig gute Wechsel begiebt, da das ganze Vorgehen doch nicht den Sinn haben soll, wertlose Papiere zu begeben. C war also in den Irrtum geführt, A wolle gute Papiere des B begeben und darin liegt die strafbare Täuschung, nicht darin, dass A nichts von dem Telegramme sagte. Wenn ich bei einem bekannten Händler mit antiken Münzen Kaisermünzen kaufe, so darf ich voraussetzen, dass er mir wissentlich echte giebt und giebt er mir welche, die er ebenfalls als echte gekauft und von denen er später erfahren hat, dass sie zweifellos falsch sind, so betrügt er; aber nicht dadurch, dass er mir nicht ausdrücklich erzählt, er habe erfahren: diese Münzen seien falsch, sondern dadurch, dass er mir Münzen als echt verkauft, von denen er weiss, dass sie falsch sind. Dahin ist auch die von Liszt genannte »Rechtspflicht« umzuformen: »Erregung und Unterhaltung des Irrtums können durch Verschweigen von Thatsachen begangen werden, wenn

---

[322]) s. Anm. [87]).

eine Rechtspflicht zum Reden bestand, die aber auch durch ‚Treue und Glauben' im geschäftlichen Verkehr gefordert sein kann oder aus dem vorhergegangenen Verhalten folgt.« Die Rechtspflicht besteht in unserem Falle nicht darin, dass mir der Händler erzählt, wie er von der Unechtheit der fraglichen Münzen unterrichtet wurde, sondern darin, dass er nur Echtes verkauft, wenn sein Gewerbe, die Aufschrift auf seinem Laden und sein ganzes Gebahren auf diese Gepflogenheit schliessen lassen.

Einen anderen Faktor lässt Kohler [323]) eingreifen: die soziale Ordnung. »Auf dem Gebiete des Deliktes, wie auf dem Gebiete der rechtlichen Betrachtung überhaupt, ist nicht der blosse Naturkausalismus sondern der Kausalismus der sozialen Ordnung massgebend, der sich je nach der Art der sozialen Ordnung verschieden gestalten kann . . . Die Frage geht dahin, wann die soziale Ordnung den einzelnen dazu bestimmt, als Mitglied des sozialen Mechanismus in die Gestaltung der Dinge einzugreifen.« Und: »Die Unterlassung eines Menschen ist dann kausal, wenn sie das Getriebe der sozialen Ordnung stört.« Dieser Ansicht schliesst sich Sturm [324]) an. Hiermit wäre die Frage allerdings einfach gelöst, wenn der Begriff der »sozialen Ordnung« ein strafrechtlich festzuhaltender wäre. Ebenso verhält es sich mit der Angabe von Janka: [325]) »In der reinen, in sich beruhenden Benutzung des Irrtums, in der einfachen Nichtaufklärung, liegt nicht Betrug; wobei jedoch zu bemerken ist, dass nach Massgabe der allgemeinen Grundsätze über Bewirkung durch Unterlassung Betrug auch durch Unterlassung (der Aufklärung) allerdings begangen werden kann, wenn entsprechende Irreführung bezw. Bestärkung des Irrtums ohne das gehörige Verschulden vorherging«; die angerufenen »allgemeinen Grundsätze über Bewirkung durch Unterlassung« sind eben so wenig fix, dass sie uns eine Grundlage für unsere Frage nicht bieten können.

Noch weniger Sicherheit bietet uns die Darlegung von Hess [326]): »Wir sind überall da berechtigt, eine Unterlassung einer Handlung gleichzustellen, wenn wir die unterlassene Hand-

---

[323]) »Studien aus dem Strafrecht.« I. 1890.

[324]) »Die Rechtswidrigkeit der Unterlassung.« 1895.

[325]) s. Anm. [147]).

[326]) Hess, »Über Kausalzusammenhang und unkörperliche Denksubstrate«. Hamburg 1895.

lung aus physischen und ethischen Gründen erwarten mussten«. Wer sagt aber, welche physische und ethische Gründe da massgebend sind und wie wird zwischen ihnen und dem Strafrecht die Verbindung hergestellt? Ebenso schwer ist es, eine bestimmte Abgrenzung für »Verantwortlichkeit« zu finden, wenn z. B. Aldosser[327]) sagt: »es ist unbestreitbar, dass durch das reine Unterlassen, als solches, wohl niemand verantwortlich gemacht werden kann, wegen eines von ihm nicht gehinderten Erfolges, wenn nicht nebenbei ein bestimmtes, Verantwortlichkeit begründendes Verhältnis vorlag«. Wüssten wir das, so gäbe es überhaupt keine Frage, was strafbar ist. — Kein Zweifel, von der Kausalfrage muss ausgegangen werden; es sagen z. B.: Birkmeyer[328]): »Verursachung und Verschuldung ist bei der Untersuchung über den Kausalzusammenhang vor allem auseinanderzuhalten«. Landsberg[329]): »wer zusieht, ohne zu thun, obwohl er thun kann, der verursacht und ist kausal«. Rohland[330]): »der Zweck ist es, der die Kausalität des Menschen regelt und ihr eine, von der mechanischen Kausalität abweichende Gestalt giebt«. Paul Merkel[331]): »in dem Begriffe Unterlassen liegt immer, dass eine Erwartung (ohne dass damit Pflicht oder Anspruch verbunden sein muss) sich nicht verwirklicht hat«. v. Bar[332]) erklärt: »jene Handlung verursacht, die wir uns als den sonst von uns vorausgesetzten regelmässigen Verlauf der Erscheinungen unterbrechend denken«, und den Fall, wo jemand echte Schmucksachen kaufen will, aber nach unechtem greift und vom Verkäufer im Irrtum belassen wird, erklärt er (p. 107) mit der »Regel des Lebens«. Noch weiter zurückgegriffen hat v. Berger[333]); er geht davon aus, »die *nuda cogitatio* sei nur darum straflos, weil sie kein Wollen und kein Wirken, nicht weil sie ein psychisches, äusserlich nicht wahr-

---

[327]) s. Anm. [5]).

[328]) Birkmeyer, »Ursachenbegriff und Kausalzusammenhang«. Gerichtssaal, Bd. 37.

[329]) Landsberg, »Die sogenannten Kommissivdelikte durch Unterlassung«. 1891.

[330]) s. Anm. [300]).

[331]) Paul Merkel, »Begehung durch Unterlassung«. Göttinger Diss. Nürnberg 1895.

[332]) L. v. Baar, »Die Lehre vom Kausalzusammenhange im Recht«. 1871.

[333]) s. Anm. [295]).

nehmbares Phänomen ist. Wenn es ein Mensch vermöchte, einen anderen durch blosses an ihn denken zu töten, so müsste er verurteilt und bestraft werden[334]) .... Von einem Bewirken durch Unterlassen kann nur die Rede sein, wenn das, wenigstens in der einen Richtung, auf welche es ankommt, unthätige Verhalten eines Menschen eine Interferenzerscheinung ist«. — Von Berger bildet folgende Gruppen:

I. Man kann nur dann bewirken, wenn man Handlungen unterlässt, zu deren Ausübung man verpflichtet ist (Feuerbach, Spangenberg, Martin und heute die meisten Laien).

II. Der Kausalzusammenhang besteht zwischen der Handlung, die der Mensch beging, während er die andere unterliess, und dem Erfolge (Luden, Zirkler, Austin).

III. Gefordert wird, dass der Unterlassende vorher positive Handlungen begangen hat, die mit dem Erfolge in irgend einem kausalen Zusammenhang stehen (Krug, Glaser, Merkel, v. Bar).

IV. Das Unterlassen ist als das Unterdrücken einer hindernden Kausa des Erfolges anzusehen (v. Buri, Binding).

Wir haben aber noch eine weitere Gruppe zu bilden (Schwarze, Merkel und Heilbronner).

Schwarze[335]) p. 665 sagt, es kann namentlich die Entstellung der Wahrheit als ein aktives Verhalten, rücksichtlich dieser Punkte sich gestalten. Es tritt hier das Verschweigen mit einem aktiven Benehmen in Verbindung, durch welches auch das letztere den Charakter der Unwahrheit annimmt. Er nennt das Schweigen (mit Wächter) ein qualifiziertes.

Merkel[336]) (abgesehen von Bergers Gruppe III) sagt: »zur Handlung des Betruges gehört ein auf Irreführung des anderen berechnetes wahrheitswidriges Verhalten«. Allerdings a. a. O.[337]):

»Das Erfordernis der Irreführung ist in einem blossen Nichtaufklären oder Irrenlassen anderer, auch in Vertragsverhältnissen nicht enthalten. Jedoch nimmt in solchen Verhältnissen eine auf Irreführung berechnete Unterdrückung oder Vorspiegelung von

---

[334]) Über den Begriff von Absicht u. s. w., vergl. namentlich Löffler, »Die Schuldformen des Strafrechts«. Leipzig 1895, p. 262 ff. und die dort zitierte Litteratur.

[335]) s. Anm. [66]). [336]) s. Anm. [58]). [337]) s. Anm. [277]).

Thatsachen nicht selten den Schein eines blossen Nichtaufklärens an .... Eine besondere Raffiniertheit der Wahrheitsentstellung ist nicht gefordert«. Und an dritter Stelle[338]) legt er Gewicht darauf, dass häufig bloss geschwiegen werde. Ein Beispiel für diesen, mir praktisch undenkbaren Fall hat er nicht gegeben.

Heilbronner[339]) kommt nach gründlicher quellengeschichtlicher Untersuchung zu dem Ergebnisse, dass mit Rücksicht auf die Entstehungsgeschichte des § 263 und die Äusserung der Motive, sowie auf den Wortlaut des Gesetzestextes ein blosses Verschweigen nie eine Unterdrückung wahrer Thatsachen bilden und so den Thatbestand des Betruges erfüllen kann, dass ein Schweigen nur dann einen Betrug zu begründen imstande ist, wenn es mit positiven Handlungen in Verbindung tritt, welche mit der Täuschung — sei es Irrtumserregung oder -Unterhaltung — in Kausalzusammenhang steht.

Heilbronner greift dann auf Schwarzes »qualifiziertes Schweigen« und das von ihm gegebene Beispiel und meint, dieses Schweigen kann nicht deshalb, weil es in einem anderen eine gewisse positive Vorstellung hervorbringt, als positives Verhalten aufgefasst werden, sondern es muss mit einem äusseren Handeln in Verbindung stehen, wenn es den besonderen Charakter der Strafbarkeit (u. U.) erhalten soll. Wenn also z. B. A den B, welchen er für den C hält, anruft und ihm einen von C entliehenen Gegenstand giebt, B aber, welcher den Irrtum merkt, dazu schweigt und den fraglichen Gegenstand annimmt, so haben wir in der Annahme des Gegenstandes durch B eine, mit der Vorstellung des A in Kausalzusammenhang stehende, den Irrtum desselben bekräftigende positive oder äussere Handlung; nicht das Schweigen allein, sondern das Annehmen macht das Verhalten des B zu einem aktiv täuschenden.

Es wird also behauptet, dass in vielen Fällen neben dem Schweigen noch ein aktives Verhalten zu entdecken sei, und dies könne das Strafbare sein.

Hiermit wären wir in der Nähe des Ausgangspunktes angelangt und es dürfte sich aus der Besprechung der verschiedenen Theorien ergeben haben:

---

[338]) s. Anm. [53]). [339]) s. Anm. [222]).

I. Beim Betruge kann das Schweigen kausal für den Erfolg gewesen sein, indem es eine Bedingung der Täuschung gebildet hat.

II. Es lässt sich kein Betrugsfall denken, in welchem der Täuschende bloss geschwiegen und gar nichts Aktives gethan hätte.

III. Bei der Beurteilung jedes Falles muss der ganze Hergang der Beurteilung unterzogen und erwogen werden, in wie ferne die Täuschung durch eine Anzahl stets aufzufindender positiver Momente bewirkt und dieselben nach allgemeinen psychologischen Grundsätzen durch das Schweigen unterstützt wurden.

---

16. Strafbares Moment.

In unmittelbarem Zusammenhang mit den obengenannten Erörterungen steht die Behauptung, dass bei jedem Betrugsfaktum, ebenso wie bei jedem anderen Verbrechen, der ganze Vorgang in seinem Zusammenhange in eingehender Berücksichtigung von Natur und Kultur des Betrügers und des Betrogenen, der Beurteilung unterzogen werden muss; nur wenn alle, vielleicht auch scheinbar unbedeutende Kleinigkeiten studiert und mit dem Ganzen verbunden werden, gelingt es, festzustellen, ob arglistige Täuschung vorliegt oder nicht. Das hat schon Jagemann[340]) vor mehr als einem halben Jahrhundert gewusst: »Es wäre zu empfehlen, dass Untersuchungen (wo Betrug im Punkte des Vertrages behauptet wird), nicht leichterdings, sondern erst nach sorgfältiger Prüfung der Elemente des Thatbestandes, der Natur der denunzierten Kunstgriffe, des Intelligenzverhältnisses zwischen Betrüger und Betrogenen, wie auch des Wirklichen oder möglichen Schadensbetrages eingeleitet . . . würden.« — Später hat man vielfach darauf Wert gelegt, dass bei allen Delikten nicht auf einzelne Erscheinungen

---

[340]) s. Anm. [151]).

Gewicht gelegt, dass nichts für sich allein herausgerissen und beurteilt werde, dass vielmehr stets das Totale des Vorganges behandelt erscheint. Man beherzigte zwar Lehren, wie sie z. B. Ullmann [341]) gab: es müsse stets »der ganze Komplex von Normen, welche den Zweck haben, ein gewisses Rechtsgut zu schützen, auf einmal in Betracht gezogen werden« — aber gerade beim Betrug findet man überoft die merkwürdige Erscheinung, dass aus einem ganzen, langen und zusammenhängenden Vorgang bloss ein einziges Moment herausgerissen und beurteilt wird: darin stecke kein Handeln, oder kein Irreführen oder keine Ausnützung eines Irrtums. Hätte man den ganzen Vorgang angesehen, so wäre die arglistige Täuschung sofort klar geworden. Kohler [342]) hat sehr richtig hervorgehoben: »Nur die Liebe als sittliche Potenz stellt die Schranke auf: Du hast deinen Nebenmenschen nicht zu vergewaltigen, weder mit den Mitteln des Leibes noch mit den Mitteln des Geistes« — aber auch das Strafrecht nimmt Rücksicht auf gewisse Vergewaltigungen und nennt sie unter Umständen Betrug — aber dass eine wirkliche Vergewaltigung eintrat, das zeigt nur der ganze Vorgang, der allein auch lehrt, ob er strafbar war. In dieser Richtung geht man doch sehr weit und Rohland [343]) sagt richtig: »Wer die Möglichkeit eines Zufalls geschaffen hat, ist für seinen Eintritt verantwortlich, wenn er in Schuld ist« — wobei selbstverständlich die Einreihung jenes Zufalles in den ganzen Komplex von Erscheinungen gemeint ist, die den gesamten Sachverhalt darstellen.

So schwierig sich viele Betrugsfälle, namentlich aus dem hier fraglichen Gebiete scheinbar gestalten, so leicht und befriedigend lösen sie sich, wenn man die einzelnen Momente, aus denen sie sich zusammensetzen, logisch ordnet und zu einem Ganzen formt: arglistige Täuschung ist immer der ganze Vorgang, nicht die einzelne Lüge, das einzelne Schweigen, das Arrangement, die Ausnützung einer Schwäche, die Vorführung und Verbesserung einer Sache — alles Einzelne ist entweder juristisch gleichgiltig, oder wenigstens nicht strafrechtlich verfolgbar, aber der ganze Vorgang ist doch strafbarer Betrug. Man sage nicht: »Noch so oft mal Null ist wieder Null« — es darf eben der einzelne Vor-

---

[341]) Ullmann (Gerichtssaal, XXXVII, p. 553).
[342]) s. Anm. [124]). [343]) s. Anm. [4]).

gang nicht gleich Null gesetzt werden, was er ja auch nicht ist; er ist einem echten, die Einheit nicht erreichenden Bruch gleichzustellen: erst eine ganze Zahl kann einer verbrecherischen That verglichen werden, und diese wird erreicht, wenn $^1/_7$ siebenmal addiert wird. Wenn ein Mensch auf der Strasse spricht, so höre ich es nicht in meine Stube herauf, wenn aber ein Volkshaufe unten murmelt, so höre ich ein gewaltiges Getöse.

Da das Gesagte sich am besten kasuistisch darstellen lässt, so sollen hier einige recht charakteristische Fälle von Raritätenbetrug vorgeführt und auf das Gesagte hin untersucht werden.

Der Sammler Lychdorff erzählt irgendwo eine Geschichte, die ich aus der Erinnerung wiedergebe: Ein, durch seinen Reichtum und seine Sammelwut gleich bekannter Amateur, nennen wir ihn M., findet bei einem grossen Pariser Antiquar P. eine schöne, orientalische Vase von kolossalen Dimensionen. Er untersucht die Vase, erklärt sie für echt, wertvoll und für die geforderten 2000 preiswürdig, er interessiert sich aber nicht für Ankauf, weil sie kein Gegenstück hat. »Ja, wenn ihrer zwei wären«, schliesst M. seine Erörterungen, »zahlte ich gerne das Zehnfache für jede«. — Nach einigen Tagen begegnet M. einem bescheiden auftretenden Burschen, der sagt, er könne dem Herrn — gegen 2 Franken Trinkgeld — einen Türken ansagen, der sehr wertvolle Dinge verkauft. Das nette Auftreten des Burschen und seine bescheidene Forderung sieht vertrauenerweckend aus, ein Kutscher wird gerufen und M. und der Bursche fahren eine halbe Tagreise weit, an das andere Ende von Paris, wo in einem engen, schmutzigen Gässchen der Laden des »Türken« entdeckt wird; der Bursche wird abgelohnt und entfernt sich. Der Verkäufer ist richtiger Weise ein »echter Perser«, wird als ernst, wortkarg und im Besitze zweier »tieftraurigen Augen« geschildert; er spricht etwas französisch, d. h. die Worte klingen so, aber man versteht nichts. Er hat einige persische Messer, Klingen, Dolche, gravierte Schutzwaffen und Kleinigkeiten, alles zweifellos absolut echt, aber ordinäre Ware von sehr geringem Werte. Fast schon im Fortgehen, entdeckt M. im Hintergrunde des Ladens unter einer Schichte von Staub, Spinnweben und Schmutz eine mannshohe Vase. Durch Kopfschütteln scheint der »Perser« anzudeuten, dass die Vase unverkäuflich ist, er lässt sie aber ansehen, zerrt sie hervor und reinigt sie oberflächlich. Eine genaue Besichtigung lässt keinen

Zweifel übrig, dass das Objekt das unschätzbare Gegenstück zur Vase des Antiquars P. darstellt. Mit vieler Mühe gelingt es, aus dem »Perser« herauszubekommen, dass er die Vase um einen, allerdings entsetzlich hohen Preis doch hergiebt, handeln lässt er nicht, M. zahlt, bringt die Vase im Wagen heim und eilt zum Antiquar P., wo er um die Vase ruft. »Schon verkauft«, sagt P., »ich habe sie um so eher hergegeben, als sie als Einzelstück doch nicht gut verkäuflich war«. M. und P. fahren schleunigst zu M., untersuchen die neugekaufte genau: sie ist ohne den mindesten Zweifel dieselbe, die P. besessen hatte. Der Laden des »Persers« ist leer, der »Perser«, der erst wenige Tage dort eingemietet war, ist unauffindbar verschwunden. Es ergibt sich dann der ganze Sachverhalt. Als M. zuerst bei P. um die Vase gehandelt hatte, befand sich ein Fremder im Laden, der allerlei ansah, während M. und P. von der Vase sprachen. Tags darauf kam der Fremde wieder, besichtigte die Vase, und kaufte sie verhältnismässig billig. Dass der Fremde, der »bescheidene« Bursche und der »traurige Perser« ein Trifolium bildeten, ist selbstverständlich, aber wie wären diese Leute, namentlich der Fremde und der »Perser« strafrechtlich zu beurteilen (wenn man sie hätte)? Was hat der Fremde, was der Perser gethan? Den »bescheidenen« Burschen lassen wir bei seite, da wir nicht wissen, ob und wie weit er in den Handel eingeweiht war — er war vielleicht bloss Werkzeug. M. ist zweifellos in Irrtum versetzt worden; er glaubte, und musste glauben, dass er beim Perser eine zweite Vase, also das Gegenstück zu der des P. gefunden hat, dass er also dort ein Wertstück entdeckte, wenn er es mit der Vase des P. zusammenstellen kann. Weiters ist er aber auch in seinem Vermögen sehr arg geschädigt worden, denn er hätte die Vase beim P. viel billiger bekommen, als beim Perser, er hat ein Stück erworben, welches nur dann Wert gehabt hätte, wenn es ein Gegenstück wäre, ja er hat, wie der erste Vorgang bei P. beweist, die Vase überhaupt nicht erwerben wollen, wenn sie, was thatsächlich der Fall ist, bloss »einspännig« existiert. Er besitzt also etwas, was er nicht besitzen wollte, und noch dazu um einen unverhältnismässig hohen Preis, den er nirgends wieder bekömmt, während das Paar dieser Vasen auf einem, allerdings nur aus sehr wenigen Käufern bestehenden Markte, einen Preis gehabt hätte, der der, dem Perser bezahlten Summe entsprechend gewesen wäre. Freilich wird man sagen:

P. ist an dem ganzen Malheur selbst schuld: bevor er beim Perser kaufte, hätte er erst bei P. fragen sollen, ob die Vase noch dort ist. Aber das lässt sich leicht sagen, wenn man den ganzen Hergang kennt und weiter ist es eben etwas am Raritätenhandel Charakteristisches, dass häufig rasch gehandelt werden muss; oft wird um ein Objekt jahrelang nicht gefragt, dann kommen wieder in einer Stunde zwei um dasselbe; ausserdem befürchtete M. vielleicht, dass der Perser noch mehr Schwierigkeiten macht, wenn M. Zeit vergehen lässt. Kurz, in dem raschen Handeln des M. lässt sich keine Unvorsichtigkeit entdecken, die so bedeutend wäre, dass das Vorgehen des Fremden und des Persers deshalb entschuldigt schiene.

Bezüglich dieser beiden werden wir, vom Thatsächlichen ausgehend, zuerst sagen müssen: der Fremde hat mit M. keine Silbe gesprochen, was er gethan hat, war ohne Beziehung auf irgend ein bestehendes Verhältnis zu M. gethan. Und der Perser: er hat Unverständliches gesprochen, hat mit dem Kopf geschüttelt und hat schliesslich eine ihm fast aufgedrungene, allerdings sehr hohe Summe eingestrichen und dafür etwas gegeben, was zu taxieren ihm, und was zu nehmen dem M. freigestanden ist. Von irgend einer Zusicherung, einem Beilegen von Eigenschaften oder Relationen war mit keinem Worte die Rede; gleichwohl halte ich den Vorgang für strafbaren Betrug. Was erreicht werden wollte: Schädigung des M. zur Erlangung eigenen und fremden Vorteils (echte *conspiracy* nach englischem Rechte), das wurde thatsächlich erreicht: der Fremde kaufte die Vase schon mit der Absicht, sie dem M. anzuhängen: an sich straflose Vorbereitungshandlung. Die Vase wird zum »Perser« gebracht: auch straflos. Der Laden, der für ihn gemietet wird, liegt möglichst weit vom Laden des P., um einerseits irgend eine Verbindung zwischen beiden unwahrscheinlich zu machen, und um andererseits es zu erschweren, dass M. vor dem Handelsabschluss zu P. fährt, um wegen der »ersten« Vase zu fragen, falls ihm dieser Gedanke kommen sollte: an sich nichts Strafbares. Beim Perser wird die Vase mit Staub, Spinnweben u. s. w. bedeckt. Der Verkäufer muss einen »Perser« markieren, damit er unbequeme und gefährliche Fragen nicht beantworten muss, er erhält auch zweifellos echte, wenn auch wenig wertvolle Waren zur Ausfüllung des Ladens, um durch deren, in die Augen springende Echtheit für die Echtheit des sonstigen Ladeninhaltes, i. e. der Vase, Propaganda zu machen: lauter Vorgänge, die sich an sich nicht als strafbare darstellen. Ausserdem haben dieselben auch noch mit dem M. keinen Zusammenhang, es ist, wenn man so sagen dürfte, noch kein Angriff auf denselben gemacht worden, dieser geschah aber durch den »bescheidenen Burschen«, der den M. um 2 fr. zum »Perser« brachte, und dadurch es erst ermöglichte, dass die ganzen Vorbereitungen auf ihn angewendet wurden. Aber was hat denn der Bursche Strafbares gethan? Er hat Herrn M. mitgeteilt, dass er einen Türken weiss, der merkwürdige Dinge zu verkaufen hat. Dafür bekam er 2 fr., die ihm M. gerne gab. Solcher Zubringerlohn wird hundertmal vergeblich gezahlt, davon spricht man nicht, kurz, der bescheidene Bursche hat nichts Betrügerisches gethan. Sehen wir aber den ganzen Vorgang an, in dem M. in seinem Vermögen doch sehr wesentlich geschädigt wurde, so muss erklärt werden, dass arglistige Täuschung vorlag, zu welcher alle einzelnen Erscheinungen des Gesamtvorganges zusammengewirkt haben.

Jakob Henle hat 1846 gesagt: »Wir können es nicht wahrnehmen, dass ein Faktum die Ursache eines anderen ist; das Einzige, woraus wir die Kausalität erschliessen können, ist die Koexistenz zweier Dinge. Dabei ist Irrtum sehr leicht. Wenn früher Komet und Pest zusammentrafen, gab man eines für die Ursache des anderen aus ... Das Kausalverhältnis ist eine reine Fiktion und besteht nur in unseren Gedanken«. Aber Henle hat den Wechsel der Erkenntnis ausser Rechnung gelassen und wir können immer und überall nur *rebus sic stantibus* schliessen. Und wenn es richtig ist, dass die Gesamtursachen nicht bloss aus wirkenden, sondern auch aus latenten Kräften zusammengesetzt sind und dass sich dieser Ursachenbegriff für die Kausalität der Unterlassung verwerten lässt, was zuerst Sigwart und Haupt gezeigt haben (Paul Merkel[344]), so können wir hier von den einzelnen Leuten, namentlich dem Perser nicht verlangen, dass er dem M. erzählt, er habe die verstaubte Vase erst wenige Tage hier; aber sein Benehmen ist ein nicht zu missendes Glied in der langen Kette, welche die arglistige Täuschung des M. bewirkt hat, und von denen überhaupt keines wegbleiben darf, wenn die Täuschung

---

344) s. Anm. 331).

des M. und die Bereicherung des »Fremden« und seiner Helfer erreicht werden sollte. Wort für Wort passt hier Bindings[345]) Deduktion (II p. 560): »beim Betrug ist es die täuschende List, welche als Mittel den rechtswidrigen Vermögensvorteil herbeiführen soll und wenn diese sich gegen den zu Benachteiligenden selbst richtet, die erschlichene und deshalb nur formell vorhandene Einwilligung des Benachteiligten zu seiner Selbstschädigung; . . . die Rechtswidrigkeit des Vermögensvorteiles macht jedes Mittel zu einem verbotenen, wodurch er bewirkt werden soll.« Diese Mittel waren aber hier Vorgänge, die einzeln herausgerissen, als straflos erscheinen. Ebenfalls Binding[346]) setzt statt des »objektiven Rechtes« die »Rechtsordnung« ein — und p. 170 heisst das Delikt eine »Schädigung der Rechtswelt in ihrem Güterbestande«. Eine solche ist hier eingetreten und der Gesamtvorgang war listige Täuschung.

Es bliebe nur noch die Frage übrig, ob der Vorgang der Betrüger nicht etwa blosse Spekulation sei, die allerdings straflos zu bleiben hat. So sagt z. B. Kohler[347]): »von den Qualitätsmomenten gilt eine andere Regel als von den Spekulationsverhältnissen; über die Qualität ist der Verkäufer verpflichtet, volle und völlig wahre Auskunft zu geben. Denn ist die Spekulation als Individualsache ein Sonderrecht eines jeden, so ist die objektive Welt der Sachen und Rechte dem allgemeinen Verkehr überlassen.« Aber dies gilt nur dann, wenn es sich um eine, gewissermassen durch allgemeine Usance geschützte Spekulation handelt. Jede »Spekulation« muss zuerst darauf geprüft werden, ob sie nicht die Deliktsmerkmale des strafbaren Betruges an sich trägt und erst verneinenden Falles lassen wir es anderen über, zu entscheiden, ob die Spekulation die Grenzen der Moral überschritten hat. Diese Frage interessiert uns aber nicht, wir haben nur darüber zu wachen, dass nichts als Spekulation einschleicht, was Betrug ist.

Ebenfalls nur durch eine Reihe von an sich straflosen Handlungen spielen im Kunsthandel die sogenannten »*amateur-marchands*« eine gefährliche Rolle, Leute, die wie der wohlunterrichtete

---

[345]) s. Anm. [68]). [346]) s. Anm. [71]). [347]) s. Anm. [124]).

Anonymus W. B.[348]) sagt, sich als »leidenschaftliche Sammler präsentieren, sich dabei den Anschein von Reichtum geben und so gegen jeden Vorwurf von Gewinnsucht gesichert erscheinen«. In der That sind viele von ihnen eigentlich Sammler, eigentlicher Händler und am eigentlichsten Betrüger. Sieht man eine ihrer Sammlungen an, so ist man erstaunt über die Reichhaltigkeit derselben, entzückt von der Gelehrsamkeit des Besitzers und gerührt von der Zärtlichkeit, mit welcher letzterer an ersterer hängt. Sieht man die Sammlung einige Jahre später, so ist man abermals erstaunt, und zwar darüber, dass kaum ein einziges Stück des alten Bestandes mehr da ist, dafür kam aber vielfach »Besseres«. Die Gelehrsamkeit und Zärtlichkeit des Sammlers ist die gleiche geblieben. Angebote weist er entrüstet zurück, aber bei vielem Bitten und Vergrösserung des Angebotes lässt er sich endlich herbei, »ausnahmsweise ein einziges Stück« herzugeben. Dieses »Ausnahmsweise« geht flott vorwärts und nach ein paar Jahren ist der Bestand wieder ein ganz neuer. Versteht es der »Amateur« besonders gut, so braucht er sich bald mit dem Einkaufen gar nicht mehr zu plagen, seine Räume sind lediglich das Verkaufsmagazin eines grösseren oder kleineren Händlerringes geworden, die ihre »Kommissionsware« dahin bringen, und dem »Sammler« riesige Prozente der Verkaufssummen, die er erzielt hat, auszahlen.

Die Gefährlichkeit solcher Leute hat verschiedene Gründe. Vor allem bringt man ihnen schon von Anfang an viel grösseres Vertrauen entgegen, als einem Händler oder einem minder bekannten Privaten: »der reiche, kunstverständige Liebhaber, der an seinen Sachen so zärtlich hängt, wird doch nicht betrügen«. Zweifel an seinen Angaben wagt man überhaupt nicht vorzubringen, und geschieht es doch, so weiss der »Sammler« dieselben — je nach Natur und Kultur des Fragenden, mit vornehmem Wesen oder aber mit Grobheit zum Schweigen zu bringen. Genaue Untersuchungen werden, natürlich beleidigt, vollständig abgelehnt. Auch die Eitelkeit des Käufers spielt eine nicht unbedeutende Rolle, da er gerne erzählt, er habe etwas aus der weltberühmten Sammlung des X nur durch dessen ganz besondere Gefälligkeit zu erwerben vermocht. So kommt es, dass nicht bloss Un-

---

[348]) s. Anm. [6]).

erfahrene, sondern auch bekannte Sammler und geriebene Händler dem »*amateur-marchand*« zum Opfer fallen, der sein Geschäft bei einiger Vorsicht und Geschicklichkeit unbegreiflich lange forttreiben kann. Am schönsten blüht der Weizen solcher Leute, wenn reiche, unerfahrene Leute einander Geschenke machen wollen (besonders Gatten gegenseitig auf der Hochzeitsreise!). Als nicht Sachverständige wagen sie sich nicht zum Antiquar, noch weniger zum Privaten, sie wenden sich am liebsten an den reichen, berühmten Sammler, meistens nur mit der Bitte um Rat. (Dass hier geschickte Agenten als Wegweiser ihre Rolle spielen ist selbstverständlich.) Der Sammler »wüsste zwar nicht, wo etwas, dem geäusserten Wunsche Entsprechendes« aufzutreiben wäre, aber schliesslich »besinnt er sich, dass er selber so etwas habe«, von dem er sich aber absolut nicht trennt. Endlich thut er es »der schönen jungen Frau zu liebe« (sei sie die Käuferin oder die zu Beschenkende) und der, oft recht sonderbare Kauf wird geschlossen. Ähnlich geht es mit allen seinen Schätzen.

Fragen wir nun, was an diesem Vorgange Strafbares zu finden ist, so muss zuerst natürlich zugegeben werden, dass keinem Sammler das Verkaufen seiner Sachen verboten werden kann. Es verkauft auch fast jeder Sammler. Der Eine thut es aus purer Flatterhaftigkeit, der lange Besitz einer Sache freut ihn nicht; der Zweite will sich »konzentrieren« und sich z. B. bloss auf Keramisches werfen, er verkauft daher seine Bronzen; der Dritte ist ein »Pfadfinder« im Sammeln und hat z. B. billig alte Petschafte gekauft, als sich noch niemand darum kümmerte; jetzt sind die Petschafte modern geworden, er verkauft seine Sammlung mit grossem Nutzen und wirft sich auf orientalische geschnittene Steine, die dermalen auch noch keine hohen Preise haben. Der Vierte hat irgendwo einen schönen Fund gemacht, um ihn aber erwerben zu können muss er einiges von seinen Sachen hergeben; der Fünfte ist aus finanziellen Gründen überhaupt gezwungen zu versilbern und so fort. Gehen wir noch einen Schritt weiter und sagen: ein Sechster habe die Erfahrung gemacht, dass man gerne und hoch aus seiner Sammlung kauft, dass Objekte aus derselben »starkes Agio« haben, weil der Umstand, dass sie von ihm kommen für Echtheit, Schönheit, Wert allein bürgt. Warum soll er dieses Agio nicht einstecken und sich darum wieder Neues in die Sammlung kaufen? So tritt der Händler immer mehr zum Vorscheine und der Sammler in ihm bleibt nun mehr Aushängeschild und »bekannte Firma«. Auch hier wird die Ähnlichkeit von Pferdehandel und Kunsthandel recht deutlich. Wenn es nun unser *amateur-marchand* so weit treibt, dass er, wie oben erwähnt, bloss Kommissionär für einen Händlertrust ist, so ist das im allgemeinen natürlich nicht Betrug — wenn die Leute seine Firma bezahlen, so ist das ihre Sache: wer sich Kleider bei Howell in London machen lässt, muss den Namen des Schneiders auch mit Gold aufwiegen. Aber ganz das Gleiche ist das doch nicht. Wenn ich mir bei Howell einen Anzug machen liesse, und er verlangt 100 dafür, so weiss ich, dass derselbe Anzug bei meinem Schneider etwa ein Drittel kosten würde: ich habe also einen genauen Massstab, der mir zu erwägen gestattet, ob ich den 3fachen Preis auszugeben gesonnen bin. Da liegt also offene Erwägung vor. »Das Interesse einer Person an einer Thatsache ist das Verhältnis der Person zu dieser Thatsache, vermöge dessen das Eintreten oder Nichteintreten derselben für ein Gut der Person eine nachteilige Folge hat« (Kessler).[349])

So ist's aber nicht, wenn ein Unerfahrner zum *amateur-marchand* geht; der weiss eben nicht, was eine Sache wert ist, und weil er es nicht weiss, und nicht betrogen werden will, so geht er zu dem bekannten, wohlhabenden Sammler, von dem er voraussetzt, dass er ihn nicht betrügen werde. Verlangt dieser für eine gute, echte Sache ein, wenn auch nicht bescheidenes Agio, so nennen wir es sicher keinen Betrug. Aber wegen des Bischen Agio wird einer kein *amateur-marchand*, denn da könnte ihm sein Händlerkonsortium auch keine grossen Prozente zahlen. Er verkauft daher in der Regel grundsätzlich nicht gerade Fälschungen, aber zweifelhaftes, sehr stark »Ergänztes« und »Embelliertes«, und Mittelware, alles zu unverschämten Preisen. Das ist aber Iherings[350]) »konstatierte Gefährdung der Lebensbedingung der Gesellschaft«, denn es liegt arglistige Täuschung, Schädigung der Käufer und Bereicherung des Verkäufers vor und ist nicht mehr Spekulation, die Kohler[351]) eine Verbindung des Egoismus mit den Lebensinteressen der Gesellschaft nennt, sofern und soweit sie eine gesunde ist. Es wird daher allerdings gerade in derartigen Fällen zu unterscheiden sein, ob eine, vielleicht recht unmoralische Spekulation oder strafbarer Betrug vorliegt, und wir werden von letzterem nur sprechen,

---

[349]) s. Anm. [95]). [350]) s. Anm. [93]). [351]) s. Anm. [124]).

wenn der ganze Vorgang, die Inszenierung des Amateurs und sein Benehmen so gestaltet war, dass aus dem Totaleffekt arglistige Täuschung und eine sehr wesentliche Vermögensschädigung des Käufers entstanden ist. Auch hier ist der Erfolg sehr massgebend, und: »Erfolg ist die Veränderung eines bis zu seinen, des Erfolges, Eintritt bestehenden Zustandes der Aussenwelt . . . hierzu müssen aber die nötigen Kräfte in der Richtung auf den zu ändernden Zustand geäussert werden . . . diese sind die positiven Bedingungen für den Erfolg« (Aldosser).[352])

Als Konstruktionsbeispiel dafür, wie aus der Zusammenfassung eines ganzen Herganges sich Verantwortung und Nichtverantwortung ergiebt, diene folgender Fall:

Die Salzburger Ruben- oder Keutschacher Thaler von 1504 haben sehr bedeutenden numismatischen Wert, da nur 6 Stück davon bestehen, die sich alle in festen Händen befinden. Die Sachverständigen bewerten einen echten Keutschacher Rubenthaler einstimmig auf 700—1000 Gulden, je nach der Erhaltung desselben. — Im Frühjahre 1889 erhielt nun eine Reihe von Personen, die sich mit Sammeln und Handeln von alten Münzen befassen, eine schriftliche, mit »Dr. Hinterstoiser« gezeichnete Anfrage, ob sie etwa Keutschacher Rubenthaler zu beschaffen vermöchten; Antragsteller sei bereit, für jedes Stück »einige 100 Fl.« zu bezahlen. Der Anfrage lag eine lithographierte Abbildung von Avers und Revers des gesuchten Thalers bei, so dass jeder Empfänger genau wusste, was gewünscht werde. Selbstverständlich konnte niemand der Befragten dem Wunsche entsprechen — aber sie wussten jetzt alle, wie ein Keutschacher Thaler aussieht, und welchen hohen Wert ein solcher hat. — Hierauf verging längere Zeit, bis bei denselben Leuten, die Briefe von »Dr. Hinterstoiser« bekommen hatten, eine ältliche Frau erschien, die alte Münzen verkaufen wollte; sie habe sie von einer alten Tante geerbt, zum Andenken bekommen, oder zufällig eingehandelt u. s. w.

---

352) s. Anm. 5).

Im ganzen war die Frau über ihre Münzen wenig orientiert, nur von einem Thaler wusste sie, dass er Keutschacher Thaler heisse und sehr wertvoll sei, da ihr ein Jude schon 100 Fl. dafür geboten hätte. Als die betreffenden Sammler von »Keutschacher Thalern« hörten, so suchten sie irgend einen Vorwand, um den Thaler mit der seinerzeit vom »Dr. Hinterstoiser« erhaltenen Abbildung vergleichen zu können. Die ältliche Frau kam diesem Wunsche geschickt entgegen, die Vergleichung zeigte, dass es sich in der That um einen Keutschacher Thaler handelt, und so kauften sie (stets nur den »einzigen Thaler«) um 60—180 Fl., natürlich mit der Absicht, den Thaler nun jenem Dr. Hinterstoiser um »einige 100 Fl.« weiter zu verkaufen. Aber der Dr. Hinterstoiser existierte unter der angegebenen Adresse nicht, man vermutete Fälschung, die Verkäuferin war bald in der Agentengattin Am. St. entdeckt und sie und ihr Mann Ant. St. wurden verhaftet. Nach und nach klärte sich der Sachverhalt auf, wenn auch nicht vollkommen; Ant. St. hat sich in den vorübergehenden Besitz eines, zweifellos echten Keutschacher Rubenthalers zu setzen gewusst; offenbar hat ihm diesen ein Diener einer der 6 Besitzer der echten Thaler verschafft, was unter Umständen leicht ging (etwa bei Abwesenheit des Besitzers), weil der Thaler nur auf kurze Zeit benötigt wurde. Nun wendete sich Ant. St. an einen äusserst geschickten Münzenimitator, J. Lauer in Nürnberg, mit dem Vorgeben, er habe Auftrag einer Reihe von Münzensammlern, ihnen Imitationen von Rubenthalern nach dem mitfolgenden Muster zu beschaffen, da diese Sammler »ihre Reihen kompletieren« wollen, und echte Thaler sich nicht beschaffen können. Solchen Aufträgen zu entsprechen ist die, zweifellos dankenswerte Thätigkeit Lauers, durch welche Sammler, die nicht über grosse Mittel verfügen, Exemplare von Münzen erhalten und so ihre Sammlungen vervollständigen können, welche sie echt nie erwerben können. Die Imitationen Lauers sind so gut, dass man sie nur an der winzigen, erhaben geprägten Firma Lauers erkennt, die er ehrlich stets anbringt. Ant. St. bekam also auf seine Bestellung von Lauer 15 Rubenthalerimitationen und eine grössere Anzahl von ihm gewünschter Abdrücke auf Papier (die dann unter »Dr. Hinterstoiser« versendeten Abbildungen) und zahlte hierfür: an Prägestempel 112 Mark und an Silberwert u. s. w. pro Thaler 7 Mark 30 Pfennig, so dass ihm ein Stück auf 14 Mark 79 Pfennig zu stehen kam. Der echte Thaler wurde offenbar rückgestellt (aus welcher Sammlung er stammt, weiss man nicht), dann begannen die Briefe mit »Dr. Hinterstoiser« in die Welt zu gehen, und schliesslich verkaufte die Frau des Ant. St. in der eingangs geschilderten Weise einen Teil der 15 Rubenthaler, denen Ant. St. zuvor mit grossem Geschick die (erhabene) Firmaprägung Lauers sorgfältig abgeschliffen hatte.

Dass nun alle jene Leute, welche Rubenthalerimitationen im Erstehungspreise von 14 Mark 79 Pfennig, also etwa 8 Fl. 87 Kreuzer, um 60—180 Fl. gekauft haben, um durchschnittlich beiläufig das 10—12fache des Wertes betrogen wurden, dürfte ziemlich zweifellos sein (beide Angeklagten Ant. und Am. St. wurden auch verurteilt) — das Seltsame an dem Falle ist nur, dass durch die strafbare Betrugshandlung der Gatten St. nicht bloss die mehrgenannten Käufer, sondern auch noch ganz ferne stehende beschädigt wurden, nämlich die 6 Eigentümer der 6 echten Rubenthaler.[353]) Diese sind nämlich seit diesem Prozesse vollkommen entwertet; man weiss nicht, wohin alle, von St. bei Lauer bestellten Thalerimitationen gekommen sind, und weiss namentlich nicht, aus welcher Sammlung jener Thaler stammte, der der Imitation zum Vorbilde gedient hat. Wie gesagt, muss angenommen werden, dass Ant. St. einen Diener bestochen hat, damit er einen echten Thaler einige Zeit lang zur Verfügung hatte. Allerdings gab St. den Thaler dem Diener, und dieser der Sammlung zurück, aber wer bürgt dafür, dass St. dem Diener den echten Thaler zurückgab? Kann St. nicht auch das Abschleifen der Lauerschen Firma besorgt haben, als er den echten Thaler noch besass? Kann er dann nicht vielleicht, ohne diesfällige böse Absicht, den echten mit einem der so tadellos imitierten Thaler verwechselt haben? Und da keine der 6 Sammlungen weiss, ob nicht gerade ihr Thaler bei St. und Lauer war, so weiss keine, ob sie gewiss ihren echten Thaler zurückbekam; alle 6 Sammlungen versichern, bei ihr sei ein zeitweises Abhandenkommen ihres Rubenthalers unmöglich, aber bei Einer muss es gewesen sein, sonst hätte Lauer nicht imitieren können, und so lange man nicht weiss, welche Sammlung vielleicht einen falschen Thaler besitzt, so lange bleiben alle 6 Thaler suspekt und sind,

---

[353]) Vergl. oben p. 46.

statt wie früher, 700—1000 Fl. wert, nur um den Gestehungspreis i. e. 14 Mark 79 Pfennig = 8 Fl. 87 Kr. zu taxieren. Lauer soll gefragt worden sein, wie man seine Thaler herauskennt und er soll geantwortet haben: »ich bringe an jeder Imitation ehrlich meine Firma an — wenn man dieses einzige Kennzeichen absolut genau ausschleift, so kenne ich meine Imitationen von den echten Stücken nicht auseinander, und niemand kennt sie, deshalb bringe ich eben meine Firma an«.

Wenden wir wieder die Betrugsbestimmungen an, so passen sie vollkommen: Vermögensnachteil des »anderen« ist eingetreten durch Täuschung zu eigenem Vorteil — und dass der Getäuschte und der Geschädigte nicht derselbe sein muss, wird heute kaum mehr ernstlich bestritten. Obwohl aber alle Deliktsmerkmale des Betruges in unserem Falle zweifellos vorhanden sind, und die 6 Sammler um die nicht unerhebliche Summe von zusammen etwa 5000 Fl. ärmer wurden und zwar lediglich durch die Handlungen des St.schen Ehepaares, so fällt es doch niemanden ein, sie für diese Vermögensschädigung verantwortlich zu machen. Versuchen wir dies aber zu begründen, so finden wir mit den, zweifellos vorhandenen, Deliktsmerkmalen des Betruges unser Auslangen nicht, wir müssen dies mit dem Wesen des Kausalnexus erklären. Dass zwischen der That des St. und dem Schaden der 6 Sammler ursächlicher Zusammenhang besteht, ist gewiss: hätte St. die Thaler nicht fälschen lassen, und hätte er hierzu nicht eines Vorbildes bedurft, so wären weder falsche Thaler (mit bebeseitigter Firma des Lauer) in Umlauf gekommen, noch wäre ein Zweifel wegen der Identität eines der echten 6 Thaler entstanden, und die 6 Sammler hätten ihre echten, von niemandem bezweifelten 6 Thaler im Werte von 700—1000 Fl. — Also: Kausalnexus ist vorhanden, aber keiner, der strafbares Verschulden begründet.

Die Grenze zu finden, wo der strafbar verantwortlich machende Kausalnexus aufhört, ist bekanntlich schwierig. Für unseren Fall wollen wir sagen, er ist beendet, wenn die That und ihre Folgen in direkter Reihe ihren Abschluss gefunden haben und wenn eine neue Reihe von Ursachen und Wirkungen zu laufen beginnt. Ich nehme ein Beispiel aus ganz anderem Rechtsgebiete. Eine uneheliche Mutter A hat ihr neugebornes Kind B unter Bedingungen ausgesetzt, welche den Thatbestand des § 221 Reichsstrafgesetz und § 149 österreichisches Strafgesetz herstellen. Das Kind B wird von dem Bauern C gefunden, in seine weit entfernte Heimat mitgenommen und aufgezogen. Später lernt B bei seinen Zieheltern den D kennen, der ihm zuredet mit nach Amerika zu gehen, B geht, und bleibt eine Zeit dort, als er aber zurückkehren will, strandet das Schiff und B ertrinkt. Sein Tod steht mit der Handlung der A in kausalem Zusammenhange: hätte die A den B nicht ausgesetzt, so hätte ihn C nicht finden und fortnehmen können, B hätte den D nicht kennen gelernt, er wäre nicht nach Amerika gefahren, nicht von dort zurückgekehrt und nicht ertrunken. Nehmen wir an, es könnte erst jetzt gegen die A ob Verbrechens des § 221 (149) vorgegangen werden und es sei die Verjährung (§ 68 Reichsstrafgesetz, § 229 lit. d österreichisches Strafgesetzbuch z. B.) nicht eingetreten. Keinem Menschen wird es einfallen auf den Strafsatz nach § 221 Schluss Reichsstrafgesetzbuch, § 150 Schluss österreichisches Strafgesetz (ob verursachten Todes des Ausgesetzten) artikulieren zu wollen. Man wird richtig konstruieren: die Ereignisreihe, welche sich an die That einer Aussetzung (Kindesweglegung) knüpfen kann, schliesst in direkter Folge entweder mit dem Tode des Ausgesetzten, oder mit seiner Rettung; ist die letztere erfolgt, so beginnt eine neue Reihe von Ursache und Wirkungen abzulaufen, so dass diese letzteren, vom Verantwortlichkeitsstandpunkte aus, nur auf diese neue Ursache, nicht mehr auf die frühere, die erstgenannte Ursache zurückgezogen werden dürfen. Die Verantwortung der Mutter hat also in unserem Falle mit dem Momente der Rettung ihr Ende erreicht; (natürlich: wenn das Kind z. B. infolge der ausgestandenen Kälte nach einigen Tagen gestorben wäre, so wäre die Rettung nur eine scheinbare gewesen, und der Tod bliebe zu verantworten).

Wenden wir das Beispiel nun auf unseren Fall an, so haben wir zu sagen: die Ereignisreihe, welche aus der That des St. hervorgeht, schliesst in direkter Folge entweder damit, dass sich die Käufer nicht täuschen lassen und dass der Plan somit misslingt, oder dass sie sich täuschen lassen, bezahlen, und so den St. zu ihrem Schaden bereichern; bleibt der Schaden nicht in den Händen des Käufers, giebt er den Thaler (wissentlich oder unwissentlich) als echt weiter, so bildet dieser Käufer und seine Besitzesnachfolger, inklusive den, bei dem die Täuschung entdeckt wird, und der also den Schaden leidet, eine Person, und St. verantwortet noch immer. Aber weiter geht die Kausalreihe nicht, sie hat mit dem Einstreichen des Nutzens ihr Ende erreicht, was weiter geschieht bildet eine neue, von der ersten strafrechtlich unabhängige Reihe von Ursache und Wirkung. —

Die Zurechnung müsste von dem Gesichtspunkte aus untersucht werden, wie sich das Verhältnis des St. zum Diener eines der 6 Sammler — nennen wir ihn D — gestaltet hat, und wann der St. den Dolus gefasst hat, nicht den echten Thaler zurückzustellen: wir wollen unterscheiden, und zwar:

A. Bezüglich der Zurechnung für den D:

1. D wusste, dass St. den, der Sammlung entnommenen Thaler nachbilden lässt und einen falschen Thaler zur Rückstellung übergeben wird: D ist Dieb, die Rücklegung des Falsifikates ist einfache Diebeslist, um den Diebstahl zu maskieren.
2. D war zur Zeit, als er den Thaler aus der Sammlung nahm, um ihn dem St. zum Zwecke der Nachbildung zu geben, überzeugt, dass er den echten Thaler wieder bekommt und in die Sammlung zurücklegen kann, so dass sein Herr hierdurch direkt nicht geschädigt wird: strafloser *furtum usus.*
3. Wenn nun später St. dem D zuredet, einen falschen Thaler statt des echten Thalers zu nehmen und den falschen in die Sammlung zu legen, und wenn D hierauf eingeht, so kann sein neuer Dolus nicht zurückdatiert und aus dem straflosen *furtum usus* strafbares *furtum* gemacht werden. Es bleibt also der erste Vorgang *furtum usus* und der neue Vorgang lässt sich lediglich als Betrug qualifizieren: D täuscht seinen Herrn durch das Einlegen des falschen Thalers über die Integrität der Sammlung, indem er die wahre Thatsache der Entnahme unterdrückt — der Herr ist durch diesen Irrtum geschädigt, und St., wohl auch D haben ihren Nutzen.

B. Bezüglich der Zurechnung für den St.

1. Im Falle A, 1 ist St. Anstifter zum Diebstahl des D.
2. Deckt sich die Absicht des St. mit der des D, und giebt er auch wirklich den Thaler zurück (Fall A, 2), so ist er

diesfalls (in Richtung auf den Herrn des D) Anstifter zu straflosem *furtum usus.*

3. Er giebt dem D einen falschen Thaler zum Rücklegen in die Sammlung, so muss bezüglich des St. unterschieden werden:
   a) Er hatte schon von allem Anfange an die Absicht, nicht den echten Thaler zurückzugeben, sagte aber dem D nichts davon und versicherte ihn, er erhalte den echten Thaler: da war D bloss Werkzeug (wie im Fall A, 2), und St. beging als Anstifter strafbaren Diebstahl durch nicht strafbares (*furtum usus*) Werkzeug.
   b) Er hatte Anfangs die Absicht, den echten Thaler rückzustellen, als er aber sah, wie gelungen die Imitationen sind, beschliesst er jetzt erst, einen falschen Thaler zurückzugeben.
      α) Er sagt davon dem D und dieser geht darauf ein (Fall A, 3) so begeht auch St. Betrug aus denselben Gründen, wie sie bei D vorliegen.
      β) Er sagt davon dem D nichts und giebt ihm statt des echten einen falschen Thaler, den dieser, ihn für echt haltend, in die Sammlung legt, so hat St. den echten Thaler unterschlagen, veruntreut, und den falschen bloss zur Maskierung des Delikts hingegeben.

Ob dem D ausserdem eine Beihilfe, Mitschuld beim Betruge an jenen Personen anzurechnen ist, denen St. falsche Thaler verkaufte, hängt davon ab, was ihm St. diesfalls von seinen Absichten mitgeteilt hat.

Ein Fall, in welchem scheinbar nur gegen ein anderes Rechtsgebiet gehandelt, in Wirklichkeit aber doch betrogen wurde, und bei welchem sich das Betrügerische allerdings erst durch Zusammenhalt und Ineinanderschieben aller einzelnen Vorgangsteile ergiebt, muss etwas genauer im Hergange erzählt werden. Im Bezirke des Gerichtes Feldbach, bei dem ich 5 Jahre diente, liegt die alte und interessante Veste Riegersburg. So oft ich in deren Nähe amtlich zu thun hatte, suchte ich eine Stunde zu erübrigen, um die auf einem senkrecht abfallenden Basaltfelsen gelegene Burg zu erklettern, und mich im alten Speisesaale der herrlichen Aussicht und einer kleinen, 9 Centimeter im Durchmesser haltenden Putzenscheibe zu erfreuen, auf der, mit Diamant eingeritzt, zu lesen war: »Am 17. Marzi hat das Sauffen angehebt und biss St. Vincenzidag gedauert und alle Dag ain Rausch gehabt«. Als ich diese Scheibe wieder einmal vergnüglich ansah, fiel mir auf, dass sie das letzte Mal anders ausgesehen habe; die Zeileneinteilung war entschieden eine verschiedene, und für derlei Dummheiten habe ich ein gutes Gedächtnis. Ich notierte nun genau die fröhliche Inschrift und verglich nach einiger Zeit wieder die Scheibe und meine Kopie: richtig — die Sache war abermals anders. Nun interessierte mich dies lebhaft und ich ruhte nicht, bis ich dem uralten Kastellan, der die Besucher in der Veste herumzuführen pflegte, das Geheimnis bei einer Flasche Wein entlockt hatte. Der Mann ist lange tot. Das Schloss wird von Fremden aus Graz und namentlich dem ganz nahe gelegenen bekannten Bade Gleichenberg sehr stark besucht, der Kastellan führte sie herum, wobei er ihnen jedesmal die Inschrift auf der Putzenscheibe vorlas. Vor vielen Jahren, als der Kastellan noch jung war, hat einmal ein alter Engländer in einem unbewachten Augenblick die Scheibe aus der Bleifassung genommen und gestohlen. Der Kastellan kannte die Inschrift buchstäblich, und, um keine Unannehmlichkeiten zu haben, kratzte er sie mit einem Glaserdiamanten auf eine andere Putzenscheibe und fügte diese wieder ein. Mittlerweile fing das Sammeln von Altertümern an modern zu werden und nun spielte sich bei den meisten Besuchen der fast gleiche Vorgang ab. Die Besucher kommen in den Speisesaal und der Kastellan liest die Scheibe vor, was stets grosse Freude erregt. Kurze Zeit darauf erklärt Einer der Gesellschaft, der Kastellan möge sich nicht bemühen, man könne sich an der herrlichen Aussicht nicht satt sehen, er möge die Gesellschaft allein lassen, sie kämen dann allein hinunter u. s. w. Diese Erklärung wird unter Verabreichung eines auffallend hohen Trinkgeldes abgegeben. Der Kastellan sagt, er habe Zeit und könne warten, man möge die Aussicht betrachten, so lange man Lust habe. Kurze Zeit darauf wird es Einem aus der Gesellschaft recht unwohl und der Kastellan wird gebeten, ein Glas frisches Wasser aus der berühmten Schlosszisterne im Hofe zu holen, welcher Bitte ein neuerliches, noch viel reicheres Trinkgeld angefügt wird. Nun geht der Kastellan und wenn er nach 10 Minuten mit dem Wasser zurückkommt, begegnet ihm der Besuch schon etwa im ersten Stock, der Erkrankte ist genesen und die Gesellschaft entfernt sich, häufig unter Hingabe eines dritten Trinkgeldes. Dass die kleine Inschriftscheibe erneuert werden muss, weiss der Kastellan ohnehin, er steigt gar nicht erst sofort empor, sondern fertigt gleich die Inschrift vom St. Vincenzidag an und fügt sie wieder ein. Im Sommer muss er sich damit sehr beeilen, denn oft kommt bald wieder ein Besuch: Aussicht bewundern, Unwohlsein, Trinkgeld u. s. w. erneuert sich und so ist die kleine Scheibe eine Quelle recht reichlichen Einkommens für den Kastellan, unzählige Sammler zeigen die »echte« Scheibe und erzählen hierbei behaglich die Geschichte von dem »dummen, steierischen Kastellan«.

Konstruieren wir nun das Strafbare an dem ganzen Vorgang. Zweifellos hat der Besucher, nennen wir ihn der Kürze halber B, einen Diebstahl begangen, indem er das Scheibchen, gleichviel ob von grossem oder geringem Werte, entwendet hat. Der Kastellan, K genannt, hat ebenso zweifellos Beihilfe geleistet, indem er sich — wissend, was jetzt geschehen wird, entfernt hat, um dem B das Stehlen zu ermöglichen, und dass Beihilfe durch Unterlassung begangen werden kann, wird kaum bestritten (s. z. B. Liszt p. 207). Nun wird es sich hier aber wohl um eine Übertretung handeln, es ist also die Beihilfe nach Deutschem Recht straflos und überdies hat K die Scheiben ja selbst gemacht, es ist also Beihilfe zum Diebstahl an der (dem K) eigenen Sache, also f ü r i h n kein Diebstahl vorliegend. Nun aber weiter. K wusste, dass sich der Vorgang bei den meisten Besuchen ganz gleich abspielen wird und dass er Trinkgelder bekömmt, welche das Herkömmliche, d. h. das von nicht scheibchenstehlenden Besuchen gezahlte, um das 10 und viel mehrfache übersteigen. Diesen Effekt, d. h. diese Trinkgelder zu bekommen, wollte er erreichen und desshalb arrangierte er den Vorgang. Er ersetzt also vor allem die allerdings schon falsche Scheibe durch eine wieder falsche, also fast wertlose; dem neuen B liest er die Scheibeninschrift vor, er behauptet allerdings nicht, dass sie echt ist, aber die ganze echte Umgebung, das biedere Auftreten des K, die plumpen, schwerfälligen Schriftzüge auf dem Scheibchen etc. erwecken in B den Irrtum, dass alles echt und wertvoll ist. Der ersten Aufforderung des B, sich zu entfernen, kommt K nicht nach, weil er weiss, dass noch ein kräftigeres Trinkgeld in Aussicht steht, und erst als die Bitte um Wasser und weitere Zahlung erfolgt, geht er fort und lässt den B stehlen. Der K hat nun eine bedeutende Summe, die er ohne Einleitung des schlau berechneten Vorganges nicht bekommen hätte, und die ohne denselben dem B geblieben wäre, der nur ein wertloses Scheibchen als Ersatz für die gegebenen Trinkgelder erhalten hat.

Es kann allerdings nicht gesagt werden, in welchem Momente und durch welche Handlung gerade K eine falsche Thatsache vorgespiegelt und wann er eine wahre Thatsache unterdrückt, wann er Irrtum erregt oder unterhalten hat — zweifellos ist es aber, dass dies durch den überlegt und geschickt eingeleiteten und fortgesetzten Vorgang geschehen ist, dass also K den B betrogen hat. Der Umstand, dass B ein Dieb war, und dass K den B gerade bei Begehung des Diebstahls betrogen hat, ändert an der Beurteilung der Handlung des K nichts. Es heisst zwar bei Binding[354]) (p. 181): »Der einen Verbrecher gegen Lohn gedungen hat, mit der Mentalreservation, ihn darum zu bringen, betrügt nicht«. Vgl.: Merkel[355]) (p. 101 ff.: »es kann dem Dieb die gestohlene Sache nicht durch Betrug entzogen werden, . . . es kann niemand um Ansprüche aus unerlaubten Geschäften betrogen werden«). Weiter: Grysiecki[356]) (p. 94 ff.) und Merkel ibidem p. 222 ff. Unser Fall liegt aber — die Richtigkeit obiger Behauptungen angenommen, anders. Der Kastellan hat allerdings alles darauf angelegt, den Besuchern Geld herauszulocken, wissend, dass sie dann stehlen werden, aber er stand zu ihnen in keiner Relation, er hat sie namentlich nicht zum Diebstahl gedungen. Seine Absicht war, sich durch Täuschung Geld zu beschaffen, und Absicht bedeutet auch beim Betrug: »Beweggrund des Handelns« (Liszt) — und: »Grund der Strafbarkeit beim Betruge bildet die Vergewaltigung des Erkenntnisvermögens und des Willens«. (Cucumus[357]). Hält man diese beiden Momente zusammen: Beweggrund zur Ver-

---

[354]) s. Anm. [71]). [355]) s. Anm. [53]). [356]) s. Anm. [87]).
[357]) s. Anm. [127]).

mögensschädigung und (indirekte) Vergewaltigung der Erkenntnis, des Willens der Getäuschten, so kann an dem Vorliegen von Betrug nicht gezweifelt werden.

Das Vorgehen des Kastellans enthält aber auch allgemeine Gefährdung. Man kann sagen, es läge wohl nichts daran, wenn der einzelne Scheibchendieb für seine strafbare Handlung nun eine wertlose Scheibe bekommen hat. Wir wissen aber nicht, was mit den Scheibchen geschieht, es kann eine oder die andere in die Hände eines wissenschaftlichen Menschen oder in eine öffentliche Sammlung gelangen, wo die Handschrift des alten Kastellans zu Studien über Schriften des 16. oder 17. Jahrhunderts verwertet wird. Wenn dies auch nicht erwiesen ist, so liegt Gefahr dafür vor, und diese genügt: vergl. Kleinschrod[358]): »es muss der Betrug in einer solchen Unterdrückung oder Veränderung der Wahrheit zum Schaden eines Dritten bestehen, welche mit einer Gefahr der Unsicherheit des Eigentums Aller verbunden ist.« Weiter Finger[359]): »Wird die ganze Reihe deliktischer Handlungen überschaut, und nach der von Liszt (Rechtsgut und Handlungsbegriff im Binding'schen Handbuch Ztschft. f. d. g. St.R.W. VI) trefflich gezeichneten Methode vor sich gegangen, dann kann in den verschiedenen Verbrechen . . nichts gemeinsames gefunden werden, als dass sie alle Normwidrigkeiten sind, Normen widersprechen, die ihre Entstehung dem Streben, das allgemeine Interesse durch Schutz einzelner Interessen zu fördern, danken, ohne dass aber die einzelne conkrete Normwidrigkeit irgend ein Interesse wirklich stören müsste.«

Unter Umständen könnte vielleicht behauptet werden, dass ein Teil der Täuschungshandlungen gegen unbestimmte Personen gerichtet war (Herrichten und Einfügen der neuen falschen Scheibchen): »Die Feststellung, dass durch eine listige Handlung irgend welche, nicht näher zu bezeichnende Personen hätten beschädigt werden können, genügt nicht zum Thatbestand eines versuchten Betruges« [360]). Aber der Rest des Vorganges war doch immer

---

[358]) Kleinschrod, im alten Archiv des Kriminalrechts, II, p. 1.
[359]) s. Anm. [1]).
[360]) Entscheidung des Kassationshofes vom 18. Oktober 1879, Nr. 204. Sammlung.

gegen den bestimmten, eben anwesenden Besucher gerichtet und Vorbereitungen zu einem Betruge werden sehr oft gemacht, ohne eine bestimmte Person im Auge zu haben. (Es fertigt jemand einen falschen Kunstgegenstand an, um dann in einem Laden irgend einen Käufer zu betrügen.) Es wäre also jedesmal straflose Vorbereitungshandlung gewesen, wenn der Kastellan ein neues Scheibchen eingefügt hat — Betrug wurde es erst, wenn er dann die geschilderten anderen Manipulationen vornahm, durch die er zum Schaden der Besucher Geld bekam.

Wie notwendig das Zusammenhalten des ganzen Vorganges ist, kann besonders deutlich werden, wenn gewisse einzelne Erscheinungen untersucht werden, die, für sich genommen, nicht bloss nicht strafbar, sondern sogar als Belege des korrekten Vorgehens erscheinen, während sie näher betrachtet und in das Gefüge des ganzen Herganges eingereiht, gerade das Betrügerische vollständig machen. Solche signifikante Erscheinungen sind z. B. die sogenannten Garantiescheine, die, von italienischen Händlern erfunden, in letzter Zeit als »sehr praktisch« auf der ganzen Welt Verbreitung gefunden haben; viele Händler verkaufen jetzt grundsätzlich nur gegen Scheine: »Händler A verkauft heute Herrn B . . (folgt genaueste Beschreibung des Objektes) *senza garantirne la sua condizione*« und meinen hierdurch gegen alle Schritte von seite des Käufers gesichert zu sein (den Zettel behält natürlich der Händler). Ich nehme keinen Anstand zu erklären, dass ich u. U. die Ausstellung eines solchen Zettels nicht bloss nicht als Befreiungsmittel für den Betrugsvorwurf, sondern gerade als eines der vielen, sehr wirksamen Täuschungsmittel betrachte und erst recht Betrug annehmen möchte, wenn ein solcher Zettel vorgelegt werden würde. Der Händler rechnet eben mit der ihn so vielfach fördernden Thatsache, dass es nicht bloss grüne Käufer und Sammler, sondern auch grüne Richter giebt, die von dem Vorgange bei einem grösseren Raritätenverkaufe durch einen recht »smarten« Händler gar keine Vorstellung haben. Man kann vor allem darüber sicher sein, dass ein Händler, welcher nicht die Ausstellung eines solchen Scheines zu verlangen beabsichtigt, im Laufe des Handels doch seine Worte einigermassen auf die Wagschale legt und sich nicht allzuviel zu versichern und zu beschwören getraut: das sehr selten erscheinende, aber schliesslich doch existierende Gespenst einer Gerichtsverhandlung schwindet ihm nie ganz aus den Augen; er überlegt also doch, was man ihm, als von ihm zugesichert, vorhalten würde und legt sich einigermassen Reserve in Anwendung von Trugmitteln auf: er betrügt, aber er betrügt mit Mass und Ziel und mit Vorsicht. Ganz anders, wenn er beabsichtigt, zuletzt die Fertigung des famosen »Nichtgarantiescheines« zu verlangen: hierdurch tritt das Gespenst des Gerichtes in fernsten Hintergrund und er stellt sich den allfälligen Vorgang richtig vor: Entdeckt der Käufer den Schwindel, so ist dessen erster Gedanke der Schein, und dieser veranlasst ihn, jeden Gedanken an das Gericht aufzugeben; thut er es aber nicht, so berät er mit Freunden, allenfalls mit einem Advokaten: sobald er gesteht, jenen Schein unterschrieben zu haben, rät ihm jeder, alle gerichtlichen Schritte zu unterlassen, alles sei vergeblich. Geschieht aber trotzdem das Unerwartete und der Mann geht zu Gericht, so sagt man ihm wahrscheinlich: »Was wollen Sie — Sie haben keine Garantie verlangt, also den Kauf unter eigner Annahme einer möglichen Fälschung geschlossen — wir können Ihnen nicht helfen«. Käme es doch zu einer Gerichtsverhandlung, so weist der Händler seinen Schein vor und wird in 100 Fällen — 100 mal freigesprochen. Das weiss der geriebene Händler alles ebensogut wie wir, er weiss auch, dass durch die schliessliche Fertigung des Garantiescheines gewissermassen eine Novation eintritt, d. h. dass alles, was früher gesprochen, versichert und beschworen wurde, verschwindet, und die *Vox scripta* allein Recht behält, er wagt also im ganzen Handel viel mehr, als er wagen würde, wenn er nicht an den Schein dächte. Es werden also alle Mittel in Bewegung gesetzt, die er Usancen, wir aber Betrug nennen; sagen wir, es handle sich um ein schönes Medaillon aus Fayence, die Madonna darstellend, mit der Marke von Lucca della Robbia, und der Händler schwört, es sei ein echter Robbia. Auf der Rückseite ist massenhaft Mörtel angeklext, was daher rühre, sagt der Händler, dass das Medaillon in einem Palazzo der zu Grunde gegangenen Principi Z. eingemauert war; einer der Agenten des Händlers habe es dort erstanden und eigenhändig aus der Mauer herausgearbeitet. Nun wird demonstriert, versichert, geschworen und beteuert, die Einwände entkräftet, kurz unverschämt geschwindelt. Endlich ist der Käufer überzeugt und der Handel wird geschlossen. Nun kommt der Händler mit dem Scheine: »Ihnen gegenüber, als einem so ausgezeichneten Kenner, ist das zwar nicht nötig, das Objekt kann aber in andere, nicht gewiegte Hände kommen, der neue Besitzer, der nicht so viel versteht, könne Einwände machen u. s. w.«

Der Käufer wird stutzig und meint, der Händler habe ja alles versichert und garantiert? Nun sagt der Händler, man werde doch einsehen: »ich war ja nicht dabei, wie Robbia das Kunstwerk gemacht hat, ich war nicht dabei, wie der Principe Z. dasselbe in seinem Palazzo einmauern liess, ich war auch nicht dabei, wie es mein Agent herausnahm — ich bin ein absolut ehrlicher Mann und versichere nicht mehr als ich selbst sah, die Reputation meines Namens gilt mir zu viel u. s. w.«. Das wirkt in der Regel erst recht beruhigend und der Käufer unterschreibt. Thut er es doch nicht, so besteht der Händler energisch auf Rückgängigmachen des Kaufes, wohl wissend, dass sich der andere schon in seinen echten Robbia (aus der Fabrik Ginori in Doccia bei Florenz) hineingeredet hat, dass er ihn nicht mehr auslässt, und schliesslich unterschreibt er das Papier, »das ja ohnehin nur der Form und der kenntnislosen Besitznachfolger wegen« geschieht und nun ist der Händler gesichert. »Ihnen kann ja nichts an der Garantie eines armen Händlers liegen, Ihre Garantie liegt in Ihren eigenen, profunden Kenntnissen«, waren die Schlussworte des Händlers, der, ebenso wie der richtige Pferdehändler, viel mehr Menschenkenner als Kenner seiner Ware ist — wenn er es zu etwas gebracht hat. — Ich wiederhole: an sich ist die Ausstellung eines solchen Scheines entweder juristisch gleichgiltig oder sogar für den Händler entlastend — im Zusammenhange mit dem übrigen Vorgange ist sie ein wesentlicher Teil der arglistigen Täuschung.

Von besonderer Wichtigkeit ist endlich noch die grundsätzliche Zusammenfassung des vollständigen Herganges in jenen Fällen, in welchen es sich um die Beantwortung der schwierigen Frage handelt, ob bei der Schadensbeurteilung subjektiv oder objektiv vorzugehen ist. (Vergl. p. 91 ff.)

Stenglein[361]) hat eine reichliche Litteratur über Judikatur in betreff der Vermögensschädigung beim Betrug und Mitteilung von Entscheidungen des Reichsgerichtes gebracht, welche die subjektive und objektive Ansicht mit besonderer Schärfe zum Ausdrucke bringen. Subjektiv ist z. B. jene Entscheidung, welche die Revision des B verwarf, der dem R selbstfabrizierten statt echtem Painexpeller verkauft und dann behauptet hatte, seiner sei ebenso gut als der »echte«. Der innere Wert sei gleichgiltig: R wollte echten und hätte den falschen nicht gekauft, wenn er um die Täuschung gewusst hätte. Objektiv entschieden ist z. B.: G vertauschte sein Gut gegen das Haus des B, der unrichtige Angaben über die Mietzinse und die Hypotheken vorgespiegelt hatte, so dass G Aufwendungen in der Höhe von 700 Mk. machen musste. Es erfolgte Aufhebung, weil nicht erhoben wurde, ob G nicht ungeachtet des Minderwertes, mit Rücksicht auf den Wert des von ihm dem B zu übergebenden Gutes, immer noch ein vorteilhaftes Geschäft gemacht hat.

Binding (Normen, § 30) betont die volle Integrität des Vermögensstandes: »Rechtsgut ist alles, an dessen unveränderter und ungestörter Erhaltung das positive Recht nach seiner Ansicht ein Interesse hat, was es deshalb durch seine Normen vor unerwünschter Verletzung oder Gefährdung zu schützen bestrebt ist.« Und Schlesinger[362]) sagt (in Stellungnahme gegen die subjektive Auffassung vom Vermögensschaden): »wenn jemand infolge Betruges ein Grundstück erwirbt, welches weniger wert ist, als er annahm und findet dann ein Silberlager drinn, so liegt kein Betrug vor.« Birkmeyer[363]) verlangt, dass bei Erforschung des römischrechtlichen Vermögensbegriffes von den bonis ausgegangen werde ... Bona sind zunächst die unserer Herrschaft unterworfenen äusseren Dinge, welche uns als Mittel zur Befriedigung unserer ökonomischen Bedürfnisse dienen ... es werden damit weniger die Vermögensrechte als die Objekte der Rechte bezeichnet ... Die herrschende Lehre sagte: bona können aber nicht als universitas,

---

[361]) s. Anm. [120]). [362]) s. Anm. [90]).

[363]) Birkmeyer, »Über das Vermögen im juristischem Sinne«. Erlangen 1879.

nicht als einzelne Bestandteile angesehen werden, die universitas der bona erscheint lediglich bei der Universalsuccession. Deshalb leugnete Brinz die Einheit des Vermögens bei der Universalsuccession, da niemand etwas anderes übertragen kann, als er selbst hat. Birkmeyer kommt dazu: der Vermögensinhaber hat sein Vermögen zugleich in seinen Bestandteilen und als Gesamtheit. Diese Feststellung ist hier so wichtig, weil unsere Frage namentlich durch die Thätigkeit des Reichsgerichts schwankend wurde. Nehmen wir wieder das oft zitierte Beispiel von dem Tausche des Hauses des A gegen das Gut des B. Das Haus stellte sich als weniger wert heraus, da A Eigenschaften des Hauses u. s. w. dem B in entschieden betrügerischer Weise vorgespiegelt hatte. Stellen wir uns nun auf den Standpunkt: das Vermögen eines Menschen besteht (ausser der Universalsuccession) bloss aus seinen Bestandteilen, so ist B an dem Vermögensbestandteil, dem neuerworbenen Hause, benachteiligt worden, wir müssen subjektiv vorgehen und Betrug annehmen. Stellen wir uns aber auf den Standpunkt, der Vermögensinhaber hat sein Vermögen auch in seiner Gesamtheit, so müssen wir (mit dem Reichsgerichte) erst fragen, welchen Wert genau das zweite Wertobjekt (das von B hingegebene Gut) hat und ob im Vergleiche von Hauswert und Gutwert B nicht doch ein gutes Geschäft gemacht hat. Wird dies festgestellt, so müssen wir dann objektiv vorgehen und keinen Betrug annehmen. Diese Frage kann beim Tausche von Raritäten oder beim Kaufe solcher in grösserer Quantität (wo dann vielleicht ein Stück betrügerischerweise wenig Wert hatte, zufällig aber ein anderes mehr wert war) sehr häufig wichtig werden. — Wir haben dann die Frage stets dahin zu formen, ob mit Rücksicht auf den Gesamtvorgang bei der Vermögensschädigung das einzelne Faktum oder der ganze Handel in Rechnung zu ziehen ist. Z. B.: der A hat vor, den B mit einer falschen alten Münze zu betrügen, die er ihm als echte anhängen will; um dies leichter bewerkstelligen zu können, schlägt er den herkömmlichen Weg ein und bringt ihm gleichzeitig eine Anzahl zwar echter, aber im Handel nicht teurer, alter Münzen mit zum Kaufe. Der B geht in die Falle und kauft, sagen wir zwanzig Münzen zu je 10 (was sie auch wert sind), und die falsche um 1000. Ein Sachverständiger, den B zur Prüfung der ganzen Erwerbung heranzieht, entdeckt, dass diese Münze falsch ist und lediglich einen Materialwert von 10 hat, er entdeckt aber weiter, dass eine der um 10 gekauften Münzen eine numismatische Seltenheit ist — ohne dass A und B hievon wussten — und dass diese allein 1000 wert ist. B wurde also in dem Faktum der einen Münze betrogen, durch den gesamten Handel aber in seinem Vermögen nicht geschädigt. Gleichwohl halte ich den Vorgang für strafbaren Betrug. Abgesehen davon, dass B nun eine Münze hat, die er vielleicht gar nicht haben wollte, und dass er eine, allerdings gleichzubewertende Münze nicht hat, die er vielleicht gerade wollte, abgesehen davon ist nicht zu zweifeln, dass sich der Betrug thatsächlich abgespielt hat, und dass nur ein, im Willen des A gar nicht gelegener Zufall eingetreten ist, durch welchen eine, für die Imputation gleichgiltige Schadensgutmachung erfolgt ist.

Um die gegenteilige Ansicht vertreten zu können, wäre es denkbar, dass man einen Fall heranzieht, der aber nur scheinbar parallel mit unserem Falle läuft. Es hätte der A der B um sich für sexuelle Gefälligkeiten erkenntlich zu zeigen, ein Bild geschenkt, durch welches sie, so wie es ihr erscheint, vollkommen zufriedengestellt ist. Um aber generöse aufzutreten, spiegelt A der B unter Vorweisung irgend welcher angeblicher Beweise vor, das Bild sei ein überaus wertvoller Calame im Original. In diesem Falle wird selbstverständlich niemand behaupten, dass strafbarer Betrug vorliegt. Aber nicht deshalb, weil man hier allerdings nicht das eine Moment des Betruges, wohl aber den ganzen Hergang in Rechnung ziehen muss, sondern weil nie eine Vermögensschädigung eingetreten ist. Als die B die schöne Landschaft bekam, war sie entlohnt und hatte von A nichts mehr zu fordern; als sie erfuhr, dass die Landschaft von Calame sei, stieg ihr Vermögen, sagen wir um 5000, und als sie entdeckte, dass das Bild nicht von Calame ist, so fiel es allerdings wieder um 5000 — aber dies Steigen und Fallen und diese zuletzt eingetretene Schädigung um 5000 war bloss scheinbar und existierte nur in der Einbildung. Allerdings: wäre es ihr gelungen, das Bild (zur Zeit, als sie an dessen Echtheit geglaubt hat) als echten Calame um 5000 zu verkaufen und hätte sie dann den Handel wieder rückgängig machen müssen, so wäre sie um 5000 geschädigt gewesen: aber sie ist nach Bereinigung ihrer Forderung an A nicht mehr ärmer geworden, das Geschenk des A war bloss ein Schwindel. — Dieser Fall beweist für den mit den Münzen also nichts.

Schlesinger[364]) lässt keine Gegenrechnung zu und bezieht sich auf einen Bader Vogl, der in 3 Instanzen verurteilt wurde, da er der Gemeinde nicht vorgenommene ärztliche Vornahmen anrechnete und dagegen andere kompensieren wollte, bei denen er unter dem Tarif verlangt hatte. Dieser Fall stimmt mit dem von den Münzen insofern allerdings nicht, als es sich bei den Münzen um gleichzeitiges, beim Bader um verschiedene einzelne Momente gehandelt hat. Innerer Unterschied liegt nicht vor, ja bei den Münzen half der Zufall, beim Bader er selbst. Es fragt sich nur, ob man bei der Nichtanrechnung des Gegenvorganges nicht gerade gegen den Grundsatz der Beurteilung des gesamten Herganges verstösst; dies kann aber insoferne nicht angenommen werden, als nur verlangt wird, dass alles vom Thäter kausierte, sein ganzes Gebahren und dessen Folgen der Erwägung unterzogen werde, nicht aber Zufälligkeiten, die ausserhalb seines Wollens und Thuns gelegen sind. Wäre dies nicht der Fall, so kann auch kein Betrug vorliegen: denn wenn einer beim Verkaufen eines Grundstückes betrügt, aber hierbei weiss, dass der Käufer durch eine Petroleumquelle, die im Grundstücke liegt, vollauf entschädigt wird, so betrügt er nicht. War aber bloss Zufall in mitte, so vermag dieser nicht ihn zu exkulpieren. Wir müssen leider so oft im Strafrecht mit Erfolg und Zufall rechnen, wo es nicht anders möglich ist — können wir aber irgendwo das Schwergewicht auf die Absicht schieben und uns von Zufall und Erfolg losmachen, dann sollen wir diese Gelegenheit gerne ergreifen; die Tendenz unserer Gesamtarbeit geht doch dahin, den Willen, die Absicht als das Massgebende hinzustellen.

---

17. Kulposer Betrug.

Die Frage, ob es kulposen Betrug geben kann, ist theoretisch nicht zu leugnen — *de lege lata* existiert er natürlich nicht. Wir brauchen zum Betruge »Arglist = Vorsatz mit Hinterlist« (Bin-

[364]) s. Anm. [90]).

ding[365]) I. p. 108 zu § 170), und wenn wir uns auch denken können, dass jemand hinterlistig vorging ohne aber direkten betrügerischen Vorsatz zu haben, so fehlt dieses Moment eben zur Strafbarkeit. Wenn ich also meinem Freunde, lediglich um ihm eine Freude zu machen und mich als generöse hinzustellen — also beiderseits ohne jegliches vermögensrechtliches Moment — ein Bild schenke, und ihm allenfalls unter Vorweisung gefälschter Briefe und Dokumente weismache, es stamme von der Hand des berühmten Malers X, während es in Wahrheit eine wertlose Kopie ist, so ist das selbstverständlich nicht strafbar, aber unbedenklich ist der Vorgang doch auch nicht. Kohler[366]) macht mit Recht darauf aufmerksam, dass die richtige Funktion des Verkehres auf Treu und Glauben beruht, also auf der gegenseitigen Verlässlichlichkeit; die an sie zu machenden Ansprüche sind verschieden je nachdem die Kultur die Spekulation gestattet oder nicht; es hat spekulationsfeindliche Kulturen gegeben, insbesondere die kanonische Rechtskultur, die alles ablegt, was dem einen Verkehrstreibenden einen Vorsprung vor dem anderen gewähren kann. Wenn also mein Freund später das Bild als echt verkauft, und der Verkäufer, dem die Provenienz bekannt gegeben wird, verlässt sich darauf, dass ich doch werde ehrlich gehandelt haben, wie kann dann »Verkehr richtig fungieren«? Irgend welche unlautere Absicht muss ich doch gehabt haben, als ich in jener bedenklichen Weise gegen meinen Freund vorgegangen bin und: »die Absicht kommt« nach Binding[367]) II. p. 599 »nie als solche, sondern stets nur als Beweismittel für die Intensität der Verschuldung, neben der sie auftritt, in Betracht«. Wenn ich also die Absicht zu bewirken gehabt habe, dass mein Freund vielleicht das Bild dem Y um teures Geld verkauft, dem ich einen solchen Irrtum gerne gönne, so rettet mich vor Strafe nur der Umstand, dass ich keinen vermögensrechtlichen Nutzen habe. Preuschen[368]) spricht ziemlich eingehend vom »kulposen Betrug« und polemisiert mit Kruger,[369]) Henke,[370]) Meister,[371])

---

365) s. Anm. 206). 366) s. Anm. 124). 367) s. Anm. 68).
368) s. Anm. 186).
369) Kruger, »Beiträge zur Lehre vom Betrug«.
370) Henke, »Handbuch des Kriminalrechts«.
371) Meister, *princ. jur. crim.*

Martin,[372]) Hefter,[373]) Tittmann,[374]) Feuerbach[375]) u. s. w. gegen Kien[376]) und Grolmann,[377]) welche behaupten, es gäbe kulpose Fälschung. In der That lassen sich für unsere Fragen sehr gut Fälle denken, in welchen begangene Fälschung kulpos zu sein scheint, da unzählige Sammler teils aus Eitelkeit, teils zu wissenschaftlichen Zwecken (z. B. um eine gewisse Reihe »komplett« zu haben) gute Imitationen in ihre sonst echte Sammlung aufnehmen, vielleicht ohne zu bedenken, dass z. B. bei der Versteigerung ihres Nachlasses auf Grund des Rufes der Sammlung alles als echt verkauft wird. Es kann dann, namentlich wenn die Falsifikate in öffentliche Sammlungen übergehen, manches Unheil entstehen. Ich weiss von einem Münzensammler, der Stücke, die echt für ihn unerschwinglich waren, durch gute Imitationen, wie sie z. B. Lauer in Nürnberg zu solchen Zwecken ausgezeichnet macht, ersetzte. Im Laufe der Zeit wurden die Imitationen in der Sammlung immer häufiger und der Sammler älter und zuletzt wusste er selbst nicht mehr, was er Echtes und was Imitiertes er habe, tauschte aber häufig mit anderen Sammlern, stets *optima fide*, thatsächlich kam aber durch ihn massenhaft Falsches in beste Sammlungen.

Wenn nun auch selbstverständlich solche Vorgänge zwar Fälschungen, aber nicht strafbare sind, so soll nicht behauptet werden, dass es, *de lege ferenda*, nicht zweckmässig wäre, diesfalls eine gesetzliche Vorkehrung zu treffen. Ähnliche Bestimmungen giebt es ja, z. B. § 325 österreichisches Strafgesetz und § 360, 4—6 Reichsstrafgesetz — es fragt sich nur, ob überhaupt gesetzliche Bestimmungen über culpa nicht einer weiteren Ausdehnung fähig wären, z. B. kulpose Anstiftung; der Bauer äussert sich z. B. scherzweise in Gegenwart seines etwas schwachsinnigen Knechtes, wie froh er wäre, wenn jemand des Nachbars Scheune anzündete, weil sie ihm Schatten macht; der Knecht nimmt dies als Ernst und brennt die Scheune »seinem Herrn zu gefallen« nieder. Ebenso wäre eine Bestimmung gegen die genannten kulposen Fälschungen nicht undenkbar und im Interesse öffentlicher Sammlungen und Privater gewiss von Nutzen. (S. bayr. St.G. v. 1813.)

---

[372]) Martin, »Lehrbuch des Kriminalrechts«.
[373]) Hefter, »Lehrbuch«.
[374]) Tittmann, »Handbuch«.
[375]) Feuerbach, »Lehrbuch«. [376]) s. Anm. [291]).
[377]) Grolmann, »Grundsätze u. s. w.«.

Wofür es Imitationen giebt — alle zum löblichen Zwecke der Verbreitung des Interesses für Schönes angefertigt — ist bekannt. Zu wünschen ist nur, dass die Dinge auch »Imitationen« bleiben. Man muss sich klar halten, welchen unglaublichen Einfluss der Ruf eines »bekannten« Sammlers ausübt und wie kritiklos alles hingenommen wird, was aus einer solchen Sammlung stammt. Es ist bekannt, wie oft die mitunter schönen und kunstvollen Sammlerzeichen nachgemacht und auf Fälschungen angebracht werden — man weiss, dass ein Objekt ohne Bedenken und ohne weitere Prüfung hingenommen wird, wenn es aus einer berühmten Sammlung stammt. Imitationen hat fast jeder Sammler, und dass seine Sammlung einmal das Los fast aller schönen Sammlungen teilen und verkauft werden wird, das weiss er auch. Manchesmal hätte man da ein schönes Beispiel für den alten *Dolus eventualis*, denn häufig mag sich ein Sammler, der die Imitationen in seiner vielbewunderten Sammlung überschaut, dabei denken: »wenn die dummen Leute bei der Versteigerung nach meinem Tode all' das Zeug für echt kaufen — desto besser für meine Erben!«

Zum Schlusse noch ein Beispiel. Ein Herr in einer grossen deutschen Stadt liess sich durch eine Anzahl, ihm bekannter, geschickter Fälscher eine grosse Zahl von Bildern mit den Monogrammen berühmter Meister »zu eigenem Gebrauche« anfertigen und schmückte seine Zimmer damit; Besuchern gestattete er Ansehen der Bilder aber keine Untersuchung; auf Befragen sagte er, er habe sie auf Reisen bei Trödlern u. s. w. gekauft, auf Echtheit, Kunstwert u. s. w. verstehe er sich nicht, er habe seine Freude an den alten Sachen u. s. w. Nach vielen Jahren »kommt er in Geldverlegenheiten und muss eine Auktion veranstalten« — bei welcher — ohne sein weiteres Zuthun — die Bilder um hohe Summen abgehen. Später wird irgendwie entdeckt, dass er die Bilder nicht auf Reisen gekauft hat, wie er es vor Jahren seinen Besuchern erzählte, sondern dass er die Fälschungen, allerdings »bloss für sich« bestellt hat. — Von kulposem Betruge genau zu scheiden wäre betrügerische Gefährdung. Schlesinger[378]) weist auf die wichtige Thatsache hin: die Möglichkeit des Schadens darf nicht verwechselt werden mit der Möglichkeit des Nichtschadens. Im ersteren Fall, wenn ich eine unsichere, aber wirklich vorhan-

[378]) s. Anm. [90]).

dene Forderung erworben habe, hat sich vorläufig in meinem Vermögen nur eine formale Änderung vollzogen; im zweiten Fall aber, z. B. bei der betrügerisch bewirkten Konstituierung einer Forderung, die infolge Betruges anfechtbar wäre, ist der Schaden thatsächlich bereits vorhanden, weil die Forderung ein Passivum unseres Vermögens bildet. Merkel[379]) spricht eingehend von der blossen Gefährdung von Vermögensrechten, z. B. Kreditbetrug, bei welchem jemand eine Forderung verkauft und die üble Lage des Schuldners verschweigt. Köstlin findet eine Gefährdung schon in der Verleitung zu einem Darlehen ohne sichere Hoffnung der Heimzahlung.

Rommel[380]) meint, eine Vermögensgefährdung stellt dann eine Vermögensbeschädigung dar, wenn die eingetretene Gefahr eines Verlustes, also die Ungewissheit darüber, ob nicht ein Verlust eintreten werde, den Vermögenswert vermindert, z. B. Herbeiführung ungünstigerer Prozesslage durch Verlust von Beweismitteln, wodurch z. B. der Prozess verzögert wird u. s. w. Hälschner[381]) sagt: »eine Gefährdung des Vermögens ist für den Thatbestand des Betruges als ausreichend zu betrachten, wenn sie eine irgend wie bestimmbare Wertverminderung des Vermögens, damit eine Beschädigung in sich schliesst.« —

Die herrschende Lehre anerkennt die Annahme eines Betruges durch Gefährdung zweifelsohne nicht. Gefährden heisst der Möglichkeit einer Schädigung aussetzen; so lange aber die Möglichkeit vorliegt, geschädigt zu werden, liegt auch die vor, nicht geschädigt zu werden und hätte man verurteilt, ohne dass dann Schädigung eintritt, so wäre lediglich die böse Absicht bestraft worden. Tritt aber Schädigung wirklich ein, dann interessiert uns die Gefährdung nicht mehr und wir strafen eben wegen der Schädigung. Es ist daher nicht Praktisches betreffend, wenn Binding[382]) lehrt: »Untaugliches Objekt zum Betruge ist auch der Inhaber von Aussichten auf künftige Rechte. Dagegen sind betagte oder bedingte Vermögensrechte taugliche Objekte für den betrügerischen Angriff schon vor dem Eintritte des *dies* oder der *conditio.* Ausbleiben der Bedingung bedeutet untauglichen Versuch.« Die Frage kann selten akut werden: *pendente conditione*

---

[379]) s. Anm. [53]). [380]) s. Anm. [69]). [381]) s. Anm. [79]).
[382]) s. Anm. [71]).

oder *ante diem* dürfen wir nicht strafen, weil nichts Strafbares vorliegt, *conditione aut die cessante* ist von bedingt oder betagt nicht mehr die Rede. — Ebensowenig kann die Frage bei unseren Fällen praktisch werden, wenn z. B. ein Gegenstand als echt verkauft und das Vermögen des Käufers dadurch gefährdet würde, weil die Echtheit zweifelhaft geworden ist. Wenn also z. B. der A dem B ein Bild angeblich von Poussin um 10000 verkauft hat und es erfolgte später Zweifel an der Echtheit und Prozess, so wird es natürlich auf die Sachverständigen ankommen. Nehmen wir an, diese sagen nach eingehender Prüfung: »sie glaubten zwar nicht, dass es sich um einen echten Poussin handle, aber auszuschliessen wäre dies auch nicht; wenn echt sei das Bild 10000 sonst 1000 wert« — so kann Verurteilung nicht erfolgen. Vor allem wird der Beweis des Dolus bei A schwerfallen, da dieser sich doch irren konnte, wenn die Sachverständigen nicht sicher sind; weiter aber lässt sich auf die Wahrscheinlichkeit hin keinerlei Schuldspruch fällen. Sagen die Sachverständigen z. B. es seien 60 % für die Unechtheit und man wollte schuldig sprechen, so hiesse es mit 40 % Wahrscheinlichkeit unschuldig verurteilen. Auch nicht wegen Gefährdung — hier ist der B nicht gefährdet, sondern geschädigt oder nicht geschädigt.

Allerdings müssen auf diese Art manche von diesen recht häufigen Fällen unentschieden bleiben, wenn sich die Sachverständigen über Echtheit oder Nichtechtheit nicht einigen können. Ist aber diese Frage und somit auch die des vorliegenden Betruges so arg zweifelhaft, dann geschieht wahrhaftig kein Schaden, wenn der Betreffende diesmal nicht gestraft wird.

18. Mithilfe am Betruge.

Diese Frage soll nicht vom dogmatischen Standpunkte aus untersucht werden, es sollen nur einzelne Fälle besprochen werden, die sich diesfalls beim Raritätenbetruge ergeben können und thatsächlich auch häufig ergeben. W. B.[383]) erzählt, man könne heute noch in einem vielbesuchten Venetianer Cafè einen zugrunde gegangenen Conte aus Udine täglich sehen, wie er, die Palette auf den Knien, neben sich eine Schale Schwarzen, reizende Dinge malt. Auf einem, vom Alter gebräunten, am Rande oft gebrochenen Brettchen macht er auswendig in Tempera allerliebste Bildchen im Stile von Montegna oder Basaiti oder Bissolo. Kaum fertig nehmen sie ihm die Händler ab, zahlen 50—100 Lire für das Stück — sie gehen sofort nach London und werden dort als zweifellos echt teuer genug bezahlt; von einem Stück weiss man, dass es dort mit fast 9000 Mark gezahlt wurde

Was thut der wälische Conte? Er malt und verkauft das Gemalte um bescheidene Preise und zwar alles vor einer Corona von Zuschauern, der sich jeder zugesellen kann, der Lust hierzu hat. Was andere mit seinen Sachen, die sie redlich erworben haben, dann anfangen, dafür ist er nicht verantwortlich. Die Sache lässt sich aber auch anders beurteilen. Vor allem macht der Conte seine Bildchen doch so, dass sie nur als Fälschungen Verwendung finden können: seine Vorbilder, die Benützung von Temperafarben und altem, gebräunten, beschädigten Holz, das alles zeigt jedem nur entfernt Kundigen, dass da Fälschungen erzeugt werden. Dass die Händler nicht Imitationen verkaufen, die niemand bezahlt, das weiss auch jeder und von den thatsächlichen Schicksalen seiner Bildchen, dass sie um tausende von Mark in London bezahlt werden, das wird er besser wissen, als die an der Sache Unbeteiligten, die doch davon Kenntnis haben. Er erzeugt und verkauft also Objekte, mit denen Betrug begangen wird, der ohne seine Beihilfe nicht begangen werden kann. Was aber mit verkauften Dingen geschieht, ist für den Verkäufer nur dann strafrechtlich gleichgiltig, wenn der regelmässige Gebrauch des Verkauften ein erlaubter ist. Der Verkäufer des Messers, mit dem jemand erstochen wird, ist ebenso wenig verantwortlich, wie die Verwaltung der Eisenbahn, auf der der Eisenbahndieb seine Diebsfahrten macht. Anders aber dann, wenn der Zweck des Erworbenen *nur* ein strafbarer Gebrauch sein kann; also: wenn der Apotheker einem Mädchen ein von ihr als solches verlangtes Abortiv, der Schlosser einem ihm bekannten Einbrecher Nachschlüssel (hiervon spricht § 469 des

---

[383]) s. Anm. [6]).

österreichischen Strafgesetzes und § 369 des deutschen Strafgesetzes nicht), der Büchsenmacher einem bekannten Wilddieb ein Abschraubgewehr verkauft, oder wenn jemand einem enragierten Anarchisten Dynamitbomben, Thomasuhren und ähnliches käuflich ablässt — so ist jeder von ihnen an dem sohin verübten Verbrechen um so sicherer mitschuldig, als der Gehilfe zur Zeit weder das Objekt des Angriffes noch die Einzelheiten desselben wissen muss, sie oft auch gar nicht wissen kann. Zwischen der That dieser Leute und der des Udineser Conte vermag ich nur den einen Unterschied zu finden, dass die letztere uns viel sympathischer ist — aber strafrechtlich steht sie ihnen gleich. —

Fachleute machen mit Recht für vielen Schwindel, der im Kunsthandel getrieben wird, in erster Linie die »vornehmen« Mittelsmänner verantwortlich, ohne deren thätige Mithilfe unzählige Betrügereien unmöglich wären. Diese Leute verdienen solchen Vorwurf auch in der That. Z. B.: der Nobile A besitzt noch aus den Tagen vergangener Pracht seiner Familie ein gutes Bild. Der Händler B bezahlt ihm dafür 20000 Francs, aber nur unter der Bedingung, dass A gelten lässt, er habe es ihm um 80000 Francs verkauft. Nun findet sich ein in Italien reisender Lord C (er muss ja in Wirklichkeit kein Lord sein), welcher das Bild zum Scheine um 100000 Francs vom Händler B kauft; zwei Händler D und E, die natürlich mit dem Händler B einen »Trust« bilden, bestürmen nun mit grossem Spektakel, den die ganze Welt hören muss, den Lord C um das Bild, der »sachverständige« F lärmt ordentlich mit, der Maler G vielleicht auch, die Händler D und E treiben einander in die Höhe und schliesslich kauft E das Bild um 200000 Francs; es wäre nun richtig ein Wunder, wenn sich dann nicht ein Amerikaner H fände, der das Bild, von dem schon in allen Blättern die Rede ist, um 300000 Francs kauft. Die Händler B, D und E teilen den Profit von 280000 Francs und ihre Helfer, »Lord« C, »Sachverständiger« F und »Maler« G bekommen auch ihre Anteilchen; der Nobile A ist mit seinen 20000 Francs ohnehin reichlichst entlohnt. Alles was mit dem Bilde auf dem Wege von B bis H geschehen ist, war nicht ehrlicher Handel, sondern verabredeter Schwindel, durch den der zur Zeit vielleicht allerdings noch nicht als Opfer bestimmte H betrogen werden sollte; der technische Ausdruck für den Vorgang ist »den Preis machen« — in Wahrheit ist es aber Betrug und wer am Machen des Preises geholfen hat, hat sich der Beihilfe am Betruge schuldig gemacht. Dass aber diesfalls eine Abstrafung erfolgte, hat noch nie verlautet. Daher auch die immense Ausbreitung dieser unverschämten Betrügereien erklärlich. —

Noch viel frecher ist das Treiben der sogenannten »*art-critics*«, die, meistens Engländer, sich in Italien in allen Ateliers, Salons und Sammlungen herumtreiben, überall das grosse Wort führen und sich ganz ruhig vom Besitzer, Agenten und Käufer, etwa auch vom Fälscher, Restaurateur genannt, Prozente geben lassen. Wer mehr giebt, auf dessen Seite stehen sie (W. B.).[384]) Meistens bleiben sie auf gewisse Zeit im Solde irgend eines grossen Agenten, als dessen Gehilfen sie auf das Eingehendste betrügen. Auch von der Abstrafung solcher hochgefährlicher Individuen, die es allerwärts giebt, habe ich noch nie gehört. Sie und die Agenten in Verbindung mit gewohnheitsmässigen »Vorbesitzern« kostbarer Objekte sind es auch, welche manche seit langem bekannte und angesehene Markt- und Auktionsplätze um ihren guten Ruf gebracht haben. Es ist selbstverständlich, dass unter diesen *Art-critics* und unter den Agenten und ähnlichen Leuten genug anständige Leute zu finden sind, aber sehr vieler Thätigkeit ist nur Hilfe beim Betrug im ausgedehnten Masse. —

Eine eigentümliche Rolle von Teilnehmung spielen die Leute, die gewohnheitsmässig Rekommandationen vornehmen und dafür ihre ausgiebige Provision beziehen. Das Kapitel der Provision, ihre civil- und strafrechtliche Zulässigkeit ist überhaupt noch lange nicht zu Ende geschrieben und ist auch für unsere Fälle von wesentlicher Bedeutung; wir wollen es nur in dieser Richtung flüchtig berühren, wie die Provision beim Ankauf von Musikinstrumenten, namentlich bei alten und raren eine grosse Bedeutung hat. Im allgemeinen kann gesagt werden, der Preis eines Gebrauchsgegenstandes hat zu bestehen: 1. aus den Erstehungskosten desselben; 2. aus dem Perzentualanteil der allgemeinen Auslagen des Erzeugers (Steuern, Beleuchtung, Gehilfen, Miete u. s. w.); 3. den Zinsen der ausgelegten Kapitalien und 4. dem bürgerlichen Gewinn. Alle Beträge mit Ausnahme des letztgenannten sind fixe, dafür ist dieser ein dehnbarer und wird um so höher sein und sein dürfen, je mehr Risiko der Erzeuger auf sich nehmen und je

---

[384]) s. Anm. [6]).

mehr Intelligenz er aufwenden musste; auch glücklicher Zufall darf eine Rolle spielen. Am höchsten gestaltet sich der bürgerliche Gewinn, wenn irgend ein Grund, z. B. Erfindung oder glücklicher Fund einer seltenen Sache eine Art Monopol geschaffen haben. Muss jemand aber für eine Sache, mehr zahlen, als obige 4 Posten betragen, so ist er übervorteilt, er bezahlt irgend etwas, was nicht im Werte der Sache gelegen ist; dies gilt also auch von der Provision. Muss ich für eine Sache 100 zahlen, und der Vermittler bekommt 5 % Provision, so bin ich um dieselbe geschädigt, denn hätte ich mit dem Verkäufer direkt handeln können, so hätte er mir den Gegenstand — geht er vollkommen ziffermässig korrekt vor — um 95 geben können. Aber mit diesen Faktoren müssen wir rechnen, unser Publikum zahlt gutwillig die enormen Kosten für Agenten und Reisende und der Unterschied zwischen zu teuer verkaufen und betrügen wird sich niemals scharf eingrenzen lassen. In gewisser Richtung ist übrigens mitunter die Provision auch Honorar für sachverständige Besorgung. Wer z. B. eine Geige kauft muss nicht immer sachverständig sein. Kauft der Vater seinem Knaben eine Violine, so steht der Lehrer in der Regel als Berater zur Seite und dieser bekommt häufig vom Händler eine kleine Provision. Deshalb wird die Geige nicht teurer: der Händler teilt seinen Gewinn mit dem Lehrer und dahinter liegt nichts Bedenkliches. Aber die Sache hat ihre Grenzen und jenseits derselben liegt Betrug; so erwähnt z. B. Drögemeyer,[385]) es sei nach dem Tode eines grossen Instrumentenmachers bekannt geworden, dass er von jedem der Instrumente, welche die Schüler eines berühmten Geigers bei ihm kaufen mussten, an diesen 40—50 % zahlte! Der Instrumentenmacher verkaufte also bis zur Hälfte über den Wert, abgesehen von dem sicherlich sehr hohen Gewinn, den er selbst machte, und der »berühmte« Geiger hat ihm hierbei geholfen. Ob man den Vorgang des letzteren Beihilfe oder Mitthäterschaft nennen will ist gleichgiltig, jedenfalls gehen aber jene 40—50 % aus dem Bereiche des bürgerlichen Gewinnes in den des Betruges über. —

Am allerärgsten geht es natürlich zu, wenn der sehr reiche Musiker glaubt, dadurch dem Künstler näher zu kommen, wenn er auf einem echten, sonst unerschwinglich teuerem Instrumente spielt.

---

[385]) s. Anm. [35]).

Dann lässt er sich durch einen Kundigen einen von den tausend »echten« Amati, Straduari, Guarneri, Stainer u. s. w. auftreiben und bekommt auch einen; einen grossen Teil der gezahlten Riesensumme erhält aber oft der Kundige, der nichts anderes ist, als bezahlter Agent, der die Geschichte der »echten« Geige, bei deren Erzeugung er vielleicht zugesehen hat, sehr genau kennt. Wollte man solchen Verkäufen näher auf den Grund gehen, so würde die Zahl unserer — allerdings technisch sehr schwierig durchzuführenden — Betrugsverhandlungen um ein Erhebliches steigen.

19. Identität des Getäuschten und Geschädigten.

Über die Frage, ob die Person des Getäuschten und Geschädigten beim Betruge dieselbe sein müsse, ist viel geschrieben worden (vgl. die gute Arbeit von Rimpau).[386] Nach österreichischem Gesetze konnte diesfalls kein Zweifel herrschen (§ 197: »Wer . . . einen Anderen in Irrtum führt, durch welchen jemand, sei es der Staat, eine Gemeinde oder andere Person . . . Schaden leiden soll«), aber auch nach der wörtlichen Fassung des § 263 D.St.G. (»Wer . . . das Vermögen eines Anderen dadurch beschädigt, dass er durch . . . einen Irrtum erregt oder erhält« . . .) sollte man an einen Zweifel diesfalls um so weniger glauben, als auch die früher bestandenen deutschen Gesetze zum grösseren Teile so gefasst waren, dass der Geschädigte mit dem Getäuschten nicht identifiziert wurde. Preussen (14. April 1851): »Wer . . . das Vermögen eines Anderen dadurch beschädigt, dass er . . . einen Irrtum erregt«. Sachsen (1. Oktober 1868): »Wer durch Täuschung . . . zu jemandes Nachteil«. Sachsen-Altenburg (3. Mai 1841): »Wer . . . jemanden in Schaden gebracht . . . hat.« Lübeck (20. Juli 1863): »Wer . . . einen

[386]) Tübinger Diss. von Dietr. Rimpau, »Über die Strafbarkeit des Betruges nach geltendem Rechte u. s. w.«. Tübingen 1892.

Irrtum erregt ... einem Anderen Schaden zufügt.« Hamburg (30. April 1869): »Wer ... eine Täuschung hervorruft ... und dadurch einem Anderen einen Schaden zufügt«. — Bayern (10. November 1861): »Wer ... eine Täuschung hervorruft und ... dadurch jemanden ... benachteiligt«. Bremen (Entwurf 1868): »... Wer ... das Vermögen eines Anderen dadurch schädigt, dass er ... eine Täuschung«. Wenn nun auch nach 1871 Zweifel über die Auslegung des § 263 R.St.G. bestanden, so lassen sich diese nur auf die Fassung einiger früherer Partikulargesetze zurückführen:

Thüringische Staaten (1849): »Wer den Irrtum eines Anderen benutzt, um demselben«. Braunschweig: »Wer den Irrtum eines anderen ... um demselben ...« Württemberg (1. März 1839): »Wer zum Nachteile ... eines Anderen ... und dadurch den Anderen.« Baden (6. März 1845, 5. Februar 1851): »Wer einen Anderen ... zu einer, das Vermögen desselben schädigenden Handlung«. Die weitere Entwicklung der Ansichten s. Rimpau, der auch des Genaueren ausführt, wie als Objekt des § 263 lediglich das fremde Vermögen anzusehen ist. Mit dieser Auffassung stimmt ausdrücklich eine Zahl von Autoren (Oppenhoff, Schwarze, Olshausen, Rüdorff-Stenglein, Rubo, Goltdammer, Merkel, Grysiecki, Berner, Hälschner, Meyer, v. Liszt, Binding). Dagegen Temme, Köstlin, wohl auch Schütze, zum Teil Merkel. — Im allgemeinen sind Fälle, in welchen diese Nichtidentität praktisch werden kann, nicht häufig, aber sie sind denkbar, z. B.: der von A bestochene Rechtsverständige B belehrt den C derart, dass dieser in seinem Testamente sagt: »Mein Erbe ist X, da ich aber nach dem Gesetze verpflichtet bin, meinem Bruder A einen Pflichtteil zu hinterlassen, so vermache ich diesem A den Betrag von 10000«. In diesem Falle ist C der Getäuschte und X der Geschädigte, da er von der Erbschaft 10000 an A bezahlen muss, die ihm geblieben wären, wenn nicht B den C irregeführt hätte. — In unseren Fällen kann es aber sehr häufig vorkommen, dass der Getäuschte nicht der Geschädigte ist; die Objekte gehen oft zu rasch von einer Hand in die andere. Wenn z. B. der A dem B doloser Weise ein gefälschtes Bild um 5000 verkauft, und dieser verkauft es (*bona fide*) an C um 6000, so ist der direkt durch A getäuschte B gar nicht geschädigt; gleichwohl liegt Betrug auf Seite des A vor und ein civilrechtlicher Regress des C an den schuldlosen B ist sicher nicht zulässig, so dass C geschädigt und B getäuscht wurde. Dieses Beispiel lässt zahlreiche Varianten zu, die sich namentlich dann gut konstruieren lassen, wenn man annimmt, dass vom irregeführten und gutgläubigen Sammler, oder Händler oder Agenten und zwar jedesmal, wie üblich, ohne Obligo verkauft wurde: im letzteren Falle ist die Frage, wer den Schaden zu tragen hat, gar nicht zu erheben.

Würde man gerade diese, unsere Fälle Temme, Köstlin, Merkel und Schütze noch vorhalten können, so würden sie zugeben, dass man doch der Konsequenz halber den zweifellos betrügerischen Verkäufer nicht straflos halten könne.

20. Urkundenbegriff.

Die Frage, was man unter »Urkunde« zu verstehen hat, ist für unsere Fälle vielfach wichtig, weil Monogramme auf Bildern, Stempel und Punzen auf alten Gold- und Silbersachen, Marken und ähnliche Proben häufig gefälscht werden, worauf die Frage entsteht, ob Betrug oder Fälschung vorliegt. Was Urkunde im rechtlichen Sinne sei, ist eine der bestrittensten Fragen, sie muss bei der Bedeutung, die sie für unsere Fälle hat, näher angegangen werden.

Geschichte und Litteratur über »Urkunde« s. Liszt, Lehrbuch; die historische Entwicklung des Begriffes im Strafrecht giebt auch Riedel;[387]) Kräwel[388]) bringt eine gute Zusammenstellung darüber, wie die, früher allerdings viel weitere Bedeutung von Urkunde seit dem 8. Jahrhundert gewechselt hat und einge-

[387]) »Über die historische Entwicklung des Urkundenbegriffes im Strafrecht.« E. Riedel. Arch. f. Strafrecht, XXXIV. Bd., 1886, p. 159.

[388]) »Über den Thatbestand der Fälschung von Privaturkunden u. s. w. von Kräwel«. Im Arch. f. preuss. Strafrecht, 11. Bd., 1863, p. 444.

schränkt wurde, und Brodmann [389]) giebt eine umfassende Zusammenstellung von in der Wissenschaft vorkommenden Definitionen der Urkunde im juristischen Sinne. — Lenz l. c. giebt eine eingehende Entstehungsgeschichte des § 267 RStGB., den er »einen der schlechtest geratenen Paragraphen des Reichsstrafgesetzbuches« nennt; hier finden sich auch zahlreiche Begriffsdefinitionen des Wortes »Urkunde« wie sie in der Litteratur zu finden sind. Am weitesten geht wohl Olshausen [390]) II, der lehrt, »von dem allgemeinen Urkundenbegriffe sei der juristisch-technische zu unterscheiden; nach den Motiven ist zwar zweifellos, dass das Reichsstrafgesetzbuch den Begriff »Urkunde« nicht auf Schriftstücke (vergl. § 353a) beschränken will; diese engere Bedeutung des Wortes ist vielmehr im ausdrücklichen Gegensatz zum preussischen Strafgesetze fallen gelassen . . , es kann also an sich jeder körperliche leblose Gegenstand eine Urkunde im technisch-juristischen namentlich im Sinne des Reichsstrafgesetzbuches sein, und ist auch keineswegs für erforderlich zu erachten, dass derselbe von Menschenhand gefertigt sei (also z. B. auch Grenzzeichen, die durch die Natur geboten sind).« Wo kommen wir da hin! Es ist durch gar nichts erwiesen, dass sich das Reichsstrafgesetz gegen das preussische Gesetz insofern stellen wollte, dass man jetzt unter Urkunde etwas anderes verstehe; weiter: wer muss Kenntnis von »juristisch-technischen Begriffen« haben, und wer wird dem Volke begreiflich machen, dass ein Baum, ein gewachsener Fels, ein Bach eine Urkunde ist. Wer also den Bach ableitet und ihm einen anderen Lauf giebt, hat eine Urkunde gefälscht!

Schütze [391]): »die Motive Seite 131 meinen, der Begriff Urkunde sei zwar ‚bekannt und feststehend (!)‘, aber nicht auf ‚Schriftstücke‘ beschränkt, sondern auf andere Gegenstände, die im Verkehre häufig als Beweismittel für Rechte und Rechtsverhältnisse mit allseitigem Einverständnisse der Beteiligten verwendet, auch in Rechtsstreitigkeiten als Beweismittel zugelassen und bei der richterlichen Entscheidung mitbenutzt werden, erweitert«. Welche Gegenstände das aber sein sollen, wird nicht gesagt. Binding [392]) p. 110: »Urkunde ist ein beweiskräftiges Schrift-

---

389) »Über den Begriff der Urkunde« von Brodmann. Gerichtssaal, XLVII, (1892), p. 401.

390) s. Anm. 67). 391) s. Anm. 157). 392) s. Anm. 68).

stück, durch welches sein Aussteller bezeugt das eigene Wissen von der Wahrheit des rechtlich bedeutsamen Schriftinhalts«. — v. Liszt fixiert seine Meinung so: »Namensunterschrift ist nicht erforderlich; es genügt einerseits Stempelung, mechanische Unterzeichnung jeder Art, insbesondere Druck, anderseits Nennung der Firma, Beisetzung eines Kreuzes, der Anfangsbuchstabe des Namens; ja es kann von jeder Unterschrift gänzlich abgesehen werden (Blechmarken, Waldhammerschlag, Stempel), wenn über die Person des Ausstellers für die Beteiligten kein Zweifel besteht«.

Buri[393]): »Urkunde ist ein Objekt, welches einen vergegenständlichten, eine rechtlich bedeutsame Thatsache zum Zwecke des Beweises bestätigenden, Willen enthält«. Er nennt Stempel, Briefmarken u. s. w. Träger eines bestimmten Willens, deren Bedeutung von dem nicht verkörperten Willen abhängt; er nennt sie aber doch, im Gegensatze zu den viel besprochenen Blechmarken, die für Arbeitsleistungen gegeben werden, wirkliche Urkunden. Beling[394]): »Das Objekt des durch die Urkunde erbrachten Beweises soll nun nach dem Reichsgerichte ein doppeltes sein: einesteils der in der Urkunde liegende Gedankeninhalt selbst, und andernteils eine ausserhalb liegende, sich aus dem Gedankeninhalte ergebende Thatsache. Diese Ansicht findet ihre Widerlegung durch die grosse Gruppe der Dispositivurkunden. Diese beweisen lediglich ihren Gedankeninhalt, die Willensäusserung, keinerlei anderweitige Thatsache; sonach ist Urkunde = ein Gegenstand, der einen von einem Menschen in ihn hineingelegten Gedankeninhalt beweist«.[395]) Janka[396]): Urkunden sind nicht bloss Schrift- sondern alle, wie immer gearteten Beweisstücke (Siegel, Stempel, Marken, Kerbholzzeichen u. s. w.). Gessler[397]): »Der Verkehr besitzt ein Bedürfnis für Beglaubigungsmittel von Thatsachen. Ein solches ist die Urkunde. Sie ist jeder Gegenstand, der nach der dem täglichen Leben und dem Verkehre gewöhnlichen Auffassung nach den Begriffen des gemeinen Lebens, wenn auch nicht

---

[393]) Buri, im Gerichtssaal, XXXIX, p. 36.

[394]) Beling, in der Zeitschrift f. d. ges. St.R.W., Bd. 18, p. 293.

[395]) (Ausgehend von dem Urteil des 3. Sen. vom 19. Oktober 1891. Entsch. XXII. S. 182, betreffend die Frage, ob ein in die Wahlurne eingelegter Stimmzettel eine Urkunde ist.)

[396]) s. Anm. [147]).

[397]) Gessler, im Gerichtssaal, Bd. XIV p. 131, 133, 140.

nach den Grundsätzen des Prozessrechtes einen Thatumstand bewahrheiten soll«. Stooss[398]) im Vorentwurf: »Schriften oder Gegenstände« u. s. w. als Definition der Urkunde; nach dem Entwurfe der Expertenkommission heisst die Definition: »Urkunden sind Schriften, die bestimmt oder geeignet sind, eine Thatsache von rechtlicher Bedeutung zu beweisen. Den Schriften werden andere Gegenstände gleichgestellt«.

Der Ausdruck »beweisen« geht vielleicht zu weit, da damit ein Erfolg verstanden ist; es würde besser lauten »die.. als Beweismittel dienen können«. Lenz[399]) meint mit Häusler[400]), es wäre wohl am nächstliegenden und für die gesetzliche Technik am vorteilhaftesten, »ein Wort in der durch die Sprachwissenschaft festgestellten Bedeutung zu verwenden — es sei aber bei dem Worte Urkunde, welches schwankenden und unklaren Sprachgebrauch aufweise, schwer, denselben zu fixieren«. Ich meine, dass der moderne Sprachgebrauch für »Urkunde« nicht schwankender und unklarer ist, als bei zahlreichen für uns wichtigen Worten — man darf nur die übertragene Bedeutung nicht mit einmengen. Ganz klar und fest ist der Sprachgebrauch bei wenigen Worten, und wenn man eine grosse Zahl gebildeter Menschen (nur keine Juristen!) fragt, was sie unter »Urkunde« verstehen, wird ziemlich gleichmässiges Antwortmaterial zu Tage kommen. Lenz meint weiter: »der Sprachgebrauch des gewöhnlichen Lebens bezeichnet nur Schriftstücke als Urkunden — aber doch nicht alle«.

Aber ein Schriftstück kann zur Urkunde werden, wenn sie rechtlich relevant wird, obwohl an diese Bedeutung bei ihrer Schaffung nicht gedacht wurde.

Hälschner II[401]): dass der § 299 auf einmal unter Urkunde etwas ganz anderes versteht, wird durch die dort aufgezählte Litteratur bewiesen!

John: das Verbrechen der Urkundenfälschung wird begangen:

1. an solchen von Menschenhand gefertigten Gegenständen, die zum Beweise äusserer oder innerer Thatsachen ge-

---

398) Stooss, in seinem schweizerischen Vorentwurf.

399) s. Anm. 122).

400) Häusler, »Die Grundlagen des Beweisrechts«. Arch. f. d. civil. Praxis, Bd. LXII, N. F. XII, p. 209.

401) s. Anm. 79).

eignet sind, falls diese Gegenstände den Erfordernissen der öffentlichen Urkunden entsprechen und

2. an solchen, von Menschenhand gefertigten Gegenständen, welche zum Beweise von Rechten oder Rechtsverhältnissen von Erheblichkeit sind.

Weiter werden Beispiele dafür angeführt, dass die Gegenstände den Erfordernissen einer Urkunde entsprechen müssen; denn der Knopf vom Rocke des Thäters auf dem Thatorte, die beim Fälscher gefundenen falschen Scheine und andere Beweisobjekte sind keine Urkunden.

John[402]) fasst eine sehr eingehende Ausführung dahin zusammen:

1. der »gemeine Urkundenbegriff« ist überhaupt kein juristischer Begriff (der Begriff einer Urkunde, welche zwar eine Thatsache zu beweisen vermag, aber nicht eine solche Thatsache, welche direkt oder indirekt auf ein Recht oder ein Rechtsverhältnis Bezug hat);
2. die im § 267 für die Privaturkunde aufgestellte Spezialisierung besteht darin, dass das Gesetz jene Urkunden ausgeschieden hat, die für den Beweis von Rechten oder Rechtsverhältnissen von Erheblichkeit sind;
3. diese Frage der Erheblichkeit lässt sich nach rechtlichen Gesichtspunkten nicht beantworten.

Riedel[403]) weist nach, dass die von John niedergelegten Rechtsmeinungen für den von ihm neu aufgestellten Urkundenbegriff dem historischen Entwicklungsgang nicht entsprechen. Berner[404]) meint allerdings, das Wort Urkunde käme im § 92 und 299 in ganz anderem Sinne vor, aber für den Sprachgebrauch ist es doch beweisend, dass das Strafgesetz hier Urkunde im gewöhnlichen Sinne meinte. Brodmann[405]) erklärt mit Recht, Seuffert nenne Urkunde ein mit dem Gesichtsinn wahrnehmbares, zum Ausdruck eines Gedankens dienendes Zeichen — wonach einer, der auf die Frage, ob er gut geschlafen hat, mit dem

---

[402]) John, »Beiträge zu der Lehre von dem Thatbestande der Urkundenfälschung«. Liszts Zeitschrift, Bd. IV p. 1.

[403]) s. Anm. [387]). [404]) s. Anm. [146]). [405]) s. Anm. [389]).

Kopfe nickt, eine Urkunde ausgestellt hat. — Auch Teichmann [406]) warnt nachdrücklich davor, den Begriff der Urkunde zu weit auszudehnen.

Börne [407]): »Urkunde ist ein Gegenstand, der an äusseren Merkmalen als Beweismittel erkennbar ist. Keine Urkunden sind: Banknoten, Brief- und Stempelmarken, Zeitungen, die meisten anderen Druckschriften«. Weiter sagt er: »die Auslassungen des Malers Gräf (Berlin etwa 1886) in seinem Tagebuch und die Gedichte an die Mitangeklagte Rother waren sicher Urkunden. Würde ein nach ihrer Beschlagnahme und in der Absicht, diesen Schriften ihren verfänglichen Charakter zu nehmen, vorgenommene Veränderung des Textes nicht als Urkundenfälschung zu bestrafen gewesen sein«? Dass man an der *litera propria* Urkundenfälschung begehen kann, hat noch niemand bestritten, da man z. B. an dem selbst ausgestellten Schuldscheine doch keine eigenmächtige Änderung vornehmen darf, wenn man zu demselben später Zutritt erlangt. Gleichwohl kann jedermann selbstverständlich an seinen Papieren, an denen noch niemand Rechte erworben hat, ändern, so viel er will. Der Unterschied wird zweifellos so zu ziehen sein, dass an eigenen Schriften dann Urkundenfälschung begangen werden kann, wenn durch die Änderung fremde, schon erworbene Interessen geschädigt werden. Um also bei Börnes Beispiel zu bleiben: solange die Papiere im ausschliesslichen Besitz Gräf's waren, konnte er damit thun, was er wollte, und wenn er Änderungen vornahm, die zu späteren Täuschungen bestimmt waren, so war das straflose Vorbereitungshandlung. Benutzte er diese Änderungen später wirklich widerrechtlich, so kann Betrug, aber nicht Urkundenfälschung daraus werden. Anders aber, wenn die Papiere durch irgend einen rechtlich bedeutsamen Akt aus seinen Händen gekommen, z. B. konfisziert worden sind. Sagen wir, er verlangt dann Einsicht in seine Papiere, benutzt einen unbewachten Augenblick und ändert etwas Erhebliches daran, so ist Urkundenfälschung geschehen; daran ändert auch die Eigenschaft des Thäters als Beschuldigter nichts, da das Recht der Verteidigung

---

406) Teichmann, »Zur Lehre von der Urkundenfälschung«. Schweizer Zeitschr. f. Strafrecht, X. Jahrg., p. 173. (1897.)

407) Börne, »Über den Begriff der Urkunde«. Gerichtssaal, 1889, Bd. 41 p. 383.

nie auf die Begehung weiterer strafbarer Handlung (Beseitigung eines gefährlichen Zeugen durch Bestechung oder Mord) ausgedehnt werden darf. — Vergl. Binding[408]) p. 118: »aus § 268 und 270 ergibt sich ganz unwiderleglich, dass das »in rechtswidriger Absicht« (§ 267) bedeutet: »in der Absicht, die gefälschte Urkunde zum Zwecke wirklicher Beweiserbringung im Rechtsleben zu gebrauchen«. Auch Buri[409]) bezieht sich auf die Entscheidung (vom 1. Mai 1880 Entscheidungen II S. 39), nach der das Kassabuch des Defraudanten, sobald es zu den Akten genommen wurde, eine Urkunde geworden wäre, was Buri bestreitet.

Lenz[410]) behauptet, dass private Falschbeurkundungen als solche straflos bleiben können; es müsse jedem überlassen bleiben, in seinen eigenen Urkunden zu lügen, ebenso wie er dies in Worten und Werken thun kann. Unter das Strafgesetz fällt er erst, wenn er von einer solchen unwahren Beurkundung, mag sie von ihm selbst oder einem anderen angefertigt sein, in gewinnsüchtiger Absicht Gebrauch macht, das Vermögen eines anderen beschädigt und somit einen Betrug begeht (263 Reichsstrafgesetzbuch, 197 österreichisches Strafgesetz). Vergl. dazu (z. B. falsche Provenienzbestätigungen): Nechansky[411]) und einen Aufsatz in Goltdammers Archiv[412]), wo es heisst: »zum Begriffe der Erheblichkeit einer Schrift als Urkunde wird nicht erfordert, dass die Schrift direkt, allein und unmittelbar die Existenz eines Rechtsverhältnisses in formeller und materieller Gültigkeit begründe und beweise, sondern es genügt, dass sie indirekt in Verbindung mit anderen Umständen mittelbar dazu dienen kann und nach Absicht des Thäters dazu dienen soll, das Dasein eines Rechtsverhältnisses mit zu bescheinigen«. Wenn also jemand, um ein Bild von X als echt erscheinen zu lassen, einen Privatbrief des Grafen A an seine Frau de dato Florenz 1. Mai 1708 fälscht, in dem er ihr mitteilt, dass er soeben das Bild von X um so und soviel erstanden hat, und wenn

---

[408]) s. Anm. [68]).

[409]) Buri, im Gerichtssaal, XXXVI, p. 187.

[410]) s. Anm. [122]).

[411]) Jos. Nechansky, »Über das Verbrechen des Betruges durch Nachahmung oder Verfälschung von Privaturkunden«. Allg. österr. Gerichtszeitung, 1855, Nr. 43, 44.

[412]) Arch. f. preuss. Strafrecht, herausg. von Goltdammer, II. Bd., 1854, p. 239.

dieser Brief beim Verkaufe des gefälschten Bildes von X verwendet wird, so liegt Fälschung einer Privaturkunde in strafbarem Sinne vor. Ja im strafrechtlichen Sinne könnte sogar Fälschung angenommen werden, wenn es sich auch nur um eine simple Abschrift handelt. Z. B.: ein Brief de dato 1. Juni 1750 ist zweifellos echt und enthält den Satz: »ich sende Ihnen sub ·/. eine Abschrift aus dem hiesigen Stadtarchive von dieser und jener Urkunde«. Produzent legt nun diesem Briefe ein Falsum bei, welches jene Abschrift sein soll. Liegen alle anderen Bedingungen vor, so ist das sicherlich nicht Betrug, sondern Fälschung. Vergl. noch über Briefe als Urkunden und über aussergerichtliches unbeeidetes Gutachten eines Sachverständigen Stenglein [413]).

Von Bedeutung sind noch:

Kries [414]): »Es ist für den Begriff der Urkunde als Beweismittel nicht wesentlich, dass sie zu dem Zweck angefertigt ist, um künftig den Beweis rechtlich relevanter Thatsachen zu erbringen, oder wie man dies weniger präzis ausgedrückt hat, ‚dass sie zum Beweise rechtlich erheblicher Thatsachen bestimmt ist‘. Wenn die Hausfrau dem Kaufmann schreibt, er soll ihr sofort 20 Pfund Kaffee senden, so will sie Kaffee und sonst nichts. Gleichwohl kann dieser Zettel später im Civilprozesse gegen sie eine Urkunde sein und selbst im Strafprozesse (wenn sie etwa die Thatsache eidlich geleugnet hat) als Urkunde gegen sie wirken. Beides hat sie bei der Ausstellung des Zettels gewiss nicht beabsichtigt«.

Warneyer [415]): »Urkunde im Rechtssinn ist ein zum Beweise einer Thatsache bestimmtes Augenscheinsobjekt, in welchem ein Gedankeninhalt in bleibenden, konventionellen — also allgemein verständlichen — Schriftzeichen objektiviert wird«.

John [416]): »Die Urkunde ist die sachliche Fixierung des rechtswirksamen Willens, der rechtswirksamen Wahrnehmung oder des rechtswirksamen Urteiles einer Person«.

---

[413]) Stenglein, »Lexikon des deutschen Strafrechts nach Entscheidungen des Reichsgerichtes« unter »Privaturkunde«, Fall 33, 41 und 49.

[414]) Kries, Zeitschr. f. die ges. Rechtswissenschaft, Bd. VI p. 148.

[415]) s. Anm. [199]).

[416]) John, »Zur Bestimmung des Urkundenbegriffes«. Zeitschrift f. die ges. Strafrechtswissenschaft, VI. Bd p. 1.

Weismann[417]): »Ein Gegenstand ist Urkunde, sofern er Mittel eines Urkundenbeweises ist; im übrigen kann er der allermannigfachsten Art sein und bleibt, was er sonst ist, auch wenn er zur Urkunde wird«.

Riedel[418]): »Immer wird gefordert werden müssen, dass ein Gegenstand innerhalb der allgemeinen Grundsätze von Treu und Glauben als Beweismittel zu dienen geeignet ist. Ist dies nicht, oder nicht mehr der Fall, so ist die Urkundenqualität zu verneinen. Daraus folgt, dass alle Denkmäler und sonstigen Urkunden historischen oder antiquarischen Wertes ausser Betracht bleiben. Sie mögen ursprünglich Beweiswert im juristischen Sinne gehabt haben, für das Verkehrsleben können sie aber nur als Gegenstand der Sachbeschädigung, des Diebstahls, der Unterschlagung, des Betruges, aber nie der Urkundenfälschung von Belang sein«.

Vergl. Gessler[419]), Mommsen[420]), John[421]). Blechmarken für Arbeitsleistungen werden von der Judikatur als Urkunde bezeichnet[422]); Briefmarken u. s. w. sind Wertträger, aber keine Urkunden (275, 1, 2). Ebenso die österreichische Judikatur, z. B. die Entscheidung des obersten Gerichtshofes vom 10. Mai 1878 Nr. 1228, Nr. 184 der Sammlung: F. K. hatte einen Aichstempel auf einem Fasse geändert, und wurde nach § 320 lit. f verurteilt, da betrügerische Absicht nicht anzunehmen ist. Es sei aber der Schutzbereich des Strafgesetzes in Bezug auf Urkunden nicht auf briefliche Urkunden, sondern auf Beurkundungen im weiteren Sinne zu erstrecken, was in Übereinstimmung mit dem juristischen und nicht im Widerspruche mit dem allgemeinen Sprachgebrauche stehe. Urkunde sei also jeder Gegenstand, der bestimmt ist u. s. w. — Urkunde wäre also z. B. Waldhammerschlag, Kerbholz, Gedingstufe, Plombe; Eintrittskarten, Garderobe-

---

[417]) Weismann, »Der Thatbestand der Urkundenfälschung«. Zeitschrift f. die ges. Rechtswissenschaft, XI. Bd. p. 1.

[418]) Riedel, »Zur Bestimmung des strafrechtlichen Urkundenbegriffes«. Im Gerichtssaal, 1886, Bd. XXXVIII p. 534.

[419]) Gessler, im Gerichtssaal, Bd. XIV p. 131, 133, 140.

[420]) Mommsen, im Gerichtssaal, Bd. XXXVI p. 50.

[421]) John, in Zeitschrift f. die ges. Strafrechtswissenschaft, Bd. IV p. 31.

[422]) R.G. 31. Jan. 1881 E. IV. 3.

marken, Blechmarken die Arbeitseinheiten belegen, Brandmarken an Thieren u. s. w.

Der dem § 267 Reichsstrafgesetz vorausgehende § 247 des preussischen Strafgesetzes enthielt als Definition der Urkunde »jede Schrift, welche zum Beweise von . . . Rechten und Rechtsverhältnissen von Erheblichkeit ist«. Erst im revidierten Entwurfe entfiel die Definition, da »der Begriff der Urkunde . . . bekannt und feststehend sei«. Mommsen [423]) nimmt 3 Ausdehnungen für den Begriff Urkunde: 1. scripturae, 2. monumenta im Sinne des Prozesses, 3. monumenta im weiteren Sinne (Ruinen, Werkzeuge des Fälschers u. s. w.). Er sagt weiter: der Grenzstein bedeutet nur an der Grenze etwas, sonst ist er ein Stein wie jeder andere; »der Stein an dieser Stelle bildet eine Urkunde«. Hiermit hat aber Mommsen gerade den Unterschied des Grenzsteines von einer wirklichen Urkunde angedeutet: die Urkunde ist ein Ding an sich, sie ist Urkunde wo und unter welchen Umständen sie sich befindet und thut das kund, was sie enthält: der Grenzstein beweist nur an der fraglichen Grenze, der Waldhammerschlag nur an dem fraglichen Holze.

Selbstverständlich kann der Inhalt einer Privaturkunde auch von dritten Personen bezeugt werden — so sagt Weismann [424]): »Beweiserheblichkeit, oft sehr bedeutende, kann auch dem schriftlichen Berichte einer Privatperson zukommen, welche selbst an der bekundeten Thatsache ein eigenes materielles Interesse nicht hat; besonders wenn hinzukommt, dass z. B. Berufsinteresse ihre Wahrnehmung schärfte. Beispiele . . . ein Bilderliebhaber notiert sich den Preis eines Bildes, über welches in seiner Gegenwart ein Kauf zwischen anderen abgeschlossen worden ist«. —

Bezeichnenderweise ist wiederholt die Frage erörtert worden ob sogenannte historische Urkunden noch als beweisend in unserem Sinne anzusehen sind. Es wäre dies meines Erachtens der einzige Fall, in welchem ein Gegenstand seine rechtliche Eigenschaft als das, was er ist, lediglich durch Ablauf der Zeit verlieren könnte. So sagt z. B. John [425]): »Alte Urkunden, Urkunden im historischen Sinne mögen früher Urkunden auch im rechtlichen Sinne gewesen

---

[423]) Mommsen, »Die Privaturkunde als Gegenstand der Fälschung«. Gerichtssaal, XXXVI. Bd., (1884), p. 34 ff.

[424]) s. Anm. [417]). [425]) s. Anm. [402]).

sein, heute sind sie es aber nicht mehr. Durch sie kann, wenn sie gefälscht werden, ein Betrug begangen werden, aber Objekte der Urkundenfälschung können sie nicht sein«. Das ist entschieden falsch, da weder einzusehen ist, warum etwas, was eine Urkunde war, diese Eigenschaft verlieren sollte, noch auch bestimmt werden kann, wann dieser Verlust eintreten soll; nach 20 Jahren? nach 100 — nach 300 Jahren? Auch im einzelnen Falle lässt sich kein Zeitmass aufstellen, wann gerade die Urkundeneigenschaft verloren gehen soll. Zwischen dem Wesen der Urkunde und ihrem Inhalte besteht zweifellos kausaler Zusammenhang: eine Urkunde ist es nur für jenen Inhalt, welchen sie beurkunden will, hierfür bleibt sie aber Urkunde, so lange sie besteht, wenn sie anders den begrifflichen Anforderungen einer Urkunde entspricht. Wenn z. B. ein alter Taufschein bekundet: »*Hodie baptizatus est heri natus Antonius, filius Bertholdi X et Catharinae nata Y, nepos Dieterici X et Emilii Y*« — so werden wir bezüglich des rechtlichen Inhaltes ausscheiden müssen, was der (öffentliche) Aussteller der Urkunde beurkunden wollte und konnte. In erster Linie soll festgestellt werden, dass Antonius heute getauft wurde, und dass Berthold X und Catharina X geb. Y seine Eltern sind; dass letztere die Eltern sind, muss der die Urkunde Ausstellende amtlich wissen, da sonst die Identitätsfeststellung des Täuflings nicht möglich wäre. Hiermit ist aber das, was der Aussteller beurkunden wollte und konnte, erschöpft, alles andere ist nicht mehr eigentlicher Urkundeninhalt. Denn dass Antonius *heri natus* ist, das kann der Pfarrer eigentlich nicht bestätigen, denn er war bei der Geburt nicht anwesend, das führt er an, nach den Angaben der Leute; stünde in der Urkunde: »*ut obstetrix mihi affirmat*«, so wäre nur bezeugt, dass die Hebamme gesagt hat, dass der Täufling gestern geboren wurde. Das steht aber nicht in der Urkunde, sie ist nicht eigentlich Geburtszeugnis, sondern nur Taufzeugnis und bestätigt nur die Taufe, und die Identität durch Angabe der Namen der Eltern. Ebensowenig wie die Zeit der Geburt kann und will der Pfarrer die Namen des väterlichen Grossvaters Dietrich X und des mütterlichen Grossvaters Emil Y feststellen: man hat ihm gesagt, dass die Grosseltern so heissen, er kennt sie vielleicht gar nicht, kann sie also urkundlich gar nicht feststellen. Der Taufschein wird also bezüglich des Tages der Geburt und des Namens der Grosseltern ein sehr wichtiges Beweismittel sein,

Urkunde ist er aber hierfür nicht. Selbstverständlich bliebe aber eine Fälschung dieses zuletztgenannten Inhaltes (z. B. Änderung von »*heri*« in »*hodie*«) auch Fälschung einer öffentlichen Urkunde, da diese in ihrer Totalität unversehrt erhalten bleiben muss, wenn sie ihren Wert behalten soll. Was aber den eigentlich bekundeten Inhalt der Urkunde belangt, so ist durchaus nicht einzusehen, warum ein Taufschein, der etwa einige 100 Jahre alt ist, aber alle äusseren Bedingungen besitzt, die wir heute von einer Urkunde verlangen, nicht mehr als öffentliche Urkunde bezeugen soll, dass *X hodie baptizatus sit.*

Ein Punkt bleibt noch zu untersuchen.

Bei Erörterung der Auslegung des Begriffes Urkunde wird sich wiederholt auf die Motive zum Strafgesetz für den Norddeutschen Bund bezogen. Es werde hierzu bemerkt: vor allen wird in den Motiven zum (damaligen) § 262 p. 78 betont, die Bestimmung des preussischen Gesetzbuches § 247 Abs. 2 (»Unter Urkunde ist jede Schrift zu verstehen u. s. w.«) habe in der Praxis erhebliche Schwierigkeiten erzeugt, die Definition der »Urkunde« sei in mehrfacher Beziehung nicht zutreffend und sei deshalb angefochten worden. Warum die Definition Schwierigkeiten erzeugt habe, weshalb sie angefochten wurde, wird nicht gesagt, namentlich auch nicht, dass die Definition »als Schrift« missbilligt worden sei, sondern es wird nur erklärt, das Gesetz habe eine Begriffsbestimmung nicht zu geben, da ja diese für Urkunde als bekannt und feststehend vorauszusetzen sei. Was ausserdem noch als Urkunde (ausser der »Schrift«) angesehen werden will, wird nicht gesagt, es werden nicht etwa Beispiele (wie: Marken, Siegel, Wappen, Waldhammerschläge) genannt, es wird aber erklärt, dass nicht jede Urkunde in des Wortes weitester Bedeutung Gegenstand einer Urkundenfälschung sein kann. Allerdings wird im weiteren Verlaufe betont, dass es zweckmässig schien, die Beschränkung auf »jede Schrift« zu beseitigen. In letzter Hinsicht habe die Erfahrung gezeigt, dass im Verkehr häufig Gegenstände als Beweismittel für Rechte und Rechtsmittel mit allseitigem Einverständnisse der Beteiligten verwendet werden, die nicht als Schriftstücke bezeichnet werden können; auch würden sie in Rechtsstreitigkeiten als Beweismittel zugelassen und bei der richterlichen Entscheidung mit benutzt. Bei dieser gerichtlichen und aussergerichtlichen Bedeutung solcher Urkunden war ihre Gleichstellung in der fraglichen Hinsicht auszusprechen, die Beschränkung des Thatbestandes der Urkundenfälschung auf schriftliche Urkunden aber demgemäss in Wegfall zu bringen.

Fassen wir diese wichtigen Worte näher ins Auge, so fragen wir nach deren Bedeutung in zweifacher Weise: wie weit sind sie verbindlich und was wollte gesagt werden.

In erster Richtung wird bekanntlich von Schaffrath, Thöl, Binding, auch Merkel behauptet, die Motive beweisen zur Auslegung nichts; Meyer meint, man dürfe sie nicht einseitig benutzen; Berner: sie sind sehr wichtig, aber nicht entscheidend. Schwarze, der gerade die vorliegenden Motive bespricht und da wohl ganz massgebend ist, sagt, die Motive dürfen bei einer ausdehnenden oder einschränkenden Auslegung mit verwertet werden und Liszt rät, sie nur mit äusserster Vorsicht zu verwenden; die Materialien geben im günstigsten Falle die Beweggründe, welche einzelne Mitglieder des einen der gesetzgebenden Faktoren zu ihrer Willenserklärung bestimmt haben.

Am meisten wird es den Thatsachen entsprechen, wenn man die Heranziehung und Verwertung der Materialien nicht im allgemeinen auf ihre Zulässigkeit untersucht, sondern wenn man in jedem einzelnen Fall nach logischen und psychologischen Gesetzen eine Verbindung zwischen den Motiven und dem späteren Gesetze herzustellen und zu erheben sucht, ob das Gesetz nur aus den Materialien zu erklären ist. Wenden wir dies auf den vorstehenden Fall an, so können wir aus den Motiven herauslesen: eine Definition des Begriffes hat zu entfallen — weil:

a) eine solche schwierig ist,
b) der Begriff ohnehin bekannt und feststehend erscheint,
c) weil der Begriff Urkunde nicht auf Schriftstücke eingeschränkt werden will.

Thatsächlich ist der § 262 des Entwurfes buchstäblich als § 267 des Gesetzes aufgenommen worden, aber damit ist nur bewiesen, dass man nicht bei der Fassung des § 247 des preussischen Gesetzes bleiben und den Paragraph so formulieren wollte, wie er vorgeschlagen wurde — aus welchem Grunde dies aber geschah, wissen wir nicht: es kann a oder b oder c oder zwei davon oder alle drei oder gar keiner von a—c und ganz andere Gründe massgebend gewesen sein und, um die Frage enge zu fassen: ob die Einschränkung von c gewollt wurde — das weiss kein Mensch und deshalb können wir uns diesfalls auf die Motive sicher nicht berufen.

Aber selbst wenn uns die Motive interessieren, so können wir für unsere Frage höchstens daraus lesen: man wollte den Begriff Urkunde nicht auf Schriftstücke beschränken — aber dass damit die Motive auch Hammerschläge und Kerbhölzer als Urkunden angesehen haben wollten, wie vielfach behauptet wurde, das steht mit keinem Worte da. —

Da es strafrechtlich so sehr zweifelhaft ist, was wir als Urkunde zu bezeichnen haben, so ist es geraten, sich diesfalls danach umzusehen, wie sich der Civilprozess hierzu verhält. — Die österreichische Civilprozessordnung vom 1. August 1895 hat einen nicht ganz entschiedenen Weg eingeschlagen. § 318 erklärt in sehr befriedigender Weise: »Inwieweit durch Denkmäler, Grenzzeichen, Marksteine, Aich- und Heimpfähle [426]) und ähnliche Zeichen oder durch Kerb- oder Spannhölzer . . . ein Beweis geliefert werde, hat das Gericht nach sorgfältiger Würdigung aller Umstände zu beurteilen«. Überschrieben ist der Paragraph mit dem völlig zutreffenden Worte »Auskunftssachen«,[427]) und somit wäre eine energische Trennung derselben von »Urkunden« durchgeführt. Leider ist dieselbe aber wieder dadurch verwischt, dass die Auskunftssachen als letztes Kapitel im »Dritten Titel, Beweis durch Urkunden« eingereiht sind, so dass sie wieder als eine Art Urkunden erscheinen (Kapitelüberschriften: Beweiskraft der Urkunden, Beweisantretung, Vorlegung der Urkunde durch den Beweisführer, item durch den Gegner, item durch einen Dritten, Echtheitsbeweis,

---

[426]) Heimpfahl, richtig Haim- oder Hammpfahl, ein Pflock, der dazu dient, festzustellen wie hoch das Wasser an einem bestimmten Orte erhalten werden muss, oder steigen darf (z. B. bei Mühlwehren). Dieses seltsame Wort fehlt z. B. bei Weigand, deutsches Wörterbuch und Heyne, deutsches Wörterbuch; Sander kennt: Hamme = Hecke, Einzäunung (im Dithmarschen) und Grimm: Hamm = alles Eingezäunte (niedersächsisch und friesisch). Am Rhein sagt man nach Überschwemmungen, wenn der Wasserstand wieder normal ist: »der Fluss steht im Hammen«. In der Bedeutung als Staumass oder Normalmass fand ich das Wort Haimpfahl nicht belegt. Wohl kommt es aber in den (Landes)Gesetzen für Wasserrecht vor, z. B. § 23 (Böhmen), § 9 (Krain), § 21 (Bukowina), § 22 (Österreich und Salzburg).

[427]) Zum ersten Male gebraucht in der Regierungsvorlage von 1893 (Kleinscher Entwurf).

Schriftenvergleichung, Gerichtliche Aufbewahrung von Urkunden, Auskunftssachen). Dies stimmt allerdings mit der matten Einteilung der Theorie (z. B. Canstein,[428]) Neumann[429]): »Urkunde im weiteren Sinn (*instrumenta*): a) Sachen als Träger einer Erklärung (*monumenta*), b) Schriftstücke (*documenta, scripturae*)« — aber mit dem Sprachgebrauche stimmt diese Teilung nicht. Es würde vielmehr befriedigen, wenn die Auskunftssachen unter diesem glücklich gewählten Namen einen besonderen Titel (nach dem Titel: »Urkunden«) bekämen, oder aber, wenn man sie am Schlusse des sechsten Titels: »Beweis durch Augenschein« eingeschoben hätte, da bei einem Beweise mit Hilfe von Auskunftsachen der gerichtliche Augenschein niemals entbehrt werden kann. Dagegen spräche die Bemerkung von Lenz[430]): »von den Augenscheinsobjekten unterscheiden sich die Urkunden und Auskunftssachen in gleicher Weise durch ihren, wenn auch noch so spärlichen Inhalt, *vox mortua*« (vergl. Schütze[431])). Lenz legt übrigens Urkunde noch mit manchem anderen in nicht zu leugnen logischer Weise zusammen: »Recht ist nichts anderes, als Ordnung der Lebensverhältnisse; Urkunde, Münze, Mass, Gewicht, Grenzzeichen und Warenbezeichnung die Mittel, um jene Ordnung im rechtlichen Verkehr erkennbar oder im Prozesse erweisbar zu machen«. Vergl. noch Brodmann[432]).

Wie das österreichische Strafrecht von der Auffassung der Civilprozessordnung beeinflusst werden könnte, ist um so schwerer zu sagen, als die Trennung, die von der Civilprozessordnung vorgenommen wurde, wie erwähnt, keine entschiedene ist. Übrigens ist nach österreichischem Gesetz durch den § 199d allerdings die Urkunde von Bezeichnung mit Stempel, Siegel oder Probe ausdrücklich getrennt — aber nur bei öffentlichen Urkunden und öffentlichen Bezeichnungen; damit allein ist noch nicht gesagt, dass dies gleichermassen für Privaturkunden gemeint ist, da im § 201a diese Gegenüberstellung nicht vorkommt.

Die deutsche Civilprozessordnung besitzt kein Analogon zum § 318 der österreichischen Civilprozessordnung (9. Titel); es müssten in einem solchen Falle wahrscheinlich die dürftigen Be-

---

428) v. Canstein, »Lehrbuch des C.P.R.«. II, p. 352.
429) Neumann, »Kommentar«, p. 645.
430) s. Anm. 122). 431) s. Anm. 157). 432) s. Anm. 389).

stimmungen des 6. Titels »Beweis durch Augenschein« zur Verwendung kommen; sie unterliegen (mit Ausnahme des Schriftausdruckes) dem allgemeinen Grundsatze der freien, richterlichen Beweiswürdigung. Vergl. z. B. v. Wilmowsky und Levy [433]) p. 626.

21. Fälschung von Monogrammen und ähnlichem.

Die Fälschung von Monogrammen und den ihnen ähnlichen Bezeichnungen ist für unsere Fälle deshalb von Bedeutung, weil sie in der Regel das Haupttäuschungsmittel bei dem Betruge mit den wertvollsten Objekten darstellt; in dieser Richtung ergeben sich die meisten technischen Schwierigkeiten, zumal die juristische Behandlung solcher Fälschungen sehr bestritten und doch nicht erschöpfend behandelt ist. Beiseite zu bleiben haben hier alle Fragen, die in das Gebiet des eigentlichen Markenschutzes fallen, da hier nur solche markenähnliche Bezeichnungen gemeint sind, die vermöge ihrer Natur und ihres Alters nicht als Marken im modernen Sinne betrachtet werden können.

Die vom Standpunkte der Werte, um die es sich handelt, wichtigsten Bezeichnungen sind die Monogramme, Initialen, Fertigungen und ähnliche Signierungen der Maler, auf deren Fälschung häufig viel mehr Gewicht gelegt wird, als auf die des ganzen Bildes. Ist das Monogramm einwandfrei gemacht, so können auf dem Bilde grobe Identitätsfehler auftreten, ohne dass sie bemerkt werden. »Das Um und Auf der Bilderfälschung«, sagt Melingo, [434]) »beruht hauptsächlich auf der Monogrammfälschung, da die meisten Fälschungen ob der Bequemlichkeit des Vorganges darin bestehen, dass man ein, oft gutes Bild aus der Schule oder wenigstens Zeit des Meisters etwas herausputzt und dann mit dem Monogramm oder der Unterschrift des Meisters versieht. Ja sogar

[433]) v. Wilmowsky und Levy, »Civilprozess«, 7. Aufl., I. Bd.
[434]) s. Anm. [17]).

Bilder grosser Meister werden auf die Signatur noch grösserer gefälscht; man kennt die Geschichte eines Bildes des grossen de Potter, welches mit echter Signatur in Amsterdam verkauft wurde, und später mit der gefälschten von Rembrandt wieder auftauchte und nun um die 10fache Summe einen Käufer fand. Ein äusserst geschickter alter Kölner Maler, den viele Kenner (z. B. Thausing) über Dürer stellen, fälschte Dürerbilder, die erst spät als Nachahmungen erkannt wurden«.

Von ähnlicher Bedeutung sind, wie schon erwähnt, Sammlerzeichen, da der Nachweis, dass sich ein Objekt in einer berühmten Sammlung befand, sehr lebhaft für dessen Echtheit zeugt. Wessely[435]) führt zahlreiche derartige Sammelzeichen, die oft gefälscht wurden an; vergl. Fagan,[436]) der 650 Sammlerzeichen sehr genau und verlässlich darstellt. So wertvoll solche Werke für Sammler, Kenner, Schriftsteller u. s. w. sind, so sehr bergen sie eine Gefahr für Fälschungen, da sie in bequemster und verlässlichster Weise alle erdenklichen Marken zur Auswahl für Imitationen bieten; mit einem solchen Buche in der Hand, sind alle wichtigen Sammelzeichen leicht zu fälschen.

Über die Fälschungen von Punzen und Proben auf Gold- und Silbersachen wurde schon früher (p. 28) gesprochen; sie sind nicht viel wichtiger als die alten Waffenmarken, da bei der grossen Vorliebe für schöne alte Waffen diese Objekte sehr grosse Werte darstellen. Hierüber sagt der wohl verlässlichste Kenner der Frage, W. Böheim:[437])

»Das Studium der Marken auf alten Waffen, namentlich Klingen, ist für die Waffenkunde und den Wert der Objekte sehr wichtig. Berühmte Marken wie »Wolf«, »Bischofstab«, »Mohrenkopf«, »Bischofskopf«, einige spanische Marken, so der »Espadero del Rey«, »Sahagun«, »Toledo«, »Ayala« u. a., nicht minder einige Italiener, wie Piccinino, Caino, Ferrara, Cominazzi — werden oft gefälscht und sind oft nur bei langjähriger Erfahrung als Falsifikate zu erkennen. Übrigens wurden gewisse Zeichen (das Kreuz der sarazenischen Waffenschmiede Siziliens, der Passauer Wolf u. s. w.) schon im Mittelalter gefälscht. Es scheint, dass man diese Marken

---

435) s. Anm. 8).

436) L. Fagan, »*Collectors Marks*«. London 1883.

437) W. Böheim, »Handbuch der Waffenkunde«. Leipzig 1890.

weniger als solche, als als Talisman ansah, da oft neben denselben Ort und Namen des Erzeugers ehrlich angegeben ist«. —

Wie nun eine Fälschung oder Beseitigung eines Monogramms u. s. w. juristisch zu behandeln ist, hängt von der Frage ab, als was das Monogramm u. s. w. der Form nach angesehen wird. Wird es, so wie viele wollen, selbst als Urkunde angesehen, so würde die Beseitigung desselben als »Unterdrückung« der Urkunde (274 D.StG., 201a österr. St.G.) zu betrachten sein. Ein blosses Beseitigen eines Monogrammes kommt aber nicht selten vor, da manche grosse Maler (vergl. Duplessis,[438]) Nagler[439])) entweder regelmässig oder überhaupt ihre Bilder nicht signierten. Wird nun auf einem Bilde, das von einem minderen Maler gemalt und signiert wurde, und dessen Erzeugnisse aber für die eines grossen, nicht signierenden Meisters gehalten werden könnten, das Handzeichen entfernt, so ist wenigstens die Möglichkeit geschaffen, das Bild dem grossen Meister zuschreiben zu können. Dieses Beseitigen kann aber der Händler als Eigentümer des Bildes straflos thun, denn: »zum Thatbestand von § 274, 1 gehört, dass die Urkunde dem Thäter nicht oder nicht ausschliesslich gehört« (Liszt[440])); nach Olshausen[441]) genügt allerdings Editionspflicht. Geyer[442]) II lehrt: »die Unterdrückung einer Urkunde besteht darin, dass die Urkunde der Benutzung seitens des Berechtigten entzogen wird«. Warneyer[443]) sagt: »unterdrücken heisst nicht bloss (wie Oppenhoff, Hälschner, John, Liszt annehmen) ein Beiseiteschaffen im Sinne des § 133 des Strafgesetzbuchs, wenn auch dies mit unter den obigen Begriff fällt; es bedeutet die durch Verheimlichung oder Ableugnung hervorgerufene Unmöglichkeit für den Berechtigten über die Urkunde zu verfügen; es ist also Heimlichkeit nötig«. Jedesfalls kann also das Beseitigen des Handzeichens unter keiner Bedingung als Unterdrückung einer Urkunde angesehen werden, es ist Unterdrückung einer Thatsache und somit lediglich Betrug.

Welchen Schwierigkeiten man sich aussetzt, wenn man das Monogramm oder die Unterschrift eines Malers als Urkunde be-

---

[438]) Duplessis, »*Dictionnaire des marques et monogrammes de graveurs*«. Paris 1886—1887.

[439]) Nagler, »Die Monogrammisten«. München 1857—1876.

[440]) s. Anm. [2]). [441]) s. Anm. [67]).

[442]) Geyer, »Grundriss II«. [443]) s. Anm. [199]).

zeichnet, ergiebt sich sofort, wenn man sich einen praktischen Fall denkt. Sagen wir, es besässe einer ein Bild eines Rembrandtschülers z. B. von Koninck, welches dieser mit seinem bekannten Monogramm versehen hat. Nun beseitigt der Eigentümer des Bildes sorgsam dieses Monogramm, um das Bild als nicht von Koninck, sondern von dessen Meister Rembrandt auszugeben und es als solches, also viele Male teurer, zu verkaufen. Er thut es auch. Will man nun annehmen, es liege Verfälschung einer Privaturkunde vor, so muss man voraussetzen, dass die ganze Malerei eine Urkunde darstellt, die zum Beweise von Rechten oder Rechtsverhältnissen von Erheblichkeit ist, wobei das Monogramm die Unterschrift der Urkunde wäre. Sich aber eine Bauernprügelei von Breughel als »rechtserhebliche Urkunde« vorzustellen, dem widerstreitet aller Sprachgebrauch. Bezeichnet man aber bloss das Monogramm, die Signatur auf dem Bilde als Urkunde (Waldhammerschlag, Schienenstempel u. s. w.), so hat der Betreffende, der die Signatur beseitigt hat, eine Urkunde vernichtet oder unterdrückt — gehört ihm aber das Bild, so gehört ihm auch die Signatur und der Thatbestand des § 274, 1 des deutschen Strafgesetzes und § 201 a des österreichischen Gesetzes entfällt. Fassen wir nun die Begriffe Urkunde und signiertes Bild zusammen ins Auge. Liszt[444]) sagt: »Urkunde ist jeder Gegenstand, welcher zu dem Zwecke angefertigt ist, durch seinen gedanklichen Inhalt eine rechtserhebliche Thatsache zu beweisen. Urkunden sind also nicht nur Schriftstücke, sondern auch andere Gegenstände, welche durch Worte oder wortvertretende Zeichen zur Mitteilung von Gedanken bestimmt und geeignet sind; auch Denkmäler, Kerbhölzer, Waldhammerschläge, Marken, Siegel, Wappen u. s. w. können hierher gehören. Auch an sich bedeutungslose Zeichen können durch Vereinbarung unter den Beteiligten Urkundenqualität erhalten ... Beweisbestimmung, nicht Beweisfähigkeit macht das Wesen der Urkunde aus . . . Die Urkunde muss bestimmt sein, eine rechtlich erhebliche Thatsache (nicht bloss die Identität eines Gegenstandes oder die Person seines Eigentümers) zu beweisen d. i. eine Thatsache, welche entweder für sich allein oder in Verbindung mit anderen Thatsachen die Entstehung, Aufhebung oder Veränderung von Rechtsverhältnissen bewirkt«. Dieser Unterschied wird schwer

[444]) s. Anm. [2]).

festzuhalten sein. Wenn ich ein Objekt in Bezug auf seine Identität sichern will, wenn ich also dem gekauften Gegenstand mein Siegel aufdrücke, damit er nicht verwechselt wird, so fiele dieser Vorgang unter beide von Liszt erwähnte Gesichtspunkte: als Identitätsnachweis wäre das Siegel keine Urkunde, als Nachweis, dass ich gerade dieses Objekt gekauft habe, aber doch. Ohne Beweisbestimmung wird nicht leicht eine Markierung vorkommen; wenn die Pferde in berühmten Gestüten einen Brand erhalten, wenn der Goldschmied seinem Kunstwerk seinen Stempel einschlägt und wenn der Maler sein Bild mit dem Monogramm versieht, so hat der Vorgang jedesmal die Bestimmung als Provenienzbeweis zu dienen. Er hat aber weiter die sehr bedeutende Folge, dass für die so signierten Objekte hohe Preise gezahlt werden. Der Kreis solcher Zeichen, die bloss Beweisfähigkeit haben, würde sich dann auf wenige Zeichen des internen Gebrauches beschränken. Wenn ich z. B. in einem mir gehörigen Buche z. B. eine Literatureinzeichnung mache oder einen Druckfehler verbessere, wenn in einer Fabrik auf die Ware Stempel aufgedruckt werden, bloss in der Absicht in der Fabrik den Jahrgang, den Arbeiter, die Provenienz zu wissen, wenn Haustiere, vielleicht sehr eingehend mit Inschriften auf Metallringen bezüglich ihres Geburtsjahres, ihrer Eltern u. s. w. bezeichnet werden, so hat man allerdings nicht die Absicht gehabt Urkunden auszustellen, sondern lediglich Notizen zu eigenem Gebrauche zu machen. Gleichwohl werde ich an der Eintragung im Buche, der Fabrikant am Stempel und der Tierzüchter am Ringe das Eigentum im Falle eines Diebstahles beweisen können. Auf solche wenige Fälle bleibt aber die Beweisfähigkeit im Gegensatze zur Beweisbestimmung beschränkt.

Von dem Standpunkte der Beweisbestimmung aus müsste man also Monogramme des Malers, Stempel des Modelleurs, ja selbst kleine Strichelchen und Punkte, die Kupferstecher und Radierer öfters zur Nachweisung des Originals anzubringen pflegen, als Urkunden ansehen. Denn wenn man diese Leute fragen könnte, ob sie damit beurkunden wollten, dass das vorliegende Objekt von ihnen herrührt, also im Handel und im Prozesse einen grossen Wert darstellt, so würden sie unbedingt sagen: »ja, diese Bestimmung, den fraglichen Beweis zu liefern, hatte die Markierung«. — Aber aus anderen Gründen ist das Monogramm nicht Urkunde.

Weismann[445]) sagt: »ein Merkzeichen, eine Hofmarke, der rote Faden im Tauwerke der englischen Marine, Zeichen der Forstverwaltungen auf zugewiesenen Holzhaufen, Warenzeichen, Schutzmarken sind keine Urkunden; ebenso nicht zollamtliche Verschlüsse, Marken u. s. w. Wohl aber ist eine Urkunde der Waldhammerschlag an einem Baume zum Zeichen des Eigentumüberganges;[446]) die Gedingstufe zur Bezeichnung der Stelle, wo der Bergmann seine Arbeit begonnen;[447]) der Stempel an einer Warenlieferung, durch welchen der Vereinbarung gemäss ein Unparteiischer oder ein Vertreter des Käufers sie für abnehmbar erklärt«.[448]) Nach John[449]): auch Kerbhölzer oder Garderobemarken. . . . Keine Urkunde ist nach Weismann auch ein Malerzeichen. Ebenso John ibidem: »es ist nur ein Merkmal woraus man auf die Echtheit schliesst; es beweist nicht darum, weil man in ihm die Versicherung des Malers findet, dass das Bild von ihm gemalt sei und man dieser Versicherung Glauben schenkt; man denke an die Werkstattbilder älterer Meister, die in der Hauptsache von Schülern oder Gehilfen gemalt sind, oder an die schwunghaft mit Gesellen betriebene Bilderfabrik eines neueren belgischen Malers; man denke an die verbreitete Sitte, Bilder ganzer Schulen auf den Namen ihres Hauptes zu taufen; welcher Verständige wird sich da auf das Monogramm verlassen?«

Dass das Monogramm eines Künstlers, beziehungsweise das mit einem Monogramm versehene Bild keine Urkunde ist, darin haben Weismann und John sicherlich recht, aber die Begründung ist falsch. Vor allem ist es nicht häufig, dass ganze Malschulen sich des Zeichens ihres Meisters bedient haben, und wo es vorgekommen ist, da weiss man es, und legt dem Zeichen auch keine andere Bedeutung bei, als die ihm zusteht. Aber selbst wenn man zugeben wollte, dass ein Monogramm regelmässig eine Malschule oder eine »Bilderfabrik« darstellt, so wäre dies kein Grund Urkundenqualität nicht anzunehmen; wenn z. B. von einem vielbeschäftigten Amte oder Gericht täglich Hunderte von Erledigungen ausgegeben werden, die alle die Unterschrift des Vorstehers des

---

[445]) s. Anm. [417]).
[446]) Rechtssprechung des Ob.Trib. (Oppenhoff), Bd. 13 S. 661.
[447]) Rechtssprechung des Ob.Trib. (Oppenhoff), Bd. 15 S. 551.
[448]) Rechtssprechung des Reichsgerichts, Bd. 17 Nr. 94.
[449]) s. Anm. [416]).

Amtes tragen, so weiss jeder, dass der Vorsteher nicht alle diese Hunderte von Erledigungen selber anfertigen konnte, sondern dass er die Arbeiten seiner oft sehr zahlreichen Beamten bloss unterschreibt. Es ist aber noch niemandem eingefallen, diesen Schriftstücken deshalb die Qualität als Urkunden abzusprechen. Ebenso weiss jedermann, dass die Hunderte von Briefen, die der Chef eines grossen Handlungshauses täglich fertigt, von seinen Korrespondenten verfasst und geschrieben und von ihm bloss signiert sind; gleichwohl können alle diese Briefe Urkunden sein und ihre Signierung ist genau dasselbe, wie die Beisetzung des Monogrammes auf Bildern einer Malschule, wie sich Weismann das vorstellt. Gleichwohl sind gezeichnete Bilder keine Urkunden, weil sie eben Bilder und keine Urkunden sind, ebenso wie, um mit John zu sprechen, gezeichnete Hammel stets Hammel bleiben und keine Urkunden sind. Hier ist eben der Sprachgebrauch massgebend, welchem vielmehr Zugeständnisse gemacht werden müssen, als dies in der Regel geschieht. Ich greife weiter aus, und betone im allgemeinen, dass es zwei Gründe nötig machen, am Sprachgebrauche festzuhalten: das Laienelement in der Rechtssprechung und die Forderung des Strafgesetzes, dass jedermann dasselbe kennt. Das erste Moment, das Laienelement in der Rechtssprechung bringt so unbeschreiblich viele Schwierigkeiten in dieselbe, dass sie geradezu unüberwindlich werden müssen, wenn wir von den Laienrichtern verlangen, dass sie sich nicht bloss mit einer, ihnen neuen Terminologie vertraut machen, sondern dass sie auch noch vielen Worten andere Bedeutungen beilegen sollen, als sie bis jetzt damit verbunden haben. — Das Nichtentschuldigen der Gesetzesunkenntnis darf aber nicht noch weiter verschärft werden. Es ist ja sicher, dass es sich hier um eine schwer begreifliche, schwer zu verteidigende, aber doch unbedingt notwendige Fiktion handelt. Diese unleugbare Härte muss aber auf das Notwendigste beschränkt werden. Das Gesetz kann von jedermann verlangen: »du musst wissen, dass du keine Urkunde verfälschen darfst« — es darf aber nicht von ihm verlangen: »du musst weiter wissen, dass ich unter Urkunde auch Dinge verstehe, die kein Mensch eine Urkunde nennt, als da sind: die Gedingstufe, den Waldhammerschlag, den Übergabestempel, das Malermonogramm u. s. w.« Solches Verlangen widerspricht nicht bloss allen Regeln der Kriminalpolitik, sondern schon jeder Regel der Billigkeit.

Selbstverständlich giebt es genug Fälle, in welchen sich das Gesetz einem bestimmten Sprachgebrauche von mehreren bestehenden anschliessen muss — da giebt es eben keinen Ausweg. Nehmen wir z. B. den Begriff Raub, unter welchem ein grosser Teil aller deutschen Bevölkerung (namentlich die ländliche) überhaupt Entwendung mit Gewalt versteht, gleichviel, ob diese gegen die Person oder die Sache geübt wurde. Wenn der Bauer vom Felde heim kommt und die Hausthüre erbrochen, die Schränke aufgesprengt findet, so ruft er »Räuber waren da« und bei der Behörde sagt er: »ich bin ausgeraubt« worden; (das stimmt mit dem angelsächsischen *reofan* = brechen, zerreissen und auch das gleichstammige französische *dérober* heisst nur stehlen, entwenden.[450]) Die Gesetzgebung hat den Sprachgebrauch der übrigen Bevölkerung angenommen und versteht bei Raub Gewalt gegen die Person. Aber das sind Ausnahmen, in der Regel muss das Gesetz beim allgemeinen Sprachgebrauche bleiben. Urkunde ist nach Sanders[451]) ein für etwas als bleibendes Zeugnis dienender, es bekundender Gegenstand, namentlich ein solches schriftliches Denkmal — nach Weigand[452]) ahd. *urchundî*, dann *urchunde* = das, wodurch die Wahrheit einer Sache kundgethan wird. Zusammengesetzt aus *ur* = aus und einer Ableitung des ahd. *chundan* = kundthun. Nach Heyse[453]): Urkunde = Schriftstück zum Zeugnis und Beweis. — Im gravitätischen Rechtsdeutsch sagt man allerdings z. B.: »dessen zu urkund«, — sonst hat sich das Wort auf die Bedeutung des entsprechenden Schriftstückes eingeschränkt. Und wenn von einer »Urkunde« gesprochen wird, so werden sich alle Menschen, die den betreffenden Sprachgebrauch kennen, darunter ein Stück Papier oder etwas Papierähnliches vorstellen, auf welchem in Schrift und mit Hilfe von Satzbildung eine vergangene oder gegenwärtige Thatsache oder ein künftiger Vorgang festgesetzt wird. Womöglich denkt man sich auch noch Fertigung und Siegelung dazu. — Hiervon giebt es nur zwei Ausnahmen:

1. im übertragenen Sinne werden manche Dinge allerdings Urkunden genannt; wenn z. B. ein Mammutknochen gefunden

---

[450]) Vergl. Kluge, »Etymologisches Wörterbuch«. Strassburg 1883.

[451]) D. D. Sanders, »Wörterbuch der deutschen Sprache«. Leipzig 1860.

[452]) F. L. K. Weigand, »Deutsches Wörterbuch«. 1871.

[453]) Moritz Heyne, »Deutsches Wörterbuch«. Leipzig 1895.

wird, auf dem Zeichnungen eingeritzt sind, so sagt man, dies sei eine Urkunde für das Zusammenleben des Menschen mit ausgestorbenen Pachydermen. Als man eine Versteinerung eines riesigen Molches fand, so hielt dies der alte Naturforscher Scheuchzer für ein Menschenskelet, »das Beingeripp eines alten Sünders, *diluvii testis*«; er nannte die ganze Steinplatte »eine Urkund des Gerichtes des Herrn«. Das sind aber seltene Übertragungen in gravitätischer Sprache und unsere Sprachforscher nennen alte Sprachüberbleibsel nicht Urkunden, sondern Sprachdenkmäler, Monumente (*monumenta germanica* etc.).

2. es kommt auch vor, dass in alter Zeit Könige oder sonstige Mächtige anderes Material benutzten, wenn sie ihren Worten besonderes Gewicht oder besondere Dauer verleihen wollten, und diese dann in Stein oder Metall eingraben liessen; dann würde man allerdings nicht Anstand nehmen, eine solche Darstellung ebenfalls eine Urkunde zu nennen. Das ist aber nicht anders gemeint, als wenn man die Gewandung einer Statue mit dem Namen »Kleid« belegt, obwohl es nur die Darstellung eines solchen ist.

Man wird sich also unter allen Umständen dazu bequemen müssen, bei dem genannten Sprachgebrauche zu bleiben; es soll aber gar nicht in Abrede gestellt werden, dass wir eine Ergänzung des Gesetzes wohl gebrauchen könnten, in welcher etwa gesagt wird, dass die Fälschung gewisser Marken (also jene Gedingstufen, Waldhammerschlag, Übernahmestempel, Künstlerzeichen, Hausmarken etc.) ebenso gestraft werden, wie die Fälschung von Urkunden. So lange wir aber ein solches Gesetz[454]) nicht haben, darf man dem Sprachgebrauch nicht die Gewalt anthun, dass derlei Dinge als »Urkunden« bezeichnet werden.

In unserer Frage war der sogenannte Lenbachprozess von grösstem Interesse. Goldschmit[455]) sagt diesfalls:

»Wie der Waldhammerschlag nur dann Urkunde ist, sofern der Besitzübergang durch ihn beurkundet wird, nicht aber sofern er die Identität als Unterscheidungsmerkmal kennzeichnet, so ist auch das Monogramm keine Urkunde, wenn es nur Sammelver-

---

[454]) Wie es der schweizerische Kommissionalentwurf (in nur förmlicher Änderung des Stoossschen Vorentwurfes) gethan hat: Art. 136: »Urkunden sind Schriften, die . . . . . . Den Schriften werden andere Gegenstände gleichgestellt«.

[455]) s. Anm. [197]).

merk ist. Diese Frage wurde gelegentlich des sogenannten Lenbachprozesses — Strafsache gegen Lapp, Kaufmann und Genossen wegen Hehlerei — vor der Strafkammer des königlichen Landgerichts München I aktuell und hat das Gericht zu folgenden Deduktionen veranlasst. Die Unterschrift des Künstlers auf seinem Werke drückt einen Gedankeninhalt aus; durch herkommende und bezw. stillschweigende Übereinkunft wird in diesem Falle der Namensunterschrift ein anderer Inhalt untergelegt als derjenige ist, welcher allein die regelmässige Bedeutung der Buchstaben und ihre Zusammensetzung zu Wörtern angedeutet wird. (Reichsgerichtsentscheidung in Strafsachen Band VI Seite 291, Band XXIII Seite 213.) Diese Beisetzung der Unterschrift . . . besagt . . . dass der Künstler . . . dieses Werk als sein eigenes anerkennt . . . es als ein vollendetes in Anspruch nimmt und vertreten will . . . Die Signierung auf dem Bilde schafft demgemäss eine Urkunde, sie macht das Bild zum Träger einer Urkunde . . . Es stellt sohin die Signierung eines Bildes, die Unterschrift auf der Bildfläche eines Werkes der zeichnenden oder malenden Kunst eine zum Beweise von Rechten und Rechtsverhältnissen erhebliche Privaturkunde dar«. Goldschmit wendet sich dann gegen John[456]) und gegen Weismann[457]), welche »in gleich unstichhaltiger Weise diese Eigenschaft des Monogrammes bestritten«.

Nehmen wir die Entscheidung im Lenbachprozesse vor, so ist die Frage berechtigt: was soll denn also hier »Urkunde« sein? Das Bild? Das Bild mit Monogramm? Das Monogramm allein? Die oben zitierten Ausdrücke sind keineswegs gleichbedeutend, es heisst wörtlich:

1. Die Signierung schafft eine Urkunde;
2. Die Signierung macht das Bild zum Träger einer Urkunde;
3. Die Unterschrift stellt eine Privaturkunde dar.

Der Satz 1 besagt: ein Bild ohne Unterschrift ist noch keine Urkunde, erst wenn es eine solche erhält, wird es eine: Urkunde ist also Bild und Unterschrift zusammen.

Satz 2 besagt, das »Bild« (also das fertige Bild, nicht etwa die Leinwand, die Holztafel u. s. w.) trägt eine Urkunde, wenn

---

456) s. Anm. 416). 457) s. Anm. 417).

eine Unterschrift darauf kommt; die »getragene« Urkunde besteht jetzt also aus der Unterschrift und noch etwas — was, das wird aber verschwiegen.

Der Satz 3 endlich sagt: die Unterschrift allein sei eine Urkunde.

Die Unsicherheit und das Widersprechende in dieser Darstellung zeigt allein das Unhaltbare der Bezeichnung eines Bildes als Urkunde. Am ersten liesse sich noch Satz 1 halten, wenn man meint, der Künstler habe mit den Formen seiner Darstellung eine Idee zum Ausdrucke gebracht und bestätigt durch seine Signatur, dass dies so der Fall sei. Also: Klimt stellt sich die Philosophie so und nicht anders vor, und bestätigt durch sein Signum, dass ihm das wirklich ernst ist, etwa so, wie wenn einer schreibt »ich schulde dem X ein Darlehen von 1000 und bestätige dies durch meine Unterschrift«. Dass aber ein gemalter Gedanke nicht Gegenstand einer Urkunde sein kann, beweisen noch deutlicher andere Gegenstände der künstlerischen Darstellung; wenn einer »Partie am Königssee«, »Sardanapal mit seinen brennenden Weibern« oder »Liebeständelei« malt, so fällt ihm doch bei Leibe nicht ein »beurkunden« zu wollen, dass es am Königssee so aussieht, dass Sardanapal sich derart benommen hat, und dass man so mit der Liebe tändelt. Das widerspräche allem Sprachgebrauche über den Begriff Urkunde. Was der Maler mit der Signierung wollte, ging dahin, es zu kennzeichnen, dass er das Bild gemacht hat, also eine »Auskunftssache« wie irgend ein Stempel- oder Unterscheidungszeichen.

Satz 2 lässt sich wie erwähnt gar nicht diskutieren, da implicite gesagt wird, dass 3 Dinge vorliegen: das Bild, die Signierung und etwas nicht Ausgedrücktes.

Satz 3 ist auch unhaltbar, denn dass die Unterschrift allein eine Urkunde sein soll, kann doch nicht behauptet werden. Für ein Bild eine Extrapositur beanspruchen, ist nicht zulässig, denn es wäre durch gar nichts begründet, zu behaupten: »eine Unterschrift auf einem Bilde erhält Sonderstellung — sie ist, wenn auf einem Gemälde vorfindlich, für sich allein eine Urkunde«. Im allgemeinen zu sagen: »eine Unterschrift allein kann eine Urkunde darstellen«, das wird niemandem beifallen, denn dann wäre ein leeres Blatt Papier bloss mit einer Unterschrift auch eine Urkunde.

Angesichts dieser unübersteiglichen Hindernisse wird durchaus nichts übrig bleiben, als sich an den Sprachgebrauch halten, dem es nie einfällt ein Bild eine Urkunde (im nicht übertragenen Sinne) zu nennen und zu sagen: »die Signierung eines Bildes, Unterschrift, Monogramm, Malerzeichen ist ebenso wie ähnliche Marken ein wichtiges Beweismittel, eine Auskunftssache im Sinne der österreichischen Civilprozessordnung — aber eine Urkunde stellen sie nie dar«.

---

22. Sogenannte intellektuelle Fälschung.

Diese spielt im Antiquitätenhandel eine, keineswegs unbedeutende Rolle. Gelehrt wird diesfalls z. B. von Liszt:[458]) »das Reichsstrafgesetz bedroht im allgemeinen (Ärzte und Medizinalpersonen) nur die öffentliche materiell unrichtige Beurkundung«. Oder von Ortloff:[459]) »intellektuelle Fälschung liegt vor, wenn jemand eine Urkunde von einem Dritten anfertigen und durch diesen mittelst Angabe unwahrer Thatsachen mit unwahrem Inhalt erfüllen lässt«. Schwarze[460]) erklärt: »die Worte: überhaupt nicht oder in anderer Weise im § 271 beziehen sich auf den Inhalt der Beurkundung — die folgenden Worte auf die Personen der Erklärenden«. Und Lenz[461]) sagt: der objektive Thatbestand der amtlichen Falschbeurkundung besteht in der Anfertigung einer Zeugnisurkunde; die Urkunde muss öffentlich sein (380 R.Z.P.O., 292 ö. Z.P.O., 1317 Code civil) . . . »Der Gebrauch einer gefälschten oder verfälschten Urkunde ist diejenige Handlung, welche die *publica fides* des Beglaubigungsmittels ‚Urkunde' unmittelbar gefährdet«.

Code pénal v. 1810 Art. 150 (Urkundenfälschung durch Private an Privaturkunden): *tout individu qui aura l'une des manières exprimées en l'article* 147, *commis un faut en écriture privée, sera*

---

458) s. Anm. 2). 459) s. Anm. 226). 460) s. Anm. 66).
461) s. Anm. 122).

puni de la reclusion. (147 ist Urkundenfälschung durch Private an öffentlichen Urkunden, Handels- und Bankpapieren.) Der Artikel 146 (Falschbeurkundung durch öffentliche Beamte im Amt) ist im Artikel 150 nicht bezogen, es findet also auch hier die Falschbeurkundung durch Beamte kein Korrolare durch Falschbeurkundung durch Private. (Sie kommt im deutschen Reichsstrafgesetzbuch bloss im § 278, bei Ärzten und Medizinalpersonen, also doch halbamtlich vor.) Nach österreichischem Gesetz § 102 b ist die Bezeugung einer Unwahrheit durch Beamte im Amte Missbrauch der Amtsgewalt. —

Irreführungen von Behörden zum Zwecke der Täuschung mit Antiquitäten u. s. w. sind keine Seltenheit. Dass sich Landbürgermeister und Gemeindevorsteher von irgend einem vornehm aussehenden Händler bewegen lassen, etwas zu bestätigen, was er ihnen vorredet, weil sie ihm einfach glauben und nicht zu widersprechen wagen, kommt alle Tage vor. Der Händler findet den Bürgermeister im Wirtshaus, bei einer Flasche Wein wird man bekannt, der fremde Herr erzählt, dass er heute beim Bürger X oder bei einer alten Frau Y eine alte Truhe, eine Schüssel oder sonstigen Kram gekauft hat, und wenn dann der Bürgermeister bestätigen soll, dass das Ding seit Grossvaters Zeiten her im Besitze der fraglichen Familien war, so nimmt er keinen Anstand, dem Herren den Gefallen zu thun; einige Flaschen »Besten« folgen, und schliesslich kriegt der Händler die gewünschte Urkunde. Geht es so nicht, so geht es anders; z. B. ein Antiquitätenhändler entdeckt einen Töpfer, sagen wir einen »Keramiker«, der für Geld die Modelle für einen herrlichen bunten Renaissanceofen aus Majolika macht, z. B. dem berühmten Ofen aus dem ehemaligen Seidenhof in Zürich nachempfunden. Nach den Modellen werden die Kacheln für einen ganzen Ofen angefertigt, glasiert und bemalt, endlich inwendig gehörig berusst, kurz der schöne, echte, alte Ofen ist fertig. Aber wer glaubts, dass er echt ist? Gelegentlich einer seiner Entdeckungsreisen kommt der Händler in ein Dorf, in welchem sich ein früher zum alten Schloss gehöriger Maierhof, jetzt Bauernhaus, befindet. In dem Maierhof ist aber ein uralter, grüner, zerbrochener und ganz wertloser Kachelofen, den der Händler um wenige Gulden erwirbt. Nun muss der Bürgermeister des Dorfes heran, der sich nach einem guten Abendessen bereit erklärt, ehrlich und der Wahrheit gemäss zu bestätigen, dass der »mitfolgende alte, farbige Kachelofen aus dem früher zum alten Schlosse der Grafen X gehörigen uralten Maierhofe in Y stammt, seit Menschengedenken in diesem Maierhofe sich befand und heute in Gegenwart des Bürgermeisters vom Händler Z gekauft wurde«. Die Urkunde wird unterschrieben (ich glaube, auch von zwei Gemeinderäten) und gesiegelt, der Ofen wird abgebrochen, verpackt und fortgeführt. Was der Händler mit diesen alten, zerbrochenen Kacheln gemacht hat, weiss ich nicht, wohl aber dass der obengenannte neue schöne Renaissanceofen in Begleitung der Amtsurkunde über »den mitfolgenden alten farbigen Kachelofen« gegen schweres Geld nach England fuhr.

Es kann kein Zweifel bestehen, dass der Händler voll und ganz den Thatbestand des § 271 und 273 des Reichsstrafgesetzes erschöpft hat und nach § 272 I. Absatz zu bestrafen ist: Er hat vorsätzlich bewirkt, dass eine beurkundete Thatsache, die wegen des beabsichtigten Verkaufes des falschen Ofens von Erheblichkeit ist, auf ein anderes Objekt bezogen werden konnte, als in der Urkunde gemeint war, denn der Bürgermeister meinte den wertlosen grünen Ofen, der Händler benutzte das Attest aber auf den neuen Majolikaofen, er benutzte auch diese Urkunde dem kaufenden Engländer gegenüber, hat sich bedeutenden Vermögensvorteil beschafft und dem Engländer, der eine Imitation bekam, wesentlichen Nachteil zugefügt. Er hat also vorsätzlich bewirkt, dass der Bürgermeister in einer öffentlichen Urkunde eine Thatsache, welche für Rechtsverhältnisse von Erheblichkeit war, als geschehen bekundet hat, während sie in anderer Weise geschehen ist, er hat wissentlich von dieser falschen Beurkundung zum Zwecke einer Täuschung Gebrauch gemacht, wobei die Absicht dahin gerichtet war, sich einen Vermögensvorteil zu verschaffen und einem anderen Nachteil zuzufügen. Der Wortlaut des Gesetzes passt also Punkt für Punkt auf den Vorgang, und doch bin ich überzeugt, dass der Handel, bei welchem der biedere Bürgermeister und der kluge Engländer, der durchaus auf der Beibringung eines Scheines bestanden hat, so lustig aufs Eis geführt wurden, »als prächtiger Spass eines geriebenen Händlers« bezeichnet wird — niemand denkt daran ihn zu strafen; eine frische Truquage ist doch noch lange kein Betrug, wo bleibe denn sonst aller Antiquitätenhandel, warum haben die Leute nicht besser aufgemerkt und wie alle

Redensarten lauten mögen, die man anwendet, wenn man das genau passende Gesetz einmal nicht durchführen will.

Man wendet vielleicht ein, dass die Gesetzesstelle des § 271 nicht vollkommen auf den Vorgang passe, es sei nur ein Missbrauch mit der *rite* ausgestellten Urkunde geschehen, etwa so, wie wenn ich zur Behörde ginge, dort um die Ausstellung eines Passes für einen Dritten, Herrn X bäte, und den erhaltenen Pass aber dann für mich verwendete. Man wird sagen, der Fall würde dann unter § 271 passen, wenn der Händler den alten Ofen im Maierhause hätte heimlich beseitigen, seinen Renaissanceofen hätte aufstellen lassen und nun den Bürgermeister zur Ausstellung der fraglichen Urkunde bestimmt hätte. Es wäre ja denkbar, dass der Bürgermeister sich nur ungefähr erinnert hätte, dass er dort stets einen farbigen Ofen gesehen habe, dass er also den neuen Ofen für den alten gehalten hätte und nun, wenn auch mit einigem leisen Zweifel, das Attest gegeben haben würde. Abgesehen davon, dass sich der Fall ja ebensogut in der zuletzt gegebenen Weise hätte zutragen können, passt er auch in der ersten Version unter das Gesetz, da die Irreführung der behördlichen Person in der schlauen, wohl überlegten Fassung des Attestes gelegen ist: »mitfolgende, farbige, alte Kachelofen«, was nicht bloss auf beide Öfen, sondern sogar besser auf den neuen Majolikaofen passte. Man wird sicher eher einen polychromen Ofen farbig nennen, als einen einfach grünen. Es ist daher schon bei der Amtshandlung selbst intellektuell ein anderes Objekt dem Sinne der Beurkundung unterschoben worden und hiermit ist der fragliche Thatbestand auch erfüllt.

Noch eine Frage sei erörtert. Wenn ein Gesetz die Urkundenfälschung schon vom Betruge getrennt und besonders behandelt hat, so muss es als eine Lücke in demselben bezeichnet werden, wenn keine Bestimmung für falsche Angaben in einer Privaturkunde und kein Korrolare zum § 271 in Bezug auf Privaturkunden vorgesehen wurde. Die Folge dieses Mangels ist, dass solche Täuschungen vorkommenden Falles als Betrug bestraft werden müssen, was dem Systeme der besonderen Behandlung der Urkundenfälschung entschieden nicht entspricht. Solche Fälle kommen im Antiquitätenhandel häufig vor. Es weist z. B. ein altes Mütterchen (natürlich vom Händler veranlasst) einen alten Brief mit Unterschrift und Siegel des Grafen X vor, mit welchem er der Alten, seiner einstmaligen Amme, einen uralten, ihm selbst als Andenken an seine Urgrossmutter höchst wertvollen Krug übersendet. Oder es wird ein Testament aus dem vorigen Jahrhunderte vorgebracht, in welchem dem A ein höchst wertvoller Kasten, den der Grossvater des Testators direkt von der Kaiserin Maria Theresia geschenkt bekommen hat, vermacht wird (folgt genaue Beschreibung des interessanten Möbels).

Die Korrolares zum § 271 finden sich in der Regel in der Form, dass echte Urkunden wiederholt benutzt werden. Der Händler kauft z. B. dem Freiherrn von Z eine ziemlich wertlose Standuhr gut ab, der Freiherr muss aber eine Urkunde darüber ausstellen, dass diese Standuhr in seiner Familie seit Menschengedenken auf ihrem Stammgute in X existiert hatte und seinerzeit vom berühmten Uhrmacher Leverrier in Paris gekauft wurde. Gleichzeitig kauft der Händler dem Freiherrn aus dessen alter Familienbibliothek ein paar Dutzend ganz wertloser Bücher ab, die aber alle ein »*Ex libris*« mit dem in Kupfer schön gestochenen Wappen der Freiherren von Z eingeklebt tragen. Das alles ist wahr und richtig. Aber der Händler verkauft mit dem genannten Atteste, das er jedoch aus »Diskretionsrücksichten« nicht aus der Hand geben darf, ein paar Dutzend neu imitierter Stehuhren und weist deren Identität mit der im Attest des Freiherrn von Z genannten Uhr dadurch nach, dass jede seiner Stehuhren am Deckel innen das freiherrlich von Z.sche Wappen trägt — welches der Händler aus den mitverkauften Büchern beziehungsweise den in denselben eingeklebten *Ex libris* sorgfältig ausgeschnitten und auf den Uhrdeckel geklebt hat.

Handelt es sich nicht um gar grosse Beträge, um welche die Leute da betrogen werden, so rührt sich kein Mensch, wenn solche Urkunden gefälscht oder falsch benutzt werden. Obwohl dies unzählige Male geschieht, kümmert sich niemand um solche ganz zweifellose Betrügereien. Ich kenne nur einen einzigen derartigen Straffall, in welchem es sich erstens um eine sehr grosse Summe handelte und in welchem zweitens die Fälschung der Urkunde, beziehungsweise die Bestätigung von falschen Thatsachen mit einem grossen und viel Aufsehen erregenden Diebstahle an höchst wertvollen Antiquitäten verquickt war. Der Fall ist juristisch nicht interessant, er zeigt aber, was im Thatsächlichen bei Antiquitätenbetrug möglich ist, welcher materielle Wert mitunter Privaturkunden beigelegt wird. Der Hergang sei deshalb (nach der Anklage der K. K. Staatsanwaltschaft Wien[462])) erzählt.

S. Weininger hatte von geschickten Künstlern aus Bronze, echten Steinen und echtem Gold und Silber und mit einem Kostenaufwande von ca. 30000 fl. zwei Altäre im Stil der zweiten Hälfte des 16. Jahrhunderts anfertigen lassen und bot diese als echt dem grossen Antiquitätenhändler E. M. in London um 30000 £ (also etwa 380000 fl. ö. W.) an. E. M. erklärte, kaufen zu wollen, wenn er glaubwürdige Atteste über das Alter und die Echtheit der Altäre bekäme. Nun wendete sich S. Weininger an den arg verschuldeten Grafen M. G., welcher sich gegen Nachlass einer Schuld von nicht weniger als 60000 fl. und Auszahlung von bedeutendem Bargeld und mehrerer weiterer Darlehen bereit erklärte, »die Sache auf sich zu nehmen«. Er schrieb nun ein Attest, aus welchem hervorging, dass die beiden Altäre (die er eingestandenermassen nie gesehen hatte), seit dem Jahre 1629 in seiner Familie waren und stets vom Vater auf den Sohn übergegangen waren. Die ganze Reihenfolge der Besitzer (die er aber erst aus dem Adelsarchive in Wien hatte erheben müssen!) war im Atteste genau angegeben und überall der Besitzübergang auf den ältesten Sohn dargethan. Diese sorgfältige Darstellung imponierte dem Engländer E. M. und er kaufte die Altäre zwar nicht um den geforderten Preis von 30000, wohl aber um 20000 £ = 254000 fl. Da die Altäre von Sachverständigen als nicht echt auf 30000 fl. geschätzt wurden, ist E. M. noch um 224000 fl. geschädigt. Ohne die Urkunde des Grafen hätte er sich, wie er sagte, auf den Handel nie eingelassen.

Ähnliche Fälle weiss jeder Sammler zu erzählen, und so dürfte die Notwendigkeit eines Korrolares zum § 271 vorhanden erscheinen.

---

[462]) vom 25. November 1876 Z. 5330/3466.

Schluss.

Von den Sätzen, zu denen in der vorliegenden Arbeit gelangt werden wollte, seien nochmals genannt:

1. Beim Betruge ist das Individuelle auf Seite des Geschädigten bei Beurteilung der Schuldfrage mit massgebend.
2. Beim Verkaufe von Raritäten müssen alle mit der Sache vorgenommenen Verbesserungen und sonstige Änderungen angegeben werden; ein Verschweigen kann Betrug begründen.
3. Beim vollendeten Betruge liegt der Beweis, dass genügende List aufgewendet wurde, im Erfolge.
4. Ein Falsifikat gilt um so eher als zur Täuschung geeignet, je billiger der dafür geforderte Preis ist.
5. Betrug als reines Vermögensdelikt lässt sich nicht halten, und so wie der § 263 des Reichsstrafgesetzes gefasst vorliegt, formt er den Betrug auch gar nicht als solches.
6. Bei der Schadensberechnung ist unter Umständen auch der indirekt verursachte Schaden in Anschlag zu bringen.
7. Die Gefahr, der sich der Thäter durch die Begehung des Betruges aussetzt, steht im umgekehrten Verhältnis zur Gefahr, welche der Gesellschaft durch die That droht.
8. Der Betrug ist kein Paragraph im Strafgesetz, sondern ein Kapitel in demselben.
9. Bei Systematisierung des Betruges gehört in eine Gruppe: Münz- und Kreditpapierfälschung, Betrug unter Amtsanmassung, Fälschung und Verfälschung öffentlicher

Urkunden u. s. w. Zur anderen Gruppe: Warenfälschung, Fälschung und Verfälschung von Privaturkunden u. s. w.

10. Die Unterscheidung von im Handel unentbehrlicher, strafloser Imitation und von schädigender, strafbarer Fälschung, sowie der Bezeichnungszwang der Imitationen ist zum Teile unmöglich durchzuführen, zum Teile zwecklos.

11. Die strafbare, arglistige Täuschung besteht nie aus einer Lüge allein, es muss zu dieser stets ein äusseres Moment hinzukommen.

12. Erregung von Irrtum ist strafbar, wenn der Irrtum ein schädigender ist.

13. Wenn jemand Wertvolles besitzt, es aber für minder Wertbares hält, so hat er das Wertvolle zu juristischem Eigentum, aber das minder Wertbare im wirtschaftlichen Vermögen.

14. Beim billigen Ankaufe von Sachen, deren Wert der Eigentümer nicht kennt, sind drei Momente massgebend:
    1. Irrtum im Gegensatz zu Unkenntnis;
    2. die Relation zur Sache;
    3. die Wahrscheinlichkeit, ob der Eigentümer den wahren Wert seiner Sache in absehbarer Zeit erfahren hätte.

15. Es lässt sich kein Betrugsfall denken, in welchem der Beschuldigte bloss geschwiegen hatte; es wird sich vielmehr jedesmal bei Betrachtung des ganzen Herganges eine Anzahl positiver Momente nachweisen lassen, die zusammen das Betrügerische darstellen.

16. *De lege ferenda* lässt sich kulposer Betrug allerdings denken.

17. Das Monogramm auf einem Bilde und ähnliche Bezeichnungen sind »Auskunftssachen« im Sinne des § 318 der österreichischen Civilprozessordnung.

18. Es wäre für falsche Angaben in einer Privaturkunde ein Korrolare zum § 271 des Reichsstrafgesetzes notwendig.

Lippert & Co. (G. Pätz'sche Buchdr.), Naumburg a. S.

Kolibri 360 GmbH
Ferdinand-Jühlke-Straße 7
99095 Erfurt, Deutschland
produktsicherheit@kolibri360.de